THÉATRE
CHOISI
DE MOLIÈRE

PREMIÈRE PARTIE

COMPRENANT

LE MISANTHROPE — L'AVARE
LES FEMMES SAVANTES — LE TARTUFFE

ÉDITION CLASSIQUE

Avec notes, analyses, appréciations et questionnaires

PAR

LE P. A. SENGLER

de la Compagnie de Jésus.

LIBRAIRIE DE J. LEFORT

IMPRIMEUR ÉDITEUR

LILLE | PARIS
rue Charles de Muyssart, 24 | rue des Saints-Pères, 30

THÉATRE

CHOISI

DE MOLIÈRE

THÉATRE
CHOISI
DE MOLIÈRE

PREMIÈRE PARTIE

COMPRENANT

LE MISANTHROPE — L'AVARE
LES FEMMES SAVANTES — LE TARTUFFE

ÉDITION CLASSIQUE
avec notes, analyses, appréciations et questionnaires

PAR

LE P. A. SENGLER

de la Compagnie de Jésus.

LIBRAIRIE DE J. LEFORT

IMPRIMEUR ÉDITEUR

| LILLE | PARIS |
| rue Charles de Muyssart, 24 | rue des Saints-Pères, 30 |

1890

PRÉFACE

Depuis six ans déjà, les programmes du baccalauréat contiennent quatre comédies de Molière : *le Misanthrope*, *l'Avare*, *les Femmes savantes* et *le Tartuffe*. On se demande si le Conseil supérieur de l'instruction publique, en imposant l'étude de ces pièces, a bien pesé la responsabilité qu'il assumait devant Dieu et devant les consciences chrétiennes.

Molière soutenait, il est vrai, à certaines heures, que son théâtre était très propre à corriger les mœurs ; mais eût-il jamais poussé l'audace jusqu'à prétendre qu'il avait écrit pour la jeunesse, et que son théâtre serait pour elle une école de vertu ?

Les maîtres chrétiens sont donc obligés d'expliquer à des enfants de quinze ans des pièces où la religion et la morale sont souvent si peu respectées.

Nous avons voulu les aider dans une tâche aussi difficile, en leur offrant un texte que les élèves liront avec moins de danger, en l'accompagnant surtout de notes et de jugements qui puissent servir de contrepoison à des maximes et à des spectacles que l'âge mûr lui-même ne saurait voir ou entendre toujours sans péril.

Après ces protestations de notre cœur de prêtre, nous ne ferons pas difficulté, comme on le verra, de reconnaître le talent littéraire du grand poète comique. A défaut de leçons plus hautes qu'on serait en droit d'attendre du génie, il faut du moins recueillir celles de l'art et de la langue où, de l'aveu de tous, Molière a excellé en maître.

Pour être plus utile à nos jeunes humanistes, nous avons suivi dans ce volume la méthode didactique qui a reçu l'approbation de MM. les professeurs dans notre *Théâtre choisi de Corneille et de Racine.*

NOTICE BIOGRAPHIQUE
SUR MOLIÈRE

Enfance et jeunesse.
1622-1646.

Jean-Baptiste Poquelin, dit Molière, naquit à Paris le 15 janvier 1622.

Son père, qui était tapissier, reçut en 1631 la charge de valet de chambre du roi. Sa mère, Marie de Cressé, mourut en 1632.

L'enfant fut placé vers l'âge de quinze ans chez les Jésuites, au collège de Clermont (appelé depuis Louis-le-Grand). Il y eut pour condisciple le frère du grand Condé, Armand de Bourbon, prince de Conti, dont la faveur lui fut très utile plus tard.

Le jeune Poquelin quitta les classes des Jésuites après ses humanités, pour suivre les leçons de philosophie que Chapelle, un autre de ses condisciples, recevait chez Gassendi, admirateur d'Épicure; il goûta si fort le poème impie et matérialiste de Lucrèce qu'il en entreprit la traduction. Des études de droit qu'il fit ensuite, lui permirent, dit-on, de prendre sa licence à Orléans.

Il avait obtenu dès 1637 la survivance de l'emploi de son père auprès du roi; c'est ce qui l'obligea en 1642 de suivre Louis XIII dans le voyage de Narbonne.

Mais l'étudiant en droit rêvait une vie plus libre et plus aventureuse. Son grand-père, Louis de Cressé, lui avait donné de bonne heure le goût du théâtre, en le menant à l'Hôtel de Bourgogne, où il entendait Bellerose dans le haut comique et Turlupin dans la farce.

A peine majeur, J.-B. Poquelin secoua le joug paternel et monta sur les tréteaux. Après avoir suivi les Italiens et Scaramouche au Pont-Neuf, il entra dans l'*Illustre Théâtre* du faubourg Saint-Germain. Il y trouvait les deux frères Béjart, leur sœur Madeleine, Duparc et Debrie. La troupe le prit bientôt pour chef; mais les recettes furent maigres, et le nouveau directeur se vit enfermer au Châtelet pour dettes; l'intervention de Léonard Aubry, paveur des bâtiments du roi, qui se porta caution, le rendit à la liberté en août 1645.

Décidé, malgré ses infortunes, à rester comédien, J.-B. Poquelin s'appela dès lors Molière, pour ne pas déshonorer plus longtemps le nom de son père par une profession fort décriée alors.

La vie nomade en province.
1646-1658.

Malheureux à Paris, Molière partit pour la province; il la parcourut avec sa troupe pendant douze ans, à la fois comme directeur, acteur et auteur (1).

Ses stations principales furent Nantes, Toulouse, Bordeaux, Montpellier, Narbonne, Béziers, Lyon et Rouen.

De cette période nomade, il ne reste que deux petites pièces : l'*Étourdi*, joué à Lyon en 1653, et le *Dépit amoureux*, représenté en 1656 à Béziers, devant les États de Languedoc que présidait le prince de Conti.

La troupe ne donnait guère que des impromptus à l'italienne; on en a conservé quelques titres.

Les succès de Paris.
1658-1673.

Molière revint à Paris en 1658, et y passa les quinze dernières années de sa vie.

Ce fut le temps de sa gloire.

Il commença modestement en jouant devant la cour, le 24 octobre 1658, dans la salle des gardes du Vieux-Louvre, le *Nicomède* de Corneille, auquel il ajouta une petite farce de sa composition.

Louis XIV, content des acteurs, leur permit de prendre le titre de *Troupe de Monsieur*. Après avoir partagé avec les Italiens le

---

(1) « Molière était tout comédien depuis les pieds jusqu'à la tête. Il semblait qu'il eût plusieurs voix : tout parlait en lui, et d'un pas, d'un sourire, d'un clin d'œil et d'un remuement de tête, il faisait plus concevoir de choses que le plus grand parleur n'aurait pu en dire en une heure. » (*Le Mercure*, 1673.)

Dans sa déclamation, il prenait le ton le plus naturel, contrairement aux habitudes d'emphase qui régnaient alors sur la scène.

théâtre du Petit-Bourbon, ils passèrent en 1661 au Palais-Royal où ils restèrent jusqu'en 1673, avec le titre de *Troupe du Roi.*

Pendant cette période, Molière composa 28 pièces, dont voici les principales dans l'ordre des dates :

1659, *Les Précieuses ridicules*... com. en 1 acte et en prose ;
1661, *L'École des maris*......... com. en 3 actes et en vers ;
1662, *L'École des femmes*....... com. en 5 actes et en vers ;
1665, *Don Juan*.............. com. en 5 actes et en prose ;
1666, *Le Misanthrope*.......... com. en 5 actes et en vers ;
1667, *Le Tartufe*.............. com. en 5 actes et en vers ;
1668, *L'Avare*................. com. en 5 actes et en prose ;
1670, *Le Bourgeois gentilhomme.* com. en 5 actes et en prose ;
1672, *Les Femmes savantes*...... com. en 5 actes et en vers.

La dernière pièce composée par Molière fut *le Malade imaginaire*, comédie-ballet en 3 actes et en prose (1673).

La mort (1673).

Molière était arrivé au comble de la gloire sans trouver le bonheur (1).

Les grands seigneurs le recherchaient ; le duc d'Orléans, le prince de Condé, le cardinal de Retz, le mandaient à leurs fêtes ; la cour semblait ne pouvoir se passer de son art ; Boileau et la Fontaine le traitaient en ami ; Louis XIV ne se contentait pas de le couvrir de sa protection ; il lui prodiguait les témoignages les plus flatteurs, jusqu'à être le parrain de son premier enfant.

La fortune était venue avec la gloire ; 30,000 livres de rente par an (aujourd'hui 100,000 francs) lui permettaient de mener assez grand train.

Toutes ces prospérités ne pouvaient dissiper le chagrin qui le dévorait.

Un triste libertinage avait, dès sa jeunesse, empoisonné sa vie ; son mariage ne le rendit pas plus heureux. La femme qu'il épousa en 1662, Armande Béjart, fille de Madeleine, ne fit qu'ajouter à ses tortures morales.

D'autre part, sa santé, minée par les travaux, les soucis et les peines d'une vie aussi surmenée, s'épuisait de jour en jour. Ses amis le pressaient en vain de renoncer à un métier qui le menait

---

(1) Molière l'avouait lui-même un jour à Rohaut, l'un de ses amis : « Je fus le plus malheureux des hommes, et je n'eus que ce que je méritais. »

à la mort. Le fauteuil même que Boileau lui offrait à l'Académie, ne put le décider à descendre de la scène (1).

Le vendredi 17 février 1673, Molière jouait le rôle d'Orgon dans le *Malade imaginaire* qu'il venait de composer. Pris de convulsions subites au moment où il prononçait le mot *juro,* il se fit transporter dans sa maison rue Richelieu. Il y était à peine déposé qu'un violent accès de toux rompit un vaisseau dans sa poitrine. Quelques instants après, il expirait étouffé par des flots de sang.

Il n'avait que 51 ans.

Deux sœurs de charité, qu'il avait recueillies chez lui quelques jours auparavant, passèrent la nuit en prières auprès de son corps. Le curé de Saint-Eustache, sa paroisse, lui ayant refusé la sépulture ecclésiastique selon la discipline alors établie en France, sa veuve, accompagnée du curé d'Auteuil, alla se jeter aux pieds de Louis XIV. Sur l'intervention du roi, l'archevêque de Paris accorda que le corps fût porté au cimetière, précédé de deux ecclésiastiques, mais sans passer par l'église, et sans aucun chant.

Le génie de Molière.

Molière avait au suprême degré les qualités du poète comique. Il aurait pu en être le modèle achevé, si chez lui le cœur, la conscience et la foi avaient répondu au génie.

Molière était avant tout observateur fin et profond ; on l'appelait le *contemplateur* (2).

Un de ses ennemis a tracé de lui le portrait suivant : « *Élomire* (anagramme de Molière) n'a pas dit une seule parole ; je l'ai trouvé dans la posture d'un homme qui rêve. Il avait les yeux collés sur trois ou quatre personnes de qualité qui marchandaient des dentelles. Il paraissait si attentif à leurs discours, qu'il semblait regarder jusqu'au fond de leurs âmes pour y voir ce qu'elles ne disaient pas. »

A la vérité des peintures qu'il tirait de cette étude des mœurs, il joignait la force comique, la verve, une grande raison, une puissance d'invention étonnante, l'originalité jusque dans l'imitation, le naturel et la vivacité du dialogue, un style clair et expressif.

(1) En 1778, l'Académie plaça dans la salle de ses réunions le buste de Molière, avec cette inscription de Saurin :
Rien ne manque à sa gloire : il manquait à la nôtre.
(2) On conserve à Pézenas le fauteuil dans lequel il s'installait tous les samedis chez un barbier, pour y observer les propos du peuple.

Mais il manque à son rire la sérénité et la franchise de l'homme de bien (1).

Molière n'a pas non plus cet amour sincère et compatissant de l'humanité, qui, en lui montrant le ridicule de ses travers, cherche à l'en corriger. Le chagrin lui avait trop aigri le cœur.

Enfin le génie de Molière n'est pas chrétien. Il ne voit dans l'homme qu'une nature déchue, sans rédemption, sans forces et sans espérances surnaturelles (2).

L'art chez Molière.

Peinture des mœurs. — L'*art*, chez Molière, consiste surtout dans la peinture fidèle, vivante et comique des mœurs de son temps.

C'était là, aux yeux de Boileau, son principal mérite :

> Étudiez la cour et connaissez la ville ;
> L'une et l'autre est toujours en modèles fertile.
> C'est par là que *Molière*, illustrant ses écrits,
> Peut-être de son art eût remporté le prix. (*Art poét.*)

Les règles. — La *conduite dramatique* des pièces de Molière est généralement conforme aux règles.

Les dénouements sont la partie faible du poète ; ils pèchent souvent par une trop grande précipitation, et par l'invraisemblance des incidents qui terminent l'action.

Le comique. — Molière manie avec la même aisance tous les genres de comique, le haut comique dans la comédie noble, le comique moyen dans la comédie bourgeoise, le bas comique dans la farce populaire. Il excite tous les rires, depuis les éclats bruyants que provoque la bouffonnerie, jusqu'au fin sourire des connaisseurs les plus délicats (3).

---

(1) « Les grandes comédies de Molière sont tristes ; elles laissent dans l'âme un sentiment douloureux... Loin d'avoir sondé jusqu'au fond le cœur humain, Molière, ayant éteint le seul flambeau qui puisse éclairer cet abîme, s'y est égaré et perdu. Il ne pénètre pas à la racine du vice, il ne donne la raison de rien, et n'indique le remède à rien ; car ce n'est pas un remède que le rire. » (L. Veuillot.)

(2) Sainte-Beuve, libre-penseur, en fait lui-même la remarque : « Molière peint l'humanité comme s'il n'y avait pas eu de venue... Il la sépare d'avec Jésus-Christ, ou plutôt il nous montre à fond l'une sans trop songer à rien autre. Il était simplement de la religion, je ne veux pas dire de don Juan ou d'Épicure, mais de Chrémès, dans Térence : *Homo sum*. On lui a appliqué en un sens sérieux ce mot du *Tartufe* : Un homme, un homme enfin ! »

(3) « Il n'est pas vrai que Molière, quand il parut, eût trouvé le théâtre

Boileau lui faisait un grief d'avoir trop souvent donné dans le bouffon, et Vauvenargues, « d'avoir pris des sujets trop bas, de n'avoir saisi la nature que dans l'humeur et les bizarreries des gens du commun. »

Le style.

Le style de Molière se distingue par le naturel, la clarté, l'aisance, le nerf, la vivacité, et surtout par le relief saisissant qu'il donne à la pensée.

Boileau admirait la facilité et la justesse de ses rimes (1).

La Bruyère et Fénelon lui ont reproché de l'incorrection, et l'emploi du jargon.

Ces défauts, qui se rencontrent dans quelques pièces composées trop précipitamment, se justifient d'ordinaire par le caractère ou la qualité des personnages (2).

absolument dénué de bonnes comédies. Corneille avait donné *le Menteur*, pièce de caractère et d'intrigue. » (VOLT.)

Le Menteur fut une révélation pour Molière; il l'avouait un jour à Boileau: « Oui, mon cher Despréaux, lui disait-il, je dois beaucoup au *Menteur*. Lorsqu'il parut, j'avais bien l'envie d'écrire, mais j'étais incertain de ce que j'écrirais; mes idées étaient confuses; cet ouvrage vint les fixer. Le dialogue me fit voir comment causaient les honnêtes gens; la grâce et l'esprit de Dorante m'apprirent qu'il fallait toujours choisir un héros de bon ton : le sang-froid avec lequel il débite ses faussetés, me montra comment il fallait établir un caractère; la scène où il oublie lui-même le nom supposé qu'il s'est donné, m'éclaira sur la bonne plaisanterie; et celle où il est obligé de se battre par suite de ses mensonges, me prouva que toutes les comédies ont besoin d'un but moral. Enfin sans *le Menteur*, j'aurais sans doute fait quelques pièces d'intrigue; mais peut-être n'aurais-je pas fait *le Misanthrope*. — Embrassez-moi, dit Despréaux : voilà un aveu qui vaut la meilleure comédie. » (FR. DE NEUFCHATEAU, *Esprit du Grand Corneille*.)

(1) La satire II de Boileau (1664) est adressée à Molière; elle roule sur la difficulté de trouver la rime :

  Rare et fameux esprit dont la fertile veine
  Ignore en écrivant le travail et la peine,
  Pour qui tient Apollon tous ses trésors ouverts,
  Et qui sait à quel coin se marquent les bons vers;
  Dans les combats d'esprit savant maître d'escrime,
  Enseigne-moi, Molière, où tu trouves la rime.
  On dirait, quand tu veux, qu'elle te vient chercher :
  Jamais au bout du vers on ne te voit broncher;
  Et sans qu'un long détour t'arrête ou t'embarrasse,
  A peine as-tu parlé, qu'elle-même s'y place.

(2) Vauvenargues a été plus sévère encore : « On trouve, disait-il, dans

Fénelon est plus dans le vrai, quand il dit que Molière « a souvent outré les caractères. » Ses tableaux, en effet, sont parfois trop chargés, les couleurs en sont trop fortes. Pour frapper le spectateur, il n'est pas permis de sortir de la vraisemblance.

Théâtre de Molière.

Le théâtre de Molière comprend cinq sortes de pièces :

1° Des comédies de *caractère* (qui s'attachent principalement à la peinture d'un caractère) ; Molière en a trois : *le Misanthrope*, *l'Avare* et *le Tartufe*.

3° Des comédies de *mœurs*, qui représentent les usages, la manière de vivre et de parler de la société en général, ou d'une classe particulière de la société.

On en compte quatre : *les Précieuses ridicules*, *les Femmes savantes*, *l'École des maris*, *l'École des femmes*.

3° Des comédies d'*intrigue* fondées sur les aventures et les situations bizarres.

Tels sont *l'Étourdi* et *Amphitryon*.

4° Des *farces*, où domine la bouffonnerie, comme *Sganarelle*, *le Mariage forcé*, *Monsieur de Pourceaugnac*, *les Fourberies de Scapin*.

5° Des comédies *mixtes*, mélange de différents genres ; par exemple, *le Bourgeois gentilhomme* et *le Malade imaginaire*, où la farce se mêle à la comédie de caractère ; de même *Don Juan*, comédie à la fois d'intrigue et de caractère.

Moralité du théâtre de Molière.

Le théâtre de Molière, pris dans son ensemble, est immoral.

C'est le jugement qui s'impose à toute conscience honnête, et surtout à la conscience chrétienne.

Certaines pièces, comme *le Tartufe*, *Don Juan* et *Amphitryon*, raillent la religion, jettent l'odieux sur la piété, ou prêchent effrontément le vice.

Dans la plupart des autres, l'autorité paternelle, la fidélité con-

---

Molière, tant de négligences et d'expressions bizarres et impropres, qu'il y a peu de poètes, si j'ose le dire, moins corrects que lui. »

Vauvenargues jugeait trop la langue de Molière par celle du xviiie siècle.

jugale, la sainte institution du mariage, la modestie, la bonne foi, l'obéissance et la piété filiale sont tournées en ridicule.

Les beaux rôles appartiennent d'ordinaire aux valets fripons, aux fils débauchés, aux femmes sans pudeur. La vertu, au contraire, est trop souvent accompagnée d'une exagération qui lui ôte tout crédit, ou d'une tyrannie qui la fait détester, ou d'une imbécillité niaise qui la fait mépriser.

Molière cherchait le succès, et lui sacrifiait volontiers le reste (1). Il faisait la cour à Louis XIV, heureux de voir glorifier ses plaisirs coupables, et qu'on fermât la bouche aux censeurs incommodes de ses désordres; il voulait plaire aux libertins de croyances et de mœurs qui commençaient à lever la tête; il flattait les instincts grossiers du peuple dans ces farces où les bouffonneries obscènes se mêlent aux maximes les plus scandaleuses.

Enfin, il n'est pas jusqu'aux pièces réputées les meilleures où la morale n'ait quelque réserve à faire (2).

(1) Un des plus grands admirateurs de Molière, Geoffroy, ne peut s'empêcher de confesser l'immoralité de ses pièces (1804) :

« Mon extrême admiration pour le rare talent de Molière est pour moi une raison de plus de souhaiter *qu'il eût davantage respecté les mœurs*... Molière, doué d'un génie admirable pour son art, ne s'occupa que du soin de faire des comédies *plaisantes*, et il y réussit parfaitement; mais il ne fut pas assez réservé, ni même assez philosophe dans le choix des ridicules; il prit pour objet éternel de ses railleries l'autorité des maris et la foi conjugale, les deux plus fermes appuis des mœurs... Cette parodie des dogmes religieux (dans *don Juan*), cette bouffonnerie sur la punition de l'adultère, n'est-elle pas propre *à inspirer du mépris pour les lois divines et humaines?*... Le plaisir que donnent les meilleures comédies est beaucoup trop cher, si, pour l'acheter, il faut s'exposer à tout le mal que peut produire *cette pernicieuse morale?*... Quand Molière *a secondé*, par ses plaisanteries, *le progrès des mauvaises mœurs*, il a toujours réussi : tous ses traits contre l'autorité des pères et des maris ont porté coup : il est parvenu à rendre ridicules la piété filiale et la foi conjugale... » (*Cours de litt. dram.*, I.)

Quel réquisitoire ! et cependant Geoffroy n'était pas un janséniste; ses articles mêmes sur Molière contiennent d'étranges complaisances pour les maximes du monde.

(2) Dans la Préface des *Précieuses ridicules*, Molière avançait « que les vicieuses imitations de ce qu'il y a de plus parfait ont été de tout temps la matière de la comédie. » On comprend qu'avec une pareille théorie, il se soit fait, suivant sa propre expression, le *singe* de la piété dans le *Tartufe*, le *singe* de la franchise et de l'honnêteté dans le *Misanthrope*, sans parler des autres « excellentes choses » dont il a fait la caricature, au risque de les déprécier par ses moqueries.

« Aristote, un païen, ne permet à la comédie que de tourner *le vice* en ridicule. » (Charaux.)

Voici le grave jugement de Bossuet (1) :

« On a pu avancer que la comédie, *telle qu'elle est aujourd'hui*, n'a rien de contraire aux bonnes mœurs... Il faudra donc que nous passions pour honnêtes *les impiétés et les infamies dont sont pleines les comédies de Molière*, ou qu'on ne veuille pas ranger parmi les pièces d'aujourd'hui celles d'un auteur qui a expiré pour ainsi dire à nos yeux, *et qui remplit encore à présent tous les théâtres des équivoques les plus grossières, dont on ait jamais infecté les oreilles des chrétiens*... Ce rigide censeur des grands canons, ce grave réformateur des mines et des expressions de nos précieuses (2)... a fait voir à notre siècle le fruit qu'on peut espérer de la morale du théâtre qui n'attaque que le ridicule du monde, *en lui laissant cependant toute sa corruption* (3). La postérité saura peut-être la fin de ce poète comédien, qui, en jouant son *Malade imaginaire*..., reçut la dernière atteinte de la maladie dont il mourut peu d'heures après, et passa des plaisanteries du théâtre, parmi lesquelles il rendit presque le dernier soupir, au tribunal de celui qui dit : « Malheur à vous qui riez, car vous pleurerez. » Ceux qui ont laissé sur la terre de plus riches monuments, n'en sont pas plus à couvert de la justice de Dieu : ni les beaux vers, ni les beaux chants ne servent de rien devant lui; et il n'épargnera pas ceux qui, en quelque manière que ce soit, auront entretenu la convoitise. » (*Maximes sur la Comédie*, ch. 3 et 5; en 1694.)

Bourdaloue avait parlé avec la même vigueur, vingt ans auparavant, contre le scandale du *Tartufe*. (Voir en tête de la pièce.)

Si Fénelon, plus tard, dans la *Lettre à l'Académie* (1713), s'exprima en termes plus doux, sa réprobation n'en était pas moins explicite et entière. V. ci-après p. 11 (4).

(1) Personne n'était mieux placé que le grand évêque pour apprécier sous le rapport moral l'œuvre de Molière. Il avait habité Paris et Versailles pendant ces tristes années où le génie du poète seconda si bien les scandales de la cour.

(2) Allusion à *l'École des maris* et aux *Précieuses ridicules*. Voir plus loin, *Misanthrope*, A. II, sc. I.

(3) On peut voir dans le texte de Bossuet deux phrases plus terribles encore que nous ne pouvons citer ici.

(4) Les critiques vraiment chrétiens, soucieux à la fois de la dignité morale et de l'honneur de l'art, n'ont jamais parlé un autre langage.

L. Veuillot résumait ainsi sa pensée à la fin de son livre sur *Molière et Bourdaloue* :

« Oui, maintenant je peux laisser dire que Molière n'a d'autres ennemis que les fourbes qu'il a démasqués; je peux passer au pied de sa statue érigée sur nos places publiques; je peux entendre l'Académie française regretter qu'il manque à sa gloire; je peux souffrir que de vains et ridicules rhéteurs, esclaves de la popularité du mal, entassent des phrases farcies d'adjectifs

En somme, Molière a flagellé quelques *travers* de mode ou de langage ; mais il a manqué le grand but de son art ; au lieu de corriger les *mœurs*, il a servi à les corrompre (1).

Jugement littéraire de Boileau. (*Art poét.*, III.)

Étudiez la cour et connaissez la ville ;
L'une et l'autre est toujours en modèles fertile.
C'est par là que Molière, illustrant ses écrits,
Peut-être de son art eût remporté le prix,
Si, moins ami du peuple, en ses doctes peintures,
Il n'eût point fait souvent grimacer ses figures,
Quitté pour le bouffon l'agréable et le fin,
Et sans honte à Térence allié Tabarin (2).
Dans ce sac ridicule où Scapin s'enveloppe (3),
Je ne reconnais plus l'auteur du *Misanthrope* (4).

pour faire un piédestal de courage à ce flatteur, une couronne de franchise à ce menteur, une renommée de vertu à ce corrupteur. J'ai dit ce que j'avais à dire : *Liberavi animam meam*. Ceux qui sauront que j'ai vécu, sauront que je n'ai pas fait partie du parterre qui canonise Scapin... »

M. A. Charaux conclut de même à la fin de ses *Cours sur Molière* : « Pour Molière, *la grande règle, c'est de plaire*... Plaire par la peinture du vice, sous prétexte de corriger, voilà son but. Il n'a que trop réussi. Il est bouffon au besoin, obscène plus d'une fois, très souvent immoral... C'est un méchant magicien qui me fait rire, malgré moi, de la famille, du ciel, de l'honneur, de mon âme. C'est un mauvais génie. » (*Critique idéale et catholique*.)

(1) L'immoralité que nous signalons dans les comédies de Molière, tient surtout à *l'effet moral*, à l'impression qu'elles produisent sur le spectateur. C'est cependant de la moralité de l'impression que le poète a le devoir de se préoccuper, plus encore que de la moralité philosophique. La grande faute de Molière a été de s'en soucier très peu. « Molière, disait avec indulgence Saint-Marc Girardin, a l'esprit juste et *la conscience frivole*. Il déteste les mauvaises doctrines, mais il ne résiste pas au plaisir de faire rire des bonnes. » (*Litt. dram.*, V.)

(2) Tabarin fut le bouffon d'un charlatan nommé Mondor, qui amusait la foule sur la place Dauphine, au commencement du XVIIe siècle.
Térence, poète comique latin (194-158 av. J.-C.), remarquable surtout par l'élégance du style et la finesse du comique. V. ci-après les jugements de Fénelon et de la Bruyère.

(3) « Ce n'est pas Scapin qui s'enveloppe dans un sac ; c'est le vieux Géronte à qui Scapin persuade de s'y mettre. Mais cela est dit figurément, parce que Scapin est le héros de la pièce. » (BROSSETTE.)

(4) Louis XIV ayant demandé, dit-on, à Boileau quel était l'écrivain le plus extraordinaire du temps, celui-ci nomma Molière : « Je ne le croyais pas, reprit le roi ; mais vous vous y connaissez mieux que moi. » C'était en 1672, quelque temps après la représentation des *Femmes savantes*.

Jugement de Fénelon.

Mérite. — Il faut avouer que Molière est un grand poète comique Je ne crains pas de dire qu'il a enfoncé plus avant que Térence dans certains caractères; il a embrassé une plus grande variété de sujets; il a peint par des traits forts presque tout ce que nous voyons de déréglé et de ridicule... Encore une fois je le trouve grand : mais ne puis-je pas parler en toute liberté sur ses défauts ?

Style. — En pensant bien, il parle souvent mal; il se sert des phrases les plus forcées et les moins naturelles. Térence dit en quatre mots avec la plus élégante simplicité, ce que celui-ci ne dit qu'avec une multitude de métaphores qui approchent du galimatias. J'aime bien mieux sa prose que ses vers. Par exemple, *l'Avare* est moins mal écrit que les pièces qui sont en vers. Il est vrai que la versification française l'a gêné; il est vrai même qu'il a mieux réussi pour les vers dans l'*Amphitryon*, où il a pris la liberté de faire des vers irréguliers. Mais en général, il me paraît, jusque dans sa prose, ne parler point assez simplement pour exprimer toutes les passions (1).

Exagération. — D'ailleurs, il a outré souvent les caractères : il a voulu, par cette liberté, plaire au parterre, frapper les spectateurs les moins délicats, et rendre le ridicule plus sensible. Mais quoiqu'on doive marquer chaque passion dans son plus fort degré et par ses traits les plus vifs, pour en mieux montrer l'excès et la difformité, on n'a pas besoin de forcer la nature et d'abandonner le vraisemblable. Ainsi, malgré l'exemple de Plaute, où nous lisons, *Cedo tertiam*, je soutiens, contre Molière, qu'un avare qui n'est point fou ne va jamais jusqu'à vouloir regarder dans la troisième main de l'homme qu'il soupçonne de l'avoir volé.

Immoralité. — Un autre défaut de Molière, que beaucoup de gens d'esprit lui pardonnent, et que je n'ai garde de lui pardonner, est qu'il a donné un tour gracieux au vice, avec une austérité ridicule et odieuse à la vertu (2). Je comprends que ses défenseurs ne manqueront pas de dire qu'il a traité avec honneur la vraie probité, qu'il n'a attaqué qu'une vertu chagrine et qu'une hypocrisie détestable; mais sans entrer dans cette longue discussion, je soutiens que Platon et les autres législateurs de l'antiquité païenne n'auraient jamais admis dans leurs républiques un tel jeu sur les mœurs (3).

La farce. — Enfin, je ne puis m'empêcher de croire, avec M. Despréaux, que Molière, qui peint avec tant de force et de beauté les mœurs

(1) Ce jugement de Fénelon est sévère.
(2) Fénelon a surtout en vue *le Tartufe* et *le Misanthrope*.
(3) Ce dernier mot est écrasant pour le poète et son royal protecteur.

de son pays, tombe trop bas quand il imite le badinage de la comédie italienne :

> Dans ce sac ridicule où Scapin s'enveloppe,
> Je ne reconnais plus l'auteur du *Misanthrope.*

Jugement de J.-J. Rousseau (1758).

On convient et on sentira chaque jour davantage que Molière est le plus parfait auteur comique dont les ouvrages nous soient connus. Mais on ne peut disconvenir aussi que le théâtre de ce même Molière, dont je suis plus l'admirateur que personne, ne soit une école de vices et de mauvaises mœurs plus dangereuse que les livres mêmes où l'on fait profession de les enseigner... Les honnêtes gens ne sont que des gens qui parlent ; les vicieux sont des gens qui agissent et que les plus brillants succès favorisent le plus souvent... Voyez comment, pour multiplier ses plaisanteries, cet homme trouble tout l'ordre de la société; avec quel scandale il renverse tous les rapports les plus sacrés sur lesquels elle est fondée; comment il tourne en dérision les respectables droits des pères sur leurs enfants, des maris sur leurs femmes, des maîtres sur leurs serviteurs. Il fait rire, il est vrai, et n'en devient que plus coupable, en forçant, par un charme invincible, les sages mêmes de se prêter à des railleries qui devraient exciter leur indignation. J'entends dire qu'il attaque les vices, mais je voudrais bien que l'on comparât ceux qu'il attaque avec ceux qu'il favorise... (*Lettres sur les Spectacles.*) (1)

Jugement de la Bruyère (1687).

Il n'a manqué à Térence que d'être moins froid : quelle pureté, quelle exactitude, quelle politesse, quelle élégance, quels caractères!

Il n'a manqué à Molière que d'éviter le jargon, et d'écrire purement : quel feu, quelle naïveté, quelle source de la bonne plaisanterie, quelle imitation des mœurs, quelles images et quel fléau du ridicule! Mais quel homme on aurait pu faire de ces deux comiques ! (*Caractères*, ch. I.)

(1) Voir en tête du *Misanthrope* le jugement de Rousseau sur cette pièce.

QUESTIONS GÉNÉRALES.

Biographie.

Où et quand naquit Molière ?
Quel était le nom de son père ?
Comment se fit son éducation ?
Comment entra-t-il au théâtre ?
Quelles furent ses premières aventures ?
Comment se passa sa vie nomade en province ?
Quand se fixa-t-il à Paris ?
Nommez les principales pièces qu'il composa pendant cette dernière période de sa vie.
Molière fut-il heureux ?
Quelle fut sa mort ?

Le poète.

Molière avait-il les qualités du poète comique ?
Quelles sont ses qualités principales ?
Que manquait-il à son génie ?
Pourquoi l'appelait-on le *contemplateur* ?
En quoi consiste surtout son art ?
Ses pièces sont-elles conformes aux règles ?
Quels genres de comique y trouve-t-on ?
Quels sont les reproches de Boileau et de Vauvenargues ?
Quelles sont les qualités qui distinguent le style de Molière ?
Quels défauts lui ont reprochés Fénelon et la Bruyère ?

Théâtre de Molière.

Quelles sortes de pièces comprend le théâtre de Molière ?
Citez quelques comédies de caractère, — de mœurs, — d'intrigue, quelques farces, quelques comédies mixtes.
Quelle est la moralité du théâtre de Molière ?
Quels sont sur ce point les jugements de Bossuet, de Bourdaloue, de Fénelon, de Geoffroy, de J.-J. Rousseau ?
Quels sont les jugements littéraires de Boileau, de Fénelon, de la Bruyère ?

LE MISANTHROPE

COMÉDIE

1666

Le texte est celui de l'édition des *Grands Écrivains de la France*.

LE MISANTHROPE [1]

COMÉDIE

Le *Misanthrope* fut représenté pour la première fois à Paris, sur théâtre du Palais-Royal, le 4 juin 1666 (2).

Age de Molière, 44 ans.

ACTEURS.

ALCESTE, amant de Célimène (3).
PHILINTE, ami d'Alceste (4).
ORONTE, amant de Célimène.
CÉLIMÈNE, amante d'Alceste.
ÉLIANTE, cousine de Célimène.
ARSINOÉ, amie de Célimène.
CLITANDRE, } marquis.
ACASTE,
BASQUE, valet de Célimène.
Un garde de la maréchaussée de France.
DU BOIS, valet d'Alceste.

La scène est à Paris (5).

(1) Dans le privilège obtenu le 21 juin 1666, la pièce portait en sous-titre, *l'Atrabilaire amoureux*. Molière le retrancha dans la suite.
(2) Le roi et la cour ne purent avoir les prémices du *Misanthrope*; ils étaient alors en deuil de la reine-mère, Anne d'Autriche, morte quelques mois auparavant.
(3) *Alceste*, chez les Grecs, répondait à un nom de femme, comme on le voit par la tragédie d'Euripide. Étymologiquement, le mot signifie *homme fort, vaillant, champion*.
(4) *Philinte* vient de φιλέω, *aimer*; c'est l'ami du genre humain.
(5) Dans la maison de Célimène. — Le rôle d'Alceste fut joué d'abord par Molière lui-même, et celui de Célimène par sa femme.
Le costume de Molière dans le rôle d'Alceste nous est indiqué par ce passage de l'inventaire fait après sa mort : « Une boîte où sont les habits de la représentation du *Misanthrope*, consistant en un haut-de-chausses et juste-au-corps de brocart rayé or et soie gris, doublé de tabis, garni de *ruban vert* ; la veste de brocart d'or, les bas de soie et jarretières. »

ANALYSE GÉNÉRALE DE L'ACTION.

Acte I. — Exposition. - Le sonnet.

Alceste a demandé la main de Célimène. Fatigué des délais dont Célimène l'amuse, il arrive chez elle pour la forcer à se déclarer. En attendant son retour, il querelle Philinte au sujet des protestations d'amitié dont il vient d'accabler un inconnu. Philinte, de son côté, le raille sur sa misanthropie et sur son attachement pour une femme aussi légère que Célimène. Pendant leur dispute arrive Oronte, qui vient voir aussi Célimène; il les prie d'écouter un sonnet de sa façon. Philinte le trouve admirable; Alceste le déclare détestable. Oronte s'en fâche et sort la menace à la bouche. Outré des remontrances de Philinte, Alceste part à son tour; son ami le suit.

Acte II. — La scène de la médisance.

Alceste est revenu chez Célimène. Pendant qu'il lui reproche sa facilité à recevoir les avances de ses prétendants, on annonce les deux marquis Acaste et Clitandre. Au même instant arrivent aussi Éliante et Philinte. Alceste qui avait d'abord fait mine de vouloir partir, reste et prête l'oreille à la conversation qui s'engage.

Le prochain en fait tous les frais : Célimène, encouragée par ses flatteurs, n'épargne personne. Alceste n'y tient plus; il gourmande Célimène, et plus encore ses approbateurs.

Pendant qu'ils se disposent à sortir, un garde de la maréchaussée de France vient inviter Alceste à comparaître pour l'affaire du sonnet. Alceste sort en maugréant. Célimène conduit sa petite cour dans la galerie.

Acte III. — Les marquis; la prude et la coquette.

Acaste et Clitandre, se croyant l'un et l'autre dans les bonnes grâces de Célimène, viennent lui demander de se prononcer pour celui qu'elle préfère. Au moment où Célimène les reçoit, on annonce Arsinoé. Célimène l'accueille avec un empressement hypocrite. Les deux marquis s'étant retirés, la coquette et la prude se disent, sous la forme de conseils charitables, les plus cruelles vérités. Célimène, voyant entrer Alceste, le laisse avec Arsinoé, pendant qu'elle va « écrire un mot de lettre. » Arsinoé profite de l'occasion pour persuader à Alceste que Célimène le joue, s'offrant du reste à lui en fournir la preuve, s'il veut l'accompagner à son hôtel. Alceste la suit.

Acte IV. — La querelle du billet.

Philinte revient annoncer l'issue de l'affaire d'Alceste avec Oronte; elle s'est terminée par un accommodement. En donnant cette nouvelle à Éliante qu'il rencontre dans le salon de Célimène, il s'entretient avec elle du sot amour d'Alceste; il souhaite à son ami la main d'Éliante, qu'il serait d'ailleurs trop heureux d'obtenir lui-même.

Cependant Alceste arrive tout en fureur; il tient d'Arsinoé un billet de Célimène qu'il croit écrit pour Oronte. Il prétend rompre avec la perfide, et se donner à Éliante. Éliante tâche de calmer son transport. Célimène entre sur ces entrefaites, Éliante et Philinte se retirent. Alceste éclate alors en reproches contre Célimène qui d'un mot arrête ses invectives, en disant que ce billet sans signature pourrait bien être adressé à une femme. Alceste apaisé recommence ses protestations d'amour, quand son valet Du Bois vient lui apprendre que la justice le réclame pour son procès.

Acte V. — La rupture. - Dénouement.

Alceste, furieux d'avoir perdu son procès, déclare à Philinte son dessein de se retirer de la société des hommes; il vient l'annoncer à Célimène dont il éprouvera ainsi l'amour. Philinte va prier Éliante de descendre. Alceste, caché dans un coin, voit entrer Oronte qui presse Célimène de se prononcer enfin. Alceste se joint à lui pour obtenir une réponse décisive. Pendant qu'elle se débat contre leurs instances, Philinte et Éliante arrivent, suivis d'Acaste, de Clitandre et d'Arsinoé; les deux marquis viennent à leur tour demander raison à Célimène de deux lettres où elle les a tournés en ridicule ainsi qu'Alceste. Clitandre, Acaste et Oronte se retirent indignés de tant de fausseté. Arsinoé, qui veut profiter du dépit d'Alceste, voit ses offres repoussées. Quant au Misanthrope, aveugle jusqu'au bout dans son amour, il est prêt à pardonner à Célimène, si elle consent à le suivre dans la solitude. Elle refuse. Éliante accepte la main de Philinte, et Alceste

> Va chercher sur la terre un endroit écarté
> Où d'être homme d'honneur on ait la liberté.

APPRÉCIATION.

Le chef-d'œuvre de Molière.

Le Misanthrope passe pour le chef-d'œuvre de Molière (1).

C'est un modèle de haute comédie, ou plutôt de satire fine et enjouée transportée sur le théâtre.

Le poète y joue le grand monde.

Une série de portraits d'une ressemblance parfaite, et encadrés dans des scènes piquantes, nous montre les principaux travers et vices de la haute société : la politesse banale du monde, la flatterie, la fausseté, les lâches complaisances, la vanité, la fatuité, la coquetterie, la pruderie, la jalousie, la médisance surtout.

Le Misanthrope pourrait donc être appelé une comédie de *mœurs*. Mais le rôle prépondérant d'Alceste en fait une comédie de *caractère*. Alceste, *l'ennemi du genre humain*, est le personnage à la fois le plus important et le plus plaisant de la pièce; c'est le caractère du misanthrope que Molière a voulu mettre en relief, comme, du reste, le titre l'indique (2).

Le mérite principal du *Misanthrope* consiste dans la peinture des mœurs et dans la finesse du comique.

---

(1) « L'Europe regarde cet ouvrage comme le chef-d'œuvre du haut comique. » (VOLT.) Pour Boileau, on le sait, Molière est surtout l'auteur du *Misanthrope*. Geoffroy regardait aussi cette pièce comme « la plus parfaite » de Molière. Gœthe professait la même admiration pour le *Misanthrope* : « Je le relis sans cesse, disait-il, comme une des pièces du monde que j'aime le mieux. »

(2) Voici le jugement de Voltaire (*Sommaire du Mis.*) : « Le sujet du Misanthrope a réussi chez toutes les nations longtemps avant Molière, et après lui. En effet, il y a peu de choses plus attachantes qu'un homme qui hait le genre humain dont il a éprouvé les noirceurs, et qui est entouré de flatteurs dont la complaisance servile fait un contraste avec son inflexibilité. Cette façon de traiter le Misanthrope est la plus commune, la plus naturelle et la plus susceptible du genre comique. Celle dont Molière l'a traité est bien plus délicate, et, fournissant bien moins, exigeait beaucoup d'art. Il s'est fait à lui-même un sujet stérile, privé d'action, dénué d'intérêt. Son Misanthrope hait les hommes encore plus par humeur que par raison. Il n'y a d'intrigue dans la pièce que ce qu'il en faut pour faire sortir les caractères, mais peut-être pas assez pour attacher : en récompense, tous ces caractères ont une force, une vérité et une finesse que jamais auteur comique n'a connues comme lui. Molière est le premier qui ait su tourner en scènes ces conversations du monde, et y mêler des portraits. »

L'action en a souffert; elle est faible, suffisante pour soutenir l'intérêt, mais pas assez vive pour attacher.

Aussi le succès de la pièce fut d'abord médiocre : un comique si fin et si sérieux ne pouvait soulever la foule.

Le Misanthrope de Molière, comme le *Britannicus* de Racine, avait besoin du suffrage des connaisseurs (1).

Sujet, action, intrigue, nœud, dénouement.

Le *sujet principal* du *Misanthrope* est le ridicule de la misanthropie; le *sujet secondaire* est la satire de la haute société.

L'*action* consiste : 1° dans les démarches d'Alceste pour obtenir la main de Célimène; 2° dans les intrigues de Célimène qui finissent par amener une rupture définitive.

L'*intrigue* se compose des aventures d'Alceste, provoquées plus ou moins directement par son caractère brusque et bizarre.

Ces *aventures* sont :

1° L'affaire du sonnet, qui brouille Alceste avec Oronte, l'un des prétendants de Célimène;

2° La scène de la médisance, où Alceste s'emporte contre Célimène et ses flatteurs;

3° Les rivalités que lui ménage la coquetterie de Célimène;

4° La perte de son procès;

5° L'humiliation de Célimène, et son refus de le suivre dans la solitude.

Le *ressort* de la pièce est le ridicule amour d'Alceste pour Célimène.

---

(1) La recette qui avait été assez bonne aux deux premières représentations, baissa dès la 3ᵉ, et fut presque nulle à la 10ᵉ; elle se releva un peu, lorsque Molière joignit à la représentation la farce du *Médecin malgré lui*.

Cette première froideur du public pour *le Misanthrope* est attestée par une tradition constante, recueillie par L. Racine, Voltaire, l'abbé Dubos et Grimarest.

Il en fut de même plus tard, au rapport de Voltaire, quand le fameux Baron remonta sur le théâtre, après trente ans d'absence : « La pièce n'attira pas un grand concours : ce qui confirma l'opinion où l'on était que *le Misanthrope* serait plus admiré que suivi. » (*Sommaire.*)

Geoffroy ne constatait pas plus d'enthousiasme en 1803 : « Ces beautés fortes et mâles qui étonnent toujours les connaisseurs, ne font presque aucune impression sur le petit peuple des spectateurs, et même des soi-disant gens de lettres : ils n'admirent point *le Misanthrope* par sentiment, mais par respect humain. »

Les *combinaisons dramatiques* sont presque nulles. *Le Misanthrope* se compose de scènes ingénieuses qui se succèdent, reliées à peine par le fil invisible d'une intrigue lâchement nouée.

Le *nœud* est formé par l'arrivée d'Oronte, l'homme au sonnet et le rival d'Alceste.

Le *dénouement* est déterminé par la retraite d'Alceste qui, trompé et abandonné par Célimène, se jette de dépit dans la solitude.

Célimène se retire couverte de confusion, ainsi qu'Arsinoé dédaignée par Alceste. Philinte épouse Éliante. Oronte et les deux marquis n'ont, pour se consoler de leur mésaventure, que la honte infligée à Célimène.

Les trois unités.

Les trois unités sont suffisamment observées.

1° L'*unité d'action* : Alceste poursuit son mariage avec Célimène; tous les incidents se rapportent à cette action principale, pour préparer et amener la rupture définitive.

2° L'*unité de temps* : une journée suffit.

3° L'*unité de lieu* : tout se passe à Paris, dit le texte; dans le salon de Célimène, ajoute l'édition de 1734.

Cette indication est donnée plusieurs fois par les personnages eux-mêmes (1).

La dernière scène cependant présente une invraisemblance. Il y est marqué que *Célimène*, repoussée par Alceste, *se retire*, pendant qu'Alceste continue de s'entretenir avec Éliante et Philinte. Si le dernier acte s'achève, comme il a commencé, dans le salon de Célimène, il n'est pas naturel qu'Alceste y demeure avec son ami, après avoir honteusement congédié la maîtresse de la maison.

(1) Acte I, sc. I : Et je ne viens ici qu'à dessein de lui dire...
    Acte II, sc. I : C'est pour me quereller donc, à ce que je voi,
        Que vous avez voulu me ramener chez moi.
    Acte III, sc. I : Tu penses donc, Marquis, être fort bien ici.
    — sc. III : Arsinoé, Madame, — Monte ici pour vous voir.

Quand Célimène est sortie, les personnages s'entretiennent dans son salon, en attendant son retour.

Personnages.

Le personnage principal est Alceste; après lui viennent, par ordre d'importance, d'abord Célimène et Philinte, puis Éliante, Arsinoé, Oronte et les deux marquis.

Alceste.

Alceste est un misanthrope, un ennemi du genre humain, mais d'une nuance à part (1).

Ce n'est pas le Timon de Platon et de Lucien, qui, dégoûté d'un monde perfide, lui jure froidement une haine éternelle, et va vivre comme une bête fauve au fond des bois (2).

Ce n'est pas le dissipateur de Shakespeare, qui, après s'être ruiné par de folles prodigalités, maudit ses vils parasites, et s'enferme dans une solitude où il se consume de mélancolie (3).

Ce n'est pas non plus le misanthrope de la Bruyère, qui reste au milieu des hommes sans se lier avec personne, qui « peut avoir l'âme austère et farouche, mais qui est extérieurement civil et *cérémonieux* (4). »

(1) « *Misanthrope*, celui qui hait les hommes : *Timon d'Athènes était un véritable misanthrope*. Il se dit particulièrement d'un homme bourru, chagrin, ennemi du commerce des autres hommes : *la comédie du Misanthrope*. » (Ac.)
« La misanthropie, dit Platon, vient de ce qu'après s'être beaucoup trop fié sans aucune connaissance à quelqu'un, et l'avoir cru tout à fait sincère, honnête et digne de confiance, on le trouve, peu de temps après, méchant et infidèle, et tout autre encore dans une autre occasion ; et lorsque cela est arrivé à quelqu'un plusieurs fois, et surtout relativement à ceux qu'il avait crus ses meilleurs et plus intimes amis, après plusieurs mécomptes, il finit par prendre en haine tous les hommes, et ne croire plus qu'il y ait rien d'honnête dans aucun d'eux... N'est-ce pas une honte?... Si cet homme avait eu un peu connaissance des choses humaines, il eût pensé, comme cela est en réalité, que les bons et les méchants sont les uns et les autres en bien petite minorité, et ceux qui tiennent le milieu, en très grand nombre. » (*Phédon*, trad. de Cousin.)
(2) Timon, surnommé *le Misanthrope*, naquit dans l'Attique quelques années avant la guerre du Péloponnèse. L'ingratitude de ses amis lui fit prendre en haine l'humanité tout entière, excepté Alcibiade en qui il pressentait un ennemi de sa patrie. S'étant cassé la jambe, il mourut pour n'avoir voulu recevoir les soins de personne.
(3) Le misanthrope de Shakespeare, qui n'est d'abord qu'un égoïste et un sot, finit par un pessimisme voisin de la folie.
(4) « Il ne s'échappe pas, il ne s'apprivoise pas avec les hommes ; au contraire, il les traite honnêtement et sérieusement; il emploie à leur égard tout ce qui peut éloigner leur familiarité; il ne veut pas les mieux connaître ni s'en faire des amis. » (LA BRUY., *De l'homme*.)

Le Misanthrope de Molière joint à un cœur droit, franc et bon, le double travers d'un caractère bourru et d'un amour ridicule.

Alceste se montre homme de bien d'un bout de la pièce à l'autre, mais un orgueil secret et une humeur chagrine jettent continuellement sa vertu dans les plus tristes excès : sa franchise est brutale, sa fermeté devient de l'entêtement ; son zèle amer, impitoyable,

> ... Ne trouve partout que lâche flatterie,
> Qu'injustice, intérêt, trahison, fourberie.

De là cette *effroyable haine* qu'il a jurée au genre humain ; de là ces boutades et ces explosions d'autant plus risibles, qu'elles sont plus bizarres, plus violentes, et qu'elles partent de motifs plus généreux.

Alceste n'a ni patience, ni indulgence, ni modération, ni charité (1). Cependant cette intempérance de vertu n'est que la moitié de son caractère comique. Pour en achever le ridicule, Molière l'a affublé d'un autre travers : il l'a fait niaisement amoureux d'une coquette qui le joue.

Une si étrange faiblesse crée sans doute des situations curieuses et piquantes ; mais elle est peu vraisemblable dans un homme de la trempe d'Alceste (2).

Philinte.

Philinte est opposé à Alceste, pour mieux faire ressortir le ridicule de sa misanthropie.

---

(1) « Alceste n'est qu'un vertueux du paganisme, de ceux qu'on appelle Socrate, Bias, Diogène, etc., mêlé d'une forte partie de ce pharisien de l'Évangile qui prie debout dans le temple, principalement occupé de rendre justice à ses vertus. C'est un orgueilleux. Il fuit avec emphase, mais pour ne point combattre. Sa haine du monde n'est point la haine chrétienne, toujours pleine de charité. » (L. Veuillot.)

(2) « Les commentateurs signalent comme une invention de génie cet amour d'un tel homme pour une telle femme ; c'est, disent-ils, une des maîtresses beautés du *Misanthrope*. Je n'y contredis point. Une chose pourtant attiédit mon admiration. En un sens, la combinaison est belle et vraie : il est naturel qu'un héros de fausse vertu comme Alceste soit absurdement amoureux d'une femme peu digne de lui, et qu'ainsi succombe cette pompe d'austérité qui se pique de ne tolérer aucune faiblesse humaine. Mais d'un autre côté, je ne trouve pas que ce coup de génie soit un trait de caractère. Alceste est orgueilleux, non point bas et corrompu ;... il n'a pas mérité d'être et ne saurait devenir l'un des jouets d'une Célimène. » (L. Veuillot.)

Philinte a le caractère doux et accommodant, l'humeur facile et agréable; il supporte avec indulgence les travers et les défauts du prochain. On l'a nommé *le sage* de la pièce. Mais ce sage n'a que les apparences de la vertu; sa morale, qui est celle du *laissez faire*, s'inspire de la politique plus que de la conscience; sa modération procède, non de la charité chrétienne, mais de l'indifférence sceptique : il ne connaît pas

> Ces haines vigoureuses
> Que doit donner le vice aux âmes vertueuses.

C'est le courtisan avec sa politesse banale et sa frivole insouciance. Il se montre, du reste, bon pour Alceste; il l'avertit de ses défauts, et s'emploie à le tirer des mauvais pas où il s'engage (1).

Célimène.

Célimène est une jeune veuve coquette, frivole, toute pétrie de vanité, pétillante d'esprit, mais femme sans cœur, sans sincérité, sans consistance, tournée tout entière à la malice, enfin la plus méchante langue qu'on puisse imaginer (2).

Son bonheur est d'avoir une petite cour d'admirateurs, et d'y mordre à l'aise quiconque a le malheur de ne pas lui plaire. Elle est punie du reste par où elle a péché; ses artifices sont percés à jour, et elle finit par se voir abandonnée de tous ceux qu'elle s'est fait un jeu cruel de déchirer ou de duper.

---

(1) Le rôle de Philinte a été aussi diversement apprécié que celui d'Alceste.

Pour Donneau de Visé, qui écrivit après la première représentation une lettre fort élogieuse pour son ami Molière, Philinte est « un homme sage et prudent..., si raisonnable que tout le monde devrait l'imiter;... et ne portant les choses dans l'un ni dans l'autre excès, sa conduite doit être approuvée de tout le monde. »

Rousseau, au contraire, ne voyait dans *Philinte* qu'un fripon. (Voir plus loin, p. 27.)

Fabre d'Églantine, ayant voulu refaire *le Misanthrope* sur l'idée de Rousseau, intitula sa pièce le *Philinte de Molière ou la Suite du Misanthrope* (1790). Alceste, quoique misanthrope, y joue un rôle très généreux; Philinte, au contraire, est odieux par son égoïsme dur et brutal.

(2) « *Coquetterie*, désir de plaire par vanité. Il se dit aussi des manières, des paroles employées pour faire valoir ses avantages. » (Ac.)

Personnages secondaires.

Arsinoé. — *Arsinoé* est la prude hypocrite, qui couvre du voile de la sagesse et de la piété ses goûts mondains et ses visées galantes (1).

Son égoïsme, qui ne le cède guère à celui de Célimène, la rend jalouse, aigre, rancunière, prompte à la vengeance.

Éliante. — La *sincère Éliante*, comme l'appelle Oronte, est plus sage que Célimène et Arsinoé; sa réserve et sa douceur font un heureux contraste avec la méchanceté de la coquette, et l'austère vanité de la prude.

Mais son rôle est trop effacé, pour contrebalancer l'effet produit par ces tristes personnages.

Oronte. — *Oronte* est un gentilhomme métromane, pointilleux sur l'honneur, dupe lui aussi des perfidies de Célimène.

Acaste, Clitandre. — *Acaste* et *Clitandre* sont de la famille de ces marquis fats et ridicules que Molière avait déjà joués, non sans esclandre, dans *les Fâcheux* (1661) et dans *l'Impromptu de Versailles* (1663).

Acaste est le plus bruyant et le plus impertinent des deux.

Scènes principales.

Les scènes principales sont les suivantes :
1º Acte I, sc. I : Exposition; dispute d'Alceste et de Philinte.
2º — sc. II : La scène du sonnet.
3º Acte II, sc. V : La scène des portraits ou de la médisance.
4º Acte III, sc. V : Entrevue de la prude et de la coquette.
5º Acte IV, sc. III : La scène du billet.
6º Acte V, sc. IV : La lecture des lettres de Célimène.

Style.

Le style du *Misanthrope* est remarquable par sa pureté, par sa fermeté sobre et grave.

« La pièce, dit Voltaire, est d'un bout à l'autre à peu près dans le style des satires de Despréaux, et c'est de toutes les pièces de Molière la plus fortement écrite. » (*Sommaire.*)

(1) « *Pruderie*, affectation de paraître sage, circonspection excessive sur des choses frivoles qui semblent regarder la pudeur et la bienséance. » (Ac.)

LE MISANTHROPE

Moralité.

La critique.

Depuis deux siècles, la moralité du *Misanthrope* est l'objet d'un débat étrange.

Les critiques se sont partagés en deux camps. Parmi les adversaires de Molière on distingue Fénelon, J.-J. Rousseau, L. Veuillot; parmi ses défenseurs, Marmontel, La Harpe et Geoffroy.

L'accusation. — *Fénelon*, dès 1713, reprochait à Molière d'avoir « donné un tour gracieux au vice, avec une austérité ridicule et odieuse à la vertu. » (*Lettre à l'Acad.*, VII.) Ce dernier trait spécialement visait le *Misanthrope*.

Cinquante ans plus tard (1758), *J.-J. Rousseau*, dans sa *Lettre sur les Spectacles*, accusait l'auteur du *Misanthrope* d'avoir « joué le ridicule de la vertu, » d'avoir prêté à son honnête homme « des fureurs puériles sur des sujets qui ne devaient pas l'émouvoir, » de lui avoir fait tort en lui opposant « Philinte, le sage de la pièce, un de ces honnêtes gens du grand monde, dont les maximes ressemblent beaucoup à celles des fripons. »

L. Veuillot, dans l'étude qu'il a consacrée au *Misanthrope* (*Molière et Bourdaloue*, 1876), insiste sur les deux points suivants :

1° Le rôle d'Alceste, mélange de misanthropie et de vertu, présente une complication qui fausse également le caractère et l'effet scénique ;

2° La vertu complète n'apparaît nulle part, ni dans Alceste, ni dans Philinte, ni dans les rôles de femmes.

Tels sont les griefs formulés contre la moralité du *Misanthrope*.

La défense. — « Je comprends que les défenseurs de Molière ne manqueront pas de dire qu'il a traité avec honneur la vraie probité, qu'il n'a attaqué qu'une vertu chagrine et qu'une hypocrisie détestable. » (FÉNELON, *Lettre à l'Académie*.)

Marmontel, dans sa réponse à Rousseau (1759), cherchait à préciser davantage :

« Ce n'est pas, dit-il, le ridicule de la vertu que Molière a voulu jouer, mais un ridicule qui accompagne quelquefois la vertu.., une fougue qui l'emporte au delà de ses limites... Le dessein de Molière a été, en composant le caractère du Misanthrope, de se servir de sa vertu comme d'un exemple, et de son humeur comme d'un fléau contre les vices. — Philinte n'est pas le sage de la pièce, mais seulement l'homme du monde : son sang-froid donne du relief à la fougue du Misanthrope. »

Geoffroy, pour défendre Molière, dépouille Alceste de toute vertu : « Le Misanthrope n'est point un homme vertueux, mais un homme bilieux et irascible..., un honnête homme qui n'est qu'imprudent et opiniâtre, et qui prend sa bile pour de la vertu. » (1802.)

La Harpe pousse le lyrisme jusqu'à transformer le poète en moraliste, réformateur du genre humain : « Emprunter à la morale une des plus grandes leçons qu'elle puisse donner aux hommes ; leur démontrer cette vérité..., que la sagesse même et la vertu ont besoin d'une mesure...; rendre cette leçon comique, sans compromettre le respect dû à l'homme honnête et vertueux, c'était là sans doute le triomphe d'un poète philosophe. »

Molière aurait souri le premier des beaux desseins que lui prête son panégyriste : il ne visait pas si haut (1).

Dessein de Molière.

Le dessein de Molière était plus simple : il voulait, suivant sa maxime, « faire rire les honnêtes gens » ; amuser et plaire, c'était tout son but.

A cet effet, un caractère bourru dans un honnête homme, dupe d'une coquette, se prêtait à des combinaisons fort comiques : il s'en empara. Pour doubler le ridicule, il créa le contraste de Philinte, caractère plus humain, mais complaisant à l'excès (2).

(1) Les apologistes contemporains sont plus près de la vérité, mais ne touchent guère la question de fond. « Molière était philosophe, mais peintre avant tout.. Les hommes sont représentés par le poète comique avec leur mélange de vertus et de défauts, comme ils le sont dans la vie réelle... Ni Alceste, ni Philinte ne sont proposés pour des modèles absolus : l'un n'est pas plus que l'autre l'homme de Molière...; mais leur vertu, leur sagesse, offrent d'utiles exemples; leurs travers et leurs faiblesses signalent les écueils. » (*Notice* dans les *Grands Écrivains de la France*.)

(2) « Ce nom de *Misanthrope* que les commentateurs de Molière tournent au sérieux et à l'héroïque, est simplement une moquerie du principal travers qu'il s'est proposé de frapper. Beaucoup plus qu'Oronte ou Clitandre, Alceste est l'objet de sa satire. Cet homme qui ne sait point écouter patiemment de méchants vers, ni perdre tranquillement son procès, ce bourru ne dit rien qui justifie sa haine du genre humain, et surtout ne fait rien qui soutienne

Quant à l'effet moral de cette invention, Molière s'en souciait peu à son ordinaire. La misanthropie dans un homme de bien pouvait faire rire les honnêtes gens : il leur procura ce divertissement, au risque de faire rire aux dépens de la vertu.

Conclusion.

C'est l'union même de la vertu et d'une ridicule misanthropie qui paraît être le vice fondamental de la pièce.

Les défenseurs de Molière ont beau dire qu'on ne rit que des ridicules d'Alceste. Le fait est qu'on rit d'un honnête homme dont les ridicules sont non seulement attachés à sa personne, mais inhérents à son caractère, et, qui plus est, à sa vertu.

Voltaire, sans y penser peut-être, a dit le vrai mot dans son *Sommaire* : « Molière a peint un homme *qui pousse la vertu jusqu'au ridicule*, rempli de faiblesses pour une coquette (1). »

Il n'est pas possible qu'il ne rejaillisse quelque chose de ce ridicule sur la vertu elle-même, ainsi poussée jusqu'à l'excès.

La pièce pèche encore par un autre côté : c'est l'absence de personnage vraiment vertueux ; hommes et femmes, on ne voit partout que travers et que méchancetés. Alceste lui-même qui nous intéresse malgré ses défauts, à cause du fond de générosité qui se trouve en lui, quitte la scène plus malheureux et plus farouche qu'il n'y était entré.

Aussi l'impression dernière est une impression de tristesse.

---

l'emphase de sa vertu ; il est simplement un fou dont le poète a justement voulu rire, et le triomphe de son art est d'avoir réussi à le moquer sans pourtant le rendre trop ridicule, puisqu'enfin quelque chose de généreux et de fier est au fond de sa folie. » (L. VEUILLOT.)

C'est ce qu'avançait déjà Donneau de Visé, le lendemain de l'apparition de la pièce, dans la longue apologie qu'il en écrivait sous les yeux de Molière, pour réagir contre l'impression peu favorable du public : « Je trouve cette comédie d'autant plus admirable, que *le héros en est le plaisant sans être trop ridicule*... Le Misanthrope, malgré sa folie, si l'on peut ainsi appeler son humeur, a le caractère d'un honnête homme, et beaucoup de fermeté... Bien qu'il paraisse en quelque façon ridicule, il dit des choses fort justes. »

(1) « On ne peut pas nier, ce semble, que, si Alceste est plaisant dans le *Misanthrope*, c'est bien *parce qu'il* est vertueux, et non pas seulement *quoiqu'il* le soit. C'est sa vertu, sa droiture, sa délicatesse, qui l'expose au ridicule, qui fait rire Philinte et les marquis, qui nous fait rire nous-mêmes parce que nous nous mettons à leur place, et que nous ririons comme si nous y étions. Voilà ce qu'il faut accorder à Rousseau. » (P. JANET, *Revue des Deux-Mondes*, 15 mars 1881.

Molière, sans doute, n'a pas eu le dessein de tourner la vertu en dérision ; mais il n'a pas pris soin de la garantir du ridicule.

Son tort a été, suivant la parole de Voltaire, de peindre *la vertu poussée jusqu'au ridicule.*

Ainsi se trouve justifiée la parole de Fénelon.

Quant aux leçons morales qu'on peut tirer de la pièce, leçons de modération dans la vertu et de tolérance sociale, il faudrait, pour leur donner du crédit, une bouche plus autorisée et plus chrétienne que celle de Philinte.

Les clefs.

Molière a représenté dans le *Misanthrope* non des originaux contemporains, mais des types généraux de sa création.

Sans doute il peignait d'après nature, et les hommes qu'il avait sous les yeux, lui avaient fourni plus d'un trait ; mais ce n'était pas des copies qu'il faisait.

Les malins cependant, comme toujours, voulaient y voir des personnages vivants : Alceste était le duc de Montausier ; Philinte était l'épicurien Chapelle ; Oronte, le duc de Saint-Aignan ; Acaste et Clitandre, le comte de Guiche et Lauzun ; dans Célimène enfin, on retrouvait la spirituelle et frivole Armande Béjart qui rendait Molière si malheureux.

Bien que la fameuse parole prêtée à Montausier soit d'une authenticité douteuse (1), on peut croire que Molière pensait à cet homme honnête, rude et franc, quand il faisait son Alceste.

Boileau, dont la verve satirique commençait à faire trembler

---

(1) « Quand Molière donna son *Misanthrope*, raconte d'Olivet, l'abbé Cotin et Ménage se trouvèrent à la première représentation, et tous deux au sortir de là ils allèrent sonner le tocsin à l'Hôtel de Rambouillet, disant que Molière jouait ouvertement le duc de Montausier, dont en effet la vertu austère et inflexible passait mal à propos, dans l'esprit de quelques courtisans, pour tomber un peu dans la misanthropie. Plus l'accusation était délicate, plus Molière sentit le coup. Mais il l'avait prévenu en communiquant sa pièce, avant qu'elle fût jouée, à M. de Montausier lui-même, qui, loin de s'en offenser, l'avait vantée avec raison, comme le chef-d'œuvre de l'auteur. » (*Hist. de l'Acad. fr.*)

Le même fait est raconté par Saint-Simon avec des détails plus piquants.

D'après Marmontel, Montausier se serait écrié : « Ah ! Molière, que n'ai-je le bonheur de ressembler à cet honnête homme ! »

Le duc de Montausier avait épousé Julie d'Angennes, la reine de l'Hôtel de Rambouillet ; il fut nommé plus tard précepteur du Grand Dauphin.

les mauvais poètes, lui avait fourni le censeur impitoyable d'Oronte (1).

Défauts.

On peut en marquer six :

1° La faiblesse de l'intrigue ;
2° Le manque d'action et d'intérêt ;
3° Trop de conversations (2) ;
4° La tristesse du dénouement ;
5° Le vague et l'obscurité de la conception morale (3) ;
6° Le discrédit jeté indirectement sur la vertu, qui est dépeinte avec une austérité ridicule.

QUESTIONS GÉNÉRALES.

Date du *Misanthrope*. — Age de Molière.
Donnez une analyse générale de l'action.
Pourquoi le *Misanthrope* passe-t-il pour le chef-d'œuvre de Molière ?
Quel est son principal mérite ? A-t-il eu un grand succès ?
Quel est le sujet principal ? le sujet secondaire ?
En quoi consiste l'action ? l'intrigue ?
Quel est le ressort de la pièce ? le nœud ? le dénouement ?
Les trois unités sont-elles observées ?
Quel est le personnage principal ? Caractère d'Alceste.
Caractères de Philinte, de Célimène, d'Arsinoé, d'Éliante, etc.
Scènes principales. — Style.
Quelle est la moralité du *Misanthrope* ? Les deux camps.
Que penser des clefs de la pièce ? Le duc de Montausier.
Quels défauts peut-on reprocher au *Misanthrope* ?

(1) Boileau réclamait l'honneur d'avoir servi de type à Molière, du moins dans la scène du sonnet. Il écrivait en 1706 au marquis de Mimeure : « Quelqu'un s'étant mis en devoir de défendre le poème très mal versifié de M. de Saint-Aulaire (qui voulait entrer à l'Académie), je jouai le vrai personnage du Misanthrope dans Molière ; ou plutôt j'y jouai mon propre personnage, le chagrin de ce Misanthrope contre les mauvais vers ayant été, comme Molière me l'a confessé plusieurs fois lui-même, copié sur mon modèle. »

(2) Voltaire signale ces trois premiers défauts pour expliquer « la tiédeur du public aux représentations du *Misanthrope*. » Il ajoute que « le dénouement semble être attendu du public sans inquiétude, et que venant après une intrigue peu attachante, il ne peut avoir rien de piquant. En effet, le spectateur ne souhaite point que le Misanthrope épouse la coquette Célimène, et ne s'inquiète pas beaucoup s'il se détachera d'elle. » (*Sommaire*.)

(3) Témoin les interprétations si diverses, si contradictoires même des meilleurs critiques.

ACTE PREMIER

Exposition. — Le sonnet.

SCÈNE I

PHILINTE, ALCESTE.

PHILINTE.
Qu'est-ce donc? Qu'avez-vous?
　　　　　ALCESTE (1).
　　　　　　　Laissez-moi, je vous prie.
PHILINTE.
Mais encor dites-moi quelle bizarrerie...
　　　　　ALCESTE.
Laissez-moi là, vous dis-je, et courez vous cacher (2).
　　　　　PHILINTE.
Mais on entend les gens, au moins, sans se fâcher.
　　　　　ALCESTE.
Moi, je veux me fâcher, et ne veux point entendre (3).
　　　　　PHILINTE.
Dans vos brusques chagrins je ne puis vous comprendre,
Et quoique amis enfin, je suis tout des premiers...
　　　　　ALCESTE (4).
Moi, votre ami? Rayez cela de vos papiers (5).

(1) L'édition de 1682 porte : *Alceste, assis.* — L'estampe de Brisart qui est en tête, représente ce début de scène : Alceste, qui vient de se jeter sur une chaise, ne tourne que la tête du côté de Philinte, debout à sa droite, pour lui adresser une de ses brèves répliques : le geste expressif de la main gauche semble appuyer celle du vers 5. (*Grands Écrivains*...)

(2) « L'ouverture de cette pièce est admirable ; dès les premiers mots le théâtre est en feu ; les deux principaux caractères sont en action : le Misanthrope accable son ami des plus sanglantes injures ; et pourquoi? parce que cet ami, suivant l'usage de la société, salue et embrasse des gens qu'il connaît à peine. » (GEOFFROY.)

(3) On dit que le célèbre acteur Molé cassait un siège en prononçant ce vers. C'est trop de violence pour ce commencement : Alceste n'est pas encore emporté à ce point.

(4) Éd. 1682 : Alceste, *se levant brusquement.*

(5) Expression figurée et familière : *rayez cela, ôtez cela de vos papiers,* c.-à-d. ne comptez pas là-dessus. (Ac.)

ACTE I, SCÈNE I

J'ai fait jusques ici profession de l'être;
Mais après ce qu'en vous je viens de voir paraître (1),
Je vous déclare net que je ne le suis plus,
Et ne veux nulle place en des cœurs corrompus (2).

PHILINTE.

Je suis donc bien coupable, Alceste, à votre compte?

ALCESTE.

Allez, vous devriez mourir de pure honte;
Une telle action ne saurait s'excuser,
Et tout homme d'honneur s'en doit scandaliser.
Je vous vois accabler un homme de caresses,
Et témoigner pour lui les dernières tendresses;
De protestations, d'offres et de serments,
Vous chargez la fureur de vos embrassements (3);
Et quand je vous demande après quel est cet homme,
A peine pouvez-vous dire comme il se nomme (4);

(1) La 1re édition portait l'ancienne orthographe *parestre*, du bas-latin *parèscere*.

(2) Quelques vers ont suffi pour nous faire connaître Alceste : son caractère chagrin, ses brusqueries, ses exagérations, ses résolutions extrêmes. Philinte était son ami : il l'injurie, il renonce à son amitié, parce que Philinte a été poli suivant les usages de la société. Alceste ne voit plus en lui qu'un *cœur corrompu*.

(3) Ces embrassades étaient à la mode; Molière les avait déjà ridiculisées dans *les Fâcheux* (v. 95...) :

      Lorsqu'un carrosse fait de superbe manière,
      S'est avec un grand bruit devant nous arrêté,
      D'où sautant un jeune homme amplement ajusté,
      Mon Importun et lui courant à l'embrassade,
      Ont surpris les passants de leur brusque incartade ;
      Et tandis que tous deux étaient précipités
      Dans les convulsions de leurs civilités,
      Je me suis doucement esquivé sans rien dire.

Cinquante ans plus tard, Regnard, dans *le Joueur*, se moquait des mêmes démonstrations toujours en usage à la cour (A. II, sc. IV) :

      Ces serrements de main dont on vous estropie,
      Ces grands embrassements dont un flatteur vous lie,
      M'ôtent à tout moment la respiration :
      On ne s'y dit bonjour que par convulsion.

(4) La Bruyère parlait de même en 1687 du courtisan cérémonieux : « Théognis embrasse un homme qu'il trouve sous sa main ; il lui presse la tête contre sa poitrine; il demande ensuite qui est celui qu'il a embrassé. » (*Caractères*, Des grands.)

Comme se disait très bien au xviie siècle pour *comment*, que nous employons aujourd'hui dans l'interrogation directe ou indirecte :

    Montrez-lui *comme* il faut régir une province. (CORN., *Cid*, I, 3.)
    Albin, *comme* est-il mort? (CORN., *Pol.*, III, 5.)

Voir *Gr. fr. hist.*, n. 462, et *Théâtre choisi de Corneille*, I, p. 437.

Votre chaleur pour lui tombe en vous séparant,
Et vous me le traitez, à moi, d'indifférent.
Morbleu! c'est une chose indigne, lâche, infâme
De s'abaisser ainsi jusqu'à trahir son âme (1);
Et si, par un malheur, j'en avais fait autant (2),
Je m'irais, de regret, pendre tout à l'instant (3).

PHILINTE.

Je ne vois pas, pour moi, que le cas soit pendable,
Et je vous supplierai d'avoir pour agréable
Que je me fasse un peu grâce sur votre arrêt,
Et ne me pende pas pour cela, s'il vous plaît.

ALCESTE.

Que la plaisanterie est de mauvaise grâce!

PHILINTE.

Mais, sérieusement, que voulez-vous qu'on fasse?

ALCESTE.

Je veux qu'on soit sincère, et qu'en homme d'honneur,
On ne lâche aucun mot qui ne parte du cœur (4).

PHILINTE.

Lorsqu'un homme vous vient embrasser avec joie,
Il faut bien le payer de la même monnoie (5),
Répondre, comme on peut, à ses empressements,
Et rendre offre pour offre, et serments pour serments (6).

ALCESTE.

Non, je ne puis souffrir cette lâche méthode
Qu'affectent la plupart de vos gens à la mode (7);

---

(1) *Jusqu'à trahir son âme*, c.-à-d. jusqu'à parler contre ses véritables sentiments, jusqu'à dire le contraire de ce qu'on pense : espèce de trahison ou de perfidie envers soi-même. L'expression est très belle.

(2) On dit aujourd'hui, *par malheur*.

(3) Tout est excessif chez cet homme étrange ; le calme de Philinte fait un beau contraste avec tant d'emportement.

(4) Belle maxime ; Alceste malheureusement en outre l'application.

(5) « Dans le xviie siècle, on prononçait encore *monnoie*, témoin ces vers de Molière... Mais la diphtongue *oie* n'avait pas alors le son ouvert qu'elle a aujourd'hui, et l'on disait, comme cela se dit encore en quelques provinces, *monoué* [monnoie], *roué* [roi], etc. » (LITTRÉ.) — Voir *Gr. fr. hist.*, n. 44.

(6) Philinte, à son tour, va trop loin. On peut répondre à des civilités par des civilités ; mais la politesse n'exclut ni la prudence ni la sincérité ; on ne se lie point par des serments envers le premier venu.

(7) *Vos*. Il y a de l'ironie et du mépris dans ce possessif. Bossuet l'a employé avec plus d'énergie encore en parlant d'Antoine : « Tous ses amis l'abandonnent, et même *sa* Cléopâtre. » (*Hist. univ.*, I.)

ACTE I, SCÈNE 1

Et je ne hais rien tant que les contorsions
De tous ces grands faiseurs de protestations,
Ces affables donneurs d'embrassades frivoles,
Ces obligeants diseurs d'inutiles paroles (1),
Qui de civilités avec tous font combat,
Et traitent du même air l'honnête homme et le fat (2).
Quel avantage a-t-on qu'un homme vous caresse,
Vous jure amitié, foi, zèle, estime, tendresse,
Et vous fasse de vous un éloge éclatant,
Lorsque au premier faquin il court en faire autant (3)?
Non, non, il n'est point d'âme un peu bien située (4)
Qui veuille d'une estime ainsi prostituée ;
Et la plus glorieuse a des régals peu chers (5),
Dès qu'on voit qu'on nous mêle avec tout l'univers (6) :
Sur quelque préférence une estime se fonde,
Et c'est n'estimer rien qu'estimer tout le monde.
Puisque vous y donnez, dans ces vices du temps,
Morbleu! vous n'êtes pas pour être de mes gens (7);
Je refuse d'un cœur la vaste complaisance
Qui ne fait de mérite aucune différence ;
Je veux qu'on me distingue ; et pour le trancher net,
L'ami du genre humain n'est point du tout mon fait (8).

(1) *Faiseurs, donneurs, diseurs...*, ces trois hémistiches qui riment ensemble, renforcent l'effet de l'énumération.

(2) *Du même air*, c'est-à-dire de la même manière. — *Honnête homme* opposé à *fat*, signifie homme estimable, d'un mérite sérieux et modeste.
Fat, impertinent, sans jugement, plein de complaisance pour lui-même. (Ac.)
— Étym., lat. *fat-uus*, fade, dénué de bon sens, sot, fou. — « Molière et Boileau (*Sat.* III, v. 15) emploient *fat* (qui signifiait autrefois *sot, niais*) comme simple terme de mépris. » (LITTRÉ.)

(3) *Faquin*, terme de mépris qui signifie, homme de néant. On l'applique aujourd'hui plus généralement à un homme de peu de valeur et sottement vaniteux. (Ac.) — Étym., italien *facchino*, portefaix, sens que *faquin* n'a plus en français.

(4) C'est-à-dire il n'est point de cœur un peu bien placé, d'âme un peu haute.

(5) *Des régals peu chers*, c'est-à-dire de peu de prix. Boileau citait ce mot comme un exemple du *jargon* qu'on trouve quelquefois dans Molière : « M. Des préaux, dit Brossette, m'a dit qu'il avait voulu souvent obliger Molière à corriger ces sortes de négligences, mais que Molière ne pouvait jamais se résoudre à changer ce qu'il avait fait. »

(6) C.-à-d. dès que *nous* voyons que *les autres* nous mêlent. Cet emploi de *on* pour des personnes différentes dans le même vers, est une négligence.

(7) *Vous n'êtes pas pour être...*, c.-à-d. vous n'êtes pas fait pour... Ce tour est fréquent dans Molière. On le trouve aussi dans Racine (*Plaideurs*, I) :
    Monsieur, je *ne suis pas pour* vous désavouer.

(8) La fierté d'Alceste procède, au fond, de l'orgueil : il est froissé de se voir traité comme le commun des hommes. *Mon fait*, c.-à-d. ce qui me convient.

PHILINTE.

Mais, quand on est du monde, il faut bien que l'on rende
Quelques dehors civils que l'usage demande (1).

ALCESTE.

Non, vous dis-je, on devrait châtier, sans pitié,
Ce commerce honteux de semblants d'amitié.
Je veux que l'on soit homme, et qu'en toute rencontre
Le fond de notre cœur dans nos discours se montre,
Que ce soit lui qui parle, et que nos sentiments
Ne se masquent jamais sous de vains compliments.

PHILINTE.

Il est bien des endroits où la pleine franchise
Deviendrait ridicule et serait peu permise;
Et parfois, n'en déplaise à votre austère honneur,
Il est bon de cacher ce qu'on a dans le cœur (2).
Serait-il à propos et de la bienséance
De dire à mille gens tout ce que d'eux on pense?
Et quand on a quelqu'un qu'on hait ou qui déplaît (3),
Lui doit-on déclarer la chose comme elle est?

ALCESTE.

Oui (4).

PHILINTE.

Quoi? vous iriez dire à la vieille Émilie
Qu'à son âge il sied mal de faire la jolie,
Et que le blanc qu'elle a, scandalise chacun?

ALCESTE.

Sans doute.

PHILINTE.

A Dorilas, qu'il est trop importun,
Et qu'il n'est, à la cour, oreille qu'il ne lasse
A conter sa bravoure et l'éclat de sa race (5)?

(1) *Dehors* se dit figurément, au pluriel, pour *apparences* : *sauver les dehors.* (Ac.) — Ici *dehors civils* signifie des marques extérieures de civilité.

(2) Il n'est jamais permis de mentir, c.-à-d. de parler *autrement qu'on ne pense;* en cela Alceste a raison. Mais il n'est pas nécessaire de dire toujours *tout ce qu'on* pense; Alceste a tort en le prétendant. La prudence ou la charité commandent parfois le silence.

(3) C.-à-d. si par hasard on hait quelqu'un.

(4) Voilà l'excès. Emporté par son humeur, Alceste veut qu'on pousse la franchise jusqu'à la grossièreté.

(5) *A conter,* pour *en contant.* Cet emploi de *à* est fort élégant; on le trouve souvent dans les auteurs du XVIIe siècle, particulièrement dans Corneille. (V. *Théâtre choisi,* I, p. 58, 485.)

ALCESTE.

Fort bien.

PHILINTE.

Vous vous moquez.

ALCESTE.

Je ne me moque point
Et je vais n'épargner personne sur ce point.
Mes yeux sont trop blessés, et la cour et la ville
Ne m'offrent rien qu'objets à m'échauffer la bile (1);
J'entre en une humeur noire, en un chagrin profond,
Quand je vois vivre entre eux les hommes comme ils font;
Je ne trouve partout que lâche flatterie,
Qu'injustice, intérêt, trahison, fourberie;
Je n'y puis plus tenir, j'enrage, et mon dessein (2)
Est de rompre en visière à tout le genre humain (3).

PHILINTE.

Ce chagrin philosophe est un peu trop sauvage (4);
Je ris des noirs accès où je vous envisage,
Et crois voir en nous deux, sous mêmes soins nourris (5),
Ces deux frères que peint l'*École des maris* (6),
Dont...

ALCESTE.

Mon Dieu! laissons là vos comparaisons fades.

PHILINTE.

Non : tout de bon, quittez toutes ces incartades.
Le monde par vos soins ne se changera pas (7);

(1) *Rien qu'objets à m'échauffer*, c.-à-d. *propres à...*
(2) Cette peinture est d'une force et d'une vivacité admirables. Molière n'a-t-il pas cependant, comme le lui reprochait Fénelon, outré ici le caractère d'Alceste? La rage du misanthrope contre le genre humain est-elle assez justifiée par la simple vue des vices des hommes? On la comprendrait mieux, si déjà il en avait été la dupe ou la victime.
(3) *Rompre en visière*. Voir Acte V, sc. II.
(4) Ce chagrin *philosophe*, c.-à-d. de philosophe. Cet emploi si heureux du mot *philosophe* est devenu trop rare. L'Académie constate néanmoins qu'il se prend quelquefois adjectivement : *un poète philosophe, un siècle philosophe*.
(5) *Nourris*, c.-à-d. élevés. On disait de même, dans la première moitié du XVIIe siècle, *nourriture* pour éducation. V. Corneille, *Nicomède*, A. II. sc. III.
(6) *L'École des maris*, comédie de Molière, composée en 1661, d'après les *Adelphes* de Térence. Le poète y fait paraître deux frères, Sganarelle et Ariste, suivant deux systèmes d'éducation absolument opposés, l'un rude et austère à l'excès, l'autre indulgent jusqu'à la faiblesse.
(7) Si chaque homme, si chaque chrétien, prenait au sérieux l'obligation d'édifier le prochain par son exemple et de l'aider de ses bons conseils, le

Et puisque la franchise a pour vous tant d'appas,
Je vous dirai tout franc que cette maladie,
Partout où vous allez, donne la comédie,
Et qu'un si grand courroux contre les mœurs du tem
Vous tourne en ridicule auprès de bien des gens (1).

ALCESTE.

Tant mieux, morbleu! tant mieux, c'est ce que je demande;
Ce m'est un fort bon signe, et ma joie en est grande :
Tous les hommes me sont à tel point odieux,
Que je serais fâché d'être sage à leurs yeux.

PHILINTE.

Vous voulez un grand mal à la nature humaine!

ALCESTE.

Oui, j'ai conçu pour elle une effroyable haine (2).

PHILINTE.

Tous les pauvres mortels, sans nulle exception,
Seront enveloppés dans cette aversion?
Encore en est-il bien, dans le siècle où nous sommes...

ALCESTE.

Non : elle est générale, et je hais tous les hommes :
Les uns, parce qu'ils sont méchants et malfaisants (3),
Et les autres, pour être aux méchants complaisants,
Et n'avoir pas pour eux ces haines vigoureuses
Que doit donner le vice aux âmes vertueuses (4).
De cette complaisance on voit l'injuste excès
Pour le franc scélérat avec qui j'ai procès (5) :

monde pourrait bien changer. Philinte, on le voit, est lui-même trop du monde pour se soucier de sa conversion.

(1) *Tourner quelqu'un en ridicule*, dit l'Académie, c'est se moquer de lui, c'est faire voir aux autres ce qu'il y a de ridicule dans sa personne, dans ses actions, dans ses discours. — Le sujet est donc un nom de personne. Il serait plus correct ici de dire : votre courroux *vous fait tourner en ridicule*.

(2) Alceste déraisonne de plus en plus. Sa mauvaise humeur et son orgueil pharisaïque le jettent dans la misanthropie la plus insensée.

(3) « Comme on demandait à Timon d'Athènes, appelé le Misanthrope, pourquoi il poursuivait tous les hommes de sa haine, il répondit : Les méchants, je les hais à bon droit; les autres, je les hais, parce qu'ils ne haïssent pas les méchants. » (ÉRASME, *Apophtegmes*, l. VI.)

(4) Ces deux vers sont dignes de Corneille. On sent battre un cœur généreux; Alceste a un amour vif et sincère de la justice. Le malheur est que son humeur gâte ses plus beaux élans. Ici même il enveloppe dans une même haine le mal et les méchants. Le chrétien hait le mal, et plaint ceux qui le font.

(5) Alceste nous apprend qu'il est en procès a . l. ne ménage pas sa partie.

Au travers de son masque on voit à plein le traître (1);
Partout il est connu pour tout ce qu'il peut être;
Et ses roulements d'yeux et son ton radouci
N'imposent qu'à des gens qui ne sont point d'ici (2).
On sait que ce pied plat, digne qu'on le confonde (3)
Par de sales emplois s'est poussé dans le monde,
Et que par eux son sort de splendeur revêtu
Fait gronder le mérite et rougir la vertu (4).
Quelques titres honteux qu'en tous lieux on lui donne
Son misérable honneur ne voit pour lui personne;
Nommez-le fourbe, infâme et scélérat maudit,
Tout le monde en convient et nul n'y contredit.
Cependant sa grimace est partout bienvenue :
On l'accueille, on lui rit, partout il s'insinue;
Et s'il est, par la brigue, un rang à disputer,
Sur le plus honnête homme on le voit l'emporter.
Têtebleu! ce me sont de mortelles blessures,
De voir qu'avec le vice on garde des mesures (5);
Et parfois il me prend des mouvements soudains
De fuir dans un désert l'approche des humains (6).

PHILINTE.

Mon Dieu, des mœurs du temps mettons-nous moins en peine,
Et faisons un peu grâce à la nature humaine;
Ne l'examinons point dans la grande rigueur,
Et voyons ses défauts avec quelque douceur.

(1) *A plein*, c'est-à-dire pleinement, entièrement. Cette expression se trouve dans d'autres bons écrivains, comme Pascal, Massillon et Vauvenargues. L'Académie ne la donne plus que dans la locution *à pur et à plein*.

(2) *Imposer à* signifie inspirer du respect, ou faire illusion, tromper. Molière l'emploie ici dans le sens de tromper; aujourd'hui on dit plus souvent *en imposer*.

(3) *Ce pied plat*, terme de mépris, signifiant *plat personnage*. En 1694, l'Académie l'expliquait par *paysan, lourdaud*. Cette locution, d'après Littré, vient de ce que les gentilshommes portaient des souliers avec des talons rouges très relevés, tandis que les ouvriers et les bourgeois portaient des souliers plats.

(4) Encore un vers cornélien. Toute cette tirade, du reste, est très belle de style et de verve.

(5) On le voit, l'indignation d'Alceste contre le vice n'est pas si désintéressée; il a un procès qu'il craint de perdre; dès lors, son adversaire est le vice en personne; dans ses démarches, dans ses qualités aimables, il ne voit que simagrées, que fourberies. Il le hait et le craint; de là sa fureur contre le genre humain tout entier.

(6) Préparation lointaine du dénouement.

Il faut, parmi le monde, une vertu traitable (1);
A force de sagesse, on peut être blâmable;
La parfaite raison fuit toute extrémité,
Et veut que l'on soit sage avec sobriété (2).
Cette grande raideur des vertus des vieux âges
Heurte trop notre siècle et les communs usages;
Elle veut aux mortels trop de perfection :
Il faut fléchir au temps sans obstination;
Et c'est une folie à nulle autre seconde
De vouloir se mêler de corriger le monde (3).
J'observe, comme vous, cent choses tous les jours,
Qui pourraient mieux aller, prenant un autre cours;
Mais quoi qu'à chaque pas je puisse voir paraître,
En courroux, comme vous, on ne me voit point être;
Je prends tout doucement les hommes comme ils sont
J'accoutume mon âme à souffrir ce qu'ils font;
Et je crois qu'à la cour, de même qu'à la ville,
Mon flegme est philosophe autant que votre bile (4).

ALCESTE.

Mais ce flegme, Monsieur, qui raisonne si bien (5),
Ce flegme pourra-t-il ne s'échauffer de rien?
Et s'il faut, par hasard, qu'un ami vous trahisse,
Que, pour avoir vos biens, on dresse un artifice,

(1) *Parmi* ne se met plus qu'avec un pluriel ou un singulier collectif: *parmi les hommes, parmi le peuple*. Au XVIIᵉ siècle, on l'employait avec toute espèce de noms singuliers : *parmi ce plaisir* (RAC.), *parmi la plaine* (LA FONT.). Voir *Gr. fr. hist.*, n° 822.

(2) C'est la parole de S. Paul (*Rom.*, XII, 3) : « *Non plus sapere quam oportet sapere, sed sapere ad sobrietatem*, il ne convient pas d'être plus sage qu'il ne faut, il faut l'être avec sobriété, » c'est-à-dire avec mesure.

(3) La modération de Philinte n'est pas moins blâmable que l'exagération d'Alceste. Elle est même plus dangereuse, parce que l'erreur qu'elle cache, est plus subtile et plus séduisante.
Toutes ces belles maximes se réduisent à ceci : accommodons-nous au monde, et laissons-le aller son train; ainsi le veut l'esprit moderne.
Ce n'est ni plus ni moins que le scepticisme pratique : vertu ou vice, bien ou mal, Philinte ne s'en inquiète pas pour les autres; s'en soucie-t-il pour lui-même? il donne lieu d'en douter.

(4) Voilà, en deux traits, les deux personnages : le flegme de Philinte et la bile d'Alceste; flegme et bile, deux excès également éloignés de la vertu: la bile du misanthrope est opposée à la charité que le chrétien doit avoir pour les hommes; le flegme du sceptique est opposé à la haine que le chrétien doit ressentir pour le mal, et au soin qu'il doit avoir de l'âme du prochain.

(5) Éd. 1674, 1682 : Mais ce flegme, Monsieur, qui raisonnez si bien.

Ou qu'on tâche à semer de méchants bruits de vous (1),
Verrez-vous tout cela sans vous mettre en courroux (2)?

PHILINTE.

Oui, je vois ces défauts dont votre âme murmure
Comme vices unis à l'humaine nature;
Et mon esprit enfin n'est pas plus offensé
De voir un homme fourbe, injuste, intéressé,
Que de voir des vautours affamés de carnage,
Des singes malfaisants et des loups pleins de rage (3).

ALCESTE.

Je me verrai trahir, mettre en pièces, voler,
Sans que je sois... Morbleu! je ne veux point parler,
Tant ce raisonnement est plein d'impertinence.

PHILINTE.

Ma foi! vous ferez bien de garder le silence.
Contre votre partie éclatez un peu moins (4),
Et donnez au procès une part de vos soins.

(1) Aujourd'hui on dit généralement *tâcher de; tâcher à* se dit encore quelquefois dans le sens de *viser à*. (Ac.)

(2) Ce qui jette Alceste dans cet accès de misanthropie, c'est, à n'en pas douter, le tourment de son procès. Philinte, au contraire, ne conserve un si beau calme que parce que sa vertu n'est pas mise à l'épreuve; si l'on touchait à ses biens ou à sa réputation, garderait-il son flegme? L'insouciance sceptique ne tient guère devant le danger. En somme, il n'y a, des deux côtés, qu'une vertu de parade, couvrant l'égoïsme et l'orgueil.

(3) Cette impassibilité méprisante tient du stoïcisme païen. Sénèque parlait de la sorte : « Quel homme de sens se met en colère contre la nature? Pourquoi s'étonner que les ronces et les épines ne se chargent pas de fruits? Personne ne se fâche, quand la nature elle-même protège le mal. » (*De la Colère*, t. II, ch. 10.)

Nos moralistes français ont trop souvent emprunté ce langage faux et sans cœur : « Ne nous emportons point, dit la Bruyère, contre les hommes en voyant leur dureté, leur ingratitude, leur injustice, leur fierté, l'amour d'eux-mêmes et l'oubli des autres : *ils sont ainsi faits, c'est leur nature*, c'est ne pouvoir supporter que la pierre tombe ou que le feu s'élève. » (*De l'homme.*).

Chamfort a poussé ces maximes jusqu'à l'odieux : « La meilleure philosophie relativement au monde, est d'allier à son égard le sarcasme de la gaieté avec l'indulgence du mépris. » (Ch. I.)

Combien cet orgueil dur et âpre de la sagesse mondaine est loin de la charité de S. Vincent de Paul, de la douceur de S. François de Sales, du zèle aussi ardent que tendre de S. François-Xavier !

(4) *Votre partie*, votre adversaire (dans le procès); terme de palais passé depuis longtemps dans la langue usuelle. Chimène disait à Rodrigue (*Cid*, A. III, sc. IV) :

Va, je suis *ta partie*, et non pas ton bourreau.

ALCESTE.

Je n'en donnerai point, c'est une chose dite.

PHILINTE.

Mais qui voulez-vous donc qui pour vous sollicite (1)?

ALCESTE.

Qui je veux? La raison, mon bon droit, l'équité.

PHILINTE.

Aucun juge par vous ne sera visité (2)?

ALCESTE.

Non. Est-ce que ma cause est injuste ou douteuse?

PHILINTE.

J'en demeure d'accord ; mais la brigue est fâcheuse,
Et...

ALCESTE.

Non : j'ai résolu de n'en pas faire un pas.
J'ai tort, ou j'ai raison (3).

PHILINTE.

Ne vous y fiez pas.

ALCESTE.

Je ne remuerai point.

PHILINTE.

Votre partie est forte,
Et peut, par sa cabale, entraîner...

ALCESTE.

Il n'importe.

(1) *Sollicite*, c.-à-d. demande pour vous la protection, la faveur des juges.

(2) Ces démarches auprès des juges étaient passées en usage. Mme de Sévigné écrivait en 1675 : « Nous avons gagné notre petit procès Ventadour; nous en avons fait les marionnettes d'un grand, car nous l'avons *sollicité*. Les princesses de Tingry (*parentes des Ventadour, la partie adverse*) étaient à l'entrée des juges, et moi aussi, et nous avons été remercier. »
La Bruyère, en 1688, blâmait cette coutume : « Celui qui sollicite son juge ne lui fait pas honneur; car ou il se défie de ses lumières et même de sa probité, ou il cherche à le prévenir, ou il lui demande une injustice. » (*De quelques usages.*)
J.-J. Rousseau (*Lettre sur les spectacles*) profite de ce mot de Philinte pour l'accuser d'immoralité. C'est exagérer les choses. Ces visites, d'ordinaire, n'étaient qu'un acte de civilité, et nullement une tentative de corruption

(3) Le dilemme est vrai, mais non la conclusion qu'en tire Alceste. S'il a raison, il se peut que le juge ne le voie pas, surtout s'il se laissait prévenir par la partie. Il serait donc raisonnable de l'éclairer, ou de le prémunir contre toute surprise.

PHILINTE.

Vous vous tromperez.

ALCESTE.

Soit. J'en veux voir le succès (1).

PHILINTE.

Mais...

ALCESTE.

J'aurai le plaisir de perdre mon procès.

PHILINTE.

Mais enfin...

ALCESTE.

Je verrai, dans cette plaiderie (2),
Si les hommes auront assez d'effronterie,
Seront assez méchants, scélérats et pervers,
Pour me faire injustice aux yeux de l'univers.

PHILINTE.

Quel homme!

ALCESTE.

Je voudrais, m'en coûtât-il grand'chose,
Pour la beauté du fait avoir perdu ma cause (3).

PHILINTE.

On se rirait de vous, Alceste, tout de bon,
Si l'on vous entendait parler de la façon.

ALCESTE.

Tant pis pour qui rirait.

PHILINTE.

Mais cette rectitude
Que vous voulez en tout avec exactitude,
Cette pleine droiture, où vous vous renfermez (4),
La trouvez-vous ici dans ce que vous aimez?
Je m'étonne, pour moi, qu'étant, comme il le semble,
Vous et le genre humain si fort brouillés ensemble,
Malgré tout ce qui peut vous le rendre odieux,
Vous ayez pris chez lui ce qui charme vos yeux;

(1) *Succès*, c.-à-d. *l'issue, le résultat*; sens général très fréquent au XVIIe siècle. Voir Corneille, *Horace*, A. I, sc. I; *Cinna*, A. I, sc. III.

(2) *Plaiderie* ne se dit plus qu'en normand dans le sens de *plaidoierie*. Il est employé ici pour *procès*.

(3) Encore une folie. Quand on prévoit une injustice, le devoir est de l'empêcher autant qu'on le peut.

(4) *Où*, plus vif que *dans laquelle*. V. *Gr. fr. hist.*, n. 850; et Corneille, *Polyeucte*, A. I, sc. IV.

Et ce qui me surprend encore davantage,
C'est cet étrange choix où votre cœur s'engage.
La sincère Éliante a du penchant pour vous,
La prude Arsinoé vous voit d'un œil fort doux :
Cependant à leurs vœux votre âme se refuse,
Tandis qu'en ses liens Célimène l'amuse,
De qui l'humeur coquette et l'esprit médisant
Semble si fort donner dans les mœurs d'à présent (1).
D'où vient que, leur portant une haine mortelle,
Vous pouvez bien souffrir ce qu'en tient cette belle?
Ne sont-ce plus défauts dans un objet si doux?
Ne les voyez-vous pas? ou les excusez-vous (2)?

ALCESTE.

Non, l'amour que je sens pour cette jeune veuve
Ne ferme point mes yeux aux défauts qu'on lui treuve (3),
Et je suis, quelque ardeur qu'elle m'ait pu donner,
Le premier à les voir, comme à les condamner.
Mais, avec tout cela, quoi que je puisse faire,
Je confesse mon faible, elle a l'art de me plaire :
J'ai beau voir ses défauts, et j'ai beau l'en blâmer,
En dépit qu'on en ait, elle se fait aimer (4);
Sa grâce est la plus forte, et sans doute ma flamme
De ces vices du temps pourra purger son âme (5).

PHILINTE.

Si vous faites cela, vous ne ferez pas peu.
Vous croyez être donc aimé d'elle?

ALCESTE.

                    Oui, parbleu!
Je ne l'aimerais pas, si je ne croyais l'être.

(1) *Semble*, au sing., s'accorde avec le sujet le plus voisin. V. *Gr. fr. hist.*, n. 671. — *Donner dans*, s'engager dans, suivre étourdiment. — *D'où vient que vous pouvez* ; pour cet indicatif *pouvez*, v. *Gr. fr. hist.*, n. 728.

(2) Argument *ad hominem* fort bien imaginé ; Alceste aura de la peine à y répondre. La transition du poète est très naturelle, et ménagée avec beaucoup d'art pour passer à la seconde partie de l'exposition.

(3) *Treuve*, archaïsme pour *trouve*, employé aussi par La Fontaine (l. IX, f. 4) :
    Dans les citrouilles je la *treuve*.
Au XVIIIe siècle, les comédiens remplaçaient le vers par le suivant :
    De ses défauts en moi n'affaiblit point la *preuve*.

(4) *En dépit qu'on en ait*, fam., malgré qu'on en ait. (Ac.)

(5) Alceste se flatte bien ; il vérifie le mot de la Rochefoucauld : « L'esprit est souvent la dupe du cœur. »

PHILINTE.

Mais si son amitié pour vous se fait paraître (1),
D'où vient que vos rivaux vous causent de l'ennui (2)?

ALCESTE.

C'est qu'un cœur bien atteint veut qu'on soit tout à lui,
Et je ne viens ici qu'à dessein de lui dire (3)
Tout ce que là-dessus ma passion m'inspire.

PHILINTE.

Pour moi, si je n'avais qu'à former des désirs,
La cousine Éliante aurait tous mes soupirs (4);
Son cœur, qui vous estime, est solide et sincère,
Et ce choix plus conforme était mieux votre affaire (5).

ALCESTE.

Il est vrai : ma raison me le dit chaque jour (6);
Mais la raison n'est pas ce qui règle l'amour.

PHILINTE.

Je crains fort pour vos feux, et l'espoir où vous êtes
Pourrait... (7)

SCÈNE II

ORONTE, ALCESTE, PHILINTE.

ORONTE.

J'ai su là-bas que, pour quelques emplettes,
Éliante est sortie, et Célimène aussi;

---

1) *Se fait paraître*, c.-à-d. se fait voir; locution tombée depuis.
2) *De l'ennui*, dans le sens de *chagrin*. V. Corneille, *Cid*, A. II, sc. III.
(3) Ce vers indique le lieu de la scène; Alceste est dans le salon de Célimène dont il attend le retour.
(4) Préparation de la seconde partie du dénouement, le mariage de Philinte avec Éliante.
(5) *Conforme* à vos goûts; *conforme* ne s'emploie plus absolument.
(6) Alceste avoue que son amour est déraisonnable.
(7) Comme *exposition*, cette 1re scène est un chef-d'œuvre. Le poète nous y fait connaître :
1° Le nom et le caractère des principaux personnages : la bile misanthropique d'Alceste, le flegme de Philinte, la coquetterie de Célimène, la pruderie d'Arsinoé, la sincérité d'Éliante;
2° L'action principale qui est la poursuite du mariage d'Alceste avec Célimène;
3° Les rivalités qui la traversent;
4° L'incident du procès qui est pour une si grande part dans l'exaspération du Misanthrope.
Nous entrevoyons même le dénouement dans ses deux solutions principales.
Tout cela est exposé dans un dialogue si vif et si naturel que l'attention ne tombe pas un moment; le style répond au reste.

Mais comme l'on m'a dit que vous étiez ici,
J'ai monté pour vous dire, et d'un cœur véritable (1),
Que j'ai conçu pour vous une estime incroyable,
Et que, depuis longtemps, cette estime m'a mis
Dans un ardent désir d'être de vos amis.
Oui, mon cœur au mérite aime à rendre justice,
Et je brûle qu'un nœud d'amitié nous unisse :
Je crois qu'un ami chaud, et de ma qualité,
N'est pas assurément pour être rejeté (2).
C'est à vous, s'il vous plaît, que ce discours s'adresse.

(En cet endroit Alceste paraît tout rêveur, et semble n'entendre pas qu'Oronte lui parle.)

ALCESTE.

A moi, Monsieur?

ORONTE.

A vous. Trouvez-vous qu'il vous blesse?

ALCESTE.

Non pas; mais la surprise est fort grande pour moi,
Et je n'attendais pas l'honneur que je reçoi (3).

ORONTE.

L'estime où je vous tiens ne doit point vous surprendre,
Et de tout l'univers vous la pouvez prétendre (4).

ALCESTE.

Monsieur...

ORONTE.

L'État n'a rien qui ne soit au-dessous
Du mérite éclatant que l'on découvre en vous.

ALCESTE.

Monsieur...

ORONTE.

Oui, de ma part, je vous tiens préférable
A tout ce que j'y vois de plus considérable.

(1) *Véritable*, c.-à-d. sincère, qui dit la vérité. — On dit : *être véritable dans ses discours*. (Ac.)

(2) On reconnaît à ce langage les protestations affectées des gens de cour et leur fatuité.

(3) *Je reçoi*, suivant l'orthographe du vieux français, employée aussi quelquefois par Corneille et les autres poètes du xviie siècle. Voir *le Cid*, A. III, sc. I, et A. IV, sc. III ; et *Gr. fr. hist.*, n. 426.

(4) Au xviie siècle, on aimait à mettre le pronom régime avant le verbe qui gouverne l'infinitif. V. *Gr. fr. hist.*, n. 612.
Molière dira encore un peu plus loin :
Monsieur, c'est trop d'honneur que vous *me voulez* faire.

ACTE I, SCÈNE II

ALCESTE.

Monsieur...

ORONTE.

Sois-je du ciel écrasé si je mens (1) !
Et pour vous confirmer ici mes sentiments,
Souffrez qu'à cœur ouvert, Monsieur, je vous embrasse,
Et qu'en votre amitié je vous demande place.
Touchez là, s'il vous plaît. Vous me la promettez,
Votre amitié ?

ALCESTE.

Monsieur... (2)

ORONTE.

Quoi ? vous y résistez ?

ALCESTE.

Monsieur, c'est trop d'honneur que vous me voulez faire ;
Mais l'amitié demande un peu plus de mystère (3),
Et c'est assurément en profaner le nom
Que de vouloir le mettre à toute occasion.
Avec lumière et choix cette union veut naître ;
Avant que nous lier, il faut nous mieux connaître (4) ;
Et nous pourrions avoir telles complexions,
Que tous deux du marché nous nous repentirions.

ORONTE.

Parbleu ! c'est là-dessus parler en homme sage (5),
Et je vous en estime encore davantage :
Souffrons donc que le temps forme des nœuds si doux ;
Mais, cependant, je m'offre entièrement à vous :
S'il faut faire à la cour pour vous quelque ouverture,
On sait qu'auprès du roi je fais quelque figure ;
Il m'écoute, et dans tout il en use, ma foi,

(1) La loi divine défend ces serments et ces imprécations contre soi-même en des choses si futiles.

(2) Ces *Monsieur*, coupés quatre fois par la politesse loquace d'Oronte, rendent la situation fort plaisante, en prolongeant l'embarras d'Alceste.

(3) Alceste est mis à la même épreuve que Philinte avant l'ouverture de la pièce : à part l'incivilité du début, sa conduite est raisonnable ; si la suite était conforme à cette première réponse, sa réserve pourrait servir de correctif à la faiblesse trop accommodante de son ami.

(4) *Avant que* suivi de l'infinitif est poétique ; on dit régulièrement *avant que de*, ou *avant de*. V. *Gr. fr. hist.*, n. 879.

(5) *Parbleu, morbleu*, et autres mots semblables, sont des expressions triviales ; employées d'abord comme juremens par le peuple, elles ont été défigurées dans la suite pour éviter le blasphème.

Le plus nonnétement du monde avecque moi (1).
Enfin je suis à vous de toutes les manières ;
Et comme votre esprit a de grandes lumières,
Je viens, pour commencer entre nous ce beau nœud,
Vous montrer un sonnet que j'ai fait depuis peu,
Et savoir s'il est bon qu'au public je l'expose.

ALCESTE.

Monsieur, je suis mal propre à décider la chose (2) ;
Veuillez m'en dispenser.

ORONTE.

Pourquoi ?

ALCESTE.

J'ai le défaut.
D'être un peu plus sincère en cela qu'il ne faut (3).

ORONTE.

C'est ce que je demande, et j'aurais lieu de plainte (4),
Si, m'exposant à vous pour me parler sans feinte (5),
Vous alliez me trahir, et me déguiser rien (6).

ALCESTE.

Puisqu'il vous plaît ainsi, Monsieur, je le veux bien (7).

ORONTE.

Sonnet... C'est un sonnet (8). *L'espoir...* C'est une dame
Qui de quelque espérance avait flatté ma flamme.

(1) *Avecque*, ancienne forme presque hors d'usage. V. *Gr. fr. hist.*, n. 440.

(2) Je suis *mal propre à...*, c.-à-d. je ne suis pas homme à, en état de... *Mal* s'employait souvent dans le vieux français devant un adjectif dans le sens négatif. On trouve dans Corneille, *mal content, mal propre, mal propice, mal satisfait, mal sûr*, etc.

(3) Alceste joint à tous ses défauts celui d'être gauche et maladroit : il ne s'aperçoit pas qu'en mettant en avant sa trop grande sincérité, il donnera lieu à Oronte d'insister davantage.

(4) Il faudrait aujourd'hui : j'aurais lieu *de me plaindre*.

(5) Proposition participe pour : *lorsque je m'expose...* On ne dit plus *s'exposer à quelqu'un* dans le sens de *se livrer à quelqu'un*.
Pour me parler, tournure hardie, au lieu de *pour que vous me parliez*.

(6) *Rien*, c.-à-d. quelque chose, sens primitif. V. *Gr. fr. hist.*, n. 365.

(7) Alceste, connaissant son défaut, aurait dû maintenir son refus.

(8) Le *sonnet* est un ouvrage de poésie, composé de quatorze vers distribués en deux quatrains et en deux tercets : les quatrains sont sur deux rimes seulement. (Ac.)
Inventé, dit-on, par Pétrarque, le sonnet fut mis à la mode en France par l'école de Ronsard ; au XVIIe siècle, ce fut un engouement général. Pour en relever le prix, on resserra les règles (V. Boileau, *Art p.*, II) ; les juges se

ACTE I, SCÈNE II

L'espoir... Ce ne sont point de ces grands vers pompeux,
Mais de petits vers doux, tendres et langoureux.
(A toutes ces interruptions il regarde Alceste.)

ALCESTE.

Nous verrons bien.

ORONTE.

L'espoir... Je ne sais si le style
Pourra vous en paraître assez net et facile,
Et si du choix des mots vous vous contenterez.

ALCESTE.

Nous allons voir, Monsieur.

ORONTE.

Au reste, vous saurez
Que je n'ai demeuré qu'un quart d'heure à le faire (1).

ALCESTE.

Voyons, Monsieur; le temps ne fait rien à l'affaire.

ORONTE.

L'espoir, il est vrai, nous soulage
Et nous berce un temps notre ennui;
Mais, Philis, le triste avantage,
Lorsque rien ne marche après lui!

PHILINTE.

Je suis déjà charmé de ce petit morceau.

ALCESTE (2).

Quoi? vous avez le front de trouver cela beau?

ORONTE.

Vous eûtes de la complaisance;
Mais vous en deviez moins avoir,
Et ne vous pas mettre en dépense
Pour ne me donner que l'espoir.

PHILINTE.

Ah! qu'en termes galants ces choses-là sont mises!

---

montrèrent d'une rigueur extrême pour la moindre tache. C'est ce qui explique le vers emphatique de Boileau :
Un sonnet sans défaut vaut seul un long poème.
Molière et Boileau contribuèrent à faire tomber cette fureur. Le sonnet disparut au XVIIIe siècle; il a reparu dans le nôtre avec un certain éclat.

(1) On ne saurait mieux peindre les ridicules préliminaires, dont un sot auteur cherche à prévenir l'esprit de son juge.

(2) Éd. 1682 : Alceste, *bas*.

ALCESTE, *bas.*

Morbleu! vil complaisant, vous louez des sottises?

ORONTE.

S'il faut qu'une attente éternelle
Pousse à bout l'ardeur de mon zèle,
Le trépas sera mon recours.

Vos soins ne m'en peuvent distraire :
Belle Philis, on désespère,
Alors qu'on espère toujours (1).

PHILINTE.

La chute en est jolie, amoureuse, admirable (2).

ALCESTE, *bas* (3).

La peste de ta chute! Empoisonneur au diable (4),
En eusses-tu fait une à te casser le nez!

PHILINTE.

Je n'ai jamais ouï de vers si bien tournés.

ALCESTE.

Morbleu!...

ORONTE.

Vous me flattez, et vous croyez peut-être...

PHILINTE.

Non, je ne flatte point.

ALCESTE, *bas.*

Et que fais-tu donc, traître?

ORONTE, *à Alceste.*

Mais, pour vous, vous savez quel est notre traité :
Parlez-moi, je vous prie, avec sincérité.

(1) Une des chansons de Ronsard se terminait par les vers suivants :
Un désespoir où toujours on espère,
Un espérer où l'on se désespère.
Molière, en terminant par cette pointe, imitait les auteurs de sonnets qui cherchaient à en relever la fin par un trait brillant.

(2) *Chute* se dit figurément de la pensée qui termine une petite pièce de poésie. (Ac.)

(3) Alceste se parle ici à lui-même. Son langage ne se distingue point par la dignité. Mais déjà il ne se possède plus de colère.

(4) *Empoisonneur au diable,* c.-à-d. digne d'être envoyé au diable.

ALCESTE.

Monsieur, cette matière est toujours délicate,
Et sur le bel esprit nous aimons qu'on nous flatte.
Mais un jour, à quelqu'un, dont je tairai le nom (1),
Je disais, en voyant des vers de sa façon,
Qu'il faut qu'un galant homme ait toujours grand empire
Sur les démangeaisons qui nous prennent d'écrire,
Qu'il doit tenir la bride aux grands empressements
Qu'on a de faire éclat de tels amusements ;
Et que, par la chaleur de montrer ses ouvrages (2),
On s'expose à jouer de mauvais personnages.

ORONTE.

Est-ce que vous voulez me déclarer par là
Que j'ai tort de vouloir?...

ALCESTE.

Je ne dis pas cela ;
Mais je lui disais, moi, qu'un froid écrit assomme (3),
Qu'il ne faut que ce faible à décrier un homme (4),
Et qu'eût-on, d'autre part, cent belles qualités,
On regarde les gens par leurs méchants côtés.

ORONTE.

Est-ce qu'à mon sonnet vous trouvez à redire?

ALCESTE.

Je ne dis pas cela (5); mais pour ne point écrire,

(1) On voit ici l'inconséquence du Misanthrope. Voulant éviter de dire franchement sa pensée, ce qu'il devait faire pour rester fidèle à ses principes, il prend un détour si maladroit que chacune de ses paroles tombe comme un pavé sur le malheureux poète qui finit par s'en irriter.
Cette maladresse produit un effet de scène des plus comiques pour le parterre.

(2) *La chaleur de...*, le désir ardent, empressé de.

(3) *Assommer*, au propre, tuer avec quelque chose de pesant, comme une massue, un levier, des pierres ; il signifie aussi battre avec excès ; au figuré, il se dit de ce qui incommode, importune, afflige beaucoup » (Ac.) — Étym. : *somme*, charge d'un cheval, d'un âne.

(4) *A décrier*, c.-à-d. *pour décrier*; emploi élégant, très fréquent au XVIIe siècle.

(5) « Voilà une de ces répétitions dont Molière a tiré un si grand parti, et qui sont justement comptées parmi ses traits les plus comiques. Ici, *je ne dis pas cela*; dans *Tartufe* : *le pauvre homme*; le *sans dot* de l'*Avare*; le *que diable allait-il faire dans cette galère?* des *Fourberies de Scapin*, sont d'admirables mots dont Molière semble avoir emporté le secret avec lui. Le seul Regnard, dans *le Légataire*, a trouvé un mot digne d'être placé à côté de ceux-là : *c'est votre léthargie.* » (AUGER.)
Molière avait peut-être remarqué dans le *Roman comique* de Scarron, publié

Je lui mettais aux yeux comme, dans notre temps (1),
Cette soif a gâté de fort honnêtes gens (2).

ORONTE.

Est-ce que j'écris mal? et leur ressemblerais-je?

ALCESTE.

Je ne dis pas cela; mais enfin, lui disais-je,
Quel besoin si pressant avez-vous de rimer?
Et qui diantre vous pousse à vous faire imprimer (3)?
Si l'on peut pardonner l'essor d'un mauvais livre,
Ce n'est qu'aux malheureux qui composent pour vivre.
Croyez-moi, résistez à vos tentations,
Dérobez au public ces occupations;
Et n'allez point quitter, de quoi que l'on vous somme,
Le nom que dans la cour vous avez d'honnête homme,
Pour prendre, de la main d'un avide imprimeur,
Celui de ridicule et misérable auteur;
C'est ce que je tâchai de lui faire comprendre (4).

ORONTE.

Voilà qui va fort bien, et je crois vous entendre.
Mais ne puis-je savoir ce que dans mon sonnet...?

ALCESTE.

Franchement, il est bon à mettre au cabinet (5).

en 1657, un *je ne dis pas cela*, répété trois fois, et d'un effet assez plaisant. (V. *Grands Écrivains de la France*.)

Quant au secret de ces répétitions à effet, Molière le doit sans doute, comme en général toute sa manière de dialoguer, à Corneille dont il avait fait une étude très approfondie. On trouve dans les deux premiers actes de *Polyeucte* jusqu'à cinq exemples de paroles très simples à qui la répétition donne une force singulière. Tels sont surtout le *il le faut* de Félix; son cri désespéré : *Il nous perdra, ma fille*: enfin la ferme réponse de Pauline : *Je ne le verrai point*. (V. *Théâtre choisi de Corneille*, I, p. 407.)

(1) On dit aujourd'hui : *mettre sous les yeux*.

(2) *Honnête homme, honnêtes gens*, se disait au xviie siècle non seulement des hommes honorables, mais encore des gens polis, hommes du monde, qui en observent les usages et les bienséances.

(3) *Diantre*, euphémisme très familier pour *diable*.

(4) Balzac écrivait à Chapelain, en 1637, au sujet d'un gentilhomme qui se mêlait de composer : « Est-il possible qu'un homme qui n'a pas appris l'art d'écrire, et à qui il n'a point été fait de commandement de par le roi, et sur peine de la vie, de faire des livres, veuille quitter son rang d'honnête homme qu'il tient dans le monde, pour aller prendre celui d'impertinent et de ridicule parmi les docteurs et les écoliers? »

Le langage d'Alceste ressemble fort à celui de Balzac.

(5) *Cabinet*, au xvie, au xviie siècle, et jusqu'au milieu du xviiie, désignait un petit meuble à tiroirs, où l'on serrait les papiers secrets et les objets

ACTE I, SCÈNE II

Vous vous êtes réglé sur de méchants modèles,
Et vos expressions ne sont point naturelles.

> Qu'est-ce que *Nous berce un temps notre ennui?*
> Et que *Rien ne marche après lui?*
> Que *Ne vous pas mettre en dépense,*
> *Pour ne me donner que l'espoir?*
> Et que *Philis, on désespère,*
> *Alors qu'on espère toujours?*

Ce style figuré, dont on fait vanité,
Sort du bon caractère et de la vérité :
Ce n'est que jeu de mots, qu'affectation pure,
Et ce n'est point ainsi que parle la nature (1).
Le méchant goût du siècle, en cela, me fait peur.
Nos pères, tous grossiers, l'avaient beaucoup meilleur (2),
Et je prise bien moins tout ce que l'on admire,
Qu'une vieille chanson que je m'en vais vous dire :

> *Si le Roi m'avait donné*
> *Paris, sa grand'ville,*
> *Et qu'il me fallût quitter*
> *L'amour de ma mie,*
> *Je dirais au roi Henri :*
> « *Reprenez votre Paris,*
> *J'aime mieux ma mie, au gué!*
> *J'aime mieux ma mie* (3). »

précieux. — On y mettait beaucoup de luxe : il y en avait en bois rare, de marqueterie, de laque, d'ivoire. Louis XIV en fit faire un qui fut regardé comme un chef-d'œuvre, pour la loterie de Marly. Enfin dans l'inventaire qui fut fait à la mort de Molière, on trouve cette double mention. « Un cabinet de racine de noyer, sur son pied, à six colonnes, garni de tiroirs et layettes, fermant à clef. — Un petit cabinet de vernis de la Chine, fermant à clef. » (V. *Les Grands Écrivains de la France.*)

A mettre au cabinet, signifie donc, à mettre au fond d'un tiroir, sans en rien montrer à personne.

(1) Molière donne ici la grande règle du bon goût, le principe fondamental de la littérature, et en particulier du style : le naturel, l'imitation vraie et simple de la nature.

C'est le secret des grands auteurs, à toutes les grandes époques, dans toutes les productions artistiques et littéraires. Fénelon y a particulièrement insisté dans sa *Lettre à l'Académie*.

(2) Le XVIIe siècle faisait accorder *tout*, même employé comme adverbe :
Sont-ils morts *tous* entiers avec leurs grands desseins? (CORN.)
Aujourd'hui il faudrait *tout grossiers*, sous-ent. qu'ils étaient. Voir plus loin, A. IV, sc. III; et *Gr. fr. hist.*, n. 570.

(3) Molière a sans doute emprunté cette chanson au répertoire populaire de la province; on n'en trouve la trace dans aucun recueil.
Le mot du refrain, *au gué*, provient d'une chanson composée par Ronsard

La rime n'est pas riche, et le style en est vieux (1) :
Mais ne voyez-vous pas que cela vaut bien mieux
Que ces colifichets dont le bon sens murmure (2),
Et que la passion parle là toute pure ?

> *Si le Roi m'avait donné*
> *Paris, sa grand'ville,*
> *Et qu'il me fallût quitter*
> *L'amour de ma mie,*
> *Je dirais au roi Henri :*
> *« Reprenez votre Paris,*
> *J'aime mieux ma mie, au gué !*
> *J'aime mieux ma mie. »*

Voilà ce que peut dire un cœur vraiment épris.
Oui, Monsieur le rieur, malgré vos beaux esprits,
J'estime plus cela que la pompe fleurie
De tous ces faux brillants, où chacun se récrie (3).

dans une fête donnée par Antoine de Bourbon, père de Henri IV, en son manoir de *Bonne-Aventure*, sur le Gué-du-Loir, près de Vendôme. De la chanson de Ronsard, il n'est resté que le refrain, adapté depuis, et souvent sans le moindre sens, à nombre de couplets :

> La bonne aventure au gué,
> La bonne aventure.

Il paraît qu'un acteur contemporain s'avisa un jour de chanter le couplet d'Alceste ; il oubliait que le Misanthrope lui-même avait indiqué le contraire : *une chanson que je m'en vais vous dire.*

(1) Alceste est indulgent. La rime fait complètement défaut ; il n'y a que de simples assonances, comme dans les vieux poèmes français, c.-à-d. des ressemblances de son très imparfaites dans la terminaison des mots.

(2) *Colifichet,* babiole, bagatelle, petit objet de fantaisie ; il se dit aussi de certains petits ornements, placés sans goût soit dans une construction, soit dans un ouvrage d'esprit. (Ac.) — Étym. *coller* et *ficher* ; colifichet, anciennement, était un petit morceau de papier découpé avec soin et représentant diverses figures, collé ensuite sur du bois, du velours, etc. (Littré.)

(3) La vieille chanson d'Alceste est loin d'être un modèle de poésie. La naïveté fait tout son mérite. Mais sa simplicité rustique sert à mieux faire ressortir le ridicule du bel esprit, qui est précisément l'antipode du naturel. Cette verte leçon du poète n'était pas inutile ; le mauvais goût n'avait pas encore disparu en France ; la lutte fut continuée avec zèle par Boileau et Fénelon. — *Se récrier,* faire une exclamation de surprise ou d'admiration. De Visé raconte ainsi les premières impressions du parterre : « Je ne crois pas qu'on puisse rien voir de plus agréable que cette scène. Le sonnet n'est point méchant, selon la manière d'écrire d'aujourd'hui ; et ceux qui cherchent ce que l'on appelle pointes ou chutes, plutôt que le bon sens, le trouveront sans doute bon. J'en vis même, à la première représentation de cette pièce, qui se firent jouer, pendant qu'on représentait cette scène ; car ils crièrent que le sonnet était bon, avant que le Misanthrope en fît la critique, et demeurèrent ensuite tout confus. »

ORONTE.
Et moi, je vous soutiens que mes vers sont fort bons.
ALCESTE.
Pour les trouver ainsi vous avez vos raisons ;
Mais vous trouverez bon que j'en puisse avoir d'autres,
Qui se dispenseront de se soumettre aux vôtres.
ORONTE.
Il me suffit de voir que d'autres en font cas (1).
ALCESTE.
C'est qu'ils ont l'art de feindre ; et moi, je ne l'ai pas.
ORONTE.
Croyez-vous donc avoir tant d'esprit en partage ?
ALCESTE.
Si je louais vos vers, j'en aurais davantage.
ORONTE.
Je me passerai bien que vous les approuviez.
ALCESTE.
Il faut bien, s'il vous plaît, que vous vous en passiez.
ORONTE.
Je voudrais bien, pour voir, que, de votre manière,
Vous en composassiez sur la même matière (2).
ALCESTE.
J'en pourrais, par malheur, faire d'aussi méchants ;
Mais je me garderais de les montrer aux gens.
ORONTE.
Vous me parlez bien ferme, et cette suffisance... (3)
ALCESTE.
Autre part que chez moi, cherchez qui vous encense.
ORONTE.
Mais, mon petit Monsieur, prenez-le un peu moins haut (4).
ALCESTE.
Ma foi, mon grand Monsieur, je le prends comme il faut.

---

(1) Molière imite ici ces dialogues rapides et pressés de Corneille, où les interlocuteurs, s'échauffant de plus en plus, se jettent l'un à l'autre des répliques d'un vers. Voir *le Cid*, A. I, sc. III ; *Polyeucte*, A. II, sc. VI ; A. V, sc. III.

(2) Cet imparfait du subjonctif qui sent si fort l'affectation du puriste, est bien placé dans la bouche du poète bel esprit.

(3) Oronte, piqué de plus en plus, menace.

(4) L'élision du pronom *le* est une licence. V. *Gr. fr. hist.*, n. 622.

PHILINTE, *se mettant entre deux.*

Eh! Messieurs, c'en est trop : laissez cela, de grâce.

ORONTE.

Ah! j'ai tort, je l'avoue, et je quitte la place.
Je suis votre valet, Monsieur, de tout mon cœur (1).

ALCESTE.

Et moi, je suis, Monsieur, votre humble serviteur (2).

SCÈNE III

PHILINTE, ALCESTE.

PHILINTE.

Hé bien! vous le voyez : pour être trop sincère,
Vous voilà sur les bras une fâcheuse affaire;
Et j'ai bien vu qu'Oronte, afin d'être flatté...

ALCESTE.

Ne me parlez pas.

PHILINTE.

Mais...

ALCESTE.

Plus de société.

PHILINTE.

C'est trop...

ALCESTE.

Laissez-moi là.

PHILINTE.

Si je...

ALCESTE.

Point de langage (3).

PHILINTE.

Mais quoi...?

(1) Ce trait d'ironie, lancé en partant, montre assez qu'Oronte ne s'en tiendra pas là.

(2) « Il n'y a point de scène où le sot orgueil des petits poëtes et le charlatanisme de leurs lectures soient mieux peints que dans celle d'Oronte : c'est un chef-d'œuvre de vérité et de bon comique. Quoiqu'on dise que la comédie, très insuffisante pour réformer les vices, est bonne pour corriger les ridicules, nous ne voyons pas cependant que les auteurs se soient guéris de leur maladie de lire, depuis que Molière en a si bien fait sentir l'extravagance. Au contraire, la société est plus que jamais infectée de ces Orontes, *de leurs vers fatigants lecteurs infatigables.* » (GEOFFROY, 1806.)

(3) *Point de langage,* c.-à-d. point d'explications.

ALCESTE.
Je n'entends rien.
PHILINTE.
Mais...
ALCESTE.
Encore?
PHILINTE.
On outrage...
ALCESTE.
Ah, parbleu! c'en est trop; ne suivez point mes pas.
PHILINTE.
Vous vous moquez de moi, je ne vous quitte pas (1).

QUESTIONS SUR LE Ier ACTE.

Quel est le sujet du Ier acte?
Comment s'ouvre la Ire scène? Entre quels personnages?
Quel est le double objet de cette scène?
Comment Alceste justifie-t-il sa misanthropie?
Quels sont les principes de Philinte?
Quelle est la conduite d'Alceste par rapport à son procès?
Comment explique-t-il son étrange amour pour Célimène?
Qu'est-ce qui amène Oronte?
Exposez les diverses phases de la discussion du sonnet.
Quelle part y prend Alceste? Philinte?
Quelle leçon de goût donne Molière dans cette scène?
Comment se termine le Ier acte?

(1) Le départ brusque du Misanthrope paraît naturel à première vue; surexcité par sa querelle avec Oronte, ennuyé de la mauvaise tournure qu'elle a prise, fatigué des reproches de Philinte, il s'enfuit. Mais comment peut-il oublier si facilement le but important qui l'a conduit tout à l'heure dans la maison de Célimène? Comment peut-il quitter cette maison sans avoir parlé à Célimène? Alceste n'en dit pas un mot, il paraît n'y point penser; au fond, il en est peu préoccupé. Cela sort du vraisemblable, et le poète se soucie trop peu de l'intrigue.

ACTE SECOND

La scène de la médisance.

SCÈNE I
ALCESTE, CÉLIMÈNE.

ALCESTE.

Madame, voulez-vous que je vous parle net (1)?
De vos façons d'agir je suis mal satisfait;
Contre elles dans mon cœur trop de bile s'assemble,
Et je sens qu'il faudra que nous rompions ensemble.
Oui, je vous tromperais de parler autrement;
Tôt ou tard nous romprons indubitablement;
Et je vous promettrais mille fois le contraire,
Que je ne serais pas en pouvoir de le faire.

CÉLIMÈNE.

C'est pour me quereller donc, à ce que je voi (2),
Que vous avez voulu me ramener chez moi (3)?

ALCESTE.

Je ne querelle point; mais votre humeur, Madame,
Ouvre au premier venu trop d'accès dans votre âme :
Vous avez trop d'amants qu'on voit vous obséder (4),
Et mon cœur de cela ne peut s'accommoder.

CÉLIMÈNE.

Des amants que je fais me rendez-vous coupable?
Puis-je empêcher les gens de me trouver aimable?
Et lorsque pour me voir ils font de doux efforts,
Dois-je prendre un bâton pour les mettre dehors?

---

(1) Le poète manque, dans ces deux premiers vers, à l'alternance des rimes qui est de règle à travers toute la pièce; le premier acte ayant fini par deux rimes masculines, le second devait commencer par deux rimes féminines.

(2) *Je voi;* pour cette forme, voir plus haut, p. 46, n. 3.

(3) Ce retour d'Alceste est plus vraisemblable que ne l'a été son départ. Ayant rencontré Célimène en route, il l'a ramenée chez elle.

(4) *Amants,* au XVIIe siècle, se disait des *prétendants,* qui recherchent une femme en mariage.

ACTE II, SCÈNE I

ALCESTE.

Non, ce n'est pas, Madame, un bâton qu'il faut prendre,
Mais un cœur à leurs vœux moins facile et moins tendre.
Je sais que vos appas vous suivent en tous lieux;
Mais votre accueil retient ceux qu'attirent vos yeux;
Et sa douceur offerte à qui vous rend les armes (1),
Achève sur les cœurs l'ouvrage de vos charmes.
Le trop riant espoir que vous leur présentez
Attache autour de vous leurs assiduités;
Et votre complaisance un peu moins étendue,
De tant de soupirants chasserait la cohue (2).
Mais au moins dites-moi, Madame, par quel sort
Votre Clitandre a l'heur de vous plaire si fort (3)?
Sur quel fonds de mérite et de vertu sublime
Appuyez-vous en lui l'honneur de votre estime?
Est-ce par l'ongle long qu'il porte au petit doigt (4)
Qu'il s'est acquis chez vous l'estime où l'on le voit?
Vous êtes-vous rendue, avec tout le beau monde,
Au mérite éclatant de sa perruque blonde (5)?
Sont-ce ses grands canons qui vous le font aimer (6)?

(1) *A qui* pour *à celui qui*; tour rapide, fréquent au XVIIe siècle. V. *Gr. fr. hist.*, n. 641; et Corneille, *le Cid*, A. II, sc. II :
    A qui venge son père, il n'est rien d'impossible.

(2) *Cohue*, assemblée bruyante et tumultueuse, confusion. — Il se disait autrefois, dans quelques provinces, du lieu où se tenaient les petites justices. (Ac.)
    Étym. : bas-lat. *cohua*, de *co* et *huer*, à cause du bruit qui se fait aux halles et dans les juridictions des halles. (LITTRÉ.)
    Huer, suivant Diez, est une onomatopée formée de l'exclamation *hu*.

(3) « *Heur* se mettait où *bonheur* ne saurait entrer; il a fait *heureux* qui est si français, et il a cessé de l'être. » (LA BRUYÈRE, *De quelques usages*.)
    On le trouve plusieurs fois dans Corneille, notamment dans *le Cid*, A. III, sc. VI; *Horace*, A. I, sc. I; A. IV, sc. V; *Cinna*, A. V, sc. I; *Polyeucte*, A. I, sc. I.

(4) C'était de mode parmi les élégants, depuis Louis XIII. Scarron, dans ses *Nouvelles* (1655), parle du petit doigt de la main gauche.

(5) Les perruques s'étaient introduites depuis peu parmi les gens de qualité. Louis XIV en adopta l'usage en 1673; il s'est maintenu en France jusqu'au premier empire.

(6) « *Canon* se disait autrefois d'une pièce de toile fort large, et souvent ornée de dentelle, qu'on attachait au-dessous du genou : *Les canons* étaient fort à la mode du temps de Louis XIV. » (Ac.)
    On les faisait d'une longueur démesurée.
    On lit dans le *Journal* de MM. de Villers (1658) : « L'extravagance des canons devient plus insupportable que jamais. On les porte d'une certaine toile

L'amas de ses rubans a-t-il su vous charmer (1)?
Est-ce par les appas de sa vaste rhingrave (2)
Qu'il a gagné votre âme en faisant votre esclave (3)?
Ou sa façon de rire et son ton de fausset
Ont-ils de vous toucher su trouver le secret (4)?

CÉLIMÈNE.

Qu'injustement de lui vous prenez de l'ombrage!
Ne savez-vous pas bien pourquoi je le ménage,
Et que dans mon procès, ainsi qu'il m'a promis,
Il peut intéresser tout ce qu'il a d'amis?

ALCESTE.

Perdez votre procès, Madame, avec constance,
Et ne ménagez point un rival qui m'offense.

CÉLIMÈNE.

Mais de tout l'univers vous devenez jaloux.

ALCESTE.

C'est que tout l'univers est bien reçu de vous.

CÉLIMÈNE.

C'est ce qui doit rasseoir votre âme effarouchée,
Puisque ma complaisance est sur tous épanchée;

blanche rayée, et on les fait d'une si horrible et si monstrueuse largeur qu'on en est tout à fait contraint et contrefait en sa démarche. »
Molière s'en était déjà moqué, en 1661, dans l'*École des maris*, par la bouche de Sganarelle (A. I, sc. I) :

Et de ces grands canons où, comme en des entraves,
On met tous les matins ses deux jambes esclaves,
Et par qui nous voyons ces Messieurs les galants
Marcher écarquillés ainsi que des volants!

Bossuet faisait allusion à ces satires de Molière contre la mode, quand il l'appelait « ce rigoureux censeur des grands canons, ce grave réformateur des mines et des expressions de nos précieuses. » (Voir plus haut, p. 9.)

(1) Harpagon, dans *l'Avare*, se moque aussi de ces rubans inutiles : « Je voudrais bien savoir à quoi servent tous ces rubans dont vous voilà lardé depuis les pieds jusqu'à la tête. » (A. I. sc. V).

(2) « *Rhingrave* est une culotte, ou haut-de-chausse fort ample, attachée aux bas avec plusieurs rubans, dont un rhingrave ou prince allemand a amené la mode en France il y a quelque temps. » (*Dict. de Furetière*, 1690.)
Ce *Rhingrave* (en all., comte du Rhin) était Frédéric, seigneur de Neuviller, gouverneur de Maëstricht pour la Hollande.

(3) C.-à-d. en se donnant pour votre esclave, comme on dit encore, dans un sens un peu différent, *il fait le gentilhomme*.

(4) Alceste qui s'élèvera tout à l'heure avec tant de force et de raison contre la médisance, n'est guère tendre ici pour son rival. Quelques vers plus loin, la jalousie le rend tyrannique : *Perdez votre procès*...

Et vous auriez plus lieu de vous en offenser,
Si vous me la voyiez sur un seul ramasser.

ALCESTE.

Mais moi, que vous blâmez de trop de jalousie,
Qu'ai-je de plus qu'eux tous, Madame, je vous prie?

CÉLIMÈNE.

Le bonheur de savoir que vous êtes aimé.

ALCESTE.

Et quel lieu de le croire à mon cœur enflammé?

CÉLIMÈNE.

Je pense qu'ayant pris le soin de vous le dire,
Un aveu de la sorte a de quoi vous suffire.

ALCESTE.

Mais qui m'assurera que, dans le même instant,
Vous n'en disiez peut-être aux autres tout autant?

CÉLIMÈNE.

Certes, pour un amant, la fleurette est mignonne,
Et vous me traitez là de gentille personne.
Hé bien! pour vous ôter d'un semblable souci (1),
De tout ce que j'ai dit je me dédis ici,
Et rien ne saurait plus vous tromper que vous-même.
Soyez content.

ALCESTE.

Morbleu! faut-il que je vous aime?
Ah! que si de vos mains je rattrape mon cœur,
Je bénirai le ciel de ce rare bonheur!
Je ne le cèle pas, je fais tout mon possible
A rompre de ce cœur l'attachement terrible;
Mais mes plus grands efforts n'ont rien fait jusqu'ici,
Et c'est pour mes péchés que je vous aime ainsi.

CÉLIMÈNE.

Il est vrai, votre ardeur est pour moi sans seconde (2).

ALCESTE.

Oui, je puis là-dessus défier tout le monde.
Mon amour ne se peut concevoir, et jamais
Personne n'a, Madame, aimé comme je fais (3).

---

(1) Corneille, *le Cid*, A. II, sc. II : *Ote-moi d'un doute*.

(2) « Valeur, beauté *sans seconde, à nulle autre seconde,* valeur, beauté sans égale, sans pareille; poétique. Ces phrases ont vieilli. » (Ac.)

(3) Pour cet emploi de *faire*, v. *Gr. fr. hist.*, n. 771.

CÉLIMÈNE.

En effet, la méthode en est toute nouvelle,
Car vous aimez les gens pour leur faire querelle;
Ce n'est qu'en mots fâcheux qu'éclate votre ardeur,
Et l'on n'a vu jamais un amour si grondeur.

ALCESTE.

Mais il ne tient qu'à vous que son chagrin ne passe;
A tous nos démêlés coupons chemin, de grâce (1),
Parlons à cœur ouvert, et voyons d'arrêter... (2)

SCÈNE II

CÉLIMÈNE, ALCESTE, BASQUE.

CÉLIMÈNE.

Qu'est-ce?

BASQUE.

Acaste est là-bas.

CÉLIMÈNE.

Hé bien! faites monter.

ALCESTE.

Quoi? l'on ne peut jamais vous parler tête à tête?
A recevoir le monde on vous voit toujours prête?
Et vous ne pouvez pas, un seul moment de tous (3),
Vous résoudre à souffrir de n'être pas chez vous?

CÉLIMÈNE.

Voulez-vous qu'avec lui je me fasse une affaire?

ALCESTE.

Vous avez des regards qui ne sauraient me plaire (4).

CÉLIMÈNE.

C'est un homme à jamais ne me le pardonner,
S'il savait que sa vue eût pu m'importuner.

(1) *Couper chemin à qqch.*, en arrêter le cours, le progrès. (Ac.)

(2) *Voyons d'arrêter*, c.-à-d. examinons pour arrêter. *Voir*, dans ce sens, est employé par quelques auteurs avec *à* ou *de;* l'Académie cependant n'en donne pas d'exemple.

(3) *De tous*, c.-à-d. entre tous; complément du partitif, d'après la syntaxe latine : *ex* ou *de omnibus*.

(4) Édit. de 1682 et 1734 : vous avez des *égards*. Des *regards*, c.-à-d. des vues, des attentions. — On disait autrefois *au regard de*, pour *à l'égard de*; *pour mon regard...*, dans le sens de *pour moi, à mes yeux*. V. Corneille, *Horace*, A. IV, sc. I.

ALCESTE.
Et que vous fait cela pour vous gêner de sorte...?
CÉLIMÈNE.
Mon Dieu! de ses pareils la bienveillance importe;
Et ce sont de ces gens qui, je ne sais comment,
Ont gagné dans la cour de parler hautement (1).
Dans tous les entretiens on les voit s'introduire;
Ils ne sauraient servir, mais ils peuvent vous nuire;
Et jamais, quelque appui qu'on puisse avoir d'ailleurs,
On ne doit se brouiller avec ces grands brailleurs.
ALCESTE.
Enfin, quoi qu'il en soit, et sur quoi qu'on se fonde,
Vous trouvez des raisons pour souffrir tout le monde;
Et les précautions de votre jugement...

SCÈNE III

BASQUE, ALCESTE, CÉLIMÈNE.

BASQUE.
Voici Clitandre encor, Madame.

ALCESTE. *Il témoigne s'en vouloir aller.*

Justement.
CÉLIMÈNE.
Où courez-vous?
ALCESTE.
Je sors.
CÉLIMÈNE.
Demeurez.
ALCESTE.
Pourquoi faire?
CÉLIMÈNE.
Demeurez.
ALCESTE.
Je ne puis.
CÉLIMÈNE.
Je le veux.
ALCESTE.
Point d'affaire.
Ces conversations ne font que m'ennuyer,
Et c'est trop que vouloir me les faire essuyer.

(1) On dit aujourd'hui, *à la cour.*

CÉLIMÈNE.

Je le veux, je le veux.

ALCESTE.

Non, il m'est impossible.

CÉLIMÈNE.

Hé bien! allez, sortez, il vous est tout loisible.

SCÈNE IV

ÉLIANTE, PHILINTE, ACASTE, CLITANDRE, ALCESTE, CÉLIMÈNE, BASQUE.

ÉLIANTE.

Voici les deux marquis qui montent avec nous :
Vous l'est-on venu dire?

CÉLIMÈNE.

Oui. Des sièges pour tous.

(A Alceste.)
Vous n'êtes pas sorti?

ALCESTE.

Non (1); mais je veux, Madame,
Ou pour eux, ou pour moi, faire expliquer votre âme.

CÉLIMÈNE.

Taisez-vous (2).

ALCESTE.

Aujourd'hui, vous vous expliquerez.

CÉLIMÈNE.

Vous perdez le sens.

ALCESTE.

Point. Vous vous déclarerez.

CÉLIMÈNE.

Ah!

ALCESTE.

Vous prendrez parti.

CÉLIMÈNE.

Vous vous moquez, je pense.

(1) Alceste voulait sortir, lorsque Célimène l'invitait à rester; quand elle lui eut donné son congé, il reste. L'esprit de contradiction est inséparable des caractères capricieux et fantasques.

(2) Ce jeu d'*aparté* est assez plaisant : Alceste réclame une explication, et du ton qu'il prend les choses, il est capable de faire un éclat; c'est ce que Célimène redoute par-dessus tout.

ACTE II, SCÈNE IV

ALCESTE.

Non; mais vous choisirez : c'est trop de patience.

CLITANDRE.

Parbleu! je viens du Louvre (1), où Cléonte, au levé (2),
Madame, a bien paru ridicule achevé (3).
N'a-t-il point quelque ami qui pût, sur ses manières,
D'un charitable avis lui prêter les lumières?

CÉLIMÈNE.

Dans le monde, à vrai dire, il se barbouille fort (4);
Partout il porte un air qui saute aux yeux d'abord (5);
Et lorsqu'on le revoit après un peu d'absence,
On le retrouve encor plus plein d'extravagance.

ACASTE.

Parbleu! s'il faut parler de gens extravagants,
Je viens d'en essuyer un des plus fatigants :
Damon, le raisonneur, qui m'a, ne vous déplaise,
Une heure, au grand soleil, tenu hors de ma chaise (6).

CÉLIMÈNE.

C'est un parleur étrange, et qui trouve toujours
L'art de ne vous rien dire avec de grands discours;
Dans les propos qu'il tient, on ne voit jamais goutte (7),
Et ce n'est que du bruit que tout ce qu'on écoute.

(1) Le Louvre était encore la résidence royale. Louis XIV ne transporta la cour à Versailles qu'en 1680.

(2) On disait *le lever du roi*, ou *le lever* tout court, en parlant du moment où le roi recevait dans sa chambre, après qu'il était levé. Le *petit lever* commençait quand le roi avait récité l'office du Saint-Esprit; le *grand lever*, quand il était rasé.

De même, on appelait *le coucher du roi*, ou simplement *le coucher*, l'heure à laquelle le roi recevait ceux qu'il admettait à lui faire la cour, avant qu'il se retirât pour se coucher; *le petit coucher* était l'espace de temps qui restait depuis que le roi avait donné le bonsoir, jusqu'à ce qu'il se mit au lit. (Ac.)

C'était une faveur très enviée d'être du nombre des quelques privilégiés que le roi admettait dans sa chambre avant de recevoir le matin, ou après avoir congédié le soir le gros des courtisans.

On écrit maintenant *le lever, le coucher*.

(3) Clitandre commence cette série de portraits où va se déployer la malicieuse habileté de Célimène.

Les portraits satiriques étaient alors en vogue : « Portraits à foison se font voir à notre horizon. » (*Mémoires de M*^{lle} *de Montpensier*.)

(4) *Barbouiller*, salir, souiller, tacher; *se barbouiller*, au fig., se couvrir de ridicule, en débitant des choses absurdes.

(5) *Il porte un air*, c'est-à-dire il a des manières, des façons, un maintien, une mine. Célimène parle ironiquement.

(6) La *chaise à porteurs* alors fort à la mode.

(7) *Ne voir goutte* (*Gr. fr. hist.*, n. 465).

ÉLIANTE, *à Philinte.*

Ce début n'est pas mal; et contre le prochain
La conversation prend un assez bon train (1).

CLITANDRE.

Timante encor, Madame, est un bon caractère.

CÉLIMÈNE.

C'est de la tête aux pieds un homme tout mystère,
Qui vous jette en passant un coup d'œil égaré,
Et, sans aucune affaire, est toujours affairé.
Tout ce qu'il vous débite en grimaces abonde;
A force de façons, il assomme le monde;
Sans cesse il a, tout bas, pour rompre l'entretien,
Un secret à vous dire, et ce secret n'est rien;
De la moindre vétille il fait une merveille,
Et jusques au bonjour, il dit tout à l'oreille (2).

ACASTE.

Et Géralde, Madame?

CÉLIMÈNE.

O l'ennuyeux conteur!
Jamais on ne le voit sortir du grand seigneur (3);
Dans le brillant commerce il se mêle sans cesse,
Et ne cite jamais que duc, prince ou princesse :
La qualité l'entête (4), et tous ses entretiens
Ne sont que de chevaux, d'équipage et de chiens;
Il tutaye en parlant ceux du plus haut étage (5),
Et le nom de Monsieur est chez lui hors d'usage.

(1) « S'il n'y a pas de bonté dans un salon, il devient bien vite un bureau d'esprit, une coterie médisante; ce n'est plus un salon. » (SAINT-MARC GIRARDIN.)

(2) Il paraît que Molière, en traçant ce portrait, avait en vue un certain M. de Saint-Gilles : « C'était, dit Brossette, un homme de la vieille cour, qui aimait fort Molière, et qui l'importunait sans s'en apercevoir. Saint-Gilles était un homme fort mystérieux, qui ne parlait jamais que tout bas et à l'oreille, quelque chose qu'il eût à dire : aussi est-ce lui que Molière a peint dans son *Misanthrope*. »

La Bruyère peint ainsi le mystérieux : « Théodote est fin, cauteleux, doucereux, mystérieux; il s'approche de vous, et il vous dit à l'oreille : voilà un beau temps, voilà un grand dégel! » (*De la cour.*)

(3) C'est-à-dire qu'il a toujours à la bouche des noms de grands seigneurs.

(4) *Entêter*, au fig., signifie préoccuper outre mesure, jusqu'à rendre fou, maniaque. — *Qualité* signifie encore noblesse distinguée. (Ac.)

« Un homme de la cour, dit la Bruyère, ne doit parler que de ducs, de cardinaux, de ministres. »

(5) Molière a écrit *tutaye* pour figurer la prononciation alors reçue à la

CLITANDRE.
On dit qu'avec Bélise il est du dernier bien (1).
CÉLIMÈNE.
Le pauvre esprit de femme, et le sec entretien!
Lorsqu'elle vient me voir, je souffre le martyre :
Il faut suer sans cesse à chercher que lui dire (2),
Et la stérilité de son expression
Fait mourir à tous coups la conversation.
En vain, pour attaquer son stupide silence,
De tous les lieux communs vous prenez l'assistance (3) :
Le beau temps et la pluie, et le froid et le chaud
Sont des fonds qu'avec elle on épuise bientôt.
Cependant sa visite, assez insupportable,
Traîne en une longueur encore épouvantable ;
Et l'on demande l'heure, et l'on bâille vingt fois,
Qu'elle grouille aussi peu qu'une pièce de bois (4).
ACASTE.
Que vous semble d'Adraste?
CÉLIMÈNE.
Ah! quel orgueil extrême!
C'est un homme gonflé de l'amour de soi-même.
Son mérite jamais n'est content de la cour :
Contre elle il fait métier de pester chaque jour,
Et l'on ne donne emploi, charge ni bénéfice,
Qu'à tout ce qu'il se croit on ne fasse injustice (5).
CLITANDRE.
Mais le jeune Cléon, chez qui vont aujourd'hui
Nos plus honnêtes gens, que dites-vous de lui?

conr. Quoique autorisée par l'Académie en 1694, cette prononciation est tombée ; on prononce et on écrit *tutoyer*, conformément à l'origine du mot, formé des deux pronoms *tu* et *toi*.

(1) *Dernier* se dit de ce qu'il y a d'extrême en chaque genre, soit en bien, soit en mal : arriver *au dernier degré* de la perfection ; cela est *du dernier ridicule*. (Ac.)

(2) A chercher *que* lui dire, latinisme, pour *à chercher quelle chose* on peut lui dire. V. Gr. fr. hist., n. 650-651.

(3) On appelle *lieux communs* en rhétorique, certaines sources générales d'où un orateur peut tirer ses arguments et ses moyens. *Lieux communs* se dit encore des idées usées, rebattues. (Ac.)

(4) *Grouiller*, v. n., remuer. Mot populaire, dit l'Ac. en 1877. — En 1694, elle le notait comme *bas*.

(5) *Que*, pour *sans que*. V. Gr. fr. hist., n. 880.

CÉLIMÈNE.

Que de son cuisinier il s'est fait un mérite,
Et que c'est à sa table à qui l'on rend visite (1).

ÉLIANTE.

Il prend soin d'y servir des mets fort délicats.

CÉLIMÈNE.

Oui; mais je voudrais bien qu'il ne s'y servît pas :
C'est un fort méchant plat que sa sotte personne,
Et qui gâte, à mon goût, tous les repas qu'il donne.

PHILINTE.

On fait assez de cas de son oncle Damis :
Qu'en dites-vous, Madame (2)?

CÉLIMÈNE.

Il est de mes amis.

PHILINTE.

Je le trouve honnête homme, et d'un air assez sage.

CÉLIMÈNE.

Oui; mais il veut avoir trop d'esprit, dont j'enrage (3);
Il est guindé sans cesse; et dans tous ses propos,
On voit qu'il se travaille à dire de bons mots (4).
Depuis que dans la tête il s'est mis d'être habile,
Rien ne touche son goût, tant il est difficile;
Il veut voir des défauts à tout ce qu'on écrit,
Et pense que louer n'est pas d'un bel esprit,
Que c'est être savant que trouver à redire,
Qu'il n'appartient qu'aux sots d'admirer et de rire,
Et qu'en n'approuvant rien des ouvrages du temps,
Il se met au-dessus de tous les autres gens;
Aux conversations même il trouve à reprendre;

(1) Il faudrait aujourd'hui : *c'est à sa table que*. Au XVIIᵉ siècle, on mettait assez souvent ce double complément avec *c'est :*
    C'est à vous, mon esprit, à *qui* je veux parler. (BOIL.)
Qui s'employait aussi comme complément d'un nom de chose.

(2) Éliante et Philinte, qui s'étaient tenus à l'écart, ont fini par céder au charme de la médisance. C'est une victoire pour Célimène, et une défaite pour la vertu.

(3) *Dont* pour *ce dont*; ellipse fréquente au XVIIᵉ siècle :
    Et c'est *dont* je vous plains. (CORN.)

(4) On met aujourd'hui l'article : *à dire des bons mots*. — *Se travaille*, faire des efforts pour, se fatiguer à; figure très expressive. — La grenouille
    Envieuse, s'étend, et s'enfle, et *se travaille*
      Pour égaler l'animal en grosseur. (LA FONT., I, 3.)

Ce sont propos trop bas pour y daigner descendre;
Et les deux bras croisés, du haut de son esprit
Il regarde en pitié tout ce que chacun dit (1).

ACASTE.

Dieu me damne, voilà son portrait véritable (2).

CLITANDRE.

Pour bien peindre les gens vous êtes admirable (3).

ALCESTE.

Allons, ferme, poussez, mes bons amis de cour;
Vous n'en épargnez point, et chacun a son tour :
Cependant aucun d'eux à vos yeux ne se montre,
Qu'on ne vous voie, en hâte, aller à sa rencontre,
Lui présenter la main, et d'un baiser flatteur
Appuyer les serments d'être son serviteur (4).

CLITANDRE.

Pourquoi s'en prendre à nous? Si ce qu'on dit vous blesse,
Il faut que le reproche à Madame s'adresse.

(1) La Bruyère signale les mêmes travers : « Me laisserai-je éblouir par un air de capacité ou de hauteur qui vous met au-dessus de tout ce qui se fait, de ce qui se dit et de ce qui s'écrit; qui vous rend sec sur les louanges, et empêche qu'on ne puisse arracher de vous la moindre approbation? » (*Des grands.*) — « Arsène, du plus haut de son esprit, contemple les hommes, et dans l'éloignement d'où il les voit, il est comme effrayé de leur petitesse. » (*Des ouvrages de l'esprit.*)
Pour le pittoresque, la palme reste à Célimène.

(2) *Dieu me damne*, locution interjective, qui ne devrait jamais se trouver dans la bouche d'un chrétien.

(3) Cette scène de la médisance est traitée d'une manière supérieure. On ne saurait rien imaginer de plus spirituel à la fois et de plus méchant que cette coquette qui trône comme une reine au milieu de ses courtisans, et qui profite de son prestige pour donner un libre cours à sa malice. Les marquis, connaissant son penchant, ont ouvert le feu; puis, se retirant habilement, ils lui ont laissé tous les honneurs de la conversation; leur unique soin est de lui fournir la matière de ses railleries, en offrant des noms à sa démangeaison de médire. Les portraits qu'elle trace, sont parfaits; ses coups de pinceau sont aussi justes que cruels.
Cléon l'extravagant, Damon le parleur, le mystérieux Timante, Géralde qui tranche du grand seigneur, la sèche et ennuyeuse Bélise, l'orgueilleux Adraste, le jeune Cléon aux bons plats, et Damis le prétentieux : ce sont autant d'esquisses du crayon le plus fin et le plus ressemblant. La Bruyère n'a rien de plus achevé.

(4) Le sombre silence dans lequel Alceste s'est tenu renfermé depuis le commencement de la conversation, a été jusqu'ici comme la protestation muette de la vertu. L'éclat de sa brusque intervention produit le plus heureux effet : il jette l'alarme au milieu des médisants; les spectateurs, déridés par cette irruption soudaine, attendent la suite avec d'autant plus de curiosité que les coups atteignent directement Célimène.

ALCESTE.

Non, morbleu! c'est à vous; et vos ris complaisants
Tirent de son esprit tous ces traits médisants.
Son humeur satirique est sans cesse nourrie
Par le coupable encens de votre flatterie;
Et son cœur à railler trouverait moins d'appas,
S'il avait observé qu'on ne l'applaudit pas.
C'est ainsi qu'aux flatteurs on doit partout se prendre (1)
Des vices où l'on voit les humains se répandre.

PHILINTE.

Mais pourquoi pour ces gens un intérêt si grand,
Vous qui condamneriez ce qu'en eux on reprend?

CÉLIMÈNE.

Et ne faut-il pas bien que Monsieur contredise?
A la commune voix veut-on qu'il se réduise,
Et qu'il ne fasse pas éclater en tous lieux
L'esprit contrariant qu'il a reçu des cieux?
Le sentiment d'autrui n'est jamais pour lui plaire;
Il prend toujours en main l'opinion contraire,
Et penserait paraître un homme du commun,
Si l'on voyait qu'il fût de l'avis de quelqu'un.
L'honneur de contredire a pour lui tant de charmes,
Qu'il prend contre lui-même assez souvent les armes;
Et ses vrais sentiments sont combattus par lui,
Aussitôt qu'il les voit dans la bouche d'autrui (2).

ALCESTE.

Les rieurs sont pour vous, Madame, c'est tout dire,
Et vous pouvez pousser contre moi la satire (3).

PHILINTE.

Mais il est véritable aussi que votre esprit
Se gendarme toujours contre tout ce qu'on dit,
Et que, par un chagrin que lui-même il avoue,
Il ne saurait souffrir qu'on blâme, ni qu'on loue.

(1) On dit aujourd'hui *s'en prendre* à qq. de qqch.

(2) Piquée au vif par l'incartade d'Alceste, Célimène le lui rend en bonne monnaie. Le portrait qu'elle trace de lui devant toute la société, ne lui laisse rien à envier aux autres. Un perpétuel esprit de contradiction, né d'une ridicule envie de se distinguer, tel est le compliment qu'elle sert à son audacieux contradicteur.

(3) Fidèle image du monde frivole et malin : dès que la vertu lève la voix et trouble ses plaisirs malsains, ce n'est qu'un concert d'injures et d'anathèmes pour lui fermer la bouche.

ALCESTE.

C'est que jamais, morbleu! les hommes n'ont raison,
Que le chagrin contre eux est toujours de saison,
Et que je vois qu'ils sont, sur toutes les affaires,
Loueurs impertinents ou censeurs téméraires (1).

CÉLIMÈNE.

Mais...

ALCESTE.

Non, Madame, non; quand j'en devrais mourir,
Vous avez des plaisirs que je ne puis souffrir;
Et l'on a tort ici de nourrir dans votre âme
Ce grand attachement aux défauts qu'on y blâme.

CLITANDRE.

Pour moi, je ne sais pas, mais j'avouerai tout haut
Que j'ai cru jusqu'ici Madame sans défaut (2).

ACASTE.

De grâces et d'attraits je vois qu'elle est pourvue;
Mais les défauts qu'elle a ne frappent point ma vue.

ALCESTE.

Ils frappent tous la mienne, et loin de m'en cacher,
Elle sait que j'ai soin de les lui reprocher;
Plus on aime quelqu'un, moins il faut qu'on le flatte;
A ne rien pardonner le pur amour éclate (3);
Et je bannirais, moi, tous ces lâches amants
Que je verrais soumis à tous mes sentiments,
Et dont, à tous propos, les molles complaisances
Donneraient de l'encens à mes extravagances (4).

CÉLIMÈNE.

Enfin, s'il faut qu'à vous s'en rapportent les cœurs,
On doit, pour bien aimer, renoncer aux douceurs,
Et du parfait amour mettre l'honneur suprême
A bien injurier les personnes qu'on aime.

---

(1) Il est malheureux que les manies du Misanthrope ôtent tout crédit à sa parole; ses plus justes reproches sont taxés d'exagération. Au lieu d'arrêter le mal, il l'aggrave, et comme il finit par servir de cible à tous les traits, c'est encore la vertu qui sort le plus blessée de ces conflits.

(2) Si c'est là la franchise du monde, il peut s'en vanter. Y a-t-il rien de plus nauséabond que ces viles flatteries?

(3) A pour en; tour semblable à celui du Cid (A. II, sc. II):
    A vaincre sans péril, on triomphe sans gloire.

(4) Belle tirade d'une fière et noble franchise; elle repose le cœur au milieu de cet air empesté de lâche complaisance.

ÉLIANTE.

L'amour, pour l'ordinaire, est peu fait à ces lois,
Et l'on voit les amants vanter toujours leur choix ;
Jamais leur passion n'y voit rien de blâmable,
Et dans l'objet aimé tout leur devient aimable :
Ils comptent les défauts pour des perfections,
Et savent y donner de favorables noms (1).
La pâle est au jasmin en blancheur comparable ;
La noire à faire peur, une brune adorable ;
La maigre a de la taille et de la liberté ;
La grasse est dans son port pleine de majesté ;
La malpropre sur soi, de peu d'attraits chargée,
Est mise sous le nom de beauté négligée ;
La géante paraît une déesse aux yeux ;
La naine, un abrégé des merveilles des cieux ;
L'orgueilleuse a le cœur digne d'une couronne ;
La fourbe a de l'esprit ; la sotte est toute bonne ;
La trop grande parleuse est d'agréable humeur,
Et la muette garde une honnête pudeur.
C'est ainsi qu'un amant dont l'ardeur est extrême
Aime jusqu'aux défauts des personnes qu'il aime.

ALCESTE.

Et moi, je soutiens, moi...

CÉLIMÈNE.

Brisons là ce discours (2),
Et dans la galerie allons faire deux tours.
Quoi ? vous vous en allez, Messieurs ?

CLITANDRE et ACASTE.

Non pas, Madame.

ALCESTE.

La peur de leur départ occupe fort votre âme.
Sortez quand vous voudrez, Messieurs ; mais j'avertis
Que je ne sors qu'après que vous serez sortis (3).

---

(1) Ce passage est une reproduction presque littérale de Lucrèce (I. IV) : on croit que c'est un fragment, le seul d'ailleurs qui nous en reste, de la traduction de ce poète, que Molière avait faite dans sa jeunesse, à l'école de Gassendi.

Ce morceau paraît ici un hors-d'œuvre ; on ne voit pas le but d'Éliante.

(2) Célimène, malgré les sourires de ses flatteurs, se sent mal à l'aise ; elle a hâte d'en finir.

(3) La rudesse d'Alceste devient de l'impertinence.

ACASTE.

A moins de voir Madame en être importunée,
Rien ne m'appelle ailleurs de toute la journée.

CLITANDRE.

Moi, pourvu que je puisse être au petit couché (1),
Je n'ai point d'autre affaire où je sois attaché.

CÉLIMÈNE.

C'est pour rire, je crois...

ALCESTE.

Non, en aucune sorte;
Nous verrons si c'est moi que vous voudrez qui sorte.

SCÈNE V

BASQUE, ALCESTE, CÉLIMÈNE, ÉLIANTE, ACASTE,
PHILINTE, CLITANDRE.

BASQUE.

Monsieur, un homme est là qui voudrait vous parler,
Pour affaire, dit-il, qu'on ne peut reculer.

ALCESTE.

Dis-lui que je n'ai point d'affaires si pressées.

BASQUE.

Il porte une jaquette à grand'basques plissées (2),
Avec du dor dessus.

CÉLIMÈNE.

Allez voir ce que c'est,
Ou bien faites-le entrer (3).

ALCESTE.

Qu'est-ce donc qu'il vous plait?
Venez, Monsieur.

(1) *Au petit couché*. Voir plus haut, p. 65, n. 2.
(2) Jaquette, sorte d'habillement qui descend jusqu'aux genoux, ou plus bas, et qui était anciennement à l'usage des paysans et des hommes du peuple. (Ac.)
Basque, s. f., pan d'habit, partie découpée et tombante de certains vêtements. Pour la forme *grand'basques*, au lieu de *grandes basques*, v. Gr. fr. hist., n. 306.
Du dor, corruption populaire pour *de l'or*.
L'uniforme ici décrit était celui des exempts de la maréchaussée. On appelait exempt, dans certaines compagnies de gardes, un officier qui commandait en l'absence du capitaine et des lieutenants; quelquefois, un officier de police. (Ac.)
(3) Pour cette élision de *le*, v. plus haut, p. 55, n. 4.

SCÈNE VI

GARDE, ALCESTE, CÉLIMÈNE, ÉLIANTE, ACASTE, PHILINTE, CLITANDRE.

GARDE.

Monsieur, j'ai deux mots à vous dire.

ALCESTE.

Vous pouvez parler haut, Monsieur, pour m'en instruire.

GARDE.

Messieurs les Maréchaux, dont j'ai commandement (1),
Vous mandent de venir les trouver promptement,
Monsieur.

ALCESTE.

Qui? moi, Monsieur?

GARDE.

Vous-même.

ALCESTE.

Et pourquoi faire?

PHILINTE.

C'est d'Oronte et de vous la ridicule affaire.

CÉLIMÈNE.

Comment?

PHILINTE.

Oronte et lui se sont tantôt bravés (2)
Sur certains petits vers qu'il n'a pas approuvés ;
Et l'on veut assoupir la chose en sa naissance.

ALCESTE.

Moi, je n'aurai jamais de lâche complaisance.

PHILINTE.

Mais il faut suivre l'ordre : allons, disposez-vous...

(1) Les édits portés contre le duel, avaient institué un tribunal formé de l'assemblée des maréchaux de France, et présidé par leur doyen, pour terminer par un accommodement les affaires d'honneur entre gentilshommes. Le maréchal doyen avait à sa disposition une compagnie de gardes, dite de la connétablie; cette compagnie fournissait chaque jour pour son hôtel un poste composé « d'un lieutenant, d'un exempt, de six gardes, d'un brigadier et d'un sous-brigadier, tous en uniforme complet. » (DE BEAUFORT.)

Dès que le président était informé d'une querelle, il envoyait des gardes aux adversaires pour empêcher d'abord toute rencontre, puis il les mandait tous deux devant lui pour obtenir d'eux un acte de réconciliation. (V. les *Grands Écrivains de France*.)

(2) *Bravés*, c.-à-d. provoqués.

ACTE II, SCÈNE VI

ALCESTE.

Quel accommodement veut-on faire entre nous?
La voix de ces Messieurs me condamnera-t-elle
A trouver bons les vers qui font notre querelle?
Je ne me dédis point de ce que j'en ai dit,
Je les trouve méchants.

PHILINTE.

Mais d'un plus doux esprit...

ALCESTE.

Je n'en démordrai point : les vers sont exécrables.

PHILINTE.

Vous devez faire voir des sentiments traitables.
Allons, venez.

ALCESTE.

J'irai ; mais rien n'aura pouvoir
De me faire dédire.

PHILINTE.

Allons vous faire voir.

ALCESTE.

Hors qu'un commandement exprès du Roi ne vienne (1)
De trouver bons les vers dont on se met en peine,
Je soutiendrai toujours, morbleu! qu'ils sont mauvais,
Et qu'un homme est pendable après les avoir faits (2).
 (*A Clitandre et Acaste, qui rient.*)
Par la sangbleu! Messieurs, je ne croyais pas être
Si plaisant que je suis (3).

(1) *Hors,* dans le sens de *excepté,* s'emploie avec *de* devant l'infinitif, ou *que* devant l'indicatif ou le subjonctif.

(2) « Molière engageait un jour Boileau à épargner Chapelain dans ses satires, sous prétexte que ce poète était fort aimé de Colbert et du Roi lui-même : « Oh! le Roi et M. Colbert feront ce qu'il leur plaira, dit Boileau brusquement; mais à moins que le Roi ne m'ordonne expressément de trouver bons les vers de Chapelain, je soutiendrai toujours qu'un homme, après avoir fait *la Pucelle,* mérite d'être pendu. » (BROSSETTE.)
Molière n'oublia pas la saillie de Boileau.

(3) « M. Despréaux, dit encore Brossette, a récité cet endroit du *Misanthrope* de Molière, où il dit, quand on rit de sa fermeté outrée :
Par la sangbleu! Messieurs, je ne croyais pas être
Si plaisant que je suis.
Molière, en récitant cela, l'accompagnait d'un ris amer si piquant, que M. Despréaux, en le faisant de même, nous a fort réjouis. Il a dit, en même temps, que le théâtre demandait de ces grands traits outrés, aussi bien dans la voix, dans la déclamation, que dans le geste. » C'était en 1702.

CÉLIMÈNE.
Allez vite paraître
Où vous devez.

ALCESTE.
J'y vais, Madame, et sur mes pas
Je reviens en ce lieu, pour vider nos débats (1).

QUESTIONS SUR LE IIe ACTE.

Quel est le sujet du IIe acte ?
Par quelle scène s'ouvre-t-il ?
Quels sont les reproches qu'Alceste adresse à Célimène ?
Comment Célimène évite-t-elle de se prononcer ?
Qu'est-ce qu'on appelle la scène de la médisance, ou des portraits ?
Quels sont les acteurs de cette scène ?
Quels rôles y jouent les deux marquis ? Éliante ? Philinte ? Célimène ?
Quels sont les divers personnages qu'on y tourne en ridicule ? Quels travers sont mis en relief ?
Quelle est l'attitude d'Alceste ? Quel effet produit sa brusque intervention ? Sort-il vainqueur de la lutte ?
Quel incident met fin à la contestation ?
Pourquoi Alceste est-il mandé devant les maréchaux ? Qui l'y accompagne ?
Que se passe-t-il pendant l'entr'acte ?

(1) Le départ d'Alceste est parfaitement motivé. Quant à la promenade que Célimène va faire avec Éliante et les marquis dans la galerie, elle ne suffit pas pour amener une fin et une suspension de l'action.
C'est à ce second acte que s'applique tout particulièrement la remarque de L. Veuillot : « La pièce nous met simplement sous les yeux une collection d'oisifs qui s'amusent ou qui se désennuient à médire, et elle serait beaucoup plus logiquement intitulée : *Les Médisants*. » (*Molière et Bourdaloue*, VIII.)

ACTE TROISIÈME

Les marquis. — La prude et la coquette.

SCÈNE I
CLITANDRE, ACASTE.

CLITANDRE.

Cher Marquis, je te vois l'âme bien satisfaite :
Toute chose t'égaye, et rien ne t'inquiète.
En bonne foi, crois-tu, sans t'éblouir les yeux,
Avoir de grands sujets de paraître joyeux?

ACASTE.

Parbleu! je ne vois pas, lorsque je m'examine,
Où prendre aucun sujet d'avoir l'âme chagrine.
J'ai du bien, je suis jeune, et sors d'une maison
Qui se peut dire noble avec quelque raison;
Et je crois, par le rang que me donne ma race,
Qu'il est fort peu d'emplois dont je ne sois en passe (1).
Pour le cœur, dont surtout nous devons faire cas,
On sait, sans vanité, que je n'en manque pas,
Et l'on m'a vu pousser, dans le monde, une affaire (2)
D'une assez vigoureuse et gaillarde manière.
Pour de l'esprit, j'en ai sans doute, et du bon goût
A juger sans étude et raisonner de tout (3),
A faire aux nouveautés, dont je suis idolâtre,
Figure de savant sur les bancs du théâtre (4),

---

(1) *Être en passe d'avoir quelque emploi*, fig. et fam., être dans une position favorable pour l'obtenir. — Cette locution vient du jeu de billard et du jeu du mail, où l'on appelle *passe* la petite arcade de fer par laquelle il faut que la bille passe, selon les règles du jeu. (Ac.)

(2) *Une affaire* d'honneur.

(3) C'est le portrait achevé de la vanité et de la suffisance; l'air dégagé du jeune marquis ajoute au piquant de la satire.

(4) Il y avait des bancs placés sur la scène même; les jeunes seigneurs les recherchaient beaucoup. Malgré la gêne qui en résultait pour les acteurs, les comédiens tenaient au maintien de ces bancs, à cause de la recette; ils ne consentirent à les supprimer qu'en 1759, lorsque le comte de Lauraguais leur eut donné une somme considérable pour les indemniser de la perte.

« Tout le bel air était sur le théâtre, » dit Mme de Sévigné, en parlant d'une représentation de *Bajazet* (1672).

Y décider en chef, et faire du fracas
A tous les beaux endroits qui méritent des ahs (1).
Je suis assez adroit; j'ai bon air, bonne mine (2),
Les dents belles surtout, et la taille fort fine.
Quant à se mettre bien, je crois, sans me flatter,
Qu'on serait mal venu de me le disputer.
Je me vois dans l'estime autant qu'on puisse y être,
Fort aimé du beau sexe, et bien auprès du maître.
Je crois qu'avec cela, mon cher Marquis, je croi (3)
Qu'on peut, par tout pays, être content de soi.

CLITANDRE.

Oui; mais, trouvant ailleurs des conquêtes faciles,
Pourquoi pousser ici des soupirs inutiles?

ACASTE.

Moi? Parbleu! je ne suis de taille ni d'humeur
A pouvoir d'une belle essuyer la froideur.
C'est aux gens mal tournés, aux mérites vulgaires,
A brûler constamment pour des beautés sévères,
A languir à leurs pieds et souffrir leurs rigueurs,
A chercher le secours des soupirs et des pleurs,
Et tâcher, par des soins d'une très longue suite,
D'obtenir ce qu'on nie à leur peu de mérite (4).
Mais les gens de mon air, Marquis, ne sont pas faits
Pour aimer à crédit, et faire tous les frais.
Quelque rare que soit le mérite des belles,
Je pense, Dieu merci! qu'on vaut son prix comme elles,
Que pour se faire honneur d'un cœur comme le mien,
Ce n'est pas la raison qu'il ne leur coûte rien (5),
Et qu'au moins, à tout mettre en de justes balances,
Il faut qu'à frais communs se fassent les avances.

CLITANDRE.

Tu penses donc, Marquis, être fort bien ici?

---

(1) Des *ah* d'admiration. — L'*s* du pluriel est pour la rime; les interjections sont invariables.

(2) *Air*, au figuré, se dit de la manière de parler, d'agir, de se tenir, et généralement de tout ce qui regarde le maintien, le port, la grâce, et toutes les façons de faire. (Ac.)

(3) *Je croi;* pour cette orthographe, voir p. 46, n. 3.

(4) *Ce qu'on nie*, c'est-à-dire *ce qu'on dénie, refuse*.

(5) *Ce n'est pas la raison*, locution alors en usage pour dire : *il n'est pas raisonnable*.

ACTE III, SCÈNE I

ACASTE.

J'ai quelque lieu, Marquis, de le penser ainsi (1).

CLITANDRE.

Crois-moi, détache-toi de cette erreur extrême :
Tu te flattes, mon cher, et t'aveugles toi-même.

ACASTE.

Il est vrai je me flatte et m'aveugle en effet (2).

CLITANDRE.

Mais qui te fait juger ton bonheur si parfait ?

ACASTE.

Je me flatte.

CLITANDRE.

Sur quoi fonder tes conjectures ?

ACASTE.

Je m'aveugle.

CLITANDRE.

En as-tu des preuves qui soient sûres ?

ACASTE.

Je m'abuse, te dis-je.

CLITANDRE.

Est-ce que de ses vœux
Célimène t'a fait quelques secrets aveux ?

ACASTE.

Non, je suis maltraité.

CLITANDRE.

Réponds-moi, je te prie.

ACASTE.

Je n'ai que des rebuts.

CLITANDRE.

Laissons la raillerie,
Et me dis quel espoir on peut t'avoir donné (3).

---

(1) Le tutoiement, cette répétition affectée du titre de *marquis*, ce ton léger et vantard conviennent à merveille à ces freluquets de cour.

(2) Acaste, piqué de la plaisanterie de Clitandre, prend un ton moqueur, et répond ironiquement à ses questions.

(3) *Et me dis.* Pour la place de *me*, v. *Gr. fr. hist.*, n. 612. — Cf. le *Cid* (A. I, sc. V) :

Va, cours, vole et *nous venge.*

ACASTE.

Je suis le misérable, et toi le fortuné :
On a pour ma personne une aversion grande,
Et quelqu'un de ces jours il faut que je me pende (1).

CLITANDRE.

Oh! çà, veux-tu, Marquis, pour ajuster nos vœux,
Que nous tombions d'accord d'une chose tous deux?
Que qui pourra montrer une marque certaine (2)
D'avoir meilleure part au cœur de Célimène,
L'autre ici fera place au vainqueur prétendu (3),
Et le délivrera d'un rival assidu?

ACASTE.

Ah, parbleu! tu me plais avec un tel langage,
Et du bon de mon cœur à cela je m'engage (4).
Mais, chut!

SCÈNE II

CÉLIMÈNE, ACASTE, CLITANDRE.

CÉLIMÈNE.

Encore ici?

CLITANDRE.

L'amour retient nos pas.

CÉLIMÈNE.

Je viens d'ouïr entrer un carrosse là-bas :
Savez-vous qui c'est?

CLITANDRE.

Non.

SCÈNE III

BASQUE, CÉLIMÈNE, ACASTE, CLITANDRE.

BASQUE.

Arsinoé, Madame,
Monte ici pour vous voir.

(1) On dit mieux aujourd'hui : *et l'un de ces jours.*
(2) *Qui pourra montrer,* c'est-à-dire *si l'un* peut montrer. Mme de Sévigné a employé de même le pronom *qui* pour *si quelqu'un* : « *Qui* m'aurait fait voir tout d'une vue tout ce que j'ai souffert, je n'aurais jamais cru y résister. »
(3) *Prétendu,* c'est-à-dire présumé, déclaré.
(4) *Du bon de mon cœur,* c'est-à-dire de tout mon cœur. Cette locution n'est plus en usage.

ACTE III, SCÈNE III

CÉLIMÈNE.

Que me veut cette femme (1)?

BASQUE.

Éliante là-bas est à l'entretenir.

CÉLIMÈNE.

De quoi s'avise-t-elle et qui la fait venir?

ACASTE.

Pour prude consommée en tous lieux elle passe,
Et l'ardeur de son zèle...

CÉLIMÈNE.

Oui, oui, franche grimace :
Dans l'âme elle est du monde, et ses soins tentent tout (2)
Pour accrocher quelqu'un, sans en venir à bout.
Elle ne saurait voir qu'avec un œil d'envie
Les amants déclarés dont une autre est suivie (3);
Et son triste mérite, abandonné de tous,
Contre le siècle aveugle est toujours en courroux.
Elle tâche à couvrir d'un faux voile de prude (4)
Ce que chez elle on voit d'affreuse solitude;
Et pour sauver l'honneur de ses faibles appas,
Elle attache du crime au pouvoir qu'ils n'ont pas.
Cependant un amant plairait fort à la dame,
Et même pour Alceste elle a tendresse d'âme.
Ce qu'il me rend de soins outrage ses attraits,
Elle veut que ce soit un vol que je lui fais,
Et son jaloux dépit, qu'avec peine elle cache,
En tous endroits, sous main, contre moi se détache (5).
Enfin je n'ai rien vu de si sot à mon gré,
Elle est impertinente au suprême degré,
Et (6)...

(1) Quelle dureté méprisante!

(2) *Dans l'âme,* c'est-à-dire au fond, en réalité, par le fond de son âme, de ses pensées, de ses désirs.

(3) *Une autre,* c'est elle-même. — Célimène n'a point profité de la leçon d'Alceste; c'est toujours la même médisance, avec un secret dépit en plus, car elle parle d'une rivale.

(4) Pour *tâcher à,* voir p. 41, n. 1.

(5) *Se détache* est peu clair, peu expressif; on dit plutôt *se déchaîne, éclate.*

(6) *Et* forme avec *Ah* (de la scène suivante) un hiatus qu'il est bon d'éviter.

SCÈNE IV

ARSINOÉ, CÉLIMÈNE.

CÉLIMÈNE.

Ah! quel heureux sort en ce lieu vous amène?
Madame, sans mentir, j'étais de vous en peine (1).

ARSINOÉ.

Je viens pour quelque avis que j'ai cru vous devoir.

CÉLIMÈNE.

Ah, mon Dieu! que je suis contente de vous voir!

ARSINOÉ.

Leur départ ne pouvait plus à propos se faire (2).

CÉLIMÈNE.

Voulons-nous nous asseoir?

ARSINOÉ.

Il n'est pas nécessaire,
Madame. L'amitié doit surtout éclater
Aux choses qui le plus nous peuvent importer (3);
Et comme il n'en est point de plus grande importance
Que celles de l'honneur et de la bienséance,
Je viens, par un avis qui touche votre honneur,
Témoigner l'amitié que pour vous a mon cœur.
Hier j'étais chez des gens de vertu singulière (4),
Où sur vous du discours on tourna la matière;
Et là, votre conduite, avec ses grands éclats,
Madame, eut le malheur qu'on ne la loua pas.
Cette foule de gens dont vous souffrez visite,

(1) Célimène, qui parlait tout à l'heure de *franche grimace*, s'en permet une ici qui ne lui fait guère honneur. Ce ton doucereux qui succède si brusquement à sa tirade enfiellée contre Arsinoé, montre ce qu'il y a généralement de fausseté dans les âmes mondaines. La pleine franchise ne va pas sans la vertu.

(2) Les deux marquis se retirent, sans plus reparaître dans l'acte. La politesse explique leur départ. Mais est-il vraisemblable qu'après la convention qu'ils viennent de faire, ils quittent si tôt la maison de Célimène, sans lui avoir dit l'un et l'autre qu'une parole des plus banales?
Le poète ne semble les avoir fait paraître que pour la parade ou pour une préparation lointaine du dénouement. Cela ne suffit pas dans une comédie qui est essentiellement une *action*.

(3) *Aux choses*, pour *dans les choses*; usage fréquent au XVIIe siècle.

(4) *Hier* est dissyllabe depuis Racine et Boileau :
    Je l'observais *hier*, et je voyais ses yeux... (*Ath.*, I, 1.)

ACTE III, SCÈNE IV

Votre galanterie, et les bruits qu'elle excite (1),
Trouvèrent des censeurs plus qu'il n'aurait fallu,
Et bien plus rigoureux que je n'eusse voulu.
Vous pouvez bien penser quel parti je sus prendre :
Je fis ce que je pus pour vous pouvoir défendre,
Je vous excusai fort sur votre intention,
Et voulus de votre âme être la caution.
Mais vous savez qu'il est des choses dans la vie
Qu'on ne peut excuser, quoiqu'on en ait envie ;
Et je me vis contrainte à demeurer d'accord
Que l'air dont vous viviez vous faisait un peu tort (2),
Qu'il prenait dans le monde une méchante face (3),
Qu'il n'est conte fâcheux que partout on n'en fasse,
Et que, si vous vouliez, tous vos déportements (4)
Pourraient moins donner prise aux mauvais jugements.
Non que j'y croie, au fond, l'honnêteté blessée :
Me préserve le ciel d'en avoir la pensée !
Mais aux ombres du crime on prête aisément foi,
Et ce n'est pas assez de bien vivre pour soi (5).
Madame, je vous crois l'âme trop raisonnable,
Pour ne pas prendre bien cet avis profitable,
Et pour l'attribuer qu'aux mouvements secrets (6)
D'un zèle qui m'attache à tous vos intérêts.

CÉLIMÈNE.

Madame, j'ai beaucoup de grâces à vous rendre :
Un tel avis m'oblige, et loin de le mal prendre,

---

(1) *Galanterie* est pris ici dans le sens de coquetterie ; la vie de Célimène est une vie de vanité et de légèreté.

(2) *L'air*, c'est-à-dire la manière.

(3) *Une méchante face*, un *aspect* défavorable. *Face* vient du latin *facies*, visage.

(4) *Déportements*, au XVIIe siècle, se prenait en général pour *conduite, mœurs, manière de vivre*. « Il ne se prend plus qu'en mauvaise part, et se met plus souvent au pluriel qu'au singulier. » (Ac.)

(5) Cette maxime est excellente et très vraie. S Paul nous recommande d'avoir soin de notre réputation ; et Notre-Seigneur veut « que les hommes voient nos bonnes œuvres, afin qu'ils en aient occasion de glorifier Dieu. »
Malheureusement dans ces avis soi-disant charitables, c'est la charité qui apparaît le moins : Arsinoé n'en connaît ni la douceur, ni les délicates réserves. L'égoïsme et la jalousie ont dicté ses paroles. Aussi Célimène s'apprête à châtier ce zèle amer par la plus verte réplique.

(6) C'est-à-dire *pour l'attribuer à autre chose qu'aux* mouvements secrets. Cette ellipse est assez fréquente au XVIIe siècle.

J'en prétends reconnaître, à l'instant, la faveur,
Par un avis aussi qui touche votre honneur;
Et comme je vous vois vous montrer mon amie
En m'apprenant les bruits que de moi l'on publie,
Je veux suivre, à mon tour, un exemple si doux,
En vous avertissant de ce qu'on dit de vous (1).
En un lieu, l'autre jour, où je faisais visite,
Je trouvai quelques gens d'un très rare mérite,
Qui, parlant des vrais soins d'une âme qui vit bien,
Firent tomber sur vous, Madame, l'entretien.
Là, votre pruderie et vos éclats de zèle
Ne furent pas cités comme un fort bon modèle :
Cette affectation d'un grave extérieur,
Vos discours éternels de sagesse et d'honneur,
Vos mines et vos cris aux ombres d'indécence
Que d'un mot ambigu peut avoir l'innocence,
Cette hauteur d'estime où vous êtes de vous,
Et ces yeux de pitié que vous jetez sur tous,
Vos fréquentes leçons, et vos aigres censures
Sur des choses qui sont innocentes et pures,
Tout cela, si je puis vous parler franchement,
Madame, fut blâmé d'un commun sentiment.
A quoi bon, disaient-ils, cette mine modeste,
Et ce sage dehors que dément tout le reste?
Elle est à bien prier exacte au dernier point;
Mais elle bat ses gens, et ne les paye point (2).
Dans tous les lieux dévots elle étale un grand zèle (3);
Mais elle met du blanc et veut paraître belle.
Elle fait des tableaux couvrir les nudités;
Mais elle a de l'amour pour les réalités.
Pour moi, contre chacun je pris votre défense,
Et leur assurai fort que c'était médisance;

(1) Célimène, sous cette feinte modération, cache un cœur blessé au vif; sa vengeance sera terrible. Dans un discours, qui n'est qu'un continuel persiflage de celui d'Arsinoé, elle accable la prude des reproches les plus sanglants, des traits les plus satiriques. Pour mieux retourner le fer dans la plaie, elle rapporte ingénument les censures des autres, feignant d'avoir pris la défense de la pauvre calomniée, sans réussir à la couvrir de leurs traits.

(2) Il parait, d'après une lettre de la seconde duchesse d'Orléans (1721), que de fort grandes dames se laissaient aller à ces violences. — *Paye* ne peut plus entrer dans le vers, à moins que l'*e* ne s'élide.

(3) Fausse dévote, Arsinoé prête le flanc aux satires de Célimène; celle-ci profite de l'occasion avec ce plaisir malin si naturel aux mondains et aux mondaines, lorsqu'il leur arrive de découvrir quelque défaut dans les personnes adonnées à la piété. On reconnait là l'auteur du *Tartufe*.

ACTE III, SCÈNE IV

Mais tous les sentiments combattirent le mien ;
Et leur conclusion fut que vous feriez bien
De prendre moins de soins des actions des autres,
Et de vous mettre un peu plus en peine des vôtres ;
Qu'on doit se regarder soi-même un fort long temps,
Avant que de songer à condamner les gens (1) ;
Qu'il faut mettre le poids d'une vie exemplaire
Dans les corrections qu'aux autres on veut faire (2) ;
Et qu'encor vaut-il mieux s'en remettre, au besoin,
A ceux à qui le ciel en a commis le soin.
Madame, je vous crois aussi trop raisonnable,
Pour ne pas prendre bien cet avis profitable,
Et pour l'attribuer qu'aux mouvements secrets
D'un zèle qui m'attache à tous vos intérêts (3).

ARSINOÉ.

A quoi qu'en reprenant on soit assujettie,
Je ne m'attendais pas à cette repartie (4),
Madame, et je vois bien, par ce qu'elle a d'aigreur,
Que mon sincère avis vous a blessée au cœur.

---

(1) Célimène débite aussi, comme Arsinoé, de très belles et de très justes maximes ; mais, comme Arsinoé, elle froisse et blesse au lieu de persuader ; c'est que tout cela sort d'un cœur aigri et méchant.

(2) Que ces femmes sont peu chrétiennes ! Au lieu de la charité qui ramène doucement au bien, elles ne songent qu'à leurs petites passions, à leur amour-propre démesuré, à leurs vengeances personnelles.

(3) Ces quatre vers sont la répétition exacte des paroles d'Arsinoé ; Célimène les retourne contre la prude avec une méchanceté que couvrent mal ses protestations d'amitié.
C'est dans Corneille que Molière a dû prendre ce procédé de dialogue, qui produit toujours le plus heureux effet dans l'ironie. Voir *Nicomède*, A. III, sc. VII (entre Nicomède et Arsinoé) :

Nic. Qu'ont-ils dit qui vous plaise, et que vous vouliez croire ?
Ars. *Deux mots de vérité* qui vous comblent de gloire.
Nic. Peut-on savoir de vous ces deux mots importants ?
Araspe. Seigneur, *le roi s'ennuie, et vous tardez longtemps*.
Ars. *Vous les saurez de lui,* c'est trop le faire attendre.
Nic. Je commence, Madame, enfin à vous entendre...
  Mais...
Ars.   Achevez, Seigneur ; ce mais que veut-il dire ?
Nic. *Deux mots de vérité* qui font que je respire.
Ars. Peut-on savoir de vous *ces deux mots importants* ?
Nic. *Vous les saurez du roi ; je tarde trop longtemps*.

(4) Arsinoé s'est donné le malin plaisir de dire ses vérités à une femme peu désireuse de les entendre, et moins désireuse encore d'en profiter : elle devait s'attendre à la repartie de Célimène.

CÉLIMÈNE.

Au contraire, Madame ; et si l'on était sage,
Ces avis mutuels seraient mis en usage :
On détruirait par là, traitant de bonne foi,
Ce grand aveuglement où chacun est pour soi.
Il ne tiendra qu'à vous qu'avec le même zèle
Nous ne continuions cet office fidèle,
Et ne prenions grand soin de nous dire, entre nous,
Ce que nous entendrons, vous de moi, moi de vous (1).

ARSINOÉ.

Ah! Madame, de vous je ne puis rien entendre :
C'est en moi que l'on peut trouver fort à reprendre.

CÉLIMÈNE.

Madame, on peut, je crois, louer et blâmer tout,
Et chacun a raison suivant l'âge ou le goût.
Il est une saison pour la galanterie ;
Il en est une aussi propre à la pruderie.
On peut, par politique, en prendre le parti,
Quand de nos jeunes ans l'éclat est amorti ;
Cela sert à couvrir de fâcheuses disgrâces.
Je ne dis pas qu'un jour je ne suive vos traces :
L'âge amènera tout, et ce n'est pas le temps,
Madame, comme on sait, d'être prude à vingt ans (2).

ARSINOÉ.

Certes, vous vous targuez d'un bien faible avantage,
Et vous faites sonner terriblement votre âge (3).
Ce que de plus que vous on en pourrait avoir,
N'est pas un si grand cas pour s'en tant prévaloir ;

---

(1) La conversation continue sur le même ton d'ironie froide et contenue, mais d'autant plus amère que chacune des deux interlocutrices cache davantage le dépit qu'elle ressent.

(2) Si la pruderie n'est pas de saison à vingt ans, comme du reste elle ne l'est à aucun âge de la vie, la coquetterie ne peut l'être davantage. Célimène cependant n'a pas l'air de s'en douter. Il est fâcheux pour l'effet moral de cette scène, que la leçon ne lui vienne que d'une Arsinoé.
On peut constater ici, comme dans la plupart des pièces de Molière, un vice de plan extrêmement fâcheux. Comme le poète ne présente la vertu franche et complète dans aucun de ses personnages, et qu'il se contente de faire rire d'un excès par le contraste d'un autre excès, le spectateur n'entend jamais la note juste de la vraie morale.

(3) Vers des plus heureux, grâce à l'énergie pittoresque du *faites sonner terriblement*. Corneille avait employé cette expression dans *Rodogune* (A. II, sc. IV) :

Elle *fait bien sonner* ce grand amour de mère.

ACTE III, SCÈNE IV

Et je ne sais pourquoi votre âme ainsi s'emporte,
Madame, à me pousser de cette étrange sorte.

CÉLIMÈNE.

Et moi, je ne sais pas, Madame, aussi pourquoi
On vous voit, en tous lieux, vous déchaîner sur moi.
Faut-il de vos chagrins, sans cesse, à moi vous prendre?
Et puis-je mais des soins qu'on ne va pas vous rendre (1)?
Si ma personne aux gens inspire de l'amour,
Et si l'on continue à m'offrir chaque jour
Des vœux que votre cœur peut souhaiter qu'on m'ôte,
Je n'y saurais que faire, et ce n'est pas ma faute (2) :
Vous avez le champ libre, et je n'empêche pas
Que pour les attirer vous n'ayez des appas.

ARSINOÉ.

Hélas! et croyez-vous que l'on se mette en peine
De ce nombre d'amants dont vous faites la vaine (3),
Et qu'il ne nous soit pas fort aisé de juger
A quel prix aujourd'hui l'on peut les engager?
Pensez-vous faire croire, à voir comme tout roule,
Que votre seul mérite attire cette foule?
Qu'ils ne brûlent pour vous que d'un honnête amour,
Et que pour vos vertus ils vous font tous la cour?
On ne s'aveugle point par de vaines défaites,
Le monde n'est point dupe; et j'en vois qui sont faites
A pouvoir inspirer de tendres sentiments,
Qui chez elles pourtant ne fixent point d'amants;
Et de là nous pouvons tirer des conséquences,
Qu'on n'acquiert point leurs cœurs sans de grandes avances,
Qu'aucun pour nos beaux yeux n'est notre soupirant,
Et qu'il faut acheter tous les soins qu'on nous rend.
Ne vous enflez donc point d'une si grande gloire
Pour les petits brillants d'une faible victoire (4);

(1) *Puis-je mais...*, est-ce ma faute, suis-je la cause? — *Mais*, du latin *magis*, davantage, est adverbe dans cette locution; aujourd'hui on y joint généralement le pronom *en*: *je n'en puis mais, en puis-je mais de vos sottises?* (Ac.) Voir *Gr. fr. hist.*, n. 449.

(2) *Je n'y saurais que faire*, gallicisme formé du latin; littéralement, je ne saurais quelle chose j'y ferais. (*Gr. fr. hist.*, n. 650-651.)

(3) *Faire la vaine*, comme on dit *faire le grand seigneur, l'entendu*, etc., c.-à-d. affecter de paraître.

(4) *Brillant*, substantif, signifie éclat; il se dit aussi d'un diamant taillé à facettes; de là l'expression de *faux brillants*, qui désigne, au propre, des diamants faux, et, au figuré, des pensées ingénieuses qui ont quelque éclat, mais qui n'ont ni justesse ni solidité.

Et corrigez un peu l'orgueil de vos appas,
De traiter pour cela les gens de haut en bas.
Si nos yeux enviaient les conquêtes des vôtres,
Je pense qu'on pourrait faire comme les autres,
Ne se point ménager, et vous faire bien voir
Que l'on a des amants quand on en veut avoir.

CÉLIMÈNE.

Ayez-en donc, Madame, et voyons cette affaire :
Par ce rare secret efforcez-vous de plaire;
Et sans...

ARSINOÉ.

Brisons, Madame, un pareil entretien :
Il pousserait trop loin votre esprit et le mien;
Et j'aurais pris déjà le congé qu'il faut prendre,
Si mon carrosse encor ne m'obligeait d'attendre (1).

CÉLIMÈNE.

Autant qu'il vous plaira vous pouvez arrêter (2),
Madame, et là-dessus rien ne doit vous hâter;
Mais, sans vous fatiguer de ma cérémonie,
Je m'en vais vous donner meilleure compagnie;
Et Monsieur, qu'à propos le hasard fait venir,
Remplira mieux ma place à vous entretenir (3).
Alceste, il faut que j'aille écrire un mot de lettre,
Que, sans me faire tort, je ne saurais remettre.
Soyez avec Madame : elle aura la bonté
D'excuser aisément mon incivilité (4).

SCÈNE V

ALCESTE, ARSINOÉ.

ARSINOÉ.

Vous voyez, elle veut que je vous entretienne,
Attendant un moment que mon carrosse vienne;
Et jamais tous ses soins ne pouvaient m'offrir rien
Qui me fût plus charmant qu'un pareil entretien.

---

(1) Arsinoé pousse l'aigreur jusqu'à l'impertinence.

(2) *Arrêter* est quelquefois neutre, et signifie *cesser de marcher, d'aller, d'agir* (Ac.); ici *arrêter*, veut dire *demeurer*.

(3) Pour l'emploi de *à*, voir p. 36, n. 5.

(4) L'arrivée d'Alceste ne pouvait être plus opportune pour terminer un entretien aussi vif et aussi aigre. D'autre part, le poète devait ménager une entrevue entre Arsinoé et le Misanthrope, pour permettre à la prude de se venger de sa cruelle rivale, en révélant ses perfidies au trop crédule Alceste.

En vérité, les gens d'un mérite sublime
Entraînent de chacun et l'amour et l'estime;
Et le vôtre, sans doute, a des charmes secrets (1)
Qui font entrer mon cœur dans tous vos intérêts.
Je voudrais que la cour, par un regard propice,
A ce que vous valez rendît plus de justice :
Vous avez à vous plaindre, et je suis en courroux,
Quand je vois chaque jour qu'on ne fait rien pour vous (2).

ALCESTE.

Moi, Madame! Et sur quoi pourrais-je en rien prétendre (3)?
Quel service à l'État est-ce qu'on m'a vu rendre?
Qu'ai-je fait, s'il vous plaît, de si brillant de soi,
Pour me plaindre à la cour qu'on ne fait rien pour moi (4)?

ARSINOÉ.

Tous ceux sur qui la cour jette des yeux propices,
N'ont pas toujours rendu de ces fameux services.
Il faut l'occasion, ainsi que le pouvoir;
Et le mérite enfin que vous nous faites voir
Devrait...

ALCESTE.

Mon Dieu! laissons mon mérite, de grâce;
De quoi voulez-vous là que la cour s'embarrasse?
Elle aurait tort à faire, et ses soins seraient grands
D'avoir à déterrer le mérite des gens (5).

ARSINOÉ.

Un mérite éclatant se déterre lui-même (6) :
Du vôtre, en bien des lieux, on fait un cas extrême;
Et vous saurez de moi qu'en deux fort bons endroits
Vous fûtes hier loué par des gens d'un grand poids.

---

(1) *Charmes* est employé ici dans son sens primitif d'*enchantements*; le mot latin *carmen* d'où il dérive, avait souvent cette signification.

(2) Arsinoé parle comme Oronte (Acte I, sc. II).

(3) *Rien* est pris dans le sens primitif de *quelque chose*. Voir *Gr. fr. hist.*, n. 365.

(4) On dirait aujourd'hui : *de ce qu'on ne fait rien*, ou bien avec le subjonctif, *qu'on ne fasse rien*.

(5) La modestie d'Alceste, son peu d'ambition, son bon sens, lui donnent ici un très beau rôle qui lui attire l'estime et la sympathie de l'auditoire.

(6) Cet endroit nous offre un exemple remarquable d'un procédé de dialogue familier à Molière : la dernière parole de l'un des acteurs est reprise par l'autre dès les premiers mots de sa réponse; on ne saurait mieux enchaîner les reparties.

ALCESTE.

Eh! Madame, l'on loue aujourd'hui tout le monde,
Et le siècle par là n'a rien qu'on ne confonde (1) :.
Tout est d'un grand mérite également doué,
Ce n'est plus un honneur que de se voir loué (2);
D'éloges on regorge, à la tête on les jette,
Et mon valet de chambre est mis dans la gazette (3).

ARSINOÉ.

Pour moi, je voudrais bien que, pour vous montrer mieux,
Une charge à la cour vous pût frapper les yeux.
Pour peu que d'y songer vous nous fassiez les mines (4),
On peut pour vous servir remuer des machines,
Et j'ai des gens en main que j'emploierai pour vous,
Qui vous feront à tout un chemin assez doux.

ALCESTE.

Et que voudriez-vous, Madame, que j'y fisse (5)?
L'humeur dont je me sens veut que je m'en bannisse.
Le ciel ne m'a point fait, en me donnant le jour,
Une âme compatible avec l'air de la cour;

(1) C.-à-d. n'a rien qui ne soit confondu dans une flatterie universelle.

(2) Alceste a déjà exprimé les mêmes idées au Ier acte, sc. I, dans la tirade qui commence par les mots : *Quel avantage...*

(3) *La Gazette de France* ou simplement *la Gazette,* le plus ancien des journaux français; fondée par Théophraste Renaudot, elle parut pour la première fois le 30 mai 1631. Richelieu s'en fit le protecteur. Organe officieux du gouvernement jusqu'au 1er janvier 1762, elle en devint, à partir de cette époque, l'organe officiel jusqu'à la Révolution.

(4) C.-à-d. pour peu que vous *ayez l'air*, que vous *fassiez semblant* d'y songer. — Aujourd'hui on dit dans ce sens *faire mine de*. — *Faire la mine* se dit familièrement et absolument dans le sens de *faire la grimace; faire la mine à qq.*, c'est lui témoigner qu'on est mécontent de lui; *faire des mines à qq.*, c'est lui faire des signes, ou bien l'agacer par des regards affectés. (Ac.)

(5) Molière a imité dans cette tirade un passage de la 3e satire de Juvénal, et en particulier les vers suivants :
> Quid Romæ faciam? Mentiri nescio : librum,
> Si malus est, nequeo laudare et poscere...

« Que ferais-je à Rome ? Je ne sais pas mentir : si un livre est mauvais, je ne puis ni le louer ni le demander... »
Boileau s'était inspiré du même passage dans sa 1re satire (*Adieux à Paris,* 1660) :
> Mais moi, vivre à Paris! Eh! qu'y voudrais-je faire?
> Je ne sais ni tromper, ni feindre, ni mentir;
> Et quand je le pourrais, je n'y puis consentir...
> Je suis rustique et fier, et j'ai l'âme grossière;
> Je ne puis rien nommer, si ce n'est par son nom;
> J'appelle un chat un chat, et Rolet un fripon.

Je ne me trouve point les vertus nécessaires
Pour y bien réussir et faire mes affaires (1).
Être franc et sincère est mon plus grand talent;
Je ne sais point jouer les hommes en parlant;
Et qui n'a pas le don de cacher ce qu'il pense,
Doit faire en ce pays fort peu de résidence (2).
Hors de la cour, sans doute, on n'a pas cet appui,
Et ces titres d'honneur qu'elle donne aujourd'hui;
Mais on n'a pas aussi, perdant ces avantages,
Le chagrin de jouer de fort sots personnages :
On n'a point à souffrir mille rebuts cruels,
On n'a point à louer les vers de Messieurs tels (3),
A donner de l'encens à Madame une telle,
Et de nos francs marquis essuyer la cervelle (4).

ARSINOÉ.

Laissons, puisqu'il vous plaît, ce chapitre de cour;
Mais il faut que mon cœur vous plaigne en votre amour;
Et pour vous découvrir là-dessus mes pensées,

---

(1) La Bruyère a tracé le même portrait de l'homme de cour : « Le reproche en un sens le plus honorable que l'on puisse faire à un homme, c'est de lui dire qu'il ne sait pas la cour : il n'y a sorte de vertu qu'on ne rassemble en lui par ce seul mot. Un homme qui sait la cour est maître de son geste, de ses yeux et de son visage : il est profond, impénétrable; il dissimule les mauvais offices, sourit à ses ennemis; contraint son humeur, déguise ses passions, dément son cœur, parle, agit contre ses sentiments. Tout ce grand raffinement n'est qu'un vice que l'on appelle fausseté, quelquefois aussi utile au courtisan pour sa fortune que la franchise, la sincérité et la vertu. » (*De la cour*, 1688.)

(2) Ainsi parlait M. de Montausier, quand il quitta la cour, pour garder son caractère franc et sincère. Fléchier rappela ce trait de sa vie dans l'oraison funèbre qu'il lui consacra en 1690 : « On lui dit mille fois que la franchise n'était pas une vertu de la cour; que la vérité n'y faisait que des ennemis; qu'il fallait pour y réussir savoir selon les temps, ou déguiser ses passions, ou flatter celles des autres; qu'il y avait un art innocent de séparer les pensées d'avec les paroles, et que la probité pouvait souffrir ces complaisances mutuelles, qui, étant devenues volontaires, ne blessent presque plus la bonne foi, et maintiennent la paix et la politesse du monde. Ces conseils lui parurent lâches... Ce commerce continuel de mensonges ingénieux pour se nuire, officieux pour se corrompre, cette hypocrisie universelle.... tout cet esprit de dissimulation et d'imposture ne convint pas à sa vertu... Il fit connaître à ses amis qu'il allait à l'armée faire sa cour par des services effectifs,... qu'il lui coûtait moins d'exposer sa vie que de dissimuler ses sentiments, et qu'il n'achèterait jamais ni de faveur ni de fortune aux dépens de sa probité. »

(3) Alceste ne peut oublier le sonnet d'Oronte.

(4) *Francs marquis*, comme on dit : *un franc sot, un franc menteur.* « *Franc* se joint à toutes sortes de termes injurieux, pour leur donner encore plus de force. » (Ac.)

Essuyer la cervelle..., subir l'esprit léger, fat, impertinent..., comme on lit *essuyer* l'humeur de qq., des affronts, des injustices, etc.

Je souhaiterais fort vos ardeurs mieux placées.
Vous méritez, sans doute, un sort beaucoup plus doux,
Et celle qui vous charme est indigne de vous (1).

ALCESTE.

Mais, en disant cela, songez-vous, je vous prie,
Que cette personne est, Madame, votre amie?

ARSINOÉ.

Oui; mais ma conscience est blessée en effet
De souffrir plus longtemps le tort que l'on vous fait:
L'état où je vous vois afflige trop mon âme,
Et je vous donne avis qu'on trahit votre flamme.

ALCESTE.

C'est me montrer, Madame, un tendre mouvement,
Et de pareils avis obligent un amant!

ARSINOÉ.

Oui, toute mon amie, elle est et je la nomme (2)
Indigne d'asservir le cœur d'un galant homme;
Et le sien n'a pour vous que de feintes douceurs.

ALCESTE.

Cela se peut, Madame : on ne voit pas les cœurs;
Mais votre charité se serait bien passée (3)
De jeter dans le mien une telle pensée.

ARSINOÉ.

Si vous ne voulez pas être désabusé,
Il faut ne vous rien dire, il est assez aisé.

ALCESTE.

Non; mais sur ce sujet quoi que l'on nous expose,
Les doutes sont fâcheux plus que toute autre chose;
Et je voudrais, pour moi, qu'on ne me fît savoir
Que ce qu'avec clarté l'on peut me faire voir.

ARSINOÉ.

Hé bien! c'est assez dit; et sur cette matière
Vous allez recevoir une pleine lumière.

(1) Tout ce qui précède n'était pour Arsinoé qu'une adroite entrée en matière; malgré sa défaite, elle ose aborder le point délicat. Tout son but est de brouiller Alceste et Célimène pour supplanter sa rivale.

(2) *Toute mon amie*, s.-e. qu'elle est. Cette locution, dont on trouve d'autres exemples au xviie siècle, n'est plus en usage.

(3) *Se passer de*, se priver, s'abstenir de, se dispenser de. Alceste, piqué, répond avec ironie : votre charité aurait pu se passer de...

ACTE III, SCÈNE V

Oui, je veux que de tout vos yeux vous fassent foi :
Donnez-moi seulement la main jusque chez moi ;
Là je vous ferai voir une preuve fidèle
De l'infidélité du cœur de votre belle (1) ;
Et si pour d'autres yeux le vôtre peut brûler,
On pourra vous offrir de quoi vous consoler (2).

QUESTIONS SUR LE IIIᵉ ACTE.

Que se passe-t-il au IIIᵉ acte ?
Par quelle scène s'ouvre-t-il ?
Comment Molière y dépeint-il les marquis ?
Quelle est la convention d'Acaste et de Clitandre ?
Comment Célimène accueille-t-elle Arsinoé ?
Quel motif amène la prude ?
Quels conseils donne-t-elle à Célimène ?
Comment Célimène lui répond-elle ?
Sur quel ton se poursuit la conversation ?
Comment se termine-t-elle ?
Comment Alceste répond-il aux compliments d'Arsinoé ?
Quelle révélation lui fait-elle ? et sur quelle preuve ?
Comment se termine l'acte ?

(1) Malherbe avait dit :
   Une fidèle preuve à l'infidélité,
et Corneille dans *Cinna* (A. IV, sc. II) :
   Rends un sang infidèle à l'infidélité.

(2) Le dessein de la prude se découvre : c'est pour aboutir à ces offres qu'elle a cherché à s'emparer de l'esprit d'Alceste. La preuve qu'elle va lui donner des perfidies de Célimène, doit le détacher de la coquette, pour l'amener finalement à Arsinoé. L'action reprend un peu de vie.

ACTE QUATRIÈME

La querelle du billet.

SCÈNE I
ÉLIANTE, PHILINTE.

PHILINTE.

Non, l'on n'a point vu d'âme à manier si dure,
Ni d'accommodement plus pénible à conclure (1) :
En vain de tous côtés on l'a voulu tourner,
Hors de son sentiment on n'a pu l'entraîner ;
Et jamais différend si bizarre, je pense,
N'avait de ces messieurs occupé la prudence (2).
« Non, Messieurs, disait-il, je ne me dédis point (3),
Et tomberai d'accord de tout, hors de ce point.
De quoi s'offense-t-il ? et que veut-il me dire ?
Y va-t-il de sa gloire à ne pas bien écrire ?
Que lui fait mon avis, qu'il a pris de travers ?
On peut être honnête homme et faire mal des vers :
Ce n'est point à l'honneur que touchent ces matières ;
Je le tiens galant homme en toutes les manières,
Homme de qualité, de mérite et de cœur,
Tout ce qu'il vous plaira, mais fort méchant auteur (4).

(1) Pourquoi Philinte se rencontre-t-il avec Éliante dans la maison de Célimène ? On ne le voit guère. C'est peut-être pour rendre compte de la comparution d'Alceste devant les maréchaux. Mais cette comparution a dû se faire entre le 2ᵉ et le 3ᵉ acte. Comment se fait-il qu'Alceste, en revoyant Célimène et Arsinoé, ne leur en ait pas dit un mot ? Ce qui est plus étrange encore, c'est que ni Célimène ni Arsinoé, qui l'avaient vu partir pour une affaire aussi désagréable, n'aient songé, en le revoyant, à lui demander des nouvelles du jugement ? C'est un personnage secondaire, Philinte, qui en parle à un personnage moins important encore, à Éliante.
Il y a bien des invraisemblances dans ce jeu ; Molière, qui excelle à faire des scènes comiques, ne s'inquiétait pas assez de la marche de l'action.

(2) *De ces messieurs* les maréchaux.

(3) Philinte rapporte le discours d'Alceste qu'il est censé avoir entendu, car il l'a accompagné devant ses juges ; c'est du moins ce qu'il semblait dire à la fin du 2ᵉ acte :
Allons, venez... Allons vous faire voir.

(4) Boileau s'exprima de la même manière sur Chapelain dans sa Satire IX

Je louerai, si l'on veut, son train et sa dépense,
Son adresse à cheval, aux armes, à la danse;
Mais pour louer ses vers, je suis son serviteur;
Et lorsque d'en mieux faire on n'a pas le bonheur,
On ne doit de rimer avoir aucune envie,
Qu'on n'y soit condamné sur peine de la vie (1). »
Enfin toute la grâce et l'accommodement
Où s'est, avec effort, plié son sentiment,
C'est de dire, croyant adoucir bien son style :
« Monsieur, je suis fâché d'être si difficile,
Et pour l'amour de vous, je voudrais, de bon cœur,
Avoir trouvé tantôt votre sonnet meilleur; »
Et dans une embrassade, on leur a, pour conclure,
Fait vite envelopper toute la procédure.

ÉLIANTE.

Dans ses façons d'agir, il est fort singulier;
Mais j'en fais, je l'avoue, un cas particulier,
Et la sincérité dont son âme se pique
A quelque chose, en soi, de noble et d'héroïque (2).
C'est une vertu rare au siècle d'aujourd'hui,
Et je la voudrais voir partout comme chez lui.

PHILINTE.

Pour moi, plus je le vois, plus surtout je m'étonne
De cette passion où son cœur s'abandonne :

publiée en 1668, probablement composée en 1667, un an après *le Misanthrope* :

> Ma muse, en l'attaquant, charitable et discrète,
> Sait de l'homme d'honneur distinguer le poète.
> Qu'on vante en lui la foi, l'honneur, la probité,
> Qu'on prise sa candeur et sa civilité,
> Qu'il soit doux, complaisant, officieux, sincère;
> On le veut, j'y souscris et suis prêt à me taire.
> Mais que pour un modèle on montre ses écrits,
> Qu'il soit le mieux renté de tous les beaux esprits,
> Comme roi des auteurs qu'on l'élève à l'empire,
> Ma bile alors s'échauffe, et je brûle d'écrire.

(1) On lit l'anecdote suivante dans la *Vie de Malherbe* par Racan : « Un homme de robe longue, de condition, lui apporta des vers assez mal polis, et lui dit, avant que de les lui montrer, que des considérations l'avaient obligé à faire ces vers. M. de Malherbe les lut avec mépris, et lui demanda, après qu'il eut achevé, s'il avait été condamné à être pendu ou à faire ces vers-là, parce que, à moins de cela, il ne devait point exposer sa réputation en produisant des ouvrages si ridicules. »

(2) Ce que dit Éliante est vrai, et c'est à cause de cette noble et héroïque sincérité que nous nous attachons à Alceste; pourquoi faut-il que nous ayons à rire de ce même homme, et que cette belle qualité de la sincérité soit poussée à un excès qui le rend ridicule?

De l'humeur dont le ciel a voulu le former,
Je ne sais pas comment il s'avise d'aimer;
Et je sais moins encor comment votre cousine
Peut être la personne où son penchant l'incline (1).

ÉLIANTE.

Cela fait assez voir que l'amour, dans les cœurs,
N'est pas toujours produit par un rapport d'humeurs;
Et toutes ces raisons de douces sympathies
Dans cet exemple-ci se trouvent démenties (2).

PHILINTE.

Mais croyez-vous qu'on l'aime, aux choses qu'on peut voir (3)?

ÉLIANTE.

C'est un point qu'il n'est pas fort aisé de savoir.
Comment pouvoir juger s'il est vrai qu'elle l'aime?
Son cœur de ce qu'il sent n'est pas bien sûr lui-même (4).
Il aime quelquefois sans qu'il le sache bien,
Et croit aimer aussi parfois qu'il n'en est rien.

PHILINTE.

Je crois que notre ami, près de cette cousine,
Trouvera des chagrins plus qu'il ne s'imagine;
Et s'il avait mon cœur, à dire vérité,
Il tournerait ses vœux tout d'un autre côté,
Et par un choix plus juste, on le verrait, Madame,
Profiter des bontés que lui montre votre âme.

ÉLIANTE.

Pour moi, je n'en fais point de façons, et je croi
Qu'on doit, sur de tels points, être de bonne foi :
Je ne m'oppose point à toute sa tendresse;
Au contraire, mon cœur pour elle s'intéresse (5);
Et si c'était qu'à moi la chose pût tenir,
Moi-même à ce qu'il aime on me verrait l'unir.
Mais si dans un tel choix, comme tout se peut faire,
Son amour éprouvait quelque destin contraire,
S'il fallait que d'un autre on couronnât les feux (6),
Je pourrais me résoudre à recevoir ses vœux;

(1) *Où,* vers laquelle. Voir p. 43, n. 4.
(2) Comparez Corneille, *Rodogune,* A. I, sc. V, et *la Suite du Menteur,* A. IV, sc. I.
(3) *Aux choses,* c.-à-d. *par* les choses.
(4) Éliante pénètre bien le caractère essentiellement léger de Célimène.
(5) *S'intéresser pour,* prendre de l'intérêt; emploi fréquent au xviie siècle.
(6) *On,* c.-à-d. Célimène.

ACTE IV, SCÈNE II

Et le refus souffert, en pareille occurrence,
Ne m'y ferait trouver aucune répugnance.

PHILINTE.

Et moi, de mon côté, je ne m'oppose pas,
Madame, à ces bontés qu'ont pour lui vos appas;
Et lui-même, s'il veut, il peut bien vous instruire
De ce que là-dessus j'ai pris soin de lui dire (1).
Mais si, par un hymen qui les joindrait eux deux,
Vous étiez hors d'état de recevoir ses vœux,
Tous les miens tenteraient la faveur éclatante
Qu'avec tant de bonté votre âme lui présente :
Heureux si, quand son cœur s'y pourra dérober,
Elle pouvait sur moi, Madame, retomber.

ÉLIANTE.

Vous vous divertissez, Philinte.

PHILINTE.

Non, Madame,
Et je vous parle ici du meilleur de mon âme;
J'attends l'occasion de m'offrir hautement,
Et de tous mes souhaits j'en presse le moment (2).

SCÈNE II

ALCESTE, ÉLIANTE, PHILINTE.

ALCESTE.

Ah! faites-moi raison (3), Madame, d'une offense
Qui vient de triompher de toute ma constance.

ÉLIANTE.

Qu'est-ce donc? Qu'avez-vous qui vous puisse émouvoir (4)?

ALCESTE.

J'ai ce que sans mourir je ne puis concevoir;
Et le déchaînement de toute la nature
Ne m'accablerait pas comme cette aventure.
C'en est fait... Mon amour... Je ne saurais parler.

ÉLIANTE.

Que votre esprit un peu tâche à se rappeler.

---

(1) Voir A. I, sc. 1 : *Pour moi, si je n'avais...*
(2) C'est un acheminement au mariage qui termine la pièce.
(3) *Faites-moi raison*, c.-à-d. vengez-moi.
(4) Ce vers et les onze suivants sont empruntés de *Don Garcie* (A. IV, sc. VII), joué en 1661 et publié seulement après la mort de Molière. Plusieurs autres passages, dans les scènes qui suivent, sont tirés de la même pièce.

ALCESTE.

O juste ciel! faut-il qu'on joigne à tant de grâces
Les vices odieux des âmes les plus basses?

ÉLIANTE.

Mais encor qui vous peut?...

ALCESTE.

Ah! tout est ruiné;
Je suis, je suis trahi, je suis assassiné :
Célimène... Eût-on pu croire cette nouvelle?
Célimène me trompe et n'est qu'une infidèle.

ÉLIANTE.

Avez-vous, pour le croire, un juste fondement?

PHILINTE.

Peut-être est-ce un soupçon conçu légèrement,
Et votre esprit jaloux prend parfois des chimères...

ALCESTE.

Ah, morbleu! mêlez-vous, Monsieur, de vos affaires (1).
C'est de sa trahison n'être que trop certain,
Que l'avoir, dans ma poche, écrite de sa main.
Oui, Madame, une lettre écrite pour Oronte (2)
A produit à mes yeux ma disgrâce et sa honte :
Oronte, dont j'ai cru qu'elle fuyait les soins,
Et que de mes rivaux je redoutais le moins.

PHILINTE.

Une lettre peut bien tromper par l'apparence,
Et n'est pas quelquefois si coupable qu'on pense.

ALCESTE.

Monsieur, encore un coup, laissez-moi, s'il vous plait,
Et ne prenez souci que de votre intérêt.

ÉLIANTE.

Vous devez modérer vos transports, et l'outrage...

ALCESTE.

Madame, c'est à vous qu'appartient cet ouvrage;
C'est à vous que mon cœur a recours aujourd'hui
Pour pouvoir s'affranchir de son cuisant ennui.
Vengez-moi d'une ingrate et perfide parente,

---

(1) La moindre contradiction exaspère un homme si peu maître de ses impressions. Après cette boutade, Alceste s'adresse de nouveau à Éliante.

(2) C'est la lettre que lui a remise Arsinoé. — *Écrite pour Oronte*, l'auteur du sonnet; l'outrage est plus sanglant.

Qui trahit lâchement une ardeur si constante;
Vengez-moi de ce trait qui doit vous faire horreur.

ÉLIANTE.

Moi, vous venger! Comment?

ALCESTE.

En recevant mon cœur.
Acceptez-le, Madame, au lieu de l'infidèle :
C'est par là que je puis prendre vengeance d'elle;
Et je la veux punir par les sincères vœux,
Par le profond amour, les soins respectueux,
Les devoirs empressés et l'assidu service
Dont ce cœur va vous faire un ardent sacrifice.

ÉLIANTE.

Je compatis, sans doute, à ce que vous souffrez,
Et ne méprise point le cœur que vous m'offrez;
Mais peut-être le mal n'est pas si grand qu'on pense,
Et vous pourrez quitter ce désir de vengeance.
Lorsque l'injure part d'un objet plein d'appas,
On fait force desseins qu'on n'exécute pas :
On a beau voir, pour rompre, une raison puissante,
Une coupable aimée est bientôt innocente;
Tout le mal qu'on lui veut se dissipe aisément,
Et l'on sait ce que c'est qu'un courroux d'un amant.

ALCESTE.

Non, non, Madame, non : l'offense est trop mortelle,
Il n'est point de retour, et je romps avec elle;
Rien ne saurait changer le dessein que j'en fais,
Et je me punirais de l'estimer jamais.
La voici. Mon courroux redouble à cette approche;
Je vais de sa noirceur lui faire un vif reproche,
Pleinement la confondre, et vous porter après
Un cœur tout dégagé de ses trompeurs attraits (1).

SCÈNE III

CÉLIMÈNE, ALCESTE.

ALCESTE.

O ciel! de mes transports puis-je être ici le maître?

CÉLIMÈNE.

Ouais! Quel est donc le trouble où je vous vois paraître?

(1) Philinte et Éliante se retirent; ils ont compris, par le dernier mot d'Alceste, qu'il désire traiter la question sans témoins avec Célimène.

Et que me veulent dire et ces soupirs poussés,
Et ces sombres regards que sur moi vous lancez?

ALCESTE.

Que toutes les horreurs dont une âme est capable
A vos déloyautés n'ont rien de comparable;
Que le sort, les démons, et le ciel en courroux
N'ont jamais rien produit de si méchant que vous (1).

CÉLIMÈNE.

Voilà certainement des douceurs que j'admire.

ALCESTE.

Ah! ne plaisantez point, il n'est pas temps de rire :
Rougissez bien plutôt, vous en avez raison;
Et j'ai de sûrs témoins de votre trahison (2).
Voilà ce que marquaient les troubles de mon âme :
Ce n'était pas en vain que s'alarmait ma flamme,
Par ces fréquents soupçons, qu'on trouvait odieux,
Je cherchais le malheur qu'ont rencontré mes yeux;
Et malgré tous vos soins et votre adresse à feindre,
Mon astre me disait ce que j'avais à craindre (3).
Mais ne présumez pas que, sans être vengé,
Je souffre le dépit de me voir outragé.
Je sais que sur les vœux on n'a point de puissance,
Que l'amour veut partout naître sans dépendance,
Que jamais par la force on n'entra dans un cœur,
Et que toute âme est libre à nommer son vainqueur (4).
Aussi ne trouverais-je aucun sujet de plainte,
Si pour moi votre bouche avait parlé sans feinte;
Et, rejetant mes vœux dès le premier abord (5),
Mon cœur n'aurait eu droit de s'en prendre qu'au sort.
Mais d'un aveu trompeur voir ma flamme applaudie,
C'est une trahison, c'est une perfidie,

---

(1) Nous retrouvons ici les exagérations du Misanthrope.

(2) *Témoins* est pris ici dans le sens de *témoignages, preuves;* il a encore ce sens dans l'expression *témoin telle chose, témoin les victoires..., les blessures...* (Ac.)

(3) *Mon astre*, mon étoile. « Le mot *astre* se disait, en astrologie, des corps célestes par rapport à leur influence prétendue sur les hommes : *être né sous un astre favorable.* » (Ac.)

       Si *son astre* en naissant ne l'a formé poëte. (BOIL.)

(4) *Libre à nommer*, c.-à-d. pour nommer; nous disons aujourd'hui *libre de nommer*, mais avec une nuance différente.

(5) *Rejetant*, participe absolu pour *si vous aviez rejeté;* cette construction est rare, surtout lorsque le participe ne se rapporte à aucun mot de la phrase. Voir *Gr. fr. hist.*, n. 799 et 804.

Qui ne saurait trouver de trop grands châtiments.
Et je puis tout permettre à mes ressentiments.
Oui, oui, redoutez tout après un tel outrage;
Je ne suis plus à moi, je suis tout à la rage :
Percé du coup mortel dont vous m'assassinez (1),
Mes sens par la raison ne sont plus gouvernés,
Je cède aux mouvements d'une juste colère,
Et je ne réponds pas de ce que je puis faire.

CÉLIMÈNE.

D'où vient donc, je vous prie, un tel emportement (2) ?
Avez-vous, dites-moi, perdu le jugement?

ALCESTE.

Oui, oui, je l'ai perdu, lorsque dans votre vue
J'ai pris, pour mon malheur, le poison qui me tue,
Et que j'ai cru trouver quelque sincérité
Dans les traîtres appas dont je fus enchanté.

CÉLIMÈNE.

De quelle trahison pouvez-vous donc vous plaindre?

ALCESTE.

Ah! que ce cœur est double et sait bien l'art de feindre!
Mais pour le mettre à bout j'ai des moyens tous prêts (3) :
Jetez ici les yeux et connaissez vos traits (4);
Ce billet découvert suffit pour vous confondre,
Et contre ce témoin on n'a rien à répondre.

CÉLIMÈNE.

Voilà donc le sujet qui vous trouble l'esprit (5)?

ALCESTE.

Vous ne rougissez pas en voyant cet écrit?

CÉLIMÈNE.

Et par quelle raison faut-il que j'en rougisse ?

ALCESTE.

Quoi? vous joignez ici l'audace à l'artifice?
Le désavouerez-vous, pour n'avoir point de seing?

(1) *Percé* se rapporte à *je*, représenté par *mes* au vers suivant; syllepse assez fréquente. Voir *Gr. fr. hist.*, n. 799.

(2) Le calme étudié de Célimène fait le plus plaisant contraste avec l'emportement d'Alceste.

(3) *Tous prêts*, c.-à-d. *tout prêts*. Voir A. I, sc. II, p. 53, n. 2.

(4) *Vos traits*, les traits de votre écriture.

(5) Un regard jeté sur le billet suffit à Célimène : elle a entrevu son moyen de défense, et elle répond désormais avec un dédain et une fierté triomphante.

CÉLIMÈNE.

Pourquoi désavouer un billet de ma main?

ALCESTE.

Et vous pouvez le voir sans demeurer confuse
Du crime dont vers moi son style vous accuse (1)?

CÉLIMÈNE.

Vous êtes, sans mentir, un grand extravagant.

ALCESTE.

Quoi ! vous bravez ainsi ce témoin convaincant?
Et ce qu'il m'a fait voir de douceur pour Oronte
N'a donc rien qui m'outrage, et qui vous fasse honte?

CÉLIMÈNE.

Oronte! Qui vous dit que la lettre est pour lui?

ALCESTE.

Les gens qui dans mes mains l'ont remise aujourd'hui.
Mais je veux consentir qu'elle soit pour un autre :
Mon cœur en a-t-il moins à se plaindre du vôtre?
En serez-vous vers moi moins coupable en effet?

CÉLIMÈNE.

Mais si c'est une femme à qui va ce billet (2),
En quoi vous blesse-t-il? et qu'a-t-il de coupable?

ALCESTE.

Ah! le détour est bon, et l'excuse admirable.
Je ne m'attendais pas, je l'avoue, à ce trait,
Et me voilà, par là, convaincu tout à fait (3).
Osez-vous recourir à ces ruses grossières?
Et croyez-vous les gens si privés de lumières?
Voyons, voyons un peu par quel biais, de quel air (4),
Vous voulez soutenir un mensonge si clair,
Et comment vous pourrez tourner pour une femme
Tous les mots d'un billet qui montre tant de flamme?
Ajustez, pour couvrir un manquement de foi,
Ce que je m'en vais lire...

(1) *Vers moi*, pour *envers moi*; emploi fréquent au XVIIe siècle. Voir le *Théâtre choisi de Corneille*, p. 217 et 486 (*Horace*, A. IV, sc. II).

(2) Le billet était sans adresse, et rien dans le style n'indiquait si le destinataire était un homme ou une femme. Célimène s'empare de cette circonstance, pour renverser d'un mot toute l'accusation du Misanthrope.

(3) Cette prétendue défaite est ironique.

(4) *De quel air*, de quelle façon. Voir p. 78, n. 2. Aujourd'hui on dit ordinairement dans ce sens *de quel front*.

CÉLIMÈNE.
Il ne me plaît pas, moi (1).
Je vous trouve plaisant d'user d'un tel empire,
Et de me dire au nez ce que vous m'osez dire (2).

ALCESTE.
Non, non : sans s'emporter prenez un peu souci
De me justifier les termes que voici.

CÉLIMÈNE.
Non, je n'en veux rien faire, et dans cette occurrence,
Tout ce que vous croirez m'est de peu d'importance.

ALCESTE.
De grâce, montrez-moi, je serai satisfait,
Qu'on peut pour une femme expliquer ce billet.

CÉLIMÈNE.
Non, il est pour Oronte, et je veux qu'on le croie;
Je reçois tous ses soins avec beaucoup de joie;
J'admire ce qu'il dit, j'estime ce qu'il est,
Et je tombe d'accord de tout ce qu'il vous plaît.
Faites, prenez parti, que rien ne vous arrête,
Et ne me rompez pas davantage la tête.

ALCESTE.
Ciel! rien de plus cruel peut-il être inventé?
Et jamais cœur fut-il de la sorte traité?
Quoi? d'un juste courroux je suis ému contre elle,
C'est moi qui me viens plaindre, et c'est moi qu'on querelle!
On pousse ma douleur et mes soupçons à bout,
On me laisse tout croire, on fait gloire de tout;
Et cependant mon cœur est encore assez lâche
Pour ne pouvoir briser la chaîne qui l'attache,
Et pour ne pas s'armer d'un généreux mépris
Contre l'ingrat objet dont il est trop épris?
Ah! que vous savez bien ici, contre moi-même,
Perfide, vous servir de ma faiblesse extrême,
Et ménager pour vous l'excès prodigieux
De ce fatal amour né de vos traîtres yeux!

---

(1) Réponse hautaine, qui montre à la fois l'embarras de Célimène et la désinvolture avec laquelle elle traite le pauvre Alceste; d'accusateur, il va devenir bientôt accusé et suppliant.
Dans l'*Avare*, A. III, sc. VI, maître Jacques répond par le même mot.

(2) Il y a dans cette familiarité un dédain ironique qui devrait montrer à Alceste le peu de cas qu'on fait de lui; le reste de la scène est sur le même ton.

Défendez-vous au moins d'un crime qui m'accable,
Et cessez d'affecter d'être envers moi coupable;
Rendez-moi, s'il se peut, ce billet innocent :
A vous prêter les mains ma tendresse consent (1);
Efforcez-vous ici de paraître fidèle,
Et je m'efforcerai, moi, de vous croire telle (2).

CÉLIMÈNE.

Allez, vous êtes fou, dans vos transports jaloux,
Et ne méritez pas l'amour qu'on a pour vous.
Je voudrais bien savoir qui pourrait me contraindre
A descendre pour vous aux bassesses de feindre,
Et pourquoi. si mon cœur penchait d'autre côté,
Je ne le dirais pas avec sincérité.
Quoi? de mes sentiments l'obligeante assurance
Contre tous vos soupçons ne prend pas ma défense?
Auprès d'un tel garant, sont-ils de quelque poids?
N'est-ce pas m'outrager que d'écouter leur voix?
Et puisque notre cœur fait un effort extrême
Lorsqu'il peut se résoudre à confesser qu'il aime,
Puisque l'honneur du sexe, ennemi de nos feux,
S'oppose fortement à de pareils aveux,
L'amant qui voit pour lui franchir un tel obstacle,
Doit-il impunément douter de cet oracle?
Et n'est-il pas coupable en ne s'assurant pas (3)
A ce qu'on ne dit point qu'après de grands combats (4)?
Allez, de tels soupçons méritent ma colère,
Et vous ne valez pas que l'on vous considère (5) :
Je suis sotte, et veux mal à ma simplicité
De conserver encor pour vous quelque bonté;
Je devrais autre part attacher mon estime,
Et vous faire un sujet de plainte légitime.

ALCESTE.

Ah! traîtresse, mon faible est étrange pour vous!
Vous me trompez sans doute avec des mots si doux;

(1) *A vous prêter les mains*, c.-à-d. à vous aider.

(2) Au lieu d'ouvrir les yeux, et de laisser là une femme qui le joue et le raille indignement, le Misanthrope se perd en protestations d'amour et de sincérité. C'est le comble de la sottise.

(3) C.-à-d. en ne se *rassurant* pas sur... Racine a dit dans le même sens (*Bajazet*, A. II) :

... Je *m'assure* encore *aux* bontés de ton frère.

(4) *Qu'après...*; il y a ellipse de *autrement*. Le *que* équivaut ici à *si ce n'est*.

(5) Célimène pousse l'insolence à la dernière limite; il faut qu'elle connaisse bien l'étrange faiblesse d'Alceste pour le traiter de la sorte.

Mais il n'importe, il faut suivre ma destinée (1) :
A votre foi mon âme est toute abandonnée ;
Je veux voir, jusqu'au bout, quel sera votre cœur,
Et si de me trahir il aura la noirceur.

CÉLIMÈNE.

Non, vous ne m'aimez point comme il faut que l'on aime.

ALCESTE.

Ah! rien n'est comparable à mon amour extrême ;
Et dans l'ardeur qu'il a de se montrer à tous,
Il va jusqu'à former des souhaits contre vous.
Oui, je voudrais qu'aucun ne vous trouvât aimable,
Que vous fussiez réduite en un sort misérable,
Que le ciel, en naissant, ne vous eût donné rien (2),
Que vous n'eussiez ni rang, ni naissance, ni bien,
Afin que de mon cœur l'éclatant sacrifice
Vous pût d'un pareil sort réparer l'injustice,
Et que j'eusse la joie et la gloire, en ce jour,
De vous voir tenir tout des mains de mon amour (3).

CÉLIMÈNE.

C'est me vouloir du bien d'une étrange manière!
Me préserve le ciel que vous ayez matière!...
Voici monsieur Du Bois, plaisamment figuré (4).

SCÈNE IV

DU BOIS, CÉLIMÈNE, ALCESTE.

ALCESTE.

Que veut cet équipage, et cet air effaré (5) ?
Qu'as-tu ?

DU BOIS.

Monsieur...

---

(1) Le Misanthrope rend les armes, et Célimène triomphe.

(2) *En naissant*, à votre naissance ; le participe est déterminé par le pronom *vous* placé après. Voir *Gr. fr. hist.*, n. 799.

(3) Cette scène, qui devait amener une rupture éclatante, finit par une réconciliation complète ; Alceste a passé de la colère à l'étonnement, puis à la plus incroyable soumission. On ne peut disconvenir que la scène ne soit habilement menée : mais le caractère d'Alceste en sort bien amoindri.

(4) *Plaisamment figuré*, c.-à-d. dans un accoutrement ridicule. *Figuré* ne se dit plus dans ce sens.

(5) *Équipage* se dit quelquefois, familièrement, de la manière dont une personne est vêtue : *Vous voilà dans un bel équipage.* (Ac.)

ALCESTE.

Eh bien?

DU BOIS.

Voici bien des mystères.

ALCESTE.

Qu'est-ce?

DU BOIS.

Nous sommes mal, Monsieur, dans nos affaires.

ALCESTE.

Quoi?

DU BOIS.

Parlerai-je haut?

ALCESTE.

Oui, parle, et promptement.

DU BOIS.

N'est-il point là quelqu un?...

ALCESTE.

Ah! que d'amusement (1)!

Veux-tu parler?

DU BOIS.

Monsieur, il faut faire retraite.

ALCESTE.

Comment?

DU BOIS.

Il faut d'ici déloger sans trompette.

ALCESTE.

Et pourquoi?

DU BOIS.

Je vous dis qu'il faut quitter ce lieu.

ALCESTE.

La cause?

DU BOIS.

Il faut partir, Monsieur, sans dire adieu.

ALCESTE.

Mais par quelle raison me tiens-tu ce langage?

DU BOIS.

Par la raison, Monsieur, qu'il faut plier bagage.

---

(1) *Amusement*, c.-à-d. retard : « *Amusement* signifie quelquefois perte de temps, retardement. » (**Ac.**)

ALCESTE.

Ah! je te casserai la tête assurément,
Si tu ne veux, maraud, t'expliquer autrement.

DU BOIS.

Monsieur, un homme noir et d'habit et de mine
Est venu nous laisser, jusque dans la cuisine,
Un papier griffonné d'une telle façon,
Qu'il faudrait pour le lire, être pis que démon (1).
C'est de votre procès, je n'en fais aucun doute ;
Mais le diable d'enfer, je crois, n'y verrait goutte (2).

ALCESTE.

Eh bien? quoi? ce papier, qu'a-t-il à démêler,
Traître, avec le départ dont tu viens me parler?

DU BOIS.

C'est pour vous dire ici, Monsieur, qu'une heure ensuite (3),
Un homme qui souvent vous vient rendre visite (4),
Est venu vous chercher avec empressement.
Et ne vous trouvant pas, m'a chargé doucement,
Sachant que je vous sers avec beaucoup de zèle,
De vous dire... Attendez, comme est-ce qu'il s'appelle (5)?

ALCESTE.

Laisse là son nom, traître, et dis ce qu'il t'a dit.

DU BOIS.

C'est un de vos amis enfin, cela suffit.
Il m'a dit que d'ici votre péril vous chasse,
Et que d'être arrêté le sort vous y menace.

ALCESTE.

Mais quoi? n'a-t-il voulu te rien spécifier?

DU BOIS.

Non : il m'a demandé de l'encre et du papier,
Et vous a fait un mot, où vous pourrez, je pense,
Du fond de ce mystère avoir la connaissance.

(1) *Être pis que démon*, c.-à-d. quelque chose de pis que... Voir *Gr. fr. hist.*, n. 587.

(2) Il faudrait *le diable de l'enfer*. C'est un domestique qui parle. Molière reproduit le langage du peuple avec ses tours incorrects. — *N'y voir goutte*, v. p. 65, n. 7.

(3) *Une heure ensuite*, nouvelle incorrection du langage populaire : on dit correctement *une heure après*.

(4) Sans doute Philinte.

(5) *Comme* se disait pour *comment*? Voir p. 33, n. 4.

ALCESTE.

Donne-le donc.

CÉLIMÈNE.

Que peut envelopper ceci ?

ALCESTE.

Je ne sais ; mais j'aspire à m'en voir éclairci.
Auras-tu bientôt fait, impertinent au diable (1) ?

DU BOIS, *après l'avoir longtemps cherché.*

Ma foi ! je l'ai, Monsieur, laissé sur votre table.

ALCESTE.

Je ne sais qui me tient...

CÉLIMÈNE.

Ne vous emportez pas,
Et courez démêler un pareil embarras.

ALCESTE.

Il semble que le sort, quelque soin que je prenne,
Ait juré d'empêcher que je vous entretienne (2) ;
Mais pour en triompher, souffrez à mon amour (3)
De vous revoir, Madame, avant la fin du jour (4).

QUESTIONS SUR LE IVᵉ. ACTE.

Que se passe-t-il au IVᵉ acte ?
Par quelle scène s'ouvre-t-il ?
Comment s'est terminé le différend du sonnet ?
Quel aveu Philinte fait-il à Éliante ?
Quel motif ramène Alceste ? Que demande-t-il à Éliante ?
De quoi Alceste accuse-t-il Célimène ?
Comment prouve-t-il son accusation ?
Comment Célimène cherche-t-elle à se justifier ?
Comment réduit-elle Alceste au rôle d'accusé et de suppliant ?
Quel incident met fin à l'entretien ?

(1) C.-à-d. *digne d'aller au diable.*

(2) *Empêcher* sans négation veut aujourd'hui *ne*. Voir *Gr. fr. hist.*, n. 732.

(3) *Souffrez* est employé ici pour *permettez* ; on en trouve d'autres exemples au XVIIᵉ siècle.

(4) Cette petite scène, assez comique, termine gaiement un acte dont le ton général a été un peu trop sérieux.

ACTE CINQUIÈME

La rupture. — Dénouement.

SCÈNE I
ALCESTE, PHILINTE.

ALCESTE.
La résolution en est prise, vous dis-je (1).
PHILINTE.
Mais quel que soit ce coup, faut-il qu'il vous oblige ?...
ALCESTE.
Non : vous avez beau faire et beau me raisonner,
Rien de ce que je dis ne me peut détourner :
Trop de perversité règne au siècle où nous sommes,
Et je veux me tirer du commerce des hommes.
Quoi ? contre ma partie on voit tout à la fois
L'honneur, la probité, la pudeur et les lois ;
On publie en tous lieux l'équité de ma cause ;
Sur la foi de mon droit mon âme se repose ;
Cependant je me vois trompé par le succès (2) ;
J'ai pour moi la justice et je perds mon procès !
Un traître, dont on sait la scandaleuse histoire,
Est sorti triomphant d'une fausseté noire !
Toute la bonne foi cède à sa trahison !
Il trouve, en m'égorgeant, moyen d'avoir raison !
Le poids de sa grimace, où brille l'artifice,
Renverse le bon droit et tourne la justice !
Il fait par un arrêt couronner son forfait !
Et non content encor du tort que l'on me fait (3),
Il court parmi le monde un livre abominable,
Et de qui la lecture est même condamnable (4),

(1) Alceste vient d'apprendre, pendant l'entr'acte, la perte de son procès ; il revient plus furieux que jamais contre les hommes en général, et plus spécialement contre sa partie et contre Oronte qui la soutient.

(2) *Succès*, c.-à-d. issue, résultat, sens fréquent au XVIIe siècle.

(3) *Non content* se rapporte sans doute au mot *traître* qui est dans les phrases précédentes ; le sujet change trop brusquement.

(4) Il faudrait aujourd'hui : *dont la lecture même*.

Un livre à mériter la dernière rigueur,
Dont le fourbe a le front de me faire l'auteur,
Et là-dessus, on voit Oronte qui murmure,
Et tâche méchamment d'appuyer l'imposture !
Lui, qui d'un honnête homme à la cour tient le rang,
A qui je n'ai rien fait qu'être sincère et franc,
Qui me vient, malgré moi, d'une ardeur empressée,
Sur des vers qu'il a faits demander ma pensée ;
Et parce que j'en use avec honnêteté,
Et ne le veux trahir, lui ni la vérité,
Il aide à m'accabler d'un crime imaginaire !
Le voilà devenu mon plus grand adversaire !
Et jamais de son cœur je n'aurai de pardon,
Pour n'avoir pas trouvé que son sonnet fût bon !
Et les hommes, morbleu ! sont faits de cette sorte !
C'est à ces actions que la gloire les porte (1) !
Voilà la bonne foi, le zèle vertueux,
La justice et l'honneur que l'on trouve chez eux !
Allons, c'est trop souffrir les chagrins qu'on nous forge :
Tirons-nous de ce bois et de ce coupe-gorge.
Puisque entre humains ainsi vous vivez en vrais loups,
Traîtres, vous ne m'aurez de ma vie avec vous.

PHILINTE.

Je trouve un peu bien prompt le dessein où vous êtes,
Et tout le mal n'est pas si grand que vous le faites :
Ce que votre partie ose vous imputer
N'a point eu le crédit de vous faire arrêter ;
On voit son faux rapport lui-même se détruire,
Et c'est une action qui pourrait bien lui nuire.

ALCESTE.

Lui ? De semblables tours il ne craint point l'éclat ;
Il a permission d'être franc scélérat (2) ;
Et loin qu'à son crédit nuise cette aventure,
On l'en verra demain en meilleure posture (3).

PHILINTE.

Enfin il est constant qu'on n'a point trop donné
Au bruit que contre vous sa malice a tourné :
De ce côté déjà vous n'avez rien à craindre ;

(1) *La gloire*, c.-à-d. l'amour de la gloire, l'orgueil.
(2) Pour *franc scélérat*, voir p. 91, n. 4.
(3) *Posture*, état, situation où se tient le corps ; il se dit figurément de l'état où est quelqu'un par rapport à sa fortune : il est en bonne, en mauvaise posture à la cour. (Ac.)

Et pour votre procès, dont vous pouvez vous plaindre,
Il vous est en justice aisé d'y revenir,
Et contre cet arrêt...

ALCESTE.

Non ; je veux m'y tenir.
Quelque sensible tort qu'un tel arrêt me fasse,
Je me garderai bien de vouloir qu'on le casse :
On y voit trop à plein le bon droit maltraité (1),
Et je veux qu'il demeure à la postérité
Comme une marque insigne, un fameux témoignage
De la méchanceté des hommes de notre âge.
Ce sont vingt mille francs qu'il m'en pourra coûter ;
Mais pour vingt mille francs j'aurai droit de pester
Contre l'iniquité de la nature humaine,
Et de nourrir pour elle une immortelle haine.

PHILINTE.

Mais enfin...

ALCESTE.

Mais enfin, vos soins sont superflus :
Que pouvez-vous, Monsieur, me dire là-dessus ?
Aurez-vous bien le front de me vouloir en face
Excuser les horreurs de tout ce qui se passe ?

PHILINTE.

Non : je tombe d'accord de tout ce qu'il vous plaît :
Tout marche par cabale et par pur intérêt ;
Ce n'est plus que la ruse aujourd'hui qui l'emporte,
Et les hommes devraient être faits d'autre sorte.
Mais est-ce une raison que leur peu d'équité
Pour vouloir se tirer de leur société ?
Tous ces défauts humains nous donnent dans la vie
Des moyens d'exercer notre philosophie (2) :
C'est le plus bel emploi que trouve la vertu ;
Et si de probité tout était revêtu,
Si tous les cœurs étaient francs, justes et dociles,
La plupart des vertus nous seraient inutiles,
Puisqu'on en met l'usage à pouvoir sans ennui
Supporter, dans nos droits, l'injustice d'autrui ;
Et de même qu'un cœur d'une vertu profonde...

(1) *A plein*, voir plus haut, p. 30, n. 1.
(2) Philinte ne parle que de *philosophie*; son flegme est *philosophe* (A. I, sc. I) ; sa vertu, s'il en a, est celle d'un stoïcien, non d'un chrétien. Molière a devancé d'un siècle l'avènement des philosophes.

ALCESTE.

Je sais que vous parlez, Monsieur, le mieux du monde ;
En beaux raisonnements vous abondez toujours ;
Mais vous perdez le temps et tous vos beaux discours.
La raison, pour mon bien, veut que je me retire :
Je n'ai point sur ma langue un assez grand empire ;
De ce que je dirais je ne répondrais pas,
Et je me jetterais cent choses sur les bras.
Laissez-moi, sans dispute, attendre Célimène :
Il faut qu'elle consente au dessein qui m'amène ;
Je vais voir si son cœur a de l'amour pour moi,
Et c'est ce moment-ci qui doit m'en faire foi.

PHILINTE.

Montons chez Éliante, attendant sa venue (1).

ALCESTE.

Non : de trop de souci je me sens l'âme émue.
Allez-vous-en la voir, et me laissez enfin
Dans ce petit coin sombre, avec mon noir chagrin.

PHILINTE.

C'est une compagnie étrange pour attendre,
Et je vais obliger Éliante à descendre (2).

SCÈNE II

ORONTE, CÉLIMÈNE, ALCESTE.

ORONTE.

Oui, c'est à vous de voir si par des nœuds si doux,
Madame, vous voulez m'attacher tout à vous.
Il me faut de votre âme une pleine assurance (3) :
Un amant là-dessus n'aime point qu'on balance.
Si l'ardeur de mes feux a pu vous émouvoir,
Vous ne devez point feindre à me le faire voir (4) ;

---

(1) On voit par ce vers qu'Éliante habitait la maison de sa cousine.

(2) Philinte sort : après quelques moments de silence, Oronte entre avec Célimène, sans apercevoir Alceste dans son coin.

(3) Oronte arrive avec le même dessein qu'Alceste au Ier acte ; lui aussi, comme Alceste, est fatigué des délais interminables que lui impose la coquetterie de Célimène.

(4) « *Feindre* s'emploie comme verbe neutre, et signifie *hésiter à*. Dans ce sens qui a vieilli, il ne se dit guère qu'avec la négation : *Je ne feindrai pas de vous dire.* » (Ac.) — Il s'employait au XVIIe siècle sans négation, avec à.

ACTE V, SCÈNE II

Et la preuve, après tout, que je vous en demande.
C'est de ne plus souffrir qu'Alceste vous prétende (1);
De le sacrifier, Madame, à mon amour,
Et de chez vous enfin le bannir dès ce jour (2).

CÉLIMÈNE.

Mais quel sujet si grand contre lui vous irrite,
Vous à qui j'ai tant vu parler de son mérite?

ORONTE.

Madame, il ne faut point ces éclaircissements;
Il s'agit de savoir quels sont vos sentiments.
Choisissez, s'il vous plaît, de garder l'un ou l'autre :
Ma résolution n'attend rien que la vôtre.

ALCESTE, *sortant du coin où il s'était retiré.*

Oui, Monsieur a raison : Madame, il faut choisir (3),
Et sa demande ici s'accorde à mon désir (4).
Pareille ardeur me presse, et même soin m'amène;
Mon amour veut du vôtre une marque certaine;
Les choses ne sont pas pour traîner en longueur,
Et voici le moment d'expliquer votre cœur.

ORONTE.

Je ne veux point, Monsieur, d'une flamme importune
Troubler aucunement votre bonne fortune (5).

ALCESTE.

Je ne veux point, Monsieur, jaloux ou non jaloux,
Partager de son cœur rien du tout avec vous (6).

ORONTE.

Si votre amour au mien lui semble préférable...

---

(1) *Prétendre* était actif au xvii⁰ siècle.

(2) Alceste entend ce discours peu fait pour lui plaire. Ce jeu de scène intéresse fort le spectateur.
Voir dans *Nicomède* (A. I, sc. II) une situation à peu près semblable; Attale s'adresse à Laodice avec la plus naïve confiance, sans reconnaître dans l'officier qui se tient au fond de la salle, son frère et son rival Nicomède.
Voir aussi la scène de la tapisserie dans *Britannicus*.

(3) Cette apparition subite et imprévue d'Alceste produit l'effet le plus dramatique : la surprise d'Oronte est au comble, aussi bien que l'embarras de Célimène.

(4) On dit aujourd'hui *s'accorder avec.*

(5) *Aucun, aucunement* ne s'emploient plus avec *ne pas, ne point.* Il est pris ici dans son sens primitif, *en quelque manière.*

(6) *Rien* a aussi dans cet endroit son sens primitif de *quelque chose.* De même trois vers plus loin. Voir p. 48, n. 6.

ALCESTE.
Si du moindre penchant elle est pour vous capable...
ORONTE.
Je jure de n'y rien prétendre désormais.
ALCESTE.
Je jure hautement de ne la voir jamais.
ORONTE.
Madame, c'est à vous de parler sans contrainte.
ALCESTE.
Madame, vous pouvez vous expliquer sans crainte.
ORONTE.
Vous n'avez qu'à nous dire où s'attachent vos vœux.
ALCESTE.
Vous n'avez qu'à trancher, et choisir de nous deux (1).
ORONTE.
Quoi? sur un pareil choix vous semblez être en peine!
ALCESTE.
Quoi? votre âme balance et paraît incertaine!
CÉLIMÈNE.
Mon Dieu! que cette instance est là hors de saison,
Et que vous témoignez, tous deux, peu de raison!
Je sais prendre parti sur cette préférence,
Et ce n'est pas mon cœur maintenant qui balance :
Il n'est point suspendu, sans doute, entre vous deux,
Et rien n'est si tôt fait que le choix de nos vœux.
Mais je souffre, à vrai dire, une gêne trop forte
A prononcer en face un aveu de la sorte;
Je trouve que ces mots qui sont désobligeants,
Ne se doivent point dire en présence des gens;
Qu'un cœur de son penchant donne assez de lumière,
Sans qu'on nous fasse aller jusqu'à rompre en visière (2);
Et qu'il suffit enfin que de plus doux témoins
Instruisent un amant du malheur de ses soins.

(1) Ces instances des deux rivaux, aussi pressantes que courtoises, jettent Célimène dans un malaise visible, et donnent lieu à une scène du meilleur comique.

(2) *Rompre en visière* se disait autrefois, au propre, quand un homme d'armes rompait sa lance dans la visière de celui contre qui il courait. Il signifie, figurément et familièrement, attaquer, contredire quelqu'un brusquement et violemment : *il lui rompit en visière.* (AC.)
Voir A. I, sc. I, p. 37.

ORONTE.

Non, non, un franc aveu n'a rien que j'appréhende :
J'y consens pour ma part.

ALCESTE.

    Et moi, je le demande :
C'est son éclat surtout qu'ici j'ose exiger,
Et je ne prétends point vous voir rien ménager.
Conserver tout le monde est votre grande étude (1).
Mais plus d'amusement, et plus d'incertitude :
Il faut vous expliquer nettement là-dessus,
Ou bien pour un arrêt je prends votre refus ;
Je saurai, de ma part, expliquer ce silence,
Et me tiendrai pour dit tout le mal que j'en pense.

ORONTE.

Je vous sais fort bon gré, Monsieur, de ce courroux,
Et je lui dis ici même chose que vous.

CÉLIMÈNE.

Que vous me fatiguez avec un tel caprice !
Ce que vous demandez a-t-il de la justice ?
Et ne vous dis-je pas quel motif me retient ?
J'en vais prendre pour juge Éliante qui vient (2).

SCÈNE III

ÉLIANTE, PHILINTE, CÉLIMÈNE, ORONTE, ALCESTE.

CÉLIMÈNE.

Je me vois, ma cousine, ici persécutée
Par des gens dont l'humeur y paraît concertée.
Ils veulent l'un et l'autre, avec même chaleur,
Que je prononce entre eux le choix que fait mon cœur,
Et que, par un arrêt qu'en face il me faut rendre,
Je défende à l'un d'eux tous les soins qu'il peut prendre.
Dites-moi si jamais cela se fait ainsi.

ÉLIANTE.

N'allez point là-dessus me consulter ici :
Peut-être y pourriez-vous être mal adressée,
Et je suis pour les gens qui disent leur pensée (3).

---

(1) La franchise d'Alceste frise encore l'impertinence. Il saisit à merveille le caractère de la coquette, et avec sa fougue habituelle il lui dit la vérité sans détour et sans ménagement.

(2) Célimène tâche de se tirer d'affaire en femme d'esprit. — Mais les assaillants ne sont pas hommes à reculer.

(3) Éliante, loin de soutenir Célimène, se tourne contre elle. La situation

ORONTE.

Madame, c'est en vain que vous vous défendez.

ALCESTE.

Tous vos détours ici seront mal secondés.

ORONTE.

Il faut, il faut parler, et lâcher la balance (1).

ALCESTE.

Il ne faut que poursuivre à garder le silence (2).

ORONTE.

Je ne veux qu'un seul mot pour finir nos débats.

ALCESTE.

Et moi, je vous entends, si vous ne parlez pas.

SCÈNE IV

ACASTE, CLITANDRE, ARSINOÉ, PHILINTE, ÉLIANTE, ORONTE, CÉLIMÈNE, ALCESTE.

ACASTE.

Madame, nous venons tous deux, sans vous déplaire,
Éclaircir avec vous une petite affaire (3).

CLITANDRE.

Fort à propos, Messieurs, vous vous trouvez ici,
Et vous êtes mêlés dans cette affaire aussi.

ARSINOÉ.

Madame, vous serez surprise de ma vue ;
Mais ce sont ces Messieurs qui causent ma venue :
Tous deux ils m'ont trouvée, et se sont plaints à moi
D'un trait à qui mon cœur ne saurait prêter foi (4).
J'ai du fond de votre âme une trop haute estime,
Pour vous croire jamais capable d'un tel crime :
Mes yeux ont démenti leurs témoins les plus forts (5) ;
Et l'amitié passant sur de petits discords,

de la coquette devient de plus en plus critique. Nous trouvons ici ce qui manque trop dans le *Misanthrope*, un véritable intérêt d'action.

(1) C.-à-d. il faut cesser de tenir la *balance égale* entre Alceste et Oronte, et se prononcer pour l'un ou pour l'autre.

(2) Alceste a dit à la fin de la scène précédente :
　　Il faut vous expliquer nettement là-dessus,
　　Ou bien pour un arrêt je prends votre refus.

(3) L'intérêt grandit à mesure que la situation s'aggrave pour Célimène.

(4) *A qui* s'emploie en poésie pour *auquel*, quand on parle d'objets inanimés.

(5) *Leurs témoins*, c.-à-d. leurs preuves, comme A. IV, sc. III.

ACTE V, SCÈNE IV

J'ai bien voulu chez vous leur faire compagnie,
Pour vous voir vous laver de cette calomnie (1).

ACASTE.

Oui, Madame, voyons, d'un esprit adouci,
Comment vous vous prendrez à soutenir ceci (2).
Cette lettre par vous est écrite à Clitandre?

CLITANDRE.

Vous avez pour Acaste écrit ce billet tendre?

ACASTE.

Messieurs, ces traits pour vous n'ont point d'obscurité (3),
Et je ne doute pas que sa civilité
A connaître sa main n'ait trop su vous instruire;
Mais ceci vaut assez la peine de le lire (4).

Vous êtes un étrange homme de condamner mon enjouement, et de me reprocher que je n'ai jamais tant de joie que lorsque je ne suis pas avec vous. Il n'y a rien de plus injuste : et si vous ne venez bien vite me demander pardon de cette offense, je ne vous la pardonnerai de ma vie. Notre grand flandrin de Vicomte (5)...

Il devrait être ici.

Notre grand flandrin de Vicomte, par qui vous commencez vos plaintes, est un homme qui ne saurait me revenir; et depuis que je l'ai vu, trois quarts d'heure durant, cracher dans un puits pour faire des ronds (6), je n'ai pu jamais prendre bonne opinion de lui. Pour le petit Marquis...

C'est moi-même, Messieurs, sans nulle vanité.

---

(1) On reconnaît Arsinoé à ce langage hypocrite : elle vient en réalité pour jouir de la confusion de sa rivale.

(2) Nous dirions aujourd'hui : comment vous vous y prendrez.

(3) *Ces traits,* c.-à-d. cette écriture. Voir A. IV, sc. III.

(4) Acaste et Clitandre s'étaient promis (A. III, sc. I) de se communiquer tout ce qu'ils recevraient de Célimène. Acaste lit donc un billet adressé à Clitandre, et que celui-ci lui avait remis selon la convention.

(5) « *Flandrin,* sobriquet que l'on donne aux hommes élancés, qui n'ont pas une contenance ferme : *c'est un grand flandrin.* Il est familier. » (Ac.) — Étym. : *Flandrin,* dit Littré, signifie de Flandre, Flamand, et est un sobriquet péjoratif donné aux gens grands et fluets à cause de la haute taille qui est ordinaire chez les Flamands.

(6) « Molière, dit Grimarest, ne voulut point ôter du *Misanthrope ce grand flandrin qui crachait dans un puits pour faire des ronds,* que *Madame* défunte (Henriette d'Angleterre, duchesse d'Orléans) lui avait dit de supprimer, lorsqu'il eut l'honneur de lire sa pièce à cette princesse. Elle regardait cet endroit comme un trait indigne d'un si bon ouvrage. Mais Molière avait son original, il voulait le mettre sur le théâtre. » (*Vie de Molière.*)

Pour le petit Marquis, qui me tint hier longtemps la main (1), *je trouve qu'il n'y a rien de si mince que toute sa personne; et ce sont de ces mérites qui n'ont que la cape et l'épée* (2). *Pour l'homme aux rubans verts* (3)...

A vous le dé (4), Monsieur.

Pour l'homme aux rubans verts, il me divertit quelquefois avec ses brusqueries et son chagrin bourru (5); *mais il est cent moments où je le trouve le plus fâcheux du monde. Et pour l'homme à la veste...*

Voici votre paquet (6).

Et pour l'homme à la veste (7), *qui s'est jeté dans le bel esprit et veut être auteur malgré tout le monde, je ne puis me donner la peine d'écouter ce qu'il dit; et sa prose me fatigue autant que ses vers. Mettez-vous donc en tête que je ne me divertis pas toujours si bien que vous pensez; que je vous trouve à dire* (8) *plus que je ne voudrais, dans toutes les parties où l'on m'entraîne, et que c'est un merveilleux assaisonnement aux plaisirs qu'on goûte que la présence des gens qu'on aime.*

(1) *Tenir la main* se disait au xviie siècle pour *accompagner*. Voir A. III, sc. V, à la fin :
    Donnez-moi seulement la main jusque chez moi.

(2) *Cape*, s. f., manteau à capuchon qui était fort en usage autrefois. Prov. et fig., *n'avoir que la cape et l'épée*, se disait autrefois d'un gentilhomme, d'un cadet de bonne maison qui n'avait point de bien. On le dit encore d'une personne ou d'une chose qui n'a qu'un mérite apparent et superficiel. (Ac.)

(3) Molière, qui jouait Alceste, portait à la représentation un justaucorps de brocart rayé or et soie gris, garni de *ruban vert*. Voir p. 17, n. 5.

(4) Acaste s'adresse au Misanthrope. — *A vous le dé*, c.-à-d. à vous le tour, métaphore empruntée au jeu de dés.

(5) *Bourru*, qui est d'une humeur brusque et chagrine. (Ac., 1877.) — En 1694, l'Académie le définissait par les mots de *fantasque, bizarre, extravagant*.

(6) Acaste s'adresse à Oronte.

(7) *Veste*, vêtement qui se porte sous l'habit, et qui est à quatre pans, dont les deux de devant ont des poches : *Le gilet a remplacé la veste*. Il se dit encore d'une sorte de vêtement qui tient lieu d'habit, et dont les basques sont beaucoup plus courtes. (Ac.)
La veste était alors de mode nouvelle; Oronte, sans doute, y mettait de l'affectation.

(8) *Trouver à dire*, s'apercevoir de l'absence d'une personne, du manque de quelque chose : *On vous a trouvé à dire dans cette compagnie. On a trouvé à dire à cette somme*. Il signifie encore *trouver à reprendre, à blâmer*. (Ac.)
La locution est employée ici dans le premier sens.

CLITANDRE.

Me voici maintenant moi (1).

Votre Clitandre dont vous me parlez, et qui fait tant le doucereux, est le dernier des hommes pour qui j'aurais de l'amitié. Il est extravagant de se persuader qu'on l'aime; et vous l'êtes de croire qu'on ne vous aime pas. Changez, pour être raisonnable, vos sentiments contre les siens; et voyez-moi le plus que vous pourrez, pour m'aider à porter le chagrin d'en être obsédée.

D'un fort beau caractère on voit là le modèle,
Madame, et vous savez comment cela s'appelle?
Il suffit : nous allons l'un et l'autre en tous lieux
Montrer de votre cœur le portrait glorieux (2).

ACASTE.

J'aurais de quoi vous dire, et belle est la matière;
Mais je ne vous tiens pas digne de ma colère;
Et je vous ferai voir que les petits marquis
Ont, pour se consoler, des cœurs du plus haut prix (3).

ORONTE.

Quoi? de cette façon je vois qu'on me déchire,
Après tout ce qu'à moi je vous ai vu m'écrire (4)!
Et votre cœur, paré de beaux semblants d'amour,
A tout le genre humain se promet tour à tour!
Allez, j'étais trop dupe, et je vais ne plus l'être.
Vous me faites un bien, me faisant vous connaître (5) :
J'y profite d'un cœur qu'ainsi vous me rendez,
Et trouve ma vengeance en ce que vous perdez.

(*A Alceste.*)

Monsieur, je ne fais plus d'obstacle à votre flamme,
Et vous pouvez conclure affaire avec Madame (6).

(1) Clitandre, en lisant lui-même ce qui le concerne, peut y mettre un accent tout particulier de vengeance, pour mieux confondre Célimène.

(2) L'image, la peinture. Célimène se peint en effet dans ses lettres, comme dans sa conversation : c'est le même esprit fin et railleur, le même tour malicieux et piquant, la même frivolité.

(3) *De plus haut prix* (éd de 1682).

(4) Il faudrait aujourd'hui l'accord du participe : *je vous ai vue m'écrire*; car c'est à Célimène que parle Oronte. Pour l'usage du xviie siècle, voir *Gr. fr. hist*, n. 798.

(5) L'édition originale porte l'ancienne orthographe *estre* et *connestre*; mais comme on prononçait déjà *être*, les éditeurs de 1674 et de 1682 écrivirent *connêtre*, afin d'avoir aussi la rime pour les yeux. Voir *Gr. fr. hist.*, n. 44 et 434.

(6) *Conclure affaire*; cette expression familière a vieilli. On dit aujourd'hui *conclure l'affaire*, ou *une affaire*.

Oronte se retire, comme avaient fait précédemment Acaste et Clitandre.

ARSINOÉ.

Certes, voilà le trait du monde le plus noir;
Je ne m'en saurais taire, et me sens émouvoir.
Voit-on des procédés qui soient pareils aux vôtres?
Je ne prends point de part aux intérêts des autres;
Mais, Monsieur, que chez vous fixait votre bonheur,
Un homme comme lui, de mérite et d'honneur,
Et qui vous chérissait avec idolâtrie,
Devait-il (1)...?

ALCESTE.

Laissez-moi, Madame, je vous prie,
Vider mes intérêts moi-même là-dessus,
Et ne vous chargez point de ces soins superflus.
Mon cœur a beau vous voir prendre ici sa querelle (2),
Il n'est point en état de payer ce grand zèle;
Et ce n'est pas à vous que je pourrai songer,
Si par un autre choix je cherche à me venger.

ARSINOÉ.

Hé! croyez-vous, Monsieur, qu'on ait cette pensée,
Et que de vous avoir on soit tant empressée?
Je vous trouve un esprit bien plein de vanité,
Si de cette créance il peut s'être flatté (3).
Le rebut de Madame est une marchandise
Dont on aurait grand tort d'être si fort éprise (4).
Détrompez-vous, de grâce, et portez-le moins haut (5),
Ce ne sont pas des gens comme moi qu'il vous faut;

(1) Arsinoé qui n'a pas d'injure personnelle à venger, prend néanmoins parti pour Alceste; son égoïsme intéressé ne tarde pas à recevoir son châtiment de la verte et brutale réplique du Misanthrope.

(2) *Sa querelle*, c.-à-d. sa cause, son intérêt; emploi fréquent au XVIIe siècle, surtout en poésie. De là les locutions encore usitées : *embrasser, épouser, prendre la querelle de*, qq., prendre son parti.

(3) *Croyance* et *créance* se prononçaient de même à la cour, dit Vaugelas; d'après Th. Corneille, ils se ressemblaient aussi pour l'orthographe. Aujourd'hui *créance* ne se dit plus pour *croyance* que dans certaines locutions, comme *mériter créance, être digne de créance, trouver créance, donner créance*. — On dit encore en style de diplomatie et de commerce : *des lettres de créance, une créance*.

(4) Arsinoé, comme Alceste, en vient aux injures.

(5) « *Le porter haut*, se montrer fier. Génin l'explique avec vraisemblance par *porter haut le chef, la tête*. Tallemant des Réaux l'a plaisamment ramené à ce sens originaire : « D'Orgeval est de bonne famille; mais il le porte plus haut que les tours Notre-Dame; sa femme n'est guère moins fière que lui. » (*Grands Écrivains...*)

Vous ferez bien encor de soupirer pour elle,
Et je brûle de voir une union si belle.
(*Elle se retire.*)

ALCESTE.

Hé bien! je me suis tu, malgré ce que je voi (1),
Et j'ai laissé parler tout le monde avant moi :
Ai-je pris sur moi-même un assez long empire,
Et puis-je maintenant...?

CÉLIMÈNE.

Oui, vous pouvez tout dire,
Vous en êtes en droit, lorsque vous vous plaindrez,
Et de me reprocher tout ce que vous voudrez.
J'ai tort, je le confesse, et mon âme confuse
Ne cherche à vous payer d'aucune vaine excuse.
J'ai des autres ici méprisé le courroux,
Mais je tombe d'accord de mon crime envers vous (2).
Votre ressentiment, sans doute, est raisonnable :
Je sais combien je dois vous paraître coupable,
Que toute chose dit que j'ai pu vous trahir,
Et qu'enfin vous avez sujet de me haïr.
Faites-le, j'y consens.

ALCESTE.

Hé! le puis-je, traîtresse?
Puis-je ainsi triompher de toute ma tendresse?
Et quoique avec ardeur je veuille vous haïr,
Trouvé-je un cœur en moi tout prêt à m'obéir?
(*A Éliante et Philinte.*)
Vous voyez ce que peut une indigne tendresse,
Et je vous fais tous deux témoins de ma faiblesse,
Mais, à vous dire vrai, ce n'est pas encor tout,
Et vous allez me voir la pousser jusqu'au bout,
Montrer que c'est à tort que sages on nous nomme,
Et que dans tous les cœurs il est toujours de l'homme.
Oui, je veux bien, perfide, oublier vos forfaits;
J'en saurai, dans mon âme, excuser tous les traits,
Et me les couvrirai du nom d'une faiblesse

(1) Pour *je voi* rimant avec *moi*, voir p. 46, n. 3.

(2) Célimène fait la fière après le départ de ses accusateurs. Si elle n'a pas ouvert la bouche pour se défendre, c'est qu'elle était accablée par leurs témoignages et par l'évidence de ses perfidies. Devant Alceste, elle se redresse ; mais en femme habile, pour regagner le cœur de cet homme aussi crédule que droit et sincère, elle avoue humblement sa faute. Son triomphe est certain.

Où le vice du temps porte votre jeunesse,
Pourvu que votre cœur veuille donner les mains (1)
Au dessein que j'ai fait de fuir tous les humains,
Et que dans mon désert, où j'ai fait vœu de vivre,
Vous soyez, sans tarder, résolue à me suivre :
C'est par là seulement que, dans tous les esprits,
Vous pouvez réparer le mal de vos écrits,
Et qu'après cet éclat, qu'un noble cœur abhorre,
Il peut m'être permis de vous aimer encore.

CÉLIMÈNE.

Moi, renoncer au monde avant que de vieillir (2),
Et dans votre désert aller m'ensevelir !

ALCESTE.

Et s'il faut qu'à mes feux votre flamme réponde,
Que vous doit importer tout le reste du monde ?
Vos désirs avec moi ne sont-ils pas contents ?

CÉLIMÈNE.

La solitude effraye une âme de vingt ans :
Je ne sens point la mienne assez grande, assez forte,
Pour me résoudre à prendre un dessein de la sorte.
Si le don de ma main peut contenter vos vœux,
Je pourrai me résoudre à serrer de tels nœuds ;
Et l'hymen...

ALCESTE.

Non : mon cœur à présent vous déteste,
Et ce refus lui seul fait plus que tout le reste.
Puisque vous n'êtes point, en des liens si doux,
Pour trouver tout en moi, comme moi tout en vous (3),
Allez, je vous refuse, et ce sensible outrage
De vos indignes fers pour jamais me dégage (4).

(*Célimène se retire, et Alceste parle à Éliante.*)

Madame, cent vertus ornent votre beauté,
Et je n'ai vu qu'en vous de la sincérité ;
De vous, depuis longtemps, je fais un cas extrême ;
Mais laissez-moi toujours vous estimer de même ;

---

(1) Métaphore incohérente. Voir p. 104, n. 1.

(2) Le sacrifice est trop grand : Célimène, un moment humiliée, n'est pas convertie au point de renoncer aux jouissances que sa vanité se promet encore d'un monde frivole et si facile à tromper.

(3) *Vous n'êtes point pour trouver*; voir p. 35, n. 7.

(4) Pour ce départ de Célimène, sortant de son propre salon qu'elle abandonne au Misanthrope qui la renvoie, voir p. 22.

ACTE V, SCÈNE IV

Et souffrez que mon cœur, dans ses troubles divers,
Ne se présente point à l'honneur de vos fers (1) :
Je m'en sens trop indigne, et commence à connaître
Que le ciel pour ce nœud ne m'avait point fait naître;
Que ce serait pour vous un hommage trop bas
Que le rebut d'un cœur qui ne vous valait pas;
Et qu'enfin...

ÉLIANTE.

Vous pouvez suivre cette pensée :
Ma main de se donner n'est pas embarrassée;
Et voilà votre ami, sans trop m'inquiéter,
Qui, si je l'en priais, la pourrait accepter.

PHILINTE.

Ah! cet honneur, Madame, est toute mon envie,
Et j'y sacrifierais et mon sang et ma vie (2).

ALCESTE.

Puissiez-vous, pour goûter de vrais contentements,
L'un pour l'autre à jamais garder ces sentiments!
Trahi de toutes parts, accablé d'injustices,
Je vais sortir d'un gouffre où triomphent les vices,
Et chercher sur la terre un endroit écarté
Où d'être homme d'honneur on ait la liberté (3).

PHILINTE.

Allons, Madame, allons employer toute chose,
Pour rompre le dessein que son cœur se propose (4).

---

(1) Style des *Précieuses*.

(2) Il est reçu que toute comédie finisse par un mariage. Molière nous en offre un qui nous laisse fort indifférents. Ce n'est pas ce mariage inattendu et nullement désiré, qui contentera le spectateur.

(3) « Marmontel a écrit non pas une comédie, mais un simple récit, pour nous faire suivre Alceste dans la retraite où il se préparait à vivre quand il a pris congé de Célimène. Ce qu'il devient dans cette retraite, tel est le sujet d'un des *Contes moraux* de l'agréable écrivain, qu'il a intitulé le *Misanthrope corrigé*. Il s'agissait de développer et d'achever la pensée de Molière, comme si on en avait eu le secret... Tâche difficile! L'homme d'esprit n'y a pas réussi... Sa petite histoire est fade et d'un goût douceâtre. Elle nous montre un Alceste bon homme, bien prompt à s'attendrir, et qui ne tient pas beaucoup à sa mauvaise humeur, n'ayant jamais eu sans doute qu'une sauvagerie factice. » (*Grands Écrivains de la France.*)

(4) On ne saurait imaginer de fin de comédie plus austère et plus triste. Tous les personnages viennent de défiler devant le spectateur, mécontents les uns des autres, plus mécontents d'eux-mêmes, humiliés presque tous et punis de leurs travers, mais peu corrigés. Aucune note gaie ne vient adoucir cette impression de tristesse. Alceste lui-même, le héros de la pièce, part le

QUESTIONS SUR LE Ve ACTE.

Que se passe-t-il dans le Ve acte ?
Par quelle scène s'ouvre-t-il ?
Quels sont les sentiments d'Alceste après la perte de son procès ?
Quel est le but de sa démarche auprès de Célimène ?
Que vient demander Oronte ?
Que répond Célimène aux instances des deux rivaux ?
Est-elle appuyée par Éliante ?
Qu'est-ce qui amène les deux marquis avec Arsinoé ?
Quels sont les griefs d'Acaste et de Clitandre ? Quelle est leur vengeance ?
Quel parti prend Oronte ?
Comment Arsinoé est-elle repoussée par Alceste ?
Quelle proposition Alceste fait-il à Célimène ? Que répond Célimène ?
Quel mariage se conclut à la fin de la pièce ?
Que devient Alceste ?
Quelle est l'impression laissée par le dénouement ?

plus infortuné des hommes : s'il échappe au malheur d'avoir pour femme une Célimène, il emporte au fond du cœur un dépit incurable. Quelles en seront les suites ? On y rêve avec une inquiétude douloureuse.

En résumé, la pièce n'est pas finie, et elle finit mal : double défaut qui nuit grandement à son mérite dramatique.

« Molière, dans cette comédie, est un critique judicieux du mauvais goût, un moraliste aigri et cependant profond, un parfait satirique. De bien loin il distance Boileau, qui n'a ni cet œil perçant, ni cette plume vive, facile et légère. Molière donne des ailes à son vers ; mais Boileau a une honnêteté qui inspire la confiance et rassérène le cœur. Molière, qui fait rire du bien, ne semble pas avoir mis de cœur dans son œuvre. » (CHARAUX.)

APPENDICE.

Le rôle d'Alceste
interprété par Baron.

« Je vais vous rapporter la manière dont Baron jouait le rôle d'Alceste... Il mettait non seulement beaucoup de noblesse et de dignité, mais il y joignait encore une politesse délicate et un fonds d'humanité qui faisaient aimer le Misanthrope.... Il se permettait quelques brusqueries et de l'humeur, mais toujours ennoblies par ses tons et par son jeu. Rien d'impoli, rien de grossier ne lui échappait... Baron jugeait avec raison qu'il était nécessaire que l'acteur prît le ton du grand monde. Par ce motif sensé, il adoucissait ce rôle, au lieu de le pousser trop loin et de l'outrer.

Baron faisait des *a parte* des choses trop dures, telles que celles-ci :

Tout ce raisonnement est plein d'impertinence !

Ménageant, en homme qui a de l'usage, l'amour-propre d'Oronte..., il intéressait le spectateur par la franchise, le ton poli et la bonhomie qu'il mettait dans la critique des vers d'Oronte. Il ne prenait de l'humeur que quand ce dernier lui dit :

Croyez-vous donc avoir tant d'esprit en partage ?

C'est alors que, d'un air tout à la fois comique et noble, il répliquait :

Si je louais vos vers, j'en aurais davantage.

Il ne déclamait jamais, il parlait. Il jouait avec sentiment la scène du quatrième acte avec Célimène ; il conservait toujours, même dans sa fureur, les égards et la politesse que l'on doit aux femmes, lors même qu'elles n'en méritent point.... A peine les comédiens d'à présent distinguent-ils le *Misanthrope* du *Grondeur* ou du *Bourru*. » (*Nouveau Spectateur*, 15 juin 1776.)

L'AVARE

COMÉDIE

1668

Le texte est celui de l'édition des *Grands Écrivains de la France*. Pour la division des scènes, nous avons suivi l'édition de 1734, plus conforme à l'usage actuel, qui est de déterminer les scènes par l'entrée ou la sortie d'un acteur.

1re Représentation,
à Paris,
le 9 septembre 1668.

L'AVARE

COMÉDIE

PERSONNAGES

HARPAGON, père de Cléante et d'Élise [1].
CLÉANTE, fils d'Harpagon.
ÉLISE, fille d'Harpagon.
VALÈRE, fils d'Anselme.
MARIANE, fille d'Anselme.
ANSELME, père de Valère et de Mariane.
FROSINE, femme d'intrigue.
MAITRE SIMON, courtier.
MAITRE JACQUES, cuisinier et cocher d'Harpagon.
LA FLÈCHE, valet de Cléante.
DAME CLAUDE, servante d'Harpagon.
BRINDAVOINE, } laquais d'Harpagon.
LA MERLUCHE, }
LE COMMISSAIRE, et son Clerc.

La scène est à Paris [2].

---

[1] *Harpagon*, du latin *harpago*, voleur, proprement grappin, harpon, du grec ἅρπαξ, qui ravit, enlève, homme rapace.
Le nom d'Harpagon, depuis Molière, désigne un avare.
Le rôle d'Harpagon était joué par Molière ; on dit qu'il y excellait (*Mercure de France*, mai 1740). Le costume qu'il portait est décrit dans l'inventaire de 1673 : « Un manteau, chausses et pourpoint de satin noir, garni de dentelle ronde de soie noire, chapeau, perruque, souliers, prisé vingt livres. »

[2] Dans la maison d'Harpagon. Le théâtre, dit le vieux *Mémoire de décorations*, est une salle, et, sur le derrière, un jardin. Il faut deux chiquenilles (souquenilles), des lunettes (que doit porter Harpagon, quand il se présente à Mariane, au IIIe acte, sc. V), un balai que dame Claude tient à la main (A. III, sc. I), une batte (la canne qu'on doit entendre tomber sur les épaules de maître Jacques, A. III, sc. I et II), une cassette, une table, une chaise (pour le Commissaire qui vient instrumenter), une écritoire, du papier, une robe, deux flambeaux sur la table au Ve acte. (*Grands Écrivains*.)

ANALYSE GÉNÉRALE DE L'ACTION.

Les faits d'avant-scène.

Un gentilhomme napolitain, don Thomas d'Alburci, obligé de s'exiler de sa patrie avec sa femme, son fils et sa fille, avait fait naufrage. Son jeune fils, âgé de sept ans, fut recueilli sur un vaisseau espagnol.

Seize ans plus tard, il suivait en France la carrière des armes, quand il apprit que son père vivait encore. Il partit aussitôt pour le retrouver.

Comme il passait à Paris, il voit une jeune fille tomber dans l'eau, et l'arrache à la mort. C'était Élise, la fille d'Harpagon. Il aurait voulu la demander en mariage; mais se trouvant sans biens, il était sûr d'échouer auprès d'un homme aussi avare. Alors, chargeant un ami d'aller à la recherche de ses parents, il entre sous le faux nom de Valère dans la maison d'Harpagon, qui lui confie l'emploi d'intendant. La veille même du jour où l'action commence, Élise et Valère signent devant dame Claude, à l'insu d'Harpagon, une promesse de mariage.

Cette histoire romanesque sert de fondement à la pièce.

Acte I. — Exposition : renvoi de la Flèche, les mariages.

Élise et Valère ouvrent la scène. Valère calme les inquiétudes d'Élise qui redoute l'opposition de son père, et l'engage à mettre son frère dans ses intérêts. Cléante survient, et apprend à Élise son amour pour Mariane. Tous deux se retirent devant leur père, qu'ils voient entrer furieux contre la Flèche.

Harpagon soupçonne la probité de ce domestique, le chasse de sa maison, dans la crainte qu'il ne lui enlève les dix mille écus qu'il vient d'enfouir dans son jardin. Apercevant ensuite ses enfants, il déclare à Cléante qu'il pense épouser lui-même Mariane, et à Élise, qu'il lui destine un seigneur fort riche, Anselme, âgé de cinquante ans. Élise se récrie sur cette proposition; Harpagon prend pour arbitre Valère, et lui laisse toute autorité sur sa fille rebelle. Valère conseille à Élise de gagner du temps, et, s'il est impossible de faire céder son père, de prendre la fuite.

Acte II. — L'usurier.

La Flèche, chargé par Cléante de lui procurer de l'argent, lui annonce que, par l'entremise de maître Simon, il a trouvé un prêteur inconnu. Pendant que Cléante s'indigne des conditions révoltantes qu'on lui propose, Harpagon entre avec maître Simon.

Cléante apprend que l'usurier qu'il maudit, est son père; Harpagon, de son côté, reproche à son fils ses folles dépenses, et le chasse. Sur ces entrefaites arrive Frosine, l'entremetteuse de mariages; elle apprend au vieillard que Mariane accepte ses offres. Mais malgré son habileté, elle ne parvient pas à tirer un écu d'Harpagon.

Acte III. — Les préparatifs du souper.

Harpagon donne ses ordres aux gens de sa maison pour le souper qu'il a offert au seigneur Anselme et à Mariane. Quant à Élise et à Cléante, ils devront faire le meilleur accueil à leur future belle-mère. Maître Jacques, qui déclare ne pouvoir faire bonne chère sans argent, et se plaint des jeûnes rigoureux qu'on fait observer à ses chevaux, ne reçoit que des coups de bâton pour prix de sa franchise : il sort en jurant de se venger de Valère.

Cependant Frosine amène Mariane qui se trouve toute déconcertée devant le vieil avare; reconnaissant en Cléante le jeune homme qui depuis quelque temps lui a fait des avances, elle lui marque ses sentiments à mots couverts. Cléante s'empresse de lui offrir une collation; il la prie aussi d'accepter une bague très riche qu'il ôte du doigt d'Harpagon, forcé ainsi d'être généreux malgré lui.

Acte IV. — Le piège; le vol de la cassette.

Cléante, Mariane, Élise et Frosine se concertent pour rompre le mariage projeté par Harpagon. Tout à coup Harpagon entre, et voit avec surprise son fils baiser la main de Mariane. Pour éclaircir ses soupçons, il retient Cléante, et, par un stratagème indigne, il lui arrache le secret de son amour.

Mais quand il ordonne à son fils de renoncer à la main de Mariane, Cléante s'emporte; la querelle s'échauffe, malgré l'intervention de maître Jacques. Le vieillard finit par maudire son fils. Il est à peine sorti que la Flèche accourt, apportant à Cléante la cassette de l'Avare qu'il a découverte au jardin : ils s'échappent tous deux, tandis qu'Harpagon vient remplir la scène de ses cris désespérés.

Acte V. — L'enquête ; le dénouement.

Maître Jacques, interrogé par le commissaire qu'Harpagon vient de chercher, répond que c'est l'intendant qui a enlevé la cassette. Valère, croyant qu'il s'agit d'Élise, avoue les promesses de mariage qu'ils se sont faites l'un à l'autre. Harpagon est au comble de la fureur. Heureusement que le seigneur Anselme survient pour tout éclaircir ; il n'est autre que don Thomas d'Alburci, Valère est son fils, Mariane est sa fille, la mère de Mariane est sa femme qu'il est heureux de retrouver après seize ans de séparation.

Harpagon, loin d'être touché de cette reconnaissance, somme le seigneur Anselme de lui rendre les dix mille écus dérobés par Valère. Cléante alors déclare qu'ils sont entre ses mains, mais qu'il ne les rendra que s'il peut épouser Mariane. Harpagon y consent. Valère, de son côté, pourra épouser Élise, sans que l'Avare ait à débourser un sou ; le seigneur Anselme lui donnera même un habit neuf pour les noces.

APPRÉCIATION.

Mérite de l'Avare.

L'*Avare* est une comédie de caractère de premier ordre.

Le caractère de l'avare y est tracé de main de maître.

On y voit, en effet, l'avarice représentée avec une énergie rare, sous son aspect le plus ridicule et le plus hideux tout ensemble.

Le poète a rassemblé dans le personnage d'Harpagon tous les genres d'avarice, depuis la lésinerie et la ladrerie sordide, jusqu'à l'usure, jusqu'aux plus honteux calculs d'un égoïsme barbare.

Il a peint aussi dans ce même Harpagon les effroyables désordres que l'avarice traîne après elle : l'autorité paternelle changée en une tyrannie insupportable; la piété filiale remplacée par l'insolence et la rébellion ; au lieu du respect dû au maître le mépris et l'infidélité des domestiques; la famille entière réduite, par le vice de son chef, à un état perpétuel de suspicion et de lutte, condamnée à un malheur qui paraît sans remède.

La conception philosophique est haute et belle; la perfection de la forme répond à la grandeur du but. Rarement la verve du poète a été plus comique; nulle part le style n'est plus clair, plus alerte, plus pittoresque, plus incisif.

Succès médiocre.

Malgré tant de qualités, l'*Avare* n'a jamais eu grand succès auprès du public.

Reçu assez froidement à ses premières représentations [1], il a recueilli depuis l'admiration des gens de lettres, plutôt que les applaudissements du théâtre [2].

On a donné deux raisons de cette froideur du parterre : la première, c'est que l'*Avare* est écrit en prose, et la seconde, que la représentation n'en est pas agréable.

La première raison est frivole. Si la prose de l'*Avare* choqua peut-être quelques délicats, le public n'y trouva pas plus à redire qu'à celle des *Précieuses* ou du *Bourgeois gentilhomme* qui fut cependant fort de son goût. Fénelon, on le sait, mettait la prose

---

[1] Les recettes furent maigres, à part la première représentation.
[2] On lit dans le *Bolœana* : « M. Despréaux fut des plus assidus (aux représentations de l'*Avare*). « Je vous vis dernièrement, lui dit Racine, à la pièce de Molière, et vous riiez tout seul sur le théâtre. — Je vous estime trop, lui répondit son ami, pour croire que vous n'y ayez pas ri, du moins intérieurement. » Très bonne réponse, qui dans son dernier trait n'était pas sans malice, ajoutent les éditeurs des *Grands Écrivains de la France*. Il semble bien qu'alors le rire de la plupart des autres spectateurs fut aussi trop intérieur.
  L'opinion n'avait point varié au commencement de ce siècle, comme nous l'apprend Geoffroy : « Depuis dix ans je parle de comédies, et je n'ai presque point parlé de l'*Avare*. Cette pièce se donne les mauvais jours; *il n'y va personne*; j'ai imité l'injustice du public. L'*Avare* est cependant un des chefs-d'œuvre de Molière; mais je ne le place qu'au quatrième rang, après le *Tartufe*, le *Misanthrope* et les *Femmes savantes* : d'abord, parce qu'il est en prose ; ensuite, parce que le comique n'en est pas toujours aussi noble; enfin, parce que dans l'*Avare* le caractère principal est le seul, tandis que les trois autres pièces sont pleines d'excellents caractères subordonnés au premier. » (1811.)

de Molière, et spécialement celle de l'*Avare*, au-dessus de ses vers [1].

La seconde raison est la véritable. Le sujet, tel que l'a conçu Molière, est triste, et cette tristesse du fond, loin de disparaître sous l'habile pinceau du poète, en a reçu des teintes plus sombres, une expression plus forte et plus effrayante. Les situations pénibles sont trop accentuées, le tragique pénètre trop le comique [2].

En somme, le peintre a nui au poète; la satire du vice étouffe trop souvent le rire sous l'indignation qu'elle excite.

Défaut capital du sujet.

Considéré comme œuvre comique, dont la condition essentielle et propre est de provoquer le rire, l'*Avare* a donc un défaut capital; le sujet est conçu et traité d'une façon trop sombre et trop tragique.

La cause principale en est dans le conflit créé entre le père et le fils par les habitudes usuraires du père, et par le caprice tyrannique de son amour en concurrence avec celui de son fils.

La majesté paternelle en sort avilie, et la piété filiale est insolemment foulée aux pieds. Ce spectacle peut être instructif, mais il ne saurait être divertissant.

Les scènes plaisantes dont le poète a parsemé son œuvre, font

---

[1] D'après Grimarest, un duc de *** avait dit : « Molière est-il fou, et nous prend-il pour des benêts, de nous faire essuyer cinq actes de prose? »
On s'est demandé pourquoi Molière avait fait son *Avare* en prose. Est-ce, comme on l'a dit, que certains détails de ménage, tels qu'il s'en trouve dans le *Mémoire*, se prêtaient mal à l'alexandrin? Nous croyons que c'eût été un jeu pour Molière de les mettre en rimes. Du reste ce Mémoire aurait pu se lire en prose, comme il est d'usage pour les lettres récitées sur la scène (voir le *Misanthrope*, A. V, sc. V). La supposition que Molière aurait eu l'intention de mettre plus tard sa pièce en vers, n'est pas assez fondée.
Il semble que l'*Avare* ait été composé en prose, sans intention spéciale, parce que cela convenait à l'auteur, tout comme *les Précieuses*, *Don Juan* et *le Bourgeois gentilhomme*.

[2] Gœthe a fort bien compris la pièce de Molière, quand il disait: « L'*Avare*, dans lequel le vice détruit toute la piété qui unit le père et le fils, a une grandeur extraordinaire, et est à un haut degré tragique. Dans les traductions faites en Allemagne pour la scène, on fait du fils un parent : tout est affaibli et perd son sens. »
C'est très vrai : aussi pour avoir toute la force de la peinture, faut-il se résigner à faire une comédie peu agréable.

oublier de temps en temps, mais ne réussissent pas à détruire l'impression pénible qui résulte de l'ensemble de l'action.

Du côté des personnages, le même défaut se remarque : il n'y en a pas un seul qui mérite absolument notre estime et notre sympathie.

On peut dire que la préoccupation exclusive du portrait principal a fait manquer à Molière le but premier de son art, qui est d'offrir au public un spectacle qui lui plaise [1].

Sujet, action, intrigue, nœud, dénouement.

Le *sujet* de l'*Avare* est la peinture de l'avarice.

L'*action* principale consiste dans les projets de mariage formés par Harpagon, soit pour lui-même, soit pour ses enfants.

Cette action principale est traversée par plusieurs actions secondaires, à savoir le mariage projeté de Valère avec Élise, et celui de Cléante avec Mariane.

Les principaux *incidents* sont :

1º La rencontre du fils dissipateur avec le père usurier ;

2º La découverte de l'amour de Cléante ;

3º Le vol de la cassette ;

4º La reconnaissance de la famille d'Alburci.

Le *ressort* qui fait tout mouvoir, c'est l'avarice d'Harpagon.

L'*intrigue* consiste dans la rivalité du père et du fils, prétendant l'un et l'autre à la main de Mariane.

Le *nœud* est formé au moment où Harpagon annonce à Cléante son dessein d'épouser Mariane : c'est le commencement de la lutte.

Le *dénouement* est amené par l'intervention du seigneur Anselme. Harpagon renonce à la main de Mariane en faveur de Cléante, à condition que celui-ci lui rende sa cassette. Valère aussi voit ses désirs satisfaits : sa nouvelle fortune lui permet d'épouser Élise.

---

[1] M. Bazin faisait le même aveu : « Nous montrerions aisément pourquoi l'exécution la plus parfaite n'a jamais pu parvenir à en faire un spectacle agréable, quelque admiration du reste qu'elle ait toujours excitée. » (*Notes sur la vie de Molière.*)

Personnages.

Harpagon est le personnage principal et pour ainsi dire l'unique personnage de la pièce.

Les personnages secondaires sont Cléante, Valère, Élise et Mariane, Frosine et maître Jacques.

Tous ces rôles n'ont de vie et de raison d'être que par Harpagon et pour Harpagon ; aussi bien ne servent-ils qu'à mettre en relief la figure de l'Avare.

Harpagon.

Harpagon est le type de l'avare au sein de la richesse.

Ce n'est pas comme l'Avare de Plaute, un pauvre qui s'attache éperdument au trésor que la Fortune lui envoie. Harpagon est un bourgeois opulent qui a un train de maison, avec intendant, valets, chevaux et carrosse.

La soif de l'argent n'est pas chez lui une manie accidentelle; c'est une seconde nature, un vice enraciné, de vieille date, une passion profonde et tenace, qui l'aveugle et l'endurcit, qui le rend ridicule et méprisable, qui en fait un tyran barbare, perfide, odieux à ses propres enfants.

Harpagon joint à son avarice un caprice étrange, celui de vouloir se remarier à soixante ans avec une jeune fille sans fortune. Cette fantaisie dans un vieillard aussi avare est peu vraisemblable. Le poète évite même de la justifier ; il ne l'a évidemment inventée que pour en faire sortir l'intrigue de son drame, la rivalité du père et du fils.

Cléante, Élise.

Cléante paraît avoir reçu de la nature un cœur honnête ; c'est l'avarice de son père, ce sont ses procédés perfides et ses ordres barbares qui en ont fait un fils dissimulé, prodigue, insolent, voleur, rebelle.

Si les duretés d'Harpagon expliquent ses fredaines, et excusent à un certain point ses vivacités peu respectueuses, elles n'autorisent certainement pas les railleries impertinentes d'un fils dénaturé

Élise, d'un caractère assez doux, est plus à plaindre que son frère, à cause de la contrainte morale que son père prétend lui faire, en lui imposant un mari qu'elle a le droit de repousser.

Mais sa connivence avec Valère, à l'insu d'Harpagon, ne lui fait pas honneur; plus tard, sa résistance, outrepassant les bornes du respect, devient de l'insolence.

Valère, Mariane, Frosine, maître Jacques.

Valère joue un rôle peu moral et nullement sympathique : il ne sert son maître que pour le flatter et le tromper.

Mariane a de la dignité, de la douceur, un tendre respect pour sa mère; elle oublie cependant toute bienséance, quand elle se prête si facilement au jeu de Cléante qui lui fait la cour sous les yeux et aux dépens de son père.

Frosine est une entremetteuse de bas étage, sans conscience et sans vergogne.

Maître Jacques nous intéresse par son franc parler et sa gaieté gauloise. Il gâte malheureusement ses bonnes qualités par son indigne vengeance contre l'intendant.

Les plus belles scènes.

Les plus belles scènes sont :
    Acte I, sc. III : Renvoi de la Flèche.
    Acte II, sc.   I : Mémoire de l'usurier.
    — sc. II : L'usurier en face de son fils.
    — sc. VI : L'entremetteuse et l'Avare.
    Acte III, sc. I, V : Préparatifs du souper.
    Acte IV, sc. III : Querelle d'Harpagon et de Cléante.
    — sc. VII : Désespoir d'Harpagon.
    Acte V, sc. II : Déposition de maître Jacques.
    — sc. III : Interrogatoire de Valère.

Molière et Plaute.

Molière a pris chez Plaute l'idée générale de la pièce, et plusieurs incidents de l'action.

L'histoire de la cassette, les défiances d'Harpagon, le renvoi du domestique, le vol du trésor, le grand monologue de l'Avare, la scène piquante de l'interrogatoire, sont des emprunts faits au poète latin.

Mais là se borne l'imitation.

L'originalité de Molière consiste dans la double création d'une intrigue plus dramatique, et d'un Avare incomparablement plus saisissant et plus vivant.

Dans Plaute, le personnage principal semble être moins Euclion que la marmite qui renferme son trésor. Chez Molière, Harpagon est tout et fait tout; l'histoire de la cassette n'est qu'un incident qui en suit plusieurs autres plus graves et d'un effet plus théâtral.

Moralité.

Pour apprécier la moralité de l'*Avare*, il faut, comme dans la plupart des pièces de Molière, distinguer avec soin la portée philosophique de l'œuvre et l'impression morale qu'elle fait en réalité sur le spectateur.

Pour le philosophe qui considère plutôt l'œuvre en elle-même, la leçon morale ne saurait être plus forte ni plus instructive. Le vice odieux de l'avarice y est dépeint sous les traits les plus capables d'en inspirer le mépris et l'horreur, autant du moins que le comporte la comédie [1].

Il n'en est pas de même pour le spectateur. La vue de l'autorité paternelle avilie devant des enfants qui l'outragent insolemment, et qui néanmoins arrivent au terme de leurs vœux sans que leur père se soit réhabilité à leurs yeux, est d'un mauvais exemple pour le public [2].

---

[1] « S'il y a quelque tableau capable de faire haïr et mépriser l'avarice, c'est celui-là. C'est, il est vrai, de la morale très superflue : il y a beaucoup moins d'avares aujourd'hui qu'il n'y en avait du temps de Molière; la prodigalité a chassé l'avarice; presque personne n'amasse; la plupart dépensent plus qu'ils ne possèdent. » (Geoffroy.)

Du reste, il serait difficile de citer quelque conversion opérée par Molière. On rapporte qu'un avare de bonne foi disait au sortir de la salle : « Il y a beaucoup à profiter dans la pièce de Molière; on en peut tirer d'excellents principes d'économie. »

[2] Le dénouement de l'*Avare* est plus que faible sous le rapport de l'art; il est surtout immoral. Tout le monde sort heureux et content, même Harpagon qui retrouve *sa chère cassette*, et qui garde aussi son avarice. Les désagréments qu'il a eus ne l'ont pas converti; le mépris universel dont il est l'objet, ne le touche pas. Il bénira même toutes ces aventures, puisqu'elles procurent à son fils une alliance des plus heureuses, et à lui-même un habit neuf. Quant à la perte de Mariane, il n'y pense plus, tant son caprice était éphé-

Sans parler de l'indécence que présente une rivalité d'amour dans une même famille, entre un père et un fils, deux scènes peuvent être plus particulièrement qualifiées d'immorales : la scène où le fils prend son propre père en flagrant délit d'usure, et la scène de la malédiction.

Ce ne sera jamais un spectacle salutaire de donner raison, même en apparence, par les vices d'un père, aux outrages d'un fils, ni de parodier ce qu'il y a de plus sacré dans le père, le droit divin d'appeler sur ses enfants la bénédiction ou la malédiction céleste [1].

Une peinture, pour être vraie, n'en est pas pour cela légitime et bonne. La vérité n'est pas toujours morale pour tous et en toute circonstance [2]. Donc, au point de vue de l'impression dramatique, la moralité de l'*Avare* est loin d'être irréprochable.

mère. En fin de compte, Harpagon n'est pas puni, et son vice lui est plus cher que jamais.

Cléante, Élise et Valère, loin d'être punis de leurs intrigues si peu avouables, et de leurs rébellions, de leurs insolences, sortent de la pièce triomphants, au comble de leurs vœux.

Et quel châtiment reçoit la Flèche pour son vol? Cléante le récompensera, puisque ce vol a été l'instrument de sa victoire.

Maître Jacques est puni pour son insolence ; mais l'est-il assez pour l'infâme calomnie dont il cherche à accabler Valère?

De quelque côté qu'on regarde, on ne découvre aucun caractère moral dans le dénouement.

[1] La critique de Jean-Jacques Rousseau, malgré le ton déclamatoire qui lui est habituel, n'en renferme pas moins un grand fond de vérité : « C'est, dit-il, un grand vice assurément d'être avare et de prêter à usure ; mais n'en est-ce pas un plus grand encore à un fils de voler son père, de lui manquer de respect, de lui faire les plus insultants reproches, et, quand ce père irrité lui donne sa *malédiction,* de répondre d'un air goguenard qu'il *n'a que faire de ses dons?* Si la plaisanterie est excellente, en est-elle moins punissable? Et la pièce où l'on *fait aimer* le fils insolent qui l'a faite, en est-elle moins une école de mauvaises mœurs? » (*Lettre sur les Spectacles.*)

[2] Il y a des turpitudes dont le spectacle seul est un scandale, une occasion de chute pour les âmes. La nature humaine est ainsi faite.

Il y a des sentiments qui tiennent de si près à ce qu'il y a de plus noble, de plus saint dans l'homme, qu'il est trop dangereux de les immoler, de les travestir sur la scène comique. Telle est la piété filiale, telle est la crainte salutaire de Dieu.

Le châtiment même que le poëte attache aux vices qu'il représente, n'est pas toujours assez puissant pour effacer l'impression mauvaise que leur vue a produite.

M. Saint-Marc Girardin (*Cours de litt. dram.*, I.) s'est attaché à prouver que la thèse de Molière est très morale, parce que, transportée dans la chaire, elle produirait l'effet le plus salutaire. C'est oublier, comme on dit vulgairement, que le ton fait la musique, que la gravité de la chaire imprime

QUESTIONS GÉNÉRALES.

Date de l'*Avare*.
Que signifie le nom d'Harpagon ?
Où est la scène ?
Donnez une analyse générale de l'action ?
Quels sont les faits d'avant-scène ?
Quel est le sujet de chacun des actes ?
En quoi consiste le mérite de l'*Avare* ?
A quel genre de comédie appartient-il ?
Pourquoi l'*Avare* n'a-t-il jamais eu grand succès ?
Quel est le défaut capital du sujet ?
D'où naît surtout la tristesse du spectacle ?
Quel est le sujet de l'*Avare* ?
En quoi consiste l'action principale ? Quelles sont les actions secondaires ?
Quels sont les principaux incidents ?
Quel est le ressort de l'action ?
En quoi consiste l'intrigue ?
Comment est formé le nœud ?
Comment est amené le dénouement ?
Quel est le personnage principal ? Quels sont les personnages secondaires ?
Quel est le caractère d'Harpagon ? — de Cléante ? d'Élise ? de Valère, de Mariane, de Frosine, de maître Jacques ?
Quelles sont les plus belles scènes ?
Qu'est-ce que Molière a emprunté à Plaute ?
En quoi consiste l'originalité de l'*Avare* français ?
Quelle est la moralité de l'*Avare*, considéré au point de vue philosophique et au point de vue dramatique ?
Quelles sont les scènes plus spécialement répréhensibles ?
Quel est le sentiment de J.-J. Rousseau ?
Le dénouement est-il moral ?

de la terreur quand les mimes de la scène provoquent le rire, que la magie du théâtre fait sur l'imagination et les sens une impression bien plus forte, par conséquent bien plus dangereuse, s'il s'agit du mal, que la parole la plus éloquente.

ACTE PREMIER

Exposition. — Renvoi de la Flèche, les mariages.

SCÈNE I[1]
VALÈRE, ÉLISE.

VALÈRE.

Hé quoi! charmante Élise, vous devenez mélancolique, après les obligeantes assurances que vous avez eu la bonté de me donner de votre foi[2]? Je vous vois[3] soupirer, hélas! au milieu de ma joie. Est-ce du regret, dites-moi, de m'avoir fait heureux? et vous repentez-vous de cet engagement où mes feux ont pu vous contraindre[4]?

ÉLISE.

Non, Valère, je ne puis pas me repentir de tout ce que je fais pour vous. Mais, à vous dire vrai, le succès[5] me donne de l'inquiétude.

VALÈRE.

Eh! que pouvez-vous craindre, Élise, dans les bontés que vous avez pour moi?

ÉLISE.

Hélas! cent choses à la fois : l'emportement d'un père, les reproches d'une famille, les censures du monde.

VALÈRE.

Mais pourquoi cette inquiétude?

---

[1] Les deux premières scènes servent d'exposition. Elles sont sans action et sans cachet littéraire. C'est pour cela sans doute que les comédiens les ont quelque temps supprimées au théâtre.

[2] Allusion à la promesse de mariage signée la veille devant dame Claude.

[3] Molière a écrit *je vous voi*, sans *s*. Dans le courant de la pièce, on trouve la première personne de *voir*, de *croire*, etc., tantôt avec une *s*, tantôt sans *s*. L'ancienne orthographe n'avait donc pas entièrement disparu au milieu du XVIIe siècle; et quand les poètes omettaient l'*s*, ils ne recouraient pas à une licence; ils usaient d'un droit que leur laissait encore l'usage. V. *Gr. fr. hist.*, n. 426.

[4] *Où* pour *auquel*. (*Gr. fr. hist.*, 850.)

[5] *Succès*, issue, résultat.

ÉLISE.

Je n'aurais rien à craindre, si tout le monde vous voyait des yeux dont je vous vois; et je trouve en votre personne de quoi avoir raison aux choses[1] que je fais pour vous. Mon cœur, pour sa défense, a tout votre mérite, appuyé du secours d'une reconnaissance où le ciel m'engage envers vous. Je me représente à toute heure ce péril étonnant, qui commença de nous offrir aux regards l'un de l'autre; cette générosité surprenante qui vous fit risquer votre vie, pour dérober la mienne à la fureur des ondes; ces soins pleins de tendresse, que vous me fîtes éclater après m'avoir tirée de l'eau[2]; et les hommages assidus de cet ardent amour, que ni le temps ni les difficultés n'ont rebuté, et qui, vous faisant négliger et parents et patrie[3], arrête vos pas en ces lieux, y tient en ma faveur votre fortune déguisée[4], et vous a réduit, pour me voir, à vous revêtir de l'emploi de domestique[5] de mon père. Tout cela fait chez moi sans doute un merveilleux effet; et c'en est assez à mes yeux, pour me justifier l'engagement où j'ai pu consentir; mais ce n'est pas assez, peut-être, pour le justifier aux autres; et je ne suis pas sûre qu'on entre dans mes sentiments.

VALÈRE.

De tout ce que vous avez dit, ce n'est que par mon seul amour que je prétends, auprès de vous, mériter quelque chose; et, quant aux scrupules que vous avez, votre père lui-même ne prend que trop soin de vous justifier à tout le monde; et l'excès de son avarice, et la manière austère dont il vit avec ses enfants, pourraient autoriser des choses plus étranges[6]. Pardonnez-moi, charmante Élise, si j'en parle ainsi devant vous. Vous savez que sur ce chapitre on n'en peut pas dire de bien. Mais enfin, si je puis, comme je l'espère, retrouver mes parents, nous n'aurons pas beaucoup de peine à nous le rendre favorable. J'en attends des nouvelles avec impatience, et j'en irai chercher moi-même, si elles tardent à venir.

[1] *Aux choses*; on dirait aujourd'hui *dans les choses*.

[2] Ces aventures romanesques remplissaient alors les comédies italiennes et espagnoles. Molière a trop sacrifié aussi dans ces deux scènes au style des *Précieuses*.

[3] Vers alexandrin, échappé à la plume de Molière, avec la répétition poétique de *et*. On a noté plusieurs autres vers de divers mètres dans l'*Avare*; c'est ce qui a fait dire à certains auteurs que la prose de l'*Avare* est *rythmée*.

[4] Inversion poétique; on peut remarquer aussi deux hémistiches, l'un de six syllabes, l'autre de huit.

[5] *Domestique*, au XVIIe siècle, se disait de toute personne attachée par des fonctions quelconques au service d'un maître, et faisant partie par conséquent de sa maison (en latin, *domus*).

[6] Valère insinue à la jeune fille des conseils peu édifiants.

ACTE I, SCÈNE I

ÉLISE.

Ah! Valère, ne bougez¹ d'ici, je vous prie, et songez seulement à vous bien mettre dans l'esprit de mon père.

VALÈRE.

Vous voyez comme je m'y prends, et les adroites complaisances qu'il m'a fallu mettre en usage pour m'introduire à son service; sous quel masque de sympathie et de rapports de sentiments je me déguise pour lui plaire, et quel personnage² je joue tous les jours avec lui, afin d'acquérir sa tendresse. J'y fais des progrès admirables; et j'éprouve que, pour gagner les hommes, il n'est point de meilleure voie que de se parer à leurs yeux de leurs inclinations, que de donner dans leurs maximes³, encenser leurs défauts, et applaudir à ce qu'ils font. On n'a que faire⁴ d'avoir peur de trop charger la complaisance; et la manière dont on les joue a beau être visible, les plus fins toujours sont de grandes dupes du côté de la flatterie; et il n'y a rien de si impertinent et de si ridicule qu'on ne fasse avaler, lorsqu'on l'assaisonne en louanges⁵. La sincérité souffre un peu au métier que je fais : mais, quand on a besoin des hommes, il faut bien s'ajuster à eux; et puisqu'on ne saurait les gagner que par là, ce n'est pas la faute de ceux qui flattent, mais de ceux qui veulent être flattés⁶.

ÉLISE.

Mais que ne tâchez-vous aussi à⁷ gagner l'appui de mon frère, en cas que la servante s'avisât de révéler notre secret?

VALÈRE.

On ne peut pas ménager l'un et l'autre; et l'esprit du père et celui du fils sont des choses si opposées, qu'il est difficile d'accommoder ces deux confidences ensemble. Mais vous, de votre part, agissez auprès de votre frère, et servez-vous de l'amitié qui

---

¹ La suppression de la seconde négation *pas* ou *point* est familière. (Ac.)

² *Personnage* est pris ici dans le sens figuré de son primitif latin *persona*, masque d'acteur, rôle, personnage de tragédie ou de comédie.

³ *Donner dans*, entrer dans, se conformer à, approuver.

⁴ *On n'a que faire de...*, on n'a pas besoin de, il est inutile de.

⁵ On dit aujourd'hui *assaisonner de*.

⁶ Valère se forme bien facilement la conscience. Sa théorie est celle des plus vils flatteurs; il la met en pratique contre le père d'Élise, et il s'en vante devant Élise, et Élise non seulement ne désapprouve pas, elle encourage le jeu de l'hypocrite. On ne voit pas trace de piété filiale, ni de délicatesse, ni d'honneur.

⁷ On dit plus souvent aujourd'hui *tâcher de* dans le sens de *s'efforcer*; *tâcher à* ne se dit plus que dans le sens de *viser à*. (Ac.)

est entre vous deux, pour le jeter dans nos intérêts. Il vient. Je me retire. Prenez ce temps pour lui parler, et ne lui découvrez de notre affaire que ce que vous jugerez à propos.

ÉLISE.

Je ne sais si j'aurai la force de lui faire cette confidence.

SCÈNE II
CLÉANTE, ÉLISE.

CLÉANTE.

Je suis bien aise de vous trouver seule, ma sœur; et je brûlais de vous parler, pour m'ouvrir à vous d'un secret[1].

ÉLISE.

Me voilà prête à vous ouïr, mon frère. Qu'avez-vous à me dire?

CLÉANTE.

Avant que d'aller plus loin, je sais que je dépends d'un père, et que le nom de fils me soumet à ses volontés; que nous ne devons point engager notre foi sans le consentement de ceux dont nous tenons le jour; que le ciel les a faits les maîtres de nos vœux, et qu'il nous est enjoint de n'en disposer que par leur conduite[2]; que n'étant prévenus[3] d'aucune folle ardeur, ils sont en état de se tromper bien moins que nous, et de voir beaucoup mieux ce qui nous est propre[4]; qu'il en faut plutôt croire les lumières de leur prudence que l'aveuglement de notre passion; et que l'emportement de la jeunesse nous entraîne le plus souvent dans des précipices fâcheux. Je vous dis tout cela, ma sœur, afin que vous ne vous donniez pas la peine de me le dire; car enfin, mon amour ne veut rien écouter, et je vous prie de ne me point faire de remontrances.

ÉLISE.

Vous êtes-vous engagé, mon frère, avec celle que vous aimez?

CLÉANTE.

Non; mais j'y suis résolu; et je vous conjure, encore une fois, de ne me point apporter de raisons pour m'en dissuader.

ÉLISE.

Suis-je, mon frère, une si étrange personne?

[1] *S'ouvrir à qq. de qqch.*, lui confier, lui déclarer ce qu'on pense sur quelque chose. (Ac.)

[2] *Par leur conduite*, c'est-à-dire par leur direction.

[3] *Prévenir*, devancer, signifie aussi préoccuper l'esprit de qq.; *être prévenu*, avoir l'esprit préoccupé de...

[4] *Propre*, c.-à-d. convenable, avantageux.

CLÉANTE.

Non, ma sœur, mais j'appréhende votre sagesse.

ÉLISE.

Hélas! mon frère, ne parlons point de ma sagesse. Il n'est personne qui n'en manque du moins une fois en sa vie; et, si je vous ouvre mon cœur, peut-être serai-je à vos yeux bien moins sage que vous.

CLÉANTE.

Ah! plût au ciel que votre âme, comme la mienne...

ÉLISE.

Finissons auparavant votre affaire, et me¹ dites qui est celle que vous aimez.

CLÉANTE.

Une jeune personne qui loge depuis peu en ces quartiers. Elle se nomme Mariane, et vit sous la conduite d'une bonne femme² de mère, qui est presque toujours malade, et pour qui cette aimable fille a des sentiments d'amitié qui ne sont pas imaginables. Elle la sert, la plaint et la console avec une tendresse qui vous toucherait l'âme. Elle se prend d'un air le plus charmant du monde aux choses qu'elle fait, et l'on voit briller mille grâces en toutes ses actions, une douceur pleine d'attraits, une bonté toute engageante, une honnêteté adorable, une... Ah! ma sœur, je voudrais que vous l'eussiez vue.

ÉLISE.

J'en³ vois beaucoup, mon frère, dans les choses que vous me dites; et, pour comprendre ce qu'elle est, il me suffit que vous l'aimez.

CLÉANTE.

J'ai découvert sous main qu'elles ne sont pas fort accommodées⁴, et que leur discrète conduite a de la peine à étendre à tous leurs besoins le peu de bien qu'elles peuvent avoir. Figurez-vous, ma

---

¹ *Et me dites*; pour cet emploi de *me*, voir *Gr. fr. hist.*, 612. Corneille a dit de même dans *le Cid* :
  Va, cours, vole et *nous* venge.

² *Une bonne femme de mère*, c.-à-d.: une mère avancée en âge. C'était souvent le sens des expressions *bonhomme, bonne femme*, au XVIIe siècle. Aujourd'hui encore, dans le style familier, dit l'Académie, *un bonhomme, une bonne femme*, signifient souvent un homme, une femme qui sont déjà dans un âge avancé.

³ On ne sait à quoi se rapporte ce pronom *en*. Il faut supposer un mot général, comme *qualités, vertus*.

⁴ *Accommodées*, riches. L'Académie donne comme fam., *être peu accommodé des biens de la fortune*. Mais le participe ne s'emploie plus seul dans ce sens.

sœur, quelle joie ce peut être, que de relever la fortune d'une personne que l'on aime; que de donner adroitement quelques petits secours aux modestes nécessités d'une vertueuse famille; et concevez quel déplaisir ce m'est de voir que, par l'avarice d'un père, je sois dans l'impuissance de goûter cette joie.

ÉLISE.

Oui, je conçois assez, mon frère, quel doit être votre chagrin.

CLÉANTE.

Ah! ma sœur, il est plus grand qu'on ne peut croire. Car, enfin, peut-on rien voir de plus cruel que cette rigoureuse épargne qu'on exerce sur nous? que cette sécheresse étrange où l'on nous fait languir? Et que nous servira d'avoir du bien, s'il ne nous vient que dans le temps que nous ne serons plus dans le bel âge d'en jouir? et si, pour m'entretenir même, il faut que maintenant je m'engage de tous côtés; si je suis réduit avec vous à chercher tous les jours les secours des marchands, pour avoir moyen de porter des habits raisonnables? Enfin, j'ai voulu vous parler pour m'aider à sonder mon père sur les sentiments où je suis; et, si je l'y trouve contraire, j'ai résolu d'aller en d'autres lieux, avec cette aimable personne, jouir de la fortune que le ciel voudra nous offrir. Je fais chercher partout, pour ce dessein, de l'argent à emprunter; et si vos affaires, ma sœur, sont semblables aux miennes, et qu'il faille que notre père s'oppose à nos désirs, nous le quitterons là tous deux, et nous affranchirons de cette tyrannie où nous tient depuis si longtemps son avarice insupportable[1].

ÉLISE.

Il est bien vrai que tous les jours il nous donne, de plus en plus, sujet de regretter la mort de notre mère[2], et que...

CLÉANTE.

J'entends sa voix. Éloignons-nous un peu pour nous[3] achever notre confidence; et nous joindrons après nos forces pour venir attaquer la dureté de son humeur[4].

[1] Le frère et la sœur se montrent dès le début ce qu'ils seront jusqu'au bout, dépourvus de tout sentiment de piété filiale. Tous les deux jouent leur père, et ne songent qu'à une seule chose, la satisfaction de leurs désirs, avant même de s'en ouvrir à celui qui doit en être le confident naturel. Les défauts de leur père ne les dispensent pas de la déférence et de la soumission dues aux parents.

[2] Cette circonstance rend leur situation plus digne de pitié.

[3] *Nous*, c.-à-d. l'un à l'autre; tournure latine.

[4] Ils se retirent sans que leur père les ait aperçus.

SCÈNE III

HARPAGON, LA FLÈCHE.

HARPAGON.

Hors d'ici tout à l'heure, et qu'on ne réplique pas[1]. Allons, que l'on détale de chez moi, maître juré filou[2], vrai gibier de potence[3].

LA FLÈCHE, à part.

Je n'ai jamais rien vu de si méchant que ce maudit vieillard; et je pense, sauf correction, qu'il a le diable au corps[4].

HARPAGON.

Tu murmures entre tes dents.

LA FLÈCHE.

Pourquoi me chassez-vous?

HARPAGON.

C'est bien à toi, pendard, à me demander des raisons. Sors vite, que je ne t'assomme[5].

LA FLÈCHE.

Qu'est-ce que je vous ai fait?

HARPAGON.

Tu m'as fait, que je veux que tu sortes.

LA FLÈCHE.

Mon maître, votre fils, m'a donné ordre de l'attendre.

---

[1] Cette entrée d'Harpagon, si vive et si intéressante, est imitée de Plaute. Euclion, dans l'*Aululaire*, chasse de même sa vieille esclave Staphyla :
    Exi, inquam ; age, exi. Exeundum hercle tibi hinc est foras.
« Sors, te dis-je ; allons, sors. Il faut que tu déloges d'ici, va-t'en, dehors. » Cette scène a le grand avantage, chez Plaute, d'ouvrir la pièce, et de jeter tout d'abord le spectateur en pleine action.

[2] *Maître* se disait de celui qui, après avoir été apprenti, était reçu avec les formes ordinaires dans quelque corps de métier : *maître maçon.* — *Juré* se disait dans les corporations de celui qui avait fait le serment requis pour la maîtrise : *chirurgien juré.* Il se disait aussi, dans les corps d'artisans, des hommes qui étaient préposés pour faire observer les statuts et règlements à ceux de leur métier : *les maîtres jurés.* (Ac.)
    Maître juré filou, filou passé maître, et des plus notables.

[3] *Gibier de potence*, fig. et fam., homme dont les actions semblent mériter d'être punies en justice. (Ac.)

[4] La Flèche est peu habitué au respect; il parle avec le dernier mépris au père de son maître, à un vieillard. Il est vrai que l'avarice d'Harpagon et sa dureté l'ont rendu odieux à toute sa maison.

[5] C.-à-d. *de peur* que je ne t'assomme.

HARPAGON.

Va-t'en l'attendre dans la rue, et ne sois point dans ma maison, planté tout droit comme un piquet, à observer ce qui se passe, et faire ton profit de tout. Je ne veux point avoir sans cesse devant moi un espion de mes affaires; un traître, dont les yeux maudits assiègent toutes mes actions, dévorent ce que je possède, et furettent de tous côtés pour voir s'il n'y a rien à voler[1].

LA FLÈCHE.

Comment diantre[2] voulez-vous qu'on fasse pour vous voler? Êtes-vous un homme volable, quand vous renfermez toutes choses, et faites sentinelle jour et nuit?

HARPAGON.

Je veux renfermer ce que bon me semble et faire sentinelle comme il me plaît. Ne voilà pas de mes mouchards[3] qui prennent garde à ce qu'on fait? (*Bas, à part.*) Je tremble qu'il n'ait soupçonné quelque chose de mon argent. (*Haut.*)[4] Ne serais-tu point homme à faire courir le bruit que j'ai chez moi de l'argent caché?

LA FLÈCHE.

Vous avez de l'argent caché?

HARPAGON.

Non, coquin, je ne dis pas cela. (*A part.*) J'enrage. (*Haut.*) Je demande si, malicieusement, tu n'irais point faire courir le bruit que j'en ai.

LA FLÈCHE.

Hé! que nous importe que vous en ayez, ou que vous n'en ayez pas, si c'est pour nous la même chose?

HARPAGON.

Tu fais le raisonneur; je te baillerai de ce raisonnement-ci par les oreilles. (*Il lève la main pour lui donner un soufflet.*) Sors d'ici, encore une fois.

LA FLÈCHE.

Eh bien! je sors.

HARPAGON.

Attends. Ne m'emportes-tu rien?

---

[1] La passion fournit à l'Avare un langage pittoresque.

[2] *Diantre*, mot très familier pour *diable*.

[3] *Mouchard*, espion de police; dérivé de *mouche*, qui se dit fig. et fam. d'une personne que la police met à la suite de quelqu'un pour épier ses démarches, et en rendre compte. (Ac.)

[4] Ces indications, *haut*, *bas*, viennent de l'éd. de 1734.

LA FLÈCHE.

Que vous emporterais-je ?

HARPAGON.

Viens, çà[1], que je voie. Montre-moi les mains.

LA FLÈCHE.

Les voilà.

HARPAGON.

Les autres[2].

LA FLÈCHE.

Les autres ?

HARPAGON.

Oui.

LA FLÈCHE.

Les voilà.

HARPAGON[3].

N'as-tu rien mis ici dedans ?

LA FLÈCHE.

Voyez vous-même.

HARPAGON. (*Il tâte le bas de ses chausses.*)

Ces grands hauts-de-chausses[4] sont propres à devenir les recé-

---

[1] *Çà* veut dire *ici*, et ne s'emploie plus seul que dans ces phrases familières : *viens çà, venez çà.* (Ac.)

[2] Fénelon blâmait ce trait comme invraisemblable : « Je soutiens contre Molière qu'un avare qui n'est point fou, ne va jamais jusqu'à vouloir regarder dans la troisième main de l'homme qu'il soupçonne de l'avoir volé. » (*Lettre à l'Ac.*, VII.)

C'est Plaute qui a dit *la troisième main* (A. IV, sc. II, v. 32-33) :
Ostende huc manus.
En tibi. — Ostende. — Eccas. — Video. Age, ostende etiam *tertiam*.
Molière a remplacé *la troisième* par *les autres*, expression moins précise et pour cela un peu moins invraisemblable dans la bouche d'un homme troublé par la passion. Une comédie imprimée en 1663 (le *Riche vilain*, par Chappuzeau) avait reproduit le mot de Plaute sous une forme plus naturelle, en mettant *l'autre*, au singulier. Crispin, interrogeant le valet de son neveu, lui dit :
Çà, montre-moi ta main.
— Tenez — L'autre. — Tenez, voyez jusqu'à demain.
— L'autre. — Allez la chercher. En ai-je une douzaine ?

[3] Éd. 1734 : *Tâtant le bas des hauts-de-chausses de la Flèche.*

[4] *Haut-de-chausse* ou *haut-de-chausses*, la partie du vêtement qui couvrait depuis la ceinture jusqu'aux genoux, jusqu'au *haut* des *chausses*, des bas. Le haut-de-chausses était assez ample. Il a été remplacé depuis par la culotte et par le pantalon.

Le mot *chausses* se disait aussi dans le sens de haut-de-chausses.

leurs des choses qu'on dérobe; et je voudrais qu'on en eût fait pendre quelqu'un¹.

LA FLÈCHE, à part.

Ah! qu'un homme comme cela mériterait bien ce qu'il craint! et que j'aurais de joie à le voler!

HARPAGON.

Euh?

LA FLÈCHE.

Quoi?

HARPAGON.

Qu'est-ce que tu parles de voler?

LA FLÈCHE.

Je vous dis que vous fouillez² bien partout pour voir si je vous ai volé.

HARPAGON.

C'est ce que je veux faire. (*Il fouille dans les poches de la Flèche.*)

LA FLÈCHE, à part.

La peste soit de l'avarice, et des avaricieux³!

HARPAGON.

Comment? que dis-tu?

LA FLÈCHE.

Ce que je dis?

HARPAGON.

Oui; qu'est-ce que tu dis d'avarice, et d'avaricieux

LA FLÈCHE.

Je dis que la peste soit de l'avarice, et des avaricieux.

HARPAGON.

De qui veux-tu parler?

LA FLÈCHE.

Des avaricieux.

HARPAGON.

Et qui sont-ils, ces avaricieux?

---

1 C.-à-d. je voudrais qu'on eût fait pendre quelqu'un de ces porteurs de ces grands hauts-de-chausses, pour le fait d'en avoir porté; *en*, pour cela.

2 La réponse d'Harpagon semble demander la variante de 1670, *que vous fouilliez*.

3 *Peste* se dit quelquefois par une espèce d'imprécation : *peste de l'étourdi! la peste de l'ignorant! la peste soit* ou *peste soit de l'ignorant!* (Ac.)

Avaricieux, avare, est familier, et il vieillit. (Ac.)

LA FLÈCHE.

Des vilains, et des ladres¹.

HARPAGON.

Mais qui est-ce que tu entends par là?

LA FLÈCHE.

De quoi vous mettez-vous en peine?

HARPAGON.

Je me mets en peine de ce qu'il faut.

LA FLÈCHE.

Est-ce que vous croyez que je veux parler de vous²?

HARPAGON.

Je crois ce que je crois; mais je veux que tu me dises à qui tu parles, quand tu dis cela.

LA FLÈCHE.

Je parle... je parle à mon bonnet.

HARPAGON.

Et moi, je pourrais bien parler à ta barrette³.

LA FLÈCHE.

M'empêcherez-vous de maudire les avaricieux?

HARPAGON.

Non; mais je t'empêcherai de jaser, et d'être insolent. Tais-toi.

LA FLÈCHE.

Je ne nomme personne.

HARPAGON.

Je te rosserai, si tu parles.

LA FLÈCHE.

Qui se sent morveux, qu'il⁴ se mouche.

---

[1] *Vilain*, qui déplaît à la vue, se dit aussi des personnes, des paroles et des actions : sale, déshonnête, méchant, qqf. avare, qui vit mesquinement. Il s'emploie également comme substantif dans ce sens. (Ac.) — Étym. : bas-lat. *villanus*, homme de la campagne, de *villa*, maison de campagne.

Ladre, adj. ou subst., avare. Il s'emploie aussi pour lépreux : c'est même son sens primitif. — Étym. : *Lazarus*, le Lazare de l'Évangile, tout couvert d'ulcères, et qu'au moyen âge on appelait lépreux.

La *ladrerie* est une avarice plus hideuse que la *vilenie*.

[2] Le valet porte le mépris jusqu'à l'insolence.

[3] *Barrette*, petit bonnet plat. — Fig., *j'ai bien parlé à sa barrette*, je lui ai parlé sans le ménager. (LITTRÉ.) — Étym. : bas-lat. *baretum*, d'où aussi *béret* ou *berret*, toque de laine ronde et plate des paysans basques.

[4] Locution proverbiale. On supprime ordinairement *qu'il*.

HARPAGON.

Te tairas-tu?

LA FLÈCHE.

Oui, malgré moi.

HARPAGON.

Ha, ha.

LA FLÈCHE, *lui montrant une des poches de son justaucorps.*

Tenez, voilà encore une poche. Êtes-vous satisfait?

HARPAGON.

Allons, rends-le-moi sans te fouiller[1].

LA FLÈCHE.

Quoi?

HARPAGON.

Ce que tu m'as pris.

LA FLÈCHE.

Je ne vous ai rien pris du tout.

HARPAGON.

Assurément?

LA FLÈCHE.

Assurément.

HARPAGON.

Adieu. Va-t'en à tous les diables[2].

LA FLÈCHE[3].

Me voilà fort bien congédié.

HARPAGON.

Je te le mets sur ta conscience[4], au moins. Voilà un pendard de valet[5] qui m'incommode fort; et je ne me plais point à voir ce chien de boiteux-là[6].

---

[1] C.-à-d. sans que je te fouille.

[2] Harpagon non plus ne se distingue point par la dignité du langage. Aussi tel maître, tels valets.

[3] Éd. 1734 : *à part.*

[4] Trait de mœurs des plus comiques dans la bouche d'un avare qui s'inquiète si peu de sa propre conscience.

[5] *Un pendard de valet*; pour l'emploi de l'explétif *de*, v. *Gr. fr. hist.*, n. 527.

[6] Allusion plaisante à l'infirmité de l'acteur Béjart cadet qui jouait le rôle de la Flèche, et qui boitait en effet.

SCÈNE IV

HARPAGON.

Certes, ce n'est pas une petite peine que de garder chez soi une grande somme d'argent; et bienheureux qui a tout son fait[1] bien placé, et ne conserve seulement que ce qu'il faut pour sa dépense. On n'est pas peu embarrassé à inventer, dans toute une maison, une cache fidèle; car, pour moi, les coffres-forts me sont suspects, et je ne veux jamais m'y fier. Je les tiens justement une franche amorce à voleurs, et c'est toujours la première chose que l'on va attaquer.

SCÈNE V

HARPAGON; ÉLISE ET CLÉANTE *parlant ensemble, et restant dans le fond du théâtre.*

HARPAGON, *se croyant seul.*

Cependant je ne sais si j'aurai bien fait d'avoir enterré dans mon jardin dix mille écus qu'on me rendit hier. Dix mille écus en or chez soi est[2] une somme assez... (*A part, apercevant Élise et Cléante.*) O ciel! je me serai trahi moi-même. La chaleur m'aura emporté; et je crois que j'ai parlé haut en raisonnant[3] tout seul. (*A Cléante et à Élise.*) Qu'est-ce[4]?

CLÉANTE.

Rien, mon père.

HARPAGON.

Y a-t-il longtemps que vous êtes là?

ÉLISE.

Nous ne venons que d'arriver.

HARPAGON.

Vous avez entendu...

CLÉANTE.

Quoi? mon père.

HARPAGON.

Là...

---

[1] *Tout son fait,* c.-à-d. toute sa fortune. *Fait,* dit l'Académie, signifie aussi ce qui est propre et convenable à qq., la part qui lui revient ou lui appartient dans un total.

[2] *Dix mille écus est...,* c.-à-d. *c'est.* V. *Gr. fr. hist.,* n. 670.

[3] *En raisonnant,* c.-à-d. en discourant.

[4] Ce monologue et ces apartés sont très naturels ici : ils expliquent bien l'embarras et les inquiétudes de l'avare pour l'argent qu'il a enterré.

ÉLISE.

Quoi?

HARPAGON.

Ce que je viens de dire.

CLÉANTE.

Non.

HARPAGON.

Si fait, si fait.

ÉLISE.

Pardonnez-moi.

HARPAGON.

Je vois bien que vous en avez ouï quelques mots. C'est que je m'entretenais en moi-même de la peine qu'il y a aujourd'hui à trouver de l'argent, et je disais qu'il est bienheureux qui peut avoir dix mille écus chez soi.

CLÉANTE.

Nous feignions[1] à vous aborder, de peur de vous interrompre.

HARPAGON.

Je suis bien aise de vous dire cela, afin que vous n'alliez pas prendre les choses de travers, et vous imaginer que je dise que c'est moi qui ai dix mille écus.

CLÉANTE.

Nous n'entrons point dans vos affaires.

HARPAGON.

Plût à Dieu que je les eusse, dix mille écus!

CLÉANTE.

Je ne crois pas...

HARPAGON.

Ce serait une bonne affaire pour moi.

ÉLISE.

Ce sont des choses...

HARPAGON.

J'en aurais bon besoin.

CLÉANTE.

Je pense que...

HARPAGON.

Cela m'accommoderait fort[2].

---

[1] On ne dit plus *feindre à*, mais *feindre de*.

[2] Harpagon, dans la crainte d'être volé, dit et répète qu'il est pauvre; nous savons que c'est le contraire. Ce jeu, d'abord intéressant pour le spectateur,

ACTE I, SCÈNE V

ÉLISE.

Vous êtes...

HARPAGON.

Et je ne me plaindrais pas, comme je le fais, que le temps est misérable.

CLÉANTE.

Mon Dieu, mon père, vous n'avez pas lieu de vous plaindre; et l'on sait que vous avez assez de bien.

HARPAGON.

Comment? j'ai assez de bien! Ceux qui le disent en ont menti. Il n'y a rien de plus faux; et ce sont des coquins qui font courir tous ces bruits-là.

ÉLISE.

Ne vous mettez point en colère.

HARPAGON.

Cela est étrange, que mes propres enfants me trahissent et deviennent mes ennemis?

CLÉANTE.

Est-ce être votre ennemi, que de dire que vous avez du bien?

HARPAGON.

Oui, de pareils discours, et les dépenses que vous faites, seront cause qu'un de ces jours on me [1] viendra chez moi couper la gorge[2], dans la pensée que je suis tout cousu de pistoles[3]?

CLÉANTE.

Quelle grande dépense est-ce que je fais?

HARPAGON.

Quelle? Est-il rien de plus scandaleux, que ce somptueux équipage[4] que vous promenez par la ville? Je querellais hier votre

---

lui devient bientôt pénible, en voyant ainsi un père se défier de son fils et de sa fille comme du dernier des valets.

[1] Au XVIIe siècle, c'était l'usage à peu près général, en prose du moins, de mettre avant le verbe qui régit l'infinitif, le pronom complément de l'infinitif. V. *Gr. fr. hist.*, n. 612.

[2] En prêtant ces craintes à son Avare, Molière fait peut-être allusion au crime commis le 24 août 1665 sur le lieutenant criminel Tardieu et sa femme, connus dans tout Paris pour leur ladrerie : tous deux avaient été assassinés en leur hôtel du quai des Orfèvres. Boileau a parlé de ce magistrat *de hideuse mémoire* et de sa femme dans sa Satire X; Racine y a fait aussi allusion dans *les Plaideurs* (A. 1, sc. IV).

[3] *Pistole*, monnaie d'or étrangère; ce mot signifie ordinairement la valeur de dix francs, en quelque monnaie que ce soit. (Ac.)

[4] *Équipage* se dit 1° du train, de la suite, chevaux, carrosses, valets...

sœur; mais c'est encore pis. Voilà qui crie vengeance au ciel; et, à vous prendre depuis les pieds jusqu'à la tête, il y aurait là de quoi faire une bonne constitution [1]. Je vous l'ai dit vingt fois, mon fils, toutes vos manières me déplaisent fort; vous donnez furieusement dans le marquis [2]; et, pour aller ainsi vêtu, il faut bien que vous me dérobiez.

CLÉANTE.

Hé! comment vous dérober?

HARPAGON.

Que sais-je? Où pouvez-vous donc prendre de quoi entretenir l'état [3] que vous portez?

CLÉANTE.

Moi, mon père? c'est que je joue; et, comme je suis fort heureux, je mets sur moi tout l'argent que je gagne.

HARPAGON.

C'est fort mal fait. Si vous êtes heureux au jeu, vous en devriez profiter, et mettre à honnête intérêt l'argent que vous gagnez, afin de le trouver un jour [4]. Je voudrais bien savoir, sans parler du reste, à quoi servent tous ces rubans dont vous voilà lardé [5] depuis les pieds jusqu'à la tête; et si une demi-douzaine d'aiguil-

2° dans un sens plus restreint, d'une voiture de maître avec ce qui en dépend; 3° des hommes qui montent un bâtiment pour en faire le service et la manœuvre; 4° enfin, familièrement, de la manière dont une personne est vêtue. (Ac.) — Le mot est pris ici dans ce dernier sens : Harpagon parle des habits de son fils.

1 *Une constitution*, c.-à-d. une rente. « Constitution se dit encore de l'établissement d'une rente, d'une pension ; et les rentes mêmes s'appellent des constitutions : il a pour cent mille francs de *constitutions*. » (Ac.)

2 *Donner dans le marquis*, c.-à-d. imiter le train des marquis, leurs manières, leur mise.

« On appelait primitivement *marquis* un seigneur préposé à la garde des marches, des frontières d'un État. Plus tard, *marquis* était un titre de dignité qu'on donnait à ceux qui possédaient une terre érigée en marquisat. C'est aujourd'hui un simple titre de noblesse. *Marquis* est aussi un nom donné par dérision aux jeunes gens qui prennent des airs avantageux : il fait le marquis » (Ac.)

3 *État* signifie ici la mise, la façon de se vêtir. « Aujourd'hui il indique en général la manière de vivre. Ainsi on dit : *tenir un grand état*, vivre splendidement et avec représentation. » (Ac.)

4 Harpagon n'a qu'une chose en tête : grossir sa fortune. C'est toute l'éducation qu'il donne à ses enfants. La déplorable passion du jeu ne l'inquiète pas pour son fils : il ne songe qu'à lui faire tirer parti de ses gains.

5 Pour la mode des rubans et des perruques, v. *le Misanthrope*, A. II, sc. I.

lettes ¹ ne suffit pas pour attacher un haut-de-chausses. Il est bien nécessaire d'employer de l'argent à des perruques, lorsque l'on peut porter des cheveux de son cru ² qui ne coûtent rien ³. Je vais gager qu'en perruques et rubans, il y a du moins vingt pistoles ; et vingt pistoles rapportent par année dix-huit livres six sols huit deniers, à ne les placer qu'au denier douze ⁴.

CLÉANTE.

Vous avez raison.

HARPAGON.

Laissons cela, et parlons d'autre affaire. (*Apercevant Cléante et Élise qui se font des signes.*) Hé! (*Bas à part.*) Je crois qu'ils se font signe l'un à l'autre de me voler ma bourse ⁵. (*Haut.*) Que veulent dire ces gestes-là?

ÉLISE.

Nous marchandons, mon frère et moi, à qui parlera le premier, et nous avons tous deux quelque chose à vous dire.

HARPAGON.

Et moi, j'ai quelque chose aussi à vous dire à tous deux.

CLÉANTE.

C'est de mariage, mon père, que nous désirons vous parler.

HARPAGON.

Et c'est de mariage aussi que je veux vous entretenir.

ÉLISE.

Ah! mon père.

---

¹ *Aiguillette*, cordon, ruban, tissu, etc., ferré par les deux bouts, pour servir à attacher, mais qui ne sert quelquefois que d'ornement. (Ac.)

² *De son cru*, métaphore tirée de la vigne; *le cru* signifie proprement le terroir où quelque chose *croît*; mais il n'est guère usité qu'en parlant des produits agricoles, et surtout du vin : *du vin de mon cru*. (Ac.)

³ Trait de caractère des plus heureux.

⁴ La *livre* était anciennement une monnaie de compte qui valait d'abord un poids d'argent d'une livre : elle a été remplacée depuis par le franc. (Ac.) Le *sou*, monnaie de compte, la vingtième partie de l'ancienne livre, valant douze deniers ; il se dit encore communément de la pièce de cuivre valant cinq centimes. (Ac.) — Du temps de Molière, on écrivait *sol* (du lat. *solidus*, pièce entière) : « Un *sol* qui se prononce un *sou*, comme un fol, un fou. » (*Bigarrures*, Paris, 1662.)
Le *denier* était autrefois une monnaie valant la douzième partie d'un sou tournois (ou le tiers d'un liard). Il se dit aussi de l'intérêt d'une somme principale, comme dans cette phrase : *placer son argent au denier vingt*, le donner à rente pour l'intérêt annuel d'un vingtième, c.-à-d. à cinq pour cent. (Ac.) *Au denier douze*, c.-à-d. en prélevant un denier sur douze, ce qui revient à l'intérêt usuraire de huit un tiers pour cent.

⁵ La passion rend soupçonneux, elle voit le mal partout.

HARPAGON.

Pourquoi ce cri ?

CLÉANTE.

Le mariage peut nous faire peur à tous deux, de la façon que vous pouvez l'entendre ; et nous craignons que nos sentiments ne soient pas d'accord avec votre choix.

HARPAGON.

Un peu de patience. Ne vous alarmez point. Je sais ce qu'il faut à tous deux ; et vous n'aurez, ni l'un ni l'autre, aucun lieu de vous plaindre de tout ce que je prétends faire. Et pour commencer par un bout *(à Cléante)*, avez-vous vu, dites-moi, une jeune personne appelée Mariane, qui ne loge pas loin d'ici [1]

CLÉANTE.

Oui, mon père.

HARPAGON.

Et vous ?

ÉLISE.

J'en ai ouï parler.

HARPAGON.

Comment, mon fils, trouvez-vous cette fille ?

CLÉANTE.

Une fort charmante personne.

HARPAGON.

Sa physionomie ?

CLÉANTE.

Tout honnête, et pleine d'esprit.

HARPAGON.

Son air, et sa manière [2] ?

CLÉANTE.

Admirables, sans doute.

HARPAGON.

Ne croyez-vous pas qu'une fille comme cela mériterait [3] assez que l'on songeât à elle ?

---

[1] Ici commence un jeu très intéressant pour le spectateur. Harpagon et Cléante ignorent l'un et l'autre les prétentions qu'ils ont chacun sur Mariane : Cléante, pensant parler pour soi, répond aux vœux secrets de son père. La déception qu'il éprouvera, sera d'autant plus comique, que l'Avare aura procédé avec une bonne foi entière.

[2] *Sa manière* d'être, d'agir, de parler.

[3] Ce conditionnel est une forme plus dubitative que le subjonctif.

ACTE I, SCÈNE V

CLÉANTE.

Oui, mon père.

HARPAGON.

Que ce serait un parti souhaitable?

CLÉANTE.

Très souhaitable.

HARPAGON.

Qu'elle a toute la mine de faire un bon ménage [1]?

CLÉANTE.

Sans doute.

HARPAGON.

Et qu'un mari aurait satisfaction avec elle?

CLÉANTE.

Assurément.

HARPAGON.

Il y a une petite difficulté; c'est que j'ai peur qu'il n'y ait pas avec elle tout le bien qu'on pourrait prétendre.

CLÉANTE.

Ah! mon père, le bien n'est pas considérable [2], lorsqu'il est question d'épouser une honnête personne.

HARPAGON.

Pardonnez-moi, pardonnez-moi. Mais ce qu'il y a à dire, c'est que, si l'on n'y trouve pas tout le bien qu'on souhaite, on peut tâcher de regagner cela sur autre chose [3].

CLÉANTE.

Cela s'entend.

HARPAGON.

Enfin, je suis bien aise de vous voir dans mes sentiments; car son maintien honnête et sa douceur m'ont gagné l'âme, et je suis résolu de l'épouser, pourvu que j'y trouve quelque bien [4].

CLÉANTE.

Euh?

HARPAGON.

Comment?

---

[1] D'avoir de l'ordre, de la sagesse dans la conduite du ménage.

[2] *Considérable* est pris dans le sens étymologique : chose *à considérer*, *digne d'être considérée*.

[3] Sans doute les qualités morales d'une bonne ménagère, la simplicité des goûts, l'économie.

[4] Harpagon n'a garde d'oublier les intérêts de sa caisse.

CLÉANTE.

Vous êtes résolu, dites-vous...?

HARPAGON.

D'épouser Mariane.

CLÉANTE.

Qui? vous? vous?

HARPAGON.

Oui, moi, moi, moi. Que veut dire cela?

CLÉANTE.

Il m'a pris tout à coup un éblouissement, et je me retire d'ici[1].

HARPAGON.

Cela ne sera rien. Allez vite boire dans la cuisine un grand verre d'eau claire [2].

SCÈNE VI

HARPAGON, ÉLISE.

HARPAGON.

Voilà de mes damoiseaux fluets [3], qui n'ont plus de vigueur que des poules. C'est là, ma fille, ce que j'ai résolu pour moi. Quant à ton frère, je lui destine une certaine veuve dont, ce matin, on m'est venu parler; et, pour toi, je te donne au seigneur Anselme.

ÉLISE.

Au seigneur Anselme?

HARPAGON.

Oui; un homme mûr, prudent et sage, qui n'a pas plus de cinquante ans, et dont on vante les grands biens [4].

ÉLISE. *Elle fait une révérence.*

Je ne veux point me marier, mon père, s'il vous plaît.

---

[1] Grâce à cet éblouissement, Cléante peut dissimuler à son père le coup qu'il vient de recevoir. La scène des explications ne viendra que plus tard.

[2] Remède qui ne coûtera rien.

[3] *Damoiseau*, titre par lequel on désignait autrefois un jeune gentilhomme qui n'était point encore chevalier, et qui aspirait à l'être. (Ac.) — *Damoiseau* se dit encore aujourd'hui, familièrement et par ironie, d'un jeune homme qui fait le beau, élégant, efféminé. — Étym. : *dominicellus*, jeune seigneur.

Fluet, mince, délicat, de faible complexion; diminutif du vieux mot *flou*, délicat, faible, employé encore comme terme de peinture : *peindre flou*, peindre d'une manière tendre, délicate, fondue.

[4] Toujours la même préoccupation de l'argent.

HARPAGON. *Il contrefait sa révérence.*

Et moi, ma petite fille, ma mie[1], je veux que vous vous mariiez, s'il vous plaît.

ÉLISE, *faisant encore la révérence*[2].

Je vous demande pardon, mon père.

HARPAGON, *contrefaisant Élise.*

Je vous demande pardon, ma fille.

ÉLISE.

Je suis très humble servante au seigneur Anselme; mais *(faisant encore la révérence)*, avec votre permission, je ne l'épouserai point.

HARPAGON.

Je suis votre très humble valet; mais *(contrefaisant Élise)*, avec votre permission, vous l'épouserez dès ce soir.

ÉLISE.

Dès ce soir?

HARPAGON.

Dès ce soir.

ÉLISE, *faisant encore la révérence.*

Cela ne sera pas, mon père[3].

HARPAGON, *contrefaisant encore Élise.*

Cela sera, ma fille.

ÉLISE.

Non.

HARPAGON.

Si.

ÉLISE.

Non, vous dis-je.

HARPAGON.

Si, vous dis-je.

ÉLISE.

C'est une chose où vous ne me réduirez point.

HARPAGON.

C'est une chose où je te réduirai.

ÉLISE.

Je me tuerai plutôt que d'épouser un tel mari.

---

[1] *Ma mie*, autrefois *m'amie*, de *ma amie*. V. *Gr. fr. hist.*, 330.
[2] Cette indication et les suivantes proviennent de l'éd. de 1734.
[3] Élise ne sait pas non plus parler avec respect à son père.

HARPAGON.

Tu ne te tueras point et tu l'épouseras. Mais voyez quelle audace! A-t-on jamais vu une fille parler de la sorte à son père?

ÉLISE.

Mais a-t-on jamais vu un père marier sa fille de la sorte[1]?

HARPAGON.

C'est un parti où il n'y a rien à redire, et je gage que tout le monde approuvera mon choix.

ÉLISE.

Et moi, je gage qu'il ne saurait être approuvé d'aucune personne raisonnable.

HARPAGON, *apercevant Valère de loin.*

Voilà Valère. Veux-tu qu'entre nous deux nous le fassions juge de cette affaire?

ÉLISE.

J'y consens.

HARPAGON.

Te rendras-tu à son jugement?

ÉLISE.

Oui. J'en passerai par ce qu'il dira[2].

HARPAGON.

Voilà qui est fait.

SCÈNE VII

VALÈRE, HARPAGON, ÉLISE.

HARPAGON.

Ici, Valère. Nous t'avons élu pour nous dire qui a raison, de ma fille ou de moi.

VALÈRE.

C'est vous, Monsieur, sans contredit.

HARPAGON.

Sais-tu bien de quoi nous parlons?

---

[1] Si Élise passe les bornes d'une résistance respectueuse, elle y est provoquée par la tyrannie d'un père qui spécule sur le bonheur de ses enfants. L'autorité paternelle se rend odieuse par des excès aussi révoltants. On voit déjà quel trouble l'avarice jette dans la famille.

[2] Élise accepte avec empressement un arbitrage aussi favorable à sa cause. Mais Valère, obligé, pour se maintenir dans la maison d'Harpagon, de flatter son maître, ne pourra pas servir, à son grand regret, la cause d'Élise. Son embarras sera des plus comiques.

ACTE I, SCÈNE VII

VALÈRE.

Non Mais vous ne sauriez avoir tort, et vous êtes toute raison[1].

HARPAGON.

Je veux, ce soir, lui donner pour époux un homme aussi riche que sage; et la coquine me dit au nez qu'elle se moque de le prendre[2]. Que dis-tu de cela?

VALÈRE.

Ce que j'en dis?

HARPAGON.

Oui.

VALÈRE.

Eh, eh!

HARPAGON.

Quoi?

VALÈRE.

Je dis que, dans le fond, je suis de votre sentiment; et vous ne pouvez pas que vous n'ayez raison[3]. Mais aussi n'a-t-elle pas tort tout à fait, et...

HARPAGON.

Comment? Le seigneur Anselme est un parti considérable; c'est un gentilhomme qui est noble[4], doux, posé, sage, et fort accommodé[5], et auquel il ne reste aucun enfant de son premier mariage. Saurait-elle mieux rencontrer?

VALÈRE.

Cela est vrai. Mais elle pourrait vous dire que c'est un peu précipiter les choses, et qu'il faudrait au moins quelque temps pour voir si son inclination pourrait s'accommoder avec...

HARPAGON.

C'est une occasion qu'il faut prendre vite aux cheveux[6]. Je

---

[1] *Toute raison*, c.-à-d. tout à fait, entièrement.

[2] *Se moquer de*, suivi d'un infinitif, veut dire *ne pas se soucier de*, par mépris, par dérision.

[3] C.-à-d. il n'est pas possible que vous n'ayez raison. *Vous ne pouvez pas que... ne*, locution dérivée du latinisme *non possum quin*; elle n'est plus en usage.

[4] Trait de satire contre les faux nobles, alors assez nombreux, « larrons de noblesse, » comme Molière les appellera au Ve acte, sc. V.

[5] *Accommodé*, voir plus haut, p. 145, n. 4.

[6] Expression proverbiale, pour dire qu'il faut saisir l'occasion, en profiter. Les anciens avaient fait de l'Occasion une divinité allégorique qui présidait au moment le plus favorable pour réussir en quelque chose. Ils la représentaient ordinairement sous la forme d'une femme chauve par derrière, n'ayant de

trouve ici un avantage, qu'ailleurs je ne trouverais pas; et il s'engage à la prendre sans dot.

VALÈRE.

Sans dot¹?

HARPAGON.

Oui.

VALÈRE.

Ah! je ne dis plus rien. Voyez-vous, voilà une raison tout à fait convaincante; il se faut rendre à cela.

HARPAGON.

C'est pour moi une épargne considérable.

VALÈRE.

Assurément; cela ne reçoit² point de contradiction. Il est vrai que votre fille vous peut représenter que le mariage est une plus grande affaire qu'on ne peut croire; qu'il y va d'être heureux ou malheureux toute sa vie, et qu'un engagement qui doit durer jusqu'à la mort, ne se doit jamais faire qu'avec de grandes précautions.

HARPAGON.

Sans dot!

VALÈRE.

Vous avez raison. Voilà qui décide tout; cela s'entend. Il y a des gens qui pourraient vous dire qu'en de telles occasions l'inclination d'une fille est une chose, sans doute, où l'on doit avoir de l'égard, et que cette grande inégalité d'âge, d'humeur et de sentiments rend un mariage sujet à des accidents très fâcheux.

HARPAGON.

Sans dot!

VALÈRE.

Ah! il n'y a pas de réplique à cela. On le sait bien. Qui diantre

cheveux que sur le devant de la tête, un pied en l'air et l'autre sur une roue. Ces symboles indiquaient qu'il faut saisir l'Occasion aux cheveux, car elle est volage et fugitive, ce qui est exprimé par la roue et le pied en l'air.

1 L'idée de ce fameux *sans dot* vient de Plaute, où Euclion répète aussi jusqu'à trois fois à Mégadore qu'il lui donnera volontiers sa fille en mariage, mais *sans dot* (A. II, sc. II). Dans Plaute le mot passe pour ainsi dire inaperçu. Molière a eu le talent de lui donner un relief et une force comique extraordinaires, en le mettant dans la bouche d'Harpagon comme une réponse péremptoire à toutes les objections de Valère. Le *sans dot!* devient ainsi un trait de caractère qui peint merveilleusement l'avarice d'un père plus soucieux de l'argent que du bonheur de ses enfants.

2 On dirait aujourd'hui : *n'admet* point de contradiction.

peut aller là-contre? Ce n'est pas qu'il n'y ait quantité de pères qui aimeraient mieux ménager la satisfaction de leurs filles que l'argent qu'ils pourraient donner; qui ne les voudraient point sacrifier à l'intérêt, et chercheraient, plus que toute autre chose, à mettre dans un mariage cette douce conformité qui sans cesse y maintient l'honneur, la tranquillité et la joie, et que...

HARPAGON.

Sans dot!

VALÈRE.

Il est vrai. Cela ferme la bouche à tout. Sans dot! Le moyen de résister à une raison comme celle-là?

HARPAGON. (*Il regarde vers le jardin.*)

Ouais! Il me semble que j'entends un chien qui aboie[1]. N'est-ce point qu'on en voudrait à mon argent? (*A Valère.*) Ne bougez, je reviens tout à l'heure.

SCÈNE VIII

ÉLISE, VALÈRE.

ÉLISE.

Vous moquez-vous, Valère, de lui parler comme vous faites?

VALÈRE.

C'est pour ne point l'aigrir, et pour en venir mieux à bout. Heurter de front ses sentiments est le moyen de tout gâter, et il y a de certains esprits qu'il ne faut prendre qu'en biaisant; des tempéraments ennemis de toute résistance; des naturels rétifs, que la vérité fait cabrer[2], qui toujours se raidissent contre le droit chemin de la raison, et qu'on ne mène qu'en tournant où l'on veut les conduire[3]. Faites semblant de consentir à ce qu'il veut, vous en viendrez mieux à vos fins, et...

ÉLISE.

Mais ce mariage, Valère?

VALÈRE.

On cherchera des biais pour le rompre.

---

[1] Les craintes d'Harpagon rappellent celles du Savetier de la Fontaine :
   Tous les jours il avait l'œil au guet; et, la nuit,
      Si quelque chat faisait du bruit,
      Le chat prenait l'argent.

[2] *Fait cabrer*, pour *fait se cabrer*; voir *Gr. fr. hist.*, n. 686.

[3] Cette phrase offre une belle suite de métaphores tirées de la manière de conduire un cheval difficile.

ÉLISE.

Mais quelle invention trouver, s'il se doit conclure ce soir?

VALÈRE.

Il faut demander un délai, et feindre quelque maladie.

ÉLISE.

Mais on découvrira la feinte, si l'on appelle des médecins.

VALÈRE.

Vous moquez-vous? Y connaissent-ils quelque chose? Allez, allez, vous pourrez avec eux avoir quel mal il vous plaira, ils vous trouveront des raisons pour vous dire d'où cela vient[1].

SCÈNE IX

HARPAGON, ÉLISE, VALÈRE.

HARPAGON.

Ce n'est rien, Dieu merci.

VALÈRE.

Enfin, notre dernier recours, c'est que la fuite nous peut mettre à couvert de tout, et si votre amour, belle Élise, est capable d'une fermeté... (*Il aperçoit Harpagon.*) Oui, il faut qu'une fille obéisse à son père. Il ne faut point qu'elle regarde comme un mari est fait, et lorsque la grande raison de *sans dot* s'y rencontre, elle doit être prête à prendre tout ce qu'on lui donne[2].

HARPAGON.

Bon. Voilà bien parlé, cela!

VALÈRE.

Monsieur, je vous demande pardon si je m'emporte un peu et prends la hardiesse de lui parler comme je fais.

HARPAGON.

Comment! j'en suis ravi, et je veux que tu prennes sur elle un pouvoir absolu. (*A Élise.*) Oui, tu as beau fuir, je lui donne l'autorité que le ciel me donne sur toi, et j'entends que tu fasses tout ce qu'il te dira[3].

VALÈRE, *à Élise.*

Après cela, résistez à mes remontrances.

---

[1] Les attaques de Molière contre les médecins sont connues : elles étaient d'ailleurs assez justifiées au XVIIe siècle par leur ignorance et leur charlatanisme.

[2] Le double jeu de Valère fait rire, mais il est profondément immoral. Quels que soient les torts du maître, un valet flatteur et traître finit par se rendre odieux au spectateur.

[3] Triste aveuglement de la passion.

SCÈNE X

HARPAGON, VALÈRE.

VALÈRE.

Monsieur, je vais la suivre, pour lui continuer les leçons que je lui faisais.

HARPAGON.

Oui; tu m'obligeras. Certes...

VALÈRE.

Il est bon de lui tenir un peu la bride haute[1].

HARPAGON.

Cela est vrai. Il faut...

VALÈRE.

Ne vous mettez pas en peine, je crois que j'en viendrai à bout.

HARPAGON.

Fais, fais. Je m'en vais faire un petit tour en ville, et reviens tout à l'heure.

VALÈRE, *adressant la parole à Élise, et s'en allant du côté par où elle est sortie*[2].

Oui, l'argent est plus précieux que toutes les choses du monde, et vous devez rendre grâce au ciel de l'honnête homme de père qu'il vous a donné. Il sait ce que c'est que de vivre. Lorsqu'on s'offre de[3] prendre une fille sans dot, on ne doit point regarder plus avant. Tout est renfermé là-dedans; et *sans dot* tient lieu de beauté, de jeunesse, de naissance, d'honneur, de sagesse et de probité[4].

HARPAGON.

Ah! le brave garçon! Voilà parlé comme un oracle. Heureux qui peut avoir un domestique de la sorte!

---

[1] *Tenir la bride haute*, mener avec sévérité. Valère reste dans les mêmes figures que plus haut, p. 165, n. 3.

[2] Cette indication est de l'éd. de 1734.

[3] On dit plus communément *s'offrir à*...

[4] L'impertinence de ce langage devrait révolter le maître qu'il raille. Mais Harpagon a tellement perdu le sentiment de sa dignité, qu'il s'en applaudit sottement. Ce caractère niais est-il bien vraisemblable, et le poète n'a-t-il pas forcé la note?

QUESTIONS SUR LE 1er ACTE.

Quel est le sujet du 1er acte?
Comment se fait l'exposition?
Les deux premières scènes sont-elles intéressantes? Que nous apprennent-elles?
Comment se fait l'entrée d'Harpagon?
Analysez la scène du renvoi de la Flèche.
Comment le poète nous dépeint-il, dès leur première rencontre, les rapports du père et de ses enfants?
Quels reproches Harpagon fait-il à son fils?
Comment lui annonce-t-il son projet de mariage avec Mariane?
Comment Élise accueille-t-elle le dessein qu'a son père de l'unir au seigneur Anselme?
Comment Valère remplit-il son office d'arbitre?
Citez quelques-uns des traits les plus comiques de ce 1er acte.

ACTE SECOND

L'usurier.

SCÈNE I
CLÉANTE, LA FLÈCHE.

CLÉANTE.

Ah ! traître que tu es, où t'es-tu donc allé fourrer ? Ne t'avais-je donc pas donné ordre...?

LA FLÈCHE.

Oui, Monsieur, et je m'étais rendu ici pour vous attendre de pied ferme ; mais monsieur votre père, le plus malgracieux [1] des hommes, m'a chassé dehors malgré moi, et j'ai couru risque d'être battu.

CLÉANTE.

Comment va notre affaire ? Les choses pressent plus que jamais ; et, depuis que je t'ai vu, j'ai découvert que mon père est mon rival. Quelle réponse t'a-t-on faite ?

LA FLÈCHE.

Ma foi, Monsieur, ceux qui empruntent sont bien malheureux ; et il faut essuyer d'étranges choses, lorsqu'on en est réduit à passer, comme vous, par les mains des fesse-mathieux [2] !

CLÉANTE.

L'affaire ne se fera point ?

---

[1] *Malgracieux*; pour cet emploi de *mal*, voir le *Misanthrope*, A. I, sc. II, p. 48, n. 2.

[2] « Fesse-mathieu. On appelle ainsi, par mépris, un usurier, un homme qui prête sur gage. Le mot est familier. » (Ac.)
Noël du Fail, auteur du xvi⁰ siècle, explique ainsi ce mot : « A Rennes, on l'eust appelé fesse-matthieu, comme qui diroit batteur de saint Matthieu, qu'on croit avoir esté changeur. » (*Contes*, ch. 16.)
Saint Matthieu, avant sa conversion, avait été publicain, c.-à-d. fermier des deniers publics. De là sans doute la locution *enrichir saint Matthieu*, (enrichir les usuriers) que nous trouvons au xvi⁰ siècle dans Joachim du Bellay.
Selon d'autres, *fesse-mathieu* serait une corruption de *feste*, ou *feste-matthieu*; un homme qui *fête* saint Matthieu, patron des hommes de finance.

LA FLÈCHE.

Pardonnez-moi. Notre maître Simon, le courtier¹ qu'on nous a donné, homme agissant et plein de zèle, dit qu'il a fait rage² pour vous, et il assure que votre seule physionomie lui a gagné le cœur.

CLÉANTE.

J'aurai les quinze mille francs³ que je demande?

LA FLÈCHE.

Oui, mais à quelques petites conditions qu'il faudra que vous acceptiez, si vous avez dessein que les choses se fassent.

CLÉANTE.

T'a-t-il fait parler à celui qui doit prêter l'argent?

LA FLÈCHE.

Ah! vraiment, cela ne va pas de la sorte. Il apporte encore plus de soin à se cacher que vous, et ce sont des mystères bien plus grands que vous ne pensez. On ne veut point du tout dire son nom, et l'on doit aujourd'hui l'aboucher⁴ avec vous dans une maison empruntée, pour être instruit, par votre bouche, de votre bien et de votre famille; et je ne doute point que le seul nom de votre père ne rende les choses faciles.

CLÉANTE.

Et principalement notre mère étant morte, dont on ne peut m'ôter le bien.

LA FLÈCHE.

Voici quelques articles qu'il a dictés lui-même à notre entremetteur, pour vous être montrés avant que de rien faire :

Supposé que le prêteur voie toutes ces sûretés, et que l'emprunteur soit majeur, et d'une famille où le bien soit ample, solide, assuré, clair et net⁵

---

¹ *Courtier*, celui qui, moyennant une prime, s'entremet pour la vente ou l'achat de certaines marchandises, ou pour faire prêter de l'argent. (Ac.)

² *Faire rage*, fig. et fam., faire un grand désordre; il signifie aussi faire des efforts extraordinaires, faire tout son possible. (Ac.)

³ *Le franc*, anciennement synonyme de la livre tournois valant 20 sous. Vaugelas observe qu'on dit indifféremment cinquante livres et cinquante francs, parce que c'est un compte rond; mais, dans un compte rompu, on dit quatre livres dix sous, cent cinquante livres, mille quatre cents livres. (*Item*. dans Pougens.). — Étym. : En 1360, le roi Jean fit frapper une monnaie représentant le roi à cheval et armé de toutes pièces; elle fut nommée *franc à cheval*, à cause de la devise *Francorum rex*, qui y était. (LITTRÉ.)

⁴ *Aboucher*, mettre deux personnes en face l'une de l'autre, face à face, pour ainsi dire bouche à bouche, pour leur ménager un entretien.

⁵ *Net*, en parlant du bien, du revenu, signifie libre de, *quitte de dettes*.

de tout embarras ; on fera une bonne et exacte obligation par-devant un notaire, le plus honnête homme qu'il se pourra, et qui, pour cet effet, sera choisi par le prêteur, auquel il importe le plus que l'acte soit dûment [1] dressé.

CLÉANTE.

Il n'y a rien à dire à cela.

LA FLÈCHE.

Le prêteur, pour ne charger sa conscience d'aucun scrupule, prétend ne donner son argent qu'au denier dix-huit [2].

CLÉANTE.

Au denier dix-huit ? Parbleu ! voilà qui est honnête. Il n'y a pas lieu de se plaindre.

LA FLÈCHE.

Cela est vrai. Mais comme ledit prêteur n'a pas chez lui la somme dont il est question, et que, pour faire plaisir à l'emprunteur, il est contraint lui-même de l'emprunter d'un autre, sur le pied du denier cinq [3], il conviendra que ledit premier emprunteur paye cet intérêt, sans préjudice du reste, attendu que ce n'est que pour l'obliger que ledit prêteur s'engage à cet emprunt.

CLÉANTE.

Comment diable ! quel Juif ! quel Arabe est-ce là ? C'est plus qu'au denier quatre [4].

LA FLÈCHE.

Il est vrai ; c'est ce que j'ai dit. Vous avez à voir là-dessus.

CLÉANTE.

Que veux-tu que je voie ? J'ai besoin d'argent, et il faut bien que je consente à tout.

LA FLÈCHE.

C'est la réponse que j'ai faite.

CLÉANTE.

Il y a encore quelque chose ?

---

[1] *Dûment*, dans la forme due, requise par la loi, selon les formes.
[2] *Au denier dix-huit*, un peu plus de cinq pour cent. V. plus haut, p. 157, n. 4.
[3] *Du denier cinq*, un denier sur cinq prêtés, c.-à-d. vingt pour cent.
[4] *Au denier quatre*, un denier pour quatre prêtés, c.-à-d. vingt-cinq pour cent. Les vingt pour cent ajoutés aux cinq et cinq neuvièmes pour cent demandés d'abord, font en effet plus de vingt-cinq pour cent.

LA FLÈCHE.

Ce n'est plus qu'un petit article.

Des quinze mille francs qu'on demande, le prêteur ne pourra compter en argent que douze mille livres; et, pour les mille écus [1] restants, il faudra que l'emprunteur prenne les hardes, nippes et bijoux [2], dont s'ensuit le mémoire, et que ledit [3] prêteur a mis, de bonne foi, au plus modique prix qu'il lui a été possible.

CLÉANTE.

Que veut dire cela ?

LA FLÈCHE.

Écoutez le mémoire :

Premièrement, un lit de quatre pieds, à bandes de points de Hongrie [4], appliquées fort proprement sur un drap de couleur d'olive, avec six chaises et la courtepointe [5] de même : le tout bien conditionné, et doublé d'un petit taffetas changeant rouge et bleu [6].

Plus, un pavillon à queue, d'une bonne serge d'Aumale rose sèche, avec le mollet et les franges de soie [7].

CLÉANTE.

Que veut-il que je fasse de cela ?

[1] En termes de compte, *écu* signifie une valeur de trois francs. (Ac.) — Les mille écus faisaient les trois mille francs complétant la somme de 15.000.

[2] *Hardes*, s. f. pl., se dit généralement de tout ce qui est d'un usage nécessaire et ordinaire pour l'habillement. (Ac.)
Nippes, s. f., se dit des vêtements, des meubles, et de tout ce qui sert à l'ajustement et à la parure. Son usage le plus ordinaire est au pluriel. (Ac.)
Après les hardes, les nippes, puis les bijoux : il y a gradation.

[3] *Ledit* prêteur. — *Dit*, joint aux articles et aux pronoms pour les choses ou les personnes dont on a parlé, n'est guère d'usage qu'en style de pratique, de formule : *ladite maison, audit lieu, mondit seigneur*. (Ac.)

[4] *Point*, piqûre qui se fait dans de l'étoffe avec une aiguille enfilée de soie, de laine, de fil, etc. — *Point* se dit aussi de certains ouvrages de broderie ou de tapisserie à l'aiguille, qu'on distingue par des noms différents, suivant la manière dont ils sont faits, selon le pays d'où la mode en a été apportée : *point d'Angleterre, point de Hongrie*, etc. (Ac.) — Éd. de 1710, 1734, *point* au sing.

[5] *Courtepointe*, couverture de parade qu'on place sur un lit. (Ac.) — Étym. : *courtepointe* est une fausse prononciation pour *coulte-pointe, coute-pointe*, c.-à-d. une coute (couette, lit de plume) piquée, du lat. *culcita puncta*. (LITTRÉ.)

[6] *Taffetas changeant*, taffetas qui paraît de différentes couleurs, parce que la trame est d'une couleur, et la chaîne d'une autre. (Ac.)

[7] *Pavillon*, en termes de tapissier, tour de lit plissé par en haut, et suspendu au plancher, ou attaché à un petit mât vers le chevet; on dit aujourd'hui *couronne*. (Ac.) — Le *mollet* « est une petite frange large d'un travers de doigt, qui sert à garnir les ameublements. » (FURETIÈRE, 1690.) — L'Académie ne donne plus ce sens.

LA FLÈCHE.

Attendez.

Plus, une tenture de tapisserie, des amours de Gombaut et de Macée¹.

Plus, une grande table de bois de noyer, à douze colonnes ou piliers tournés, qui se tire par les deux bouts, et garnie par le dessous de ses six escabelles.

CLÉANTE.

Qu'ai-je à faire, morbleu...?

LA FLÈCHE.

Donnez-vous patience.

Plus, trois gros mousquets tout garnis de nacre de perle, avec les trois fourchettes assortissantes².

Plus, un fourneau de brique, avec deux cornues et trois récipients, fort utiles à ceux qui sont curieux de distiller.

CLÉANTE.

J'enrage.

LA FLÈCHE.

Doucement.

Plus, un luth de Bologne, garni de toutes ses cordes, ou peu s'en faut.

Plus un trou-madame ³ et un damier, avec un jeu de l'oie renouvelé des Grecs ⁴, fort propres à passer le temps lorsque l'on n'a que faire.

Plus, une peau d'un lézard ⁵, de trois pieds et demi, remplie de foin; curiosité agréable, pour pendre au plancher d'une chambre.

Le tout ci-dessus mentionné valant loyalement plus de quatre mille cinq cents livres, et rabaissé à la valeur de mille écus, par la discrétion du prêteur ⁶.

CLÉANTE.

Que la peste l'étouffe avec sa discrétion, le traître, le bourreau

---

¹ La pastorale de *Gombaut et Macée*, perdue aujourd'hui, alors populaire.

² *Fourchette*, instrument en forme d'Y dont les soldats se servaient autrefois pour appuyer leurs mousquets en tirant. (Ac.)

³ *Trou-madame*, espèce de jeu auquel on joue avec de petites boules ordinairement d'ivoire; il se dit aussi de l'espèce de machine ouverte en forme d'arcades, dans lesquelles on pousse les boules. (Ac.)

⁴ Mme de Sévigné écrivait aussi à sa fille : « Le jeu de l'oie vous a renouvelée, comme il l'a été par les Grecs. »

⁵ Éd. de 1734 : une peau *de* lézard.

⁶ Boisrobert, dans sa comédie de la *Belle Plaideuse*, publiée en 1654, a une scène tout à fait semblable; Molière a détaillé l'inventaire d'une façon plus plaisante et plus dramatique. (Voir les *Grands Écrivains de la France*.)

qu'il est! A-t-on jamais parlé d'une usure semblable? et n'est-il pas content du furieux intérêt qu'il exige, sans vouloir encore m'obliger à prendre, pour trois mille livres, les vieux rogatons[1] qu'il ramasse? Je n'aurai pas deux cents écus de tout cela; et cependant il faut bien me résoudre à consentir à ce qu'il veut; car il est en état de me faire tout accepter, et il me tient, le scélérat, le poignard sur la gorge.

LA FLÈCHE.

Je vous vois, Monsieur, ne vous en déplaise, dans le grand chemin justement que tenait Panurge[2] pour se ruiner, prenant argent d'avance, achetant cher, vendant à bon marché, et mangeant son blé en herbe.

CLÉANTE.

Que veux-tu que j'y fasse? Voilà où les jeunes gens sont réduits par la maudite avarice des pères; et on s'étonne, après cela, que les fils souhaitent qu'ils meurent[3]!

LA FLÈCHE.

Il faut avouer que le vôtre animerait contre sa vilanie[4] le plus posé homme du monde. Je n'ai pas, Dieu merci, les inclinations fort patibulaires[5], et, parmi mes confrères que je vois se mêler de beaucoup de petits commerces, je sais tirer adroitement mon épingle du jeu[6], et me démêler prudemment de toutes les galanteries qui sentent tant soit peu l'échelle[7]; mais, à vous dire vrai, il me donnerait, par ses procédés, des tentations de le voler; et je croirais, en le volant, faire une action méritoire[8].

CLÉANTE.

Donne-moi un peu ce mémoire, que je le voie encore.

[1] *Rogaton* se dit des restes de viandes ramassés; par extension, en littérature, de petits ouvrages de rebut (Ac.); par suite, des objets de rebut.

[2] Allusion au *Pantagruel* de Rabelais, l. III, ch. II : « Comment Panurge fut fait châtelain de Salmigondin en Dipsodie : « Et se gouverna si bien et prudentement Monsieur le nouveau châtelain, qu'en moins de quatorze jours il dilapida le revenu de sa châtellenie pour trois ans, abattant bois, brûlant les grosses souches pour la vente des cendres, prenant argent d'avance, achetant cher, vendant à bon marché, et mangeant son blé en herbe. »

[3] Mot affreux, qui dénote un fils dénaturé. Molière veut montrer les hideux effets de l'avarice : il dépasse ici la mesure; la situation de Cléante n'est pas telle qu'il soit réduit au désespoir.

[4] 1re édition, *vilanie*; éd. de 1675, vilainie; de 1710, vilenie.

[5] *Patibulaires*, qui conduisent au gibet; du lat. *patibulum*, gibet.

[6] Locution qui vient d'un jeu de petites filles : elles mettent des épingles dans un rond, et, avec une balle qui, lancée contre le mur, revient vers le rond, elles essayent d'en faire sortir les épingles; quand on fait sortir la mise, on dit qu'on retire son épingle du jeu. (LITTRÉ.)

[7] L'échelle du gibet.

[8] Morale de fripon.

SCÈNE II

MAITRE SIMON, HARPAGON, CLÉANTE, LA FLÈCHE.

MAÎTRE SIMON.

Oui, Monsieur, c'est un jeune homme qui a besoin d'argent. Ses affaires le pressent d'en trouver, et il en passera par tout ce que vous en [1] prescrirez.

HARPAGON.

Mais croyez-vous, maître Simon, qu'il n'y ait rien à péricliter [2]? et savez-vous le nom, les biens, et la famille de celui pour qui vous parlez?

MAÎTRE SIMON.

Non. Je ne puis pas bien vous en instruire à fond, et ce n'est que par aventure que l'on m'a adressé à lui; mais vous serez de toutes choses éclairci par lui-même, et son homme m'a assuré que vous serez content quand vous le connaîtrez. Tout ce que je saurais vous dire, c'est que sa famille est fort riche, qu'il n'a plus de mère déjà, et qu'il s'obligera, si vous voulez, que son père mourra avant qu'il soit huit mois [3].

HARPAGON.

C'est quelque chose que cela. La charité, maître Simon, nous oblige à faire plaisir aux personnes, lorsque nous le pouvons [4].

MAÎTRE SIMON.

Cela s'entend.

LA FLÈCHE, *bas à Cléante, reconnaissant maître Simon* [5].

Que veut dire ceci? Notre maître Simon qui parle à votre père!

CLÉANTE, *bas à la Flèche.*

Lui aurait-on appris qui je suis? et serais-tu pour nous trahir [6]?

MAÎTRE SIMON, *à Cléante et à la Flèche.*

Ah! ah! vous êtes bien pressés! Qui vous a dit que c'était

---

[1] *En*, là-dessus; usage fréquent au XVIIe siècle.

[2] *Péricliter* est neutre aujourd'hui : *être en péril*; lat. *periculum*, péril.

[3] Rien de plus révoltant. Comment maître Simon peut-il proposer de sang-froid un pareil engagement? comment Harpagon peut-il l'entendre sans protester au nom de la nature? Tant de dégradation resserre l'âme, et la tient fermée au rire.

[4] Ce langage est dans la nature; mais il a trop l'air d'une parodie de la charité.

[5] Cette indication et les suivantes sont de l'éd. de 1734.

[6] Sur la locution, *être pour...*, v. *le Misanthrope*, A. I, sc. I, p. 35.

céans ¹ ? (*A Harpagon.*) Ce n'est pas moi, Monsieur, au moins, qui leur ai découvert votre nom et votre logis; mais à mon avis, il n'y a pas grand mal à cela. Ce sont des personnes discrètes, et vous pouvez ici vous expliquer ensemble ².

HARPAGON.

Comment ?

MAÎTRE SIMON, *montrant Cléante.*

Monsieur est la personne qui veut vous emprunter les quinze mille livres dont je vous ai parlé.

HARPAGON.

Comment, pendard ? c'est toi qui t'abandonnes à ces coupables extrémités ?

CLÉANTE.

Comment, mon père ? c'est vous qui vous portez à ces honteuses actions ³ ?

(*Maître Simon s'enfuit, et la Flèche va se cacher.*) ⁴

SCÈNE III

HARPAGON, CLÉANTE.

HARPAGON.

C'est toi qui te veux ruiner par des emprunts si condamnables ⁵ ?

CLÉANTE.

C'est vous qui cherchez à vous enrichir par des usures si criminelles ?

---

[1] *Céans*, ici dedans; il ne se dit que du lieu où l'on est quand on parle. Il vieillit. (Ac.) — Étym. : çà, *intus*, dedans. (LITTRÉ.)

[2] Maître Simon ignorait que la Flèche eût traité pour le fils d'Harpagon; la rencontre de l'emprunteur et du prêteur dans leur propre maison devient ainsi toute naturelle.

[3] Cette reconnaissance est un coup de théâtre. La situation est vive et va jusqu'au tragique.

L'indignation du père est légitime, quand il reconnaît en son fils un prodigue qui s'endette à son insu. Mais que vaut cette leçon auprès d'un fils qui surprend son père en flagrant délit d'usure ? Le vice de l'avare est ici puni par la plus profonde humiliation ; mais que devient dans ce conflit la dignité paternelle ? Le fils est coupable, le père encore plus ; le fils, loin de s'humilier de sa faute, retourne insolemment le reproche contre son père. Spectacle navrant, nullement salutaire.

[4] Éditions 1682, 1734.

[5] Molière a pris l'idée de cette scène et de la précédente dans la *Belle Plaideuse* de Boisrobert, dont nous avons parlé plus haut, p. 173, n. 6. La situation est absolument la même : Molière n'a fait que la développer d'une manière plus dramatique.

HARPAGON.

Oses-tu bien, après cela, paraître devant moi?

CLÉANTE.

Osez-vous bien, après cela, vous présenter aux yeux du monde[1]?

HARPAGON.

N'as-tu point de honte, dis-moi, d'en venir à ces débauches-là? de te précipiter dans des dépenses effroyables? et de faire une honteuse dissipation du bien que tes parents t'ont ramassé avec tant de sueurs?

CLÉANTE.

Ne rougissez-vous point de déshonorer votre condition par les commerces que vous faites? de sacrifier gloire et réputation au désir insatiable d'entasser écu sur écu? et de renchérir, en fait d'intérêts, sur les plus infâmes subtilités qu'aient jamais inventées les plus célèbres usuriers?

HARPAGON.

Ote-toi de mes yeux, coquin; ôte-toi de mes yeux.

CLÉANTE.

Qui est plus criminel, à votre avis, ou celui qui achète un argent dont il a besoin, ou bien celui qui vole un argent dont il n'a que faire?

HARPAGON.

Retire-toi, te dis-je, et ne m'échauffe pas les oreilles. (*Seul.*) Je ne suis pas fâché de cette aventure, et ce m'est un avis de tenir l'œil plus que jamais sur toutes ses actions [2].

SCÈNE IV

FROSINE, HARPAGON.

FROSINE.

Monsieur...

HARPAGON.

Attendez un moment. Je vais revenir vous parler. (*A part.*) Il est à propos que je fasse un petit tour à mon argent.

---

[1] Les répliques de Cléante, si bien calquées sur les reproches d'Harpagon, reproduisent à merveille les discussions des gens du peuple : chacun, pour avoir le dernier mot, ne cesse de retourner contre son interlocuteur les reproches qu'il en reçoit.

[2] Harpagon est tellement abruti par l'avarice qu'il n'a aucun sentiment de l'injure qui lui est faite. Dans la conduite doublement coupable de son fils à la fois dissipateur et insolent, il ne voit qu'une chose : le tort fait à sa for-

SCÈNE V

LA FLÈCHE, FROSINE.

LA FLÈCHE, *sans voir Frosine* [1].

L'aventure est tout à fait drôle. Il faut bien qu'il ait quelque part un ample magasin de hardes; car nous n'avons rien reconnu au mémoire que nous avons.

FROSINE.

Hé! c'est toi, mon pauvre la Flèche! D'où vient cette rencontre?

LA FLÈCHE.

Ah! ah! c'est toi, Frosine. Que viens-tu faire ici?

FROSINE.

Ce que je fais partout ailleurs; m'entremettre d'affaires, me rendre serviable aux gens, et profiter du mieux qu'il m'est possible, des petits talents que je puis avoir. Tu sais que dans ce monde il faut vivre d'adresse, et qu'aux personnes comme moi le ciel n'a donné d'autres rentes que l'intrigue et que l'industrie [2].

LA FLÈCHE.

As-tu quelque négoce avec le patron du logis?

FROSINE.

Oui, je traite pour lui quelque petite affaire, dont j'espère une récompense.

LA FLÈCHE.

De lui? Ah! ma foi, tu seras bien fine, si tu en tires quelque chose; et je te donne avis que l'argent céans est fort cher.

FROSINE.

Il y a de certains services qui touchent merveilleusement.

LA FLÈCHE.

Je suis votre valet [3], et tu ne connais pas encore le seigneur Harpagon. Le seigneur Harpagon est, de tous les humains, l'humain le moins humain, le mortel, de tous les mortels, le plus dur et le plus serré. Il n'est point de service qui pousse sa reconnaissance jusqu'à lui faire ouvrir les mains. De la louange, de l'estime, de la bienveillance en paroles, et de l'amitié, tant qu'il

---

tune. La seule conclusion qu'il tire de cette scène violente, c'est qu'il faut surveiller davantage les fredaines de Cléante.

[1] Cette indication et les deux premières de la scène suivante viennent de l'éd. de 1734.

[2] Dans la distribution des rôles, Molière appelle Frosine *femme d'intrigue*.

[3] Expression familière, pour dire qu'on refuse de faire ou de croire quelque chose (Ac.)

vous plaira; mais de l'argent, point d'affaires. Il n'est rien de plus sec et de plus aride que ses bonnes grâces et ses caresses; et *donner* est un mot pour qui [1] il a tant d'aversion, qu'il ne dit jamais Je vous donne, mais *Je vous prête le bonjour* [2].

FROSINE.

Mon Dieu, je connais les hommes! J'ai le secret de m'ouvrir leur tendresse, de chatouiller leurs cœurs.

LA FLÈCHE.

Bagatelles ici. Je te défie d'attendrir, du côté de l'argent, l'homme dont il est question. Il est Turc là-dessus, mais d'une turquerie [3] à désespérer tout le monde; et l'on pourrait crever, qu'il n'en [4] branlerait pas. En un mot, il aime l'argent plus que réputation, qu'honneur et que vertu; et la vue d'un demandeur lui donne des convulsions. C'est le frapper par son endroit mortel, c'est lui percer le cœur, c'est lui arracher les entrailles [5], et si... Mais il revient; je me retire.

SCÈNE VI

HARPAGON, FROSINE.

HARPAGON, *bas*.

Tout va comme il faut. *(Haut.)* Hé bien! qu'est-ce, Frosine?

FROSINE.

Ah, mon Dieu! que vous vous portez bien! et que vous avez là un vrai visage de santé!

HARPAGON.

Qui, moi?

FROSINE.

Jamais je ne vous vis un teint si frais et si gaillard [6].

HARPAGON.

Tout de bon?

---

[1] On dit aujourd'hui *pour lequel*.

[2] L'Avare de Plaute était dans les mêmes sentiments :
   Famem hercle utendam si roges, nunquam dabit (A. I, sc. II);
   « Demande à lui emprunter la faim, jamais il ne dira oui. »

[3] *Turc*, c'est-à-dire dur, inexorable; *turquerie*, mot heureux forgé par Molière.

[4] *En*, c.-à-d. pour cela.

[5] Ce portrait d'Harpagon par la Flèche est un des beaux morceaux de la pièce. L'allure et les images du langage populaire donnent à la peinture une vivacité et une vigueur remarquables.

[6] *Gaillard*, sain.

FROSINE.

Comment! vous n'avez de votre vie été si jeune que vous êtes; et je vois des gens de vingt-cinq ans qui sont plus vieux que vous.

HARPAGON.

Cependant, Frosine, j'en ai soixante bien comptés.

FROSINE.

Hé bien! qu'est-ce que cela, soixante ans? voilà bien de quoi [1]! C'est la fleur de l'âge, cela; et vous entrez maintenant dans la belle saison de l'homme [2].

HARPAGON.

Il est vrai; mais vingt années de moins, pourtant, ne me feraient point de mal, que je crois [3].

FROSINE.

Vous moquez-vous? Vous n'avez pas besoin de cela, et vous êtes d'une pâte à vivre jusqu'à cent ans.

HARPAGON.

Tu le crois [4]?

FROSINE.

Assurément. Vous en avez toutes les marques. Tenez-vous un peu. Oh! que voilà bien, entre vos deux yeux, un signe de longue vie!

HARPAGON.

Tu te connais à cela?

FROSINE.

Sans doute. Montrez-moi votre main. Ah, mon Dieu! quelle ligne de vie [5]!

HARPAGON.

Comment?

---

[1] Locution elliptique fam. : ce n'est pas la peine de tant se récrier. (Ac.)

[2] Racine a un trait semblable dans *les Plaideurs*, publiés cette même année 1668, quelques semaines après *l'Avare :*
  CHICANNEAU. Et quel âge avez-vous? Vous avez bon visage.
  LA COMTESSE. Eh! quelque soixante ans.
  CHICANNEAU.   Comment! c'est le bel âge
  Pour plaider. (A. I, sc. VII.)

[3] Tour elliptique pour *à ce que je crois.*

[4] Harpagon tutoie Frosine, comme l'avait fait la Flèche. C'est une entremetteuse de bas étage.

[5] *Ligne* se dit particulièrement des traits ou plis du dedans de la main, dont le principal s'appelle *la ligne de vie*. Les charlatans qui se mêlent de chiromancie, observent les lignes de la main. (Ac.)

ACTE II, SCÈNE VI

FROSINE.

Ne voyez-vous pas jusqu'où va cette ligne-là [1] ?

HARPAGON.

Eh bien, qu'est-ce que cela veut dire ?

FROSINE.

Par ma foi, je disais cent ans; mais vous passerez les six-vingts [2].

HARPAGON.

Est-il possible ?

FROSINE.

Il faudra vous assommer, vous dis-je; et vous mettrez en terre et vos enfants, et les enfants de vos enfants [3].

HARPAGON.

Tant mieux. Comment va notre affaire ?

FROSINE.

Faut-il le demander ? et me voit-on mêler de rien dont je ne vienne à bout ? J'ai, surtout pour les mariages, un talent merveilleux. Il n'est point de partis au monde que je ne trouve en peu de temps le moyen d'accoupler; et je crois, si je me l'étais mis en tête, que je marierais le Grand Turc avec la république de Venise [4]. Il n'y avait pas, sans doute, de si grandes difficultés à cette affaire-ci. Comme j'ai commerce chez elles [5], je les ai à fond l'une et l'autre entretenues de vous; et j'ai dit à la mère le dessein que vous aviez conçu pour Mariane, à la voir passer [6] dans la rue et prendre l'air à sa fenêtre.

HARPAGON.

Qui a fait réponse [7]...

---

[1] Cette scène est tirée d'un passage de l'Arioste :
« PASIPHÈLE. N'êtes-vous pas jeune? — CLÉANDRE. J'ai cinquante ans. — PAS. C'est un très bel âge; à vous voir, on jugerait que vous vivrez au moins cent ans; montrez-moi votre main. — CL. Es-tu habile en chiromancie? — PAS. Plus que personne. Montrez-moi votre main, de grâce. Oh ! quelle belle ligne de vie ! Je n'en ai jamais vu une si longue. » (*I Suppositi*, comédie.)

[2] *Six-vingts*, ancienne manière de compter, c.-à-d. cent vingt. V. *Gr. fr. hist.*, n. 339.

[3] Toutes ces flatteries de Frosine ont pour but de mettre Harpagon de bonne humeur, afin de le disposer à délier sa bourse au moment voulu.

[4] Depuis la prise de Constantinople par les Turcs, en 1453, ces derniers n'avaient pas d'ennemis plus acharnés que les Vénitiens.

[5] Mariane et sa mère.

[6] C.-à-d. *en la voyant passer*...

[7] *Qui* se rapporte à *la mère*.

FROSINE.

Elle a reçu la proposition avec joie; et quand je lui ai témoigné que vous souhaitiez fort que sa fille assistât ce soir au contrat de mariage qui se doit faire de la vôtre, elle y a consenti sans peine, et me l'a confiée pour cela.

HARPAGON.

C'est que je suis obligé, Frosine, de donner à souper au seigneur Anselme; et je serai bien aise qu'elle soit du régal.

FROSINE.

Vous avez raison. Elle doit après dîner rendre visite à votre fille, d'où elle fait son compte d'aller faire un tour à la foire[1], pour venir ensuite au souper.

HARPAGON.

Hé bien! elles iront ensemble dans mon carrosse, que je leur prêterai.

FROSINE.

Voilà justement son affaire.

HARPAGON.

Mais, Frosine, as-tu entretenu la mère touchant le bien qu'elle peut donner à sa fille? Lui as-tu dit qu'il fallait qu'elle s'aidât un peu, qu'elle fit quelque effort, qu'elle se saignât pour une occasion comme celle-ci? Car encore n'épouse-t-on point une fille sans qu'elle apporte quelque chose[2].

FROSINE.

Comment? c'est une fille qui vous apporte douze mille livres de rente.

HARPAGON.

Douze mille livres de rente!

FROSINE.

Oui. Premièrement, elle est nourrie et élevée dans une grande épargne de bouche. C'est une fille accoutumée à vivre de salade, de lait, de fromage et de pommes, et à laquelle, par conséquent, il ne faudra ni table bien servie, ni consommés exquis, ni orges mondés[3] perpétuels, ni les autres délicatesses qu'il faudrait pour

---

[1] Il se tenait deux foires à Paris, la foire Saint-Germain, du 3 février au dimanche des Rameaux, et la foire Saint-Laurent, du 28 juin au 30 septembre. (V. *les Grands Écrivains*...)

[2] L'avare apparaît en tout.

[3] *Orges mondés*, c.-à-d. des tisanes d'orge mondé, boisson rafraichissante faite avec des grains d'orge dépouillés de leur première enveloppe. — *Orge* est du masculin dans les deux seules expressions d'*orge mondé*, *orge perlé* (orge dépouillée de toutes ses enveloppes).

une autre femme; et cela ne va pas à si peu de chose, qu'il ne monte bien, tous les ans, à trois mille francs pour le moins. Outre cela, elle n'est curieuse que d'une propreté fort simple[1], et n'aime point les superbes habits, ni les riches bijoux, ni les meubles somptueux, où donnent ses pareilles avec tant de chaleur; et cet article-là vaut plus de quatre mille livres par an. De plus, elle a une aversion horrible pour le jeu, ce qui n'est pas commun aux femmes d'aujourd'hui; et j'en sais une de nos quartiers, qui a perdu, à trente-et-quarante[2], vingt mille francs cette année[3]. Mais n'en prenons rien que le quart. Cinq mille francs au jeu par an, et quatre mille francs en habits et bijoux, cela fait neuf mille livres; et mille écus que nous mettons pour la nourriture : ne voilà-t-il pas par année vos douze mille francs bien comptés[4]?

HARPAGON.

Oui, cela n'est pas mal; mais ce compte-là n'est rien de réel.

FROSINE.

Pardonnez-moi. N'est-ce pas quelque chose de réel que de vous apporter en mariage une grande sobriété, l'héritage d'un grand amour de simplicité de parure, et l'acquisition d'un grand fonds de haine pour le jeu[5]?

HARPAGON.

C'est une raillerie que de vouloir me constituer son dot[6] de toutes les dépenses qu'elle ne fera point. Je n'irai pas donner quittance de ce que je ne reçois pas; et il faut bien que je touche quelque chose.

---

[1] D'une *propreté*, c.-à-d. d'une mise...

[2] Jeu de hasard qui se joue avec des cartes. (Ac.)

[3] La passion du jeu était alors commune, même parmi les femmes, et elle causait les plus tristes ravages : « Mille gens se ruinent, et vous disent qu'ils ne sauraient se passer de jouer. Quelle excuse! Y a-t-il une passion qui ne pût tenir le même langage? Serait-on reçu à dire qu'on ne peut se passer de voler, d'assassiner? Un jeu effroyable, continuel, sans retenue, sans bornes, où l'on n'a en vue que la ruine totale de son adversaire..., où l'on expose sur une carte ou à la fortune du dé la sienne propre, celle de sa femme ou de ses enfants, est-ce une chose qui soit permise?... Je permets à un fripon de jouer à un grand jeu : je le défends à un honnête homme. » (LA BRUYÈRE.)

[4] Le calcul si ingénieux de Frosine était en même temps une satire indirecte contre le luxe et les folles dépenses des femmes du temps de Molière.

[5] Sous une forme plaisante, le langage de Frosine met en relief des qualités qui dans une maîtresse de maison valent plus qu'une fortune, puisque sans elles les plus grandes richesses sont vite dilapidées, et que par elles l'aisance et le bonheur règnent dans les familles.

[6] *Dot* est aujourd'hui du féminin.

FROSINE.

Mon Dieu! vous toucherez assez; et elles m'ont parlé d'un certain pays, où elles ont du bien, dont vous serez le maître.

HARPAGON.

Il faudra voir cela. Mais, Frosine, il y a encore une chose qui m'inquiète. La fille est jeune, comme tu vois; et les jeunes gens, d'ordinaire, n'aiment que leurs semblables, ne cherchent que leur compagnie. J'ai peur qu'un homme de mon âge ne soit pas de son goût, et que cela ne vienne à produire chez moi certains petits désordres qui ne m'accommoderaient pas.

FROSINE.

Ah! que vous la connaissez mal! C'est encore une particularité que j'avais à vous dire. Elle a une aversion épouvantable pour tous les jeunes gens, et n'a de l'amour que pour les vieillards.

HARPAGON.

Elle?

FROSINE.

Oui, elle. Je voudrais que vous l'eussiez entendue[1] parler là-dessus. Elle ne peut souffrir du tout la vue d'un jeune homme; mais elle n'est point plus ravie, dit-elle, que lorsqu'elle peut voir un beau vieillard avec une barbe majestueuse. Les plus vieux sont pour elle les plus charmants, et je vous avertis de n'aller pas vous faire plus jeune que vous êtes[2]. Elle veut tout au moins qu'on soit sexagénaire; et il n'y a pas quatre mois encore qu'étant prête d'être mariée[3], elle rompit tout net le mariage, sur ce que son amant fit voir qu'il n'avait que cinquante-six ans, et qu'il ne prit point de lunettes pour signer le contrat[4].

HARPAGON.

Sur cela seulement?

FROSINE.

Oui. Elle dit que ce n'est pas contentement pour elle que cinquante-six ans; et surtout, elle est pour les nez qui portent des lunettes.

[1] Molière avait écrit *entendu* sans accord; l'usage était encore indécis sur ce point. (*Gr. fr. hist.*, n. 798.)

[2] Il faudrait aujourd'hui la négation : *que vous n'êtes*. Voir *Gr. fr. hist.*, n. 862.

[3] Au XVIIe siècle, on disait *prêt à* et *prêt de* dans le sens de *sur le point de;* aujourd'hui on dit : *près de* dans ce sens.

[4] Frosine se joue vraiment de la crédulité d'Harpagon : pour donner plus de comique à la scène, le poète fait de son avare un vieillard sot et niais, s'extasiant sur les contes les plus ridicules.

ACTE II, SCÈNE VI

HARPAGON.

Certes, tu me dis là une chose toute nouvelle.

FROSINE.

Cela va plus loin qu'on ne vous peut dire. On lui voit dans sa chambre quelques tableaux et quelques estampes; mais que pensez-vous que ce soit? Des Adonis? des Céphales? des Pâris? et des Apollons[1]? Non. De beaux portraits de Saturne, du roi Priam, du vieux Nestor, et du bon père Anchise sur les épaules de son fils[2].

HARPAGON.

Cela est admirable! Voilà ce que je n'aurais jamais pensé; et je suis bien aise d'apprendre qu'elle est de cette humeur.

FROSINE.

Trouver la jeunesse aimable! Est-ce avoir le sens commun? Sont-ce des hommes que de jeunes blondins[3]?

HARPAGON.

C'est ce que je dis tous les jours; avec leur ton de poule laitée[4], leurs trois petits brins de barbe relevés en barbe de chat, leurs perruques d'étoupes, leurs hauts-de-chausses tombants[5], et leurs estomacs débraillés[6]!

---

[1] Apollon était pour les anciens le type de la beauté de l'homme. L'*Apollon du Belvédère* au Vatican en est resté la représentation la plus parfaite. — Adonis, Céphale, Pâris, jeunes princes de la mythologie ou de l'histoire grecque, célèbres par leur beauté.

[2] Dans la mythologie grecque, Saturne était fils d'Uranus et de Vesta, ou du Ciel et de la Terre, et père des trois principaux dieux, Jupiter, Neptune et Pluton. On le représentait comme un vieillard courbé sous le poids des années, tenant une faux à la main, pour marquer qu'il présidait au temps et à l'agriculture.

Priam, dernier roi de Troie, était arrivé à un âge avancé, quand il fut tué par Pyrrhus, fils d'Achille.

Nestor, roi de Pylos, était le plus vieux de tous les héros de l'armée grecque au siège de Troie.

Anchise, père d'Énée, incapable de fuir à cause de son grand âge et de ses infirmités, dut à la piété de son fils d'échapper aux coups des Grecs : Énée l'emporta sur ses épaules hors de Troie en feu, jusque sur le vaisseau qui devait le porter en Sicile. Il mourut dans cette île, à l'âge de quatre-vingts ans.

[3] *Blondin*, qui a les cheveux blonds. Allusion aux perruques blondes qu'il était alors de mode de porter. Voir *le Misanthrope*, A. II, sc. 1, p. 59.

« *Blondin* se disait figurément et familièrement, au masculin, d'un jeune homme qui fait le beau. » (Ac.)

[4] *Une poule laitée*, c'est un homme faible et sans vigueur. (Ac.)

[5] Pour *hauts-de-chausses*, voir p. 149, n. 4.

[6] Quand le justaucorps (l'habit) était ouvert, la veste (le gilet), au lieu de

FROSINE.

Hé! cela est bien bâti, auprès d'une personne comme vous! Voilà un homme, cela. Il y a là de quoi satisfaire à la vue; et c'est ainsi qu'il faut être fait et vêtu.

HARPAGON.

Tu me trouves bien?

FROSINE.

Comment? vous êtes à ravir, et votre figure est à peindre. Tournez-vous un peu, s'il vous plaît. Il ne se peut pas mieux. Que je vous voie marcher. Voilà un corps taillé, libre et dégagé comme il faut, et qui ne marque aucune incommodité.

HARPAGON.

Je n'en ai pas de grandes, Dieu merci. Il n'y a que ma fluxion[1] qui me prend de temps en temps.

FROSINE.

Cela n'est rien. Votre fluxion ne vous sied point mal, et vous avez grâce à tousser.

HARPAGON.

Dis-moi un peu : Mariane ne m'a-t-elle point encore vu? n'a-t-elle point pris garde à moi en passant?

FROSINE.

Non. Mais nous nous sommes fort entretenues de vous. Je lui ai fait un portrait de votre personne; et je n'ai pas manqué de lui vanter votre mérite, et l'avantage que ce lui serait d'avoir un mari comme vous.

HARPAGON.

Tu as bien fait; je t'en remercie.

FROSINE.

J'aurais, Monsieur, une petite prière à vous faire. (*Il prend un air sérieux.*) J'ai un procès que je suis sur le point de perdre, faute d'un peu d'argent, et vous pourriez facilement me procurer le

---

se boutonner, comme l'ancien pourpoint, jusque par-dessus le haut-de-chausses, laissait voir un gros bouillon de linge; et on s'explique bien que les vastes rhingraves (hauts-de-chausses) pussent sembler mal retenues aux hanches et toutes tombantes. » (Note des *Grands Écrivains...*)

Se débrailler, se découvrir la gorge, l'estomac avec quelque indécence. (AC.)
— Étym. : *Débrailler, dé, braies,* culottes, avoir ses braies mal attachées. (LITTRÉ.)

[1] *Ma fluxion,* c.-à-d. mon rhume, mon catarrhe : « Molière était malade d'une fluxion sur la poitrine qui l'incommodait beaucoup... Il s'était joué lui-même sur cette incommodité dans la Ve scène du IIe acte de l'*Avare.* » (Éditeurs de 1682.)

gain de ce procès, si vous aviez quelque bonté pour moi. Vous ne sauriez croire le plaisir qu'elle aura de vous voir. (*Harpagon reprend un air gai.*) Ah! que vous lui plairez! et que votre fraise[1] à l'antique[2] fera sur son esprit un effet admirable! Mais surtout elle sera charmée de votre haut-de-chausse, attaché au pourpoint[3] avec des aiguillettes. C'est pour la rendre folle de vous; et un amant aiguilleté[4] sera pour elle un ragoût merveilleux.

HARPAGON.

Certes, tu me ravis de me dire cela.

FROSINE.

En vérité, Monsieur, ce procès m'est d'une conséquence[5] tout à fait grande. (*Harpagon reprend son air sérieux.*) Je suis ruinée, si je le perds; et quelque petite assistance me rétablirait mes affaires... Je voudrais que vous eussiez vu le ravissement où elle était, à m'entendre parler de vous. (*Harpagon reprend son air gai.*) La joie éclatait dans ses yeux, au récit de vos qualités; et je l'ai mise enfin dans une impatience extrême de voir ce mariage entièrement conclu.

HARPAGON.

Tu m'as fait grand plaisir, Frosine, et je t'en ai, je te l'avoue, toutes les obligations du monde.

FROSINE.

Je vous prie, Monsieur, de me donner le petit secours que je vous demande. (*Harpagon reprend un air sérieux.*)[6] Cela me remettra sur pied, et je vous en serai éternellement obligée.

HARPAGON.

Adieu. Je vais achever mes dépêches.

FROSINE.

Je vous assure, Monsieur, que vous ne sauriez jamais me soulager dans un plus grand besoin.

---

[1] *Fraise* se dit aussi d'une espèce de collet à plusieurs doubles et à plusieurs plis ou godrons, qui tourne autour du cou, et qui a, par sa forme, quelque ressemblance avec une fraise de veau. (Ac.)

[2] *A l'antique*, à la manière antique. (*Gr. fr. hist.*, n. 542.)

[3] *Le pourpoint* était la partie de l'ancien habillement français qui couvrait le corps depuis le cou jusque vers la ceinture.

[4] *Aiguilleté*, portant des aiguillettes; mot formé par Molière.

[5] *Conséquence* se prend pour *importance* : un homme, une affaire *de conséquence*. (Ac.) — L'adjectif *conséquent* n'a pas ce sens.

[6] Ces habiles reprises de Frosine et les jeux de physionomie d'Harpagon donnent à ce passage une expression des plus comiques.

HARPAGON.

Je mettrai ordre que¹ mon carrosse soit tout prêt, pour vous mener à la foire².

FROSINE.

Je ne vous importunerais pas, si je ne m'y voyais forcée par la nécessité.

HARPAGON.

Et j'aurai soin qu'on soupe de bonne heure, pour ne vous point faire malades³.

FROSINE.

Ne me refusez pas la grâce dont je vous sollicite. Vous ne sauriez croire, Monsieur, le plaisir que...

HARPAGON.

Je m'en vais. Voilà qu'on m'appelle. Jusqu'à tantôt⁴.

FROSINE, *seule*.

Que la fièvre te serre, chien de vilain⁵ à tous les diables! Le ladre a été ferme à toutes mes attaques; mais il ne me faut point pourtant quitter la négociation; et j'ai l'autre côté, en tout cas, d'où je suis assurée de tirer bonne récompense.

QUESTIONS SUR LE IIᵉ ACTE.

Que se passe-t-il au IIᵉ acte ?
Quelles sont les conditions de l'emprunt négocié par la Flèche ?
A quoi se résout Cléante ?
Comment le prêteur et l'emprunteur se reconnaissent-ils ? Quels sont leurs sentiments ?
Comment la Flèche dépeint-il Harpagon à Frosine ?
Analysez la scène d'Harpagon et de Frosine.
Quel portrait Frosine fait-elle de Mariane ?
Quelle est la reconnaissance d'Harpagon ?

---

1 On dit aujourd'hui *mettre ordre à ce que* (subj.).

2 La Flèche l'avait prédit à Frosine (sc. V) : « Il n'est point de service qui pousse sa reconnaissance jusqu'à lui faire ouvrir les mains. »

3 On dit mieux aujourd'hui : *rendre malade*.

4 *A tantôt*, fam., se dit pour exprimer qu'on se reverra, qu'on reparlera de la même affaire dans la même journée. (Ac.)

5 Harpagon a tenu bon ; compliments, flatteries, services, rien n'a pu vaincre sa ladrerie. Le caractère se soutient parfaitement.
La fuite du vieillard oblige Frosine à se retirer de son côté : l'action est suspendue.

ACTE TROISIÈME

Les préparatifs du souper.

SCÈNE I

HARPAGON, CLÉANTE, ÉLISE, VALÈRE, DAME CLAUDE, MAITRE JACQUES, BRINDAVOINE, LA MERLUCHE.

HARPAGON.

Allons. Venez çà tous, que je vous distribue mes ordres pour tantôt, et règle à chacun son emploi [1]. Approchez, dame Claude. Commençons par vous. (*Elle tient un balai.*) Bon, vous voilà les armes à la main. Je vous commets au soin de nettoyer partout; et surtout, prenez garde de ne point frotter les meubles trop fort, de peur de les user. Outre cela, je vous constitue, pendant le souper, au gouvernement des bouteilles; et s'il s'en écarte quelqu'une, et qu'il se casse quelque chose, je m'en prendrai à vous, et le rabattrai sur vos gages.

MAÎTRE JACQUES, *à part*.

Châtiment politique.

HARPAGON, *à dame Claude*.

Allez.

SCÈNE II

HARPAGON, CLÉANTE, ÉLISE, VALÈRE, MAITRE JACQUES, BRINDAVOINE, LA MERLUCHE.

HARPAGON.

Vous, Brindavoine, et vous, la Merluche, je vous établis dans la charge de rincer les verres et de donner à boire; mais seulement lorsque l'on aura soif, et non pas selon la coutume de certains impertinents [2] de laquais qui viennent provoquer les

---

[1] Cette ouverture de scène est des plus pittoresques. Harpagon, entouré de ses enfants et des gens de sa maison, distribue ses ordres avec la solennité d'un général, au matin d'une bataille. L'intérêt pour Harpagon n'est pas moins considérable : il s'agit, en traitant ses hôtes, de dépenser le moins possible.
Les minutieuses recommandations qu'il fait à chacun, et les curieuses saillies qu'elles provoquent, remplissent la première moitié de cet acte du comique le plus divertissant.

[2] *Impertinents*, qui agissent mal à propos; c'est le sens étymologique.

gens, et les faire aviser de boire, lorsqu'on n'y songe pas. Attendez qu'on vous en demande plus d'une fois, et vous ressouvenez de porter toujours beaucoup d'eau.

MAÎTRE JACQUES, *à part* [1].

Oui ; le vin pur monte à la tête.

LA MERLUCHE.

Quitterons-nous nos souquenilles [2], Monsieur?

HARPAGON.

Oui, quand vous verrez venir les personnes ; et gardez bien de gâter vos habits.

BRINDAVOINE.

Vous savez bien, Monsieur, qu'un des devants de mon pourpoint est couvert d'une grande tache de l'huile de la lampe.

LA MERLUCHE.

Et moi, Monsieur, que j'ai mon haut-de-chausses tout troué par derrière, et qu'on me voit, révérence parler...

HARPAGON, *à la Merluche.*

Paix ! Rangez cela adroitement du côté de la muraille, et présentez toujours le devant au monde. (*Harpagon met son chapeau au-devant de son pourpoint pour montrer à Brindavoine comment il doit faire pour cacher la tache d'huile.*) Et vous, tenez toujours votre chapeau ainsi, lorsque vous servirez [3].

SCÈNE III

HARPAGON, CLÉANTE, ÉLISE, VALÈRE, MAITRE JACQUES.

HARPAGON.

Pour vous, ma fille, vous aurez l'œil sur ce que l'on desservira, et prendrez garde qu'il ne s'en fasse aucun dégât. Cela sied bien aux filles. Mais cependant préparez-vous à bien recevoir ma maîtresse [4] qui vous doit venir visiter, et vous mener avec elle à la foire. Entendez-vous ce que je vous dis [5] ?

ÉLISE.

Oui, mon père.

---

[1] Édit. 1734. — Maître Jacques a toujours son petit mot à dire.

[2] *Souquenille*, s. f., espèce de surtout fort long, fait de grosse toile, et que prennent ordinairement les cochers et les palefreniers, pour s'en couvrir quand ils pansent les chevaux. (Ac.)

[3] Chez Harpagon, on ne voit que saleté, habits en loques, effets de son avarice.

[4] *Ma maîtresse*, ma fiancée, comme dans *le Cid*.

[5] Élise affecte la distraction : Harpagon insiste.

SCÈNE IV

HARPAGON, CLÉANTE, VALÈRE, MAITRE JACQUES.

HARPAGON.

Et vous, mon fils le damoiseau[1], à qui j'ai la bonté de pardonner l'histoire de tantôt, ne vous allez pas aviser non plus de lui faire mauvais visage.

CLÉANTE.

Moi, mon père, mauvais visage! Et par quelle raison?

HARPAGON.

Mon Dieu, nous savons le train[2] des enfants dont les pères se remarient, et de quel œil ils ont coutume de regarder ce qu'on appelle belle-mère. Mais si vous souhaitez que je perde le souvenir de votre dernière fredaine[3], je vous recommande, surtout, de régaler d'un bon visage cette personne-là, et de lui faire enfin tout le meilleur accueil qu'il vous sera possible.

CLÉANTE.

A vous dire le vrai[4], mon père, je ne puis pas vous promettre d'être bien aise qu'elle devienne ma belle-mère. Je mentirais, si je vous le disais; mais, pour ce qui est de la bien recevoir, et de lui faire bon visage, je vous promets de vous obéir ponctuellement sur ce chapitre.

HARPAGON.

Prenez-y garde au moins.

CLÉANTE.

Vous verrez que vous n'aurez pas sujet de vous en plaindre.

HARPAGON.

Vous ferez sagement.

SCÈNE V

HARPAGON, VALÈRE, MAITRE JACQUES.

HARPAGON.

Valère, aide-moi à ceci. Oh çà, maître Jacques, approchez-vous; je vous ai gardé pour le dernier.

---

[1] Pour *damoiseau*, voir plus haut, p. 160, n. 3.
[2] *Train*, allure; ici, conduite, manière d'être.
[3] *Fredaine*, faute, folie de jeunesse.
[4] On supprime aussi l'article : *à vous dire vrai*. (Ac.)

MAÎTRE JACQUES.

Est-ce à votre cocher, Monsieur, ou bien à votre cuisinier, que vous voulez parler? car je suis l'un et l'autre [1].

HARPAGON.

C'est à tous les deux.

MAÎTRE JACQUES.

Mais à qui des deux le premier?

HARPAGON.

Au cuisinier.

MAÎTRE JACQUES.

Attendez donc, s'il vous plaît.

(*Il ôte sa casaque de cocher, et paraît vêtu en cuisinier.*)

HARPAGON.

Quelle diantre [2] de cérémonie est-ce là?

MAÎTRE JACQUES.

Vous n'avez qu'à parler.

HARPAGON.

Je me suis engagé, maître Jacques, à donner ce soir à souper.

MAÎTRE JACQUES, *à part*.

Grande merveille!

HARPAGON.

Dis-moi un peu, nous feras-tu bonne chère [3]?

MAÎTRE JACQUES.

Oui, si vous me donnez bien de l'argent.

HARPAGON.

Que diable [4]! toujours de l'argent! Il semble qu'ils n'aient autre chose à dire, de l'argent, de l'argent, de l'argent! Ah! ils n'ont que ce mot à la bouche, de l'argent! toujours parler d'argent! Voilà leur épée de chevet [5], de l'argent!

---

[1] Question malicieuse, voisine de l'impertinence. De qui l'Avare est-il respecté?

[2] *Diantre*, euphémisme pour *diable*, se construit comme ce mot.

[3] *Faire bonne chère*, faire un bon repas. — *Chère* signifie aussi accueil, réception; c'est même son sens primitif; car *chère* vient du latin *cara*, visage, en grec χάρα, tête; de là faire bon visage, bon accueil, bonne réception.

[4] *Que diable!* tournure elliptique pour *que diable dites-vous?* phrase donnée par l'Académie.

[5] On dit prov. et fig., *c'est son épée de chevet*, c'est la personne ou la chose dont on se sert dans toutes sortes d'affaires, soit pour le conseil, soit pour l'exécution. (Ac.) — Épée de chevet, propr., l'arme qu'on place la nuit à son chevet, qu'on ne quitte jamais; ici, l'argument qu'on fait valoir en toute circonstance.

ACTE III, SCÈNE V

VALÈRE.

Je n'ai jamais vu de réponse plus impertinente que celle-là. Voilà une belle merveille que de faire bonne chère avec bien de l'argent! C'est une chose la plus aisée du monde, et il n'y a si pauvre esprit qui n'en fît bien autant; mais, pour agir en habile homme, il faut parler de faire bonne chère avec peu d'argent.

MAÎTRE JACQUES.

Bonne chère avec peu d'argent?

VALÈRE.

Oui.

MAÎTRE JACQUES, *à Valère.*

Par ma foi, Monsieur l'intendant, vous nous obligerez de nous faire voir ce secret, et de prendre mon office de cuisinier; aussi bien vous mêlez-vous céans d'être le factoton[1].

HARPAGON.

Taisez-vous. Qu'est-ce qu'il nous faudra?

MAÎTRE JACQUES.

Voilà Monsieur votre intendant, qui vous fera bonne chère pour peu d'argent.

HARPAGON.

Haye[2]! je veux que tu me répondes.

MAÎTRE JACQUES.

Combien serez-vous de gens à table?

HARPAGON.

Nous serons huit ou dix; mais il ne faut prendre que huit. Quand il y a à manger pour huit, il y en a bien pour dix.

VALÈRE.

Cela s'entend.

MAÎTRE JACQUES.

Eh bien, il faudra quatre grands potages et cinq assiettes[3]... Potages... Entrées[4].

---

[1] *Factotum*, s. m., mot emprunté du latin : celui qui se mêle, qui s'ingère de tout dans une maison. On prononce *factotome* : autrefois on prononçait et plusieurs écrivaient, *factoton*. (Ac.) — Étym. : *fac-ere*, faire, *totum*, toute chose.

[2] L'Académie ne donne plus *haye*; elle écrit *aïe*, exclamation de douleur, et *hate*, cri des charretiers.

[3] *Cinq assiettes*, cinq services.

[4] *Entrée*, en termes de cuisine, se dit de certains mets qui se servent au commencement du repas, avec le bœuf. (Ac.)

HARPAGON.

Que diable! voilà pour traiter toute une ville entière.

MAÎTRE JACQUES.

Rôt[1]...

HARPAGON, *lui mettant la main sur la bouche.*

Ah! traître, tu manges tout mon bien.

MAÎTRE JACQUES.

Entremets[2]...

HARPAGON, *mettant encore la main sur la bouche de maître Jacques.*

Encore[3]?

VALÈRE, *à maître Jacques.*

Est-ce que vous avez envie de faire crever tout le monde? et Monsieur a-t-il invité des gens pour les assassiner à force de mangeaille? Allez-vous-en lire un peu les préceptes de la santé, et demander aux médecins, s'il y a rien de plus préjudiciable à l'homme que de manger avec excès[4].

HARPAGON.

Il a raison.

VALÈRE.

Apprenez, maître Jacques, vous et vos pareils, que c'est un coupe-gorge qu'une table remplie de trop de viandes[5]; que pour se bien montrer ami de ceux que l'on invite, il faut que la frugalité règne dans les repas qu'on donne; et que, suivant le dire d'un ancien *il faut manger pour vivre, et non pas vivre pour manger*[6].

HARPAGON.

Ah, que cela est bien dit! Approche, que je t'embrasse pour ce mot. Voilà la plus belle sentence que j'aie entendue de ma vie: *il faut vivre pour manger, et non pas manger pour viv*... Non, ce n'est pas cela. Comment est-ce que tu dis?

[1] *Rôt*, s. m., du rôti, viande rôtie à la broche. (Ac.)
[2] *Entremets*, ce qui se sert sur la table après le rôti, et avant le dessert. (Ac.)
[3] Molière a écrit *encor*, comme il le faisait souvent, sans *e*.
[4] Valère, fidèle à son rôle de flatteur, s'élève contre le menu de maître Jacques.
[5] *Viandes*, c.-à-d. mets, aliments en général; vieux sens conforme à l'étymologie du mot: bas-latin *vivenda*.
[6] C'était un adage latin: *ede ut vivas, ne vivas ut edas*. On le trouve dans la *Rhétorique à Hérennius* (l. IV, ch. 28): *esse oportet ut vivas, non vivere ut edas*. « Le sage Socrate, dit Plutarque, avait coutume de dire que les hommes vicieux vivent pour manger et pour boire, mais que les gens de bien boivent et mangent pour vivre. » (*Lecture des poètes.*)

ACTE III, SCÈNE V

VALÈRE.

Qu'*il faut manger pour vivre, et non pas vivre pour manger*.

HARPAGON, *à maître Jacques.*

Oui. Entends-tu? (*A Valère.*) Qui [1] est le grand homme qui a dit cela?

VALÈRE.

Je ne me souviens pas maintenant de son nom.

HARPAGON.

Souviens-toi de m'écrire ces mots. Je les veux faire graver en lettres d'or sur la cheminée de ma salle [2].

VALÈRE.

Je n'y manquerai pas. Et pour votre souper, vous n'avez qu'à me laisser faire. Je réglerai tout cela comme il faut.

HARPAGON.

Fais donc.

MAÎTRE JACQUES.

Tant mieux, j'en aurai moins de peine.

HARPAGON, *à Valère.*

Il faudra de ces choses dont on ne mange guère, et qui rassasient d'abord; quelque bon haricot [3] bien gras, avec quelque pâté en pot [4] bien garni de marrons.

VALÈRE.

Reposez-vous sur moi.

HARPAGON.

Maintenant, maître Jacques, il faut nettoyer mon carrosse.

MAÎTRE JACQUES.

Attendez. Ceci s'adresse au cocher. (*Maître Jacques remet sa casaque.*) Vous dites...

---

[1] On dirait plutôt aujourd'hui : *quel est le grand homme...*

[2] *En lettres d'or* : « Quel luxe! quelle dépense! Harpagon peut-il mieux témoigner son admiration pour cette belle sentence d'hygiène économique? » (AUGER.)

[3] *Haricot* a ici son sens primitif de l'ancienne langue : espèce de ragoût fait avec du mouton et des navets, ou plus ordinairement aujourd'hui avec du mouton et des pommes de terre. (AC.)
Le légume que nous appelons aujourd'hui *haricot*, ne paraît avoir reçu ce nom que vers la fin du XVIIe siècle; on disait auparavant *fève, fève blanche,* ou même *fève de haricot*, peut-être parce qu'elle s'unissait très bien avec le mouton en *haricot* ou autrement. (V. LITTRÉ.)

[4] Le pâté cuit dans un pot est le plus commun et le plus lourd.

HARPAGON.

Qu'il faut nettoyer mon carrosse, et tenir mes chevaux tout prêts pour conduire à la foire...

MAÎTRE JACQUES.

Vos chevaux, Monsieur? Ma foi, ils ne sont point du tout en état de marcher. Je ne vous dirai point qu'ils sont sur la litière, les pauvres bêtes n'en ont point, et ce serait mal parler : mais vous leur faites observer des jeûnes si austères, que ce ne sont plus rien que des idées ou des fantômes, des façons de chevaux[1].

HARPAGON.

Les voilà bien malades; ils ne font rien.

MAÎTRE JACQUES.

Et pour ne faire rien, Monsieur, est-ce qu'il ne faut rien manger? Il leur vaudrait bien mieux, les pauvres animaux, de travailler beaucoup, de manger de même. Cela me fend le cœur, de les voir ainsi exténués[2]; car, enfin, j'ai une tendresse pour mes chevaux, qu'il[3] me semble que c'est moi-même, quand je les vois pâtir; je m'ôte tous les jours pour eux les choses de la bouche; et c'est être, Monsieur, d'un naturel trop dur, que de n'avoir nulle pitié de son prochain[4].

HARPAGON.

Le travail ne sera pas grand, d'aller jusqu'à la foire.

MAÎTRE JACQUES.

Non, Monsieur, je n'ai pas le courage de les mener, et je ferais conscience de leur donner des coups de fouet, en l'état où ils sont. Comment voudriez-vous qu'ils traînassent un carrosse? Ils ne peuvent pas se traîner eux-mêmes[5].

---

[1] *Des façons* de chevaux, c.-à-d. des apparences de chevaux. C'est ainsi qu'on dit fam., *c'est une façon de bel esprit, de brave*, etc., en parlant d'un homme qui se donne pour bel esprit, pour brave, etc., et qui n'en a guère que l'apparence. (Ac.)

[2] Rien de plus plaisant que cet attendrissement, moitié sincère, moitié affecté, de maître Jacques.

[3] Le *que* dépend de l'adjectif *telle* ou *si grande* sous-entendu.

[4] Toute cette scène étincelle de traits d'esprit et de mots comiques.

[5] « Dans l'*historiette* de Jacques Tardieu, le fameux lieutenant-criminel assassiné avec sa femme en 1665, Tallemant des Réaux parle aussi de leurs chevaux que le jeûne exténuait : « Sa mère, son mari et elle (*la lieutenante*) n'ont pour tous valets qu'un cocher; le carrosse est si méchant et les chevaux aussi, qu'ils ne peuvent aller : la mère donne l'avoine elle-même; ils ne mangent pas leur soûl. » (*Les Grands Écrivains*...)

VALÈRE.

Monsieur, j'obligerai le voisin le Picard[1] à se charger de les conduire : aussi bien nous fera-t-il ici besoin[2] pour apprêter le souper.

MAÎTRE JACQUES.

Soit. J'aime mieux encore qu'ils meurent sous la main d'un autre que sous la mienne.

VALÈRE.

Maître Jacques fait bien le raisonnable[3].

MAÎTRE JACQUES.

Monsieur l'intendant fait bien le nécessaire.

HARPAGON.

Paix !

MAÎTRE JACQUES.

Monsieur, je ne saurais souffrir les flatteurs ; et je vois que ce qu'il en fait, que ses contrôles perpétuels sur le pain et le vin, le bois, le sel et la chandelle, ne sont rien que pour vous gratter[4] et vous faire sa cour. J'enrage de cela, et je suis fâché tous les jours d'entendre ce qu'on dit de vous : car, enfin, je me sens pour vous de la tendresse, en dépit que j'en aie[5] ; et, après mes chevaux, vous êtes la personne que j'aime le plus.

HARPAGON.

Pourrais-je savoir de vous, maître Jacques, ce que l'on dit de moi ?

MAÎTRE JACQUES.

Oui, Monsieur, si j'étais assuré que cela ne vous fâchât point[6].

HARPAGON.

Non, en aucune façon.

MAÎTRE JACQUES.

Pardonnez-moi ; je sais fort bien que je vous mettrais en colère.

HARPAGON.

Point du tout ; au contraire, c'est me faire plaisir, et je suis bien aise d'apprendre comme on parle de moi.

---

[1] On désignait généralement les gens de condition commune par le nom de la province où ils étaient nés.

[2] *Faire besoin*, être nécessaire ; locution vieillie.

[3] *Raisonnable*, c.-à-d. raisonneur ; il n'a plus ce sens.

[4] *Gratter*, au fig., flatter.

[5] *En dépit qu'il en ait,* fam., malgré qu'il en ait. (Ac.) — La locution primitive était sans doute : *quelque dépit que j'en aie.*

[6] Maître Jacques prend ses précautions ; elles ne le protégeront guère.

MAÎTRE JACQUES.

Monsieur, puisque vous le voulez, je vous dirai franchement qu'on se moque partout de vous, qu'on nous jette de tous côtés cent brocards[1] à votre sujet, et que l'on n'est point plus ravi que de faire sans cesse des contes de votre lésine[2]. L'un dit que vous faites imprimer des almanachs particuliers, où vous faites doubler les quatre-temps et les vigiles, afin de profiter des jeûnes où vous obligez votre monde; l'autre, que vous avez toujours une querelle toute prête à faire à vos valets dans le temps des étrennes[3], ou de leur sortie d'avec vous, pour vous trouver une raison de ne leur donner rien. Celui-là conte qu'une fois vous fîtes assigner le chat d'un de vos voisins, pour vous avoir mangé un reste d'un gigot de mouton[4]; celui-ci, que l'on vous surprit, une nuit, en venant dérober vous-même l'avoine de vos chevaux; et que votre cocher, qui était celui d'avant moi, vous donna dans l'obscurité je ne sais combien de coups de bâton, dont vous ne voulûtes rien dire. Enfin, voulez-vous que je vous dise? on ne saurait aller nulle part où l'on ne vous entende accommoder de toutes pièces[5]. Vous êtes la fable[6] et la risée de tout le monde, et jamais on ne parle de vous que sous les noms d'avare, de ladre, de vilain et de fesse-mathieu[7].

HARPAGON, *en battant maître Jacques.*

Vous êtes un sot, un maraud, un coquin et un impudent.

---

[1] *Brocard*, raillerie piquante.

[2] *Lésine*, épargne sordide et raffinée jusque dans les moindres choses. (Ac.)
— Étym. : Ital. *lesina*, alêne de cordonnier. *La Lesina*, d'après un livre imprimé sur ce sujet en 1589, était une compagnie d'avares qui raccommodaient eux-mêmes leurs souliers et savates, et comme il faut pour cela une alêne, *lesina*, ils en prirent le nom. De là le sens d'épargne sordide. (V. LITTRÉ.)

[3] Un vieil avare avait mérité l'épitaphe suivante :
    Ici-gît, sous ce marbre blanc,
    Le plus avare homme de Rennes,
    Qui, pour ne point donner d'étrennes,
    Mourut exprès le jour de l'an. (LEMAÎTRE.)

[4] Dans Plaute, Euclion aussi voulait faire citer un épervier qui lui avait dérobé de la bouillie (A. II, sc. IV).

[5] Iron. et fam., *il l'a bien accommodé*, il l'a maltraité. On dit dans le même sens, *accommoder qq. de toutes pièces, l'accommoder d'importance*. (Ac.)

[6] *La fable*, l'entretien, dans un sens défavorable.
    Suis-je, sans le savoir, *la fable* de l'armée? (RAC., *Iph.* II, VII.)

[7] Maître Jacques n'y met aucun ménagement; sa franchise a presque l'insolence d'une vengeance; l'occasion est trop belle pour ne point décharger son cœur, en disant au vieil avare tout son fait.

MAÎTRE JACQUES.

Eh bien, ne l'avais-je pas deviné? Vous ne m'avez pas voulu croire. Je vous avais bien dit que je vous fâcherais de vous dire la vérité.

HARPAGON.

Apprenez à parler.

SCÈNE VI

VALÈRE, MAITRE JACQUES.

VALÈRE, *riant*.

A ce que je puis voir, maître Jacques, on paye mal votre franchise.

MAÎTRE JACQUES.

Morbleu, Monsieur le nouveau venu[1], qui faites l'homme d'importance, ce n'est pas votre affaire. Riez de vos coups de bâton quand on vous en donnera, et ne venez point rire des miens.

VALÈRE.

Ah! Monsieur maître Jacques, ne vous fâchez pas, je vous prie.

MAÎTRE JACQUES, *à part*.

Il file doux. Je veux faire le brave, et s'il est assez sot pour me craindre, le frotter quelque peu. (*Haut.*) Savez-vous bien, Monsieur le rieur, que je ne ris pas, moi; et que si vous m'échauffez la tête, je vous ferai rire d'une autre sorte?

(*Maître Jacques pousse Valère jusques au bout du théâtre en le menaçant.*)

VALÈRE.

Eh! doucement.

MAÎTRE JACQUES.

Comment, doucement? Il ne me plaît pas, moi[2].

VALÈRE.

De grâce!

MAÎTRE JACQUES.

Vous êtes un impertinent.

VALÈRE.

Monsieur maître Jacques!

---

[1] Il y a de la rancune et de la jalousie chez maître Jacques.
[2] Molière a mis aussi ce mot fier et hautain dans la bouche de Célimène (*Misanthrope*, A. IV, sc. III).

MAÎTRE JACQUES.

Il n'y a point de Monsieur maître Jacques pour un double¹. Si je prends un bâton, je vous rosserai d'importance.

VALÈRE.

Comment! un bâton? (*Valère fait reculer maître Jacques à son tour.*)

MAÎTRE JACQUES.

Eh! je ne parle pas de cela ².

VALÈRE.

Savez-vous bien, Monsieur le fat, que je suis homme à vous rosser vous-même?

MAÎTRE JACQUES.

Je n'en doute pas.

VALÈRE.

Que vous n'êtes, pour tout potage, qu'un faquin ³ de cuisinier?

MAÎTRE JACQUES.

Je le sais bien.

VALÈRE.

Et que vous ne me connaissez pas encore?

MAÎTRE JACQUES.

Pardonnez-moi.

VALÈRE.

Vous me rosserez, dites-vous?

MAÎTRE JACQUES.

Je le disais en raillant.

VALÈRE.

Et moi je ne prends point de goût à votre raillerie. (*Donnant des coups de bâton à maître Jacques.*) Apprenez que vous êtes un mauvais railleur.

MAÎTRE JACQUES, *seul*.

Peste soit de la sincérité! c'est un mauvais métier. Désormais j'y renonce ⁴, et je ne veux plus dire vrai. Passe encore pour mon maître, il a quelque droit de me battre : mais, pour ce Monsieur l'intendant, je m'en vengerai si je puis ⁵.

¹ Le double était une monnaie valant deux deniers.
² Maître Jacques, brave tant qu'il se croit le plus fort, commence à filer doux, dès qu'il rencontre de la résistance.
³ Pour *faquin*, voir le *Misanthrope*, A. I, sc. I, p. 35. — *Pour tout potage*, loc. adv. et fig., pour toute chose. (Ac.)
⁴ Conclusion exagérée. Maître Jacques, tout brave homme qu'il est, manque à la fois de prudence, d'éducation et de raison.
⁵ La vengeance viendra, et ne sera pas inutile au dénouement. C'est ce qui justifie cette scène entre maître Jacques et l'intendant.

SCÈNE VII

MARIANE, FROSINE, MAITRE JACQUES.

FROSINE.

Savez-vous, maître Jacques, si votre maître est au logis?

MAÎTRE JACQUES.

Oui vraiment, il y est; je ne le sais que trop.

FROSINE.

Dites-lui, je vous prie, que nous sommes ici.

SCÈNE VIII

MARIANE, FROSINE.

MARIANE.

Ah! que je suis, Frosine, dans un étrange état! et s'il faut dire ce que je sens, que j'appréhende cette vue [1]!

FROSINE.

Mais pourquoi, et quelle est votre inquiétude?

MARIANE.

Hélas! me le demandez-vous? et ne vous figurez-vous point les alarmes d'une personne toute prête à voir le supplice où l'on veut l'attacher?

FROSINE.

Je vois bien que, pour mourir agréablement, Harpagon n'est pas le supplice que vous voudriez embrasser; et je connais, à votre mine, que le jeune blondin [2] dont vous m'avez parlé, vous revient à l'esprit.

MARIANE.

Oui, c'est une chose, Frosine, dont je ne veux pas me défendre; et les visites respectueuses qu'il a rendues chez nous, ont fait, je vous l'avoue, quelque effet dans mon âme.

FROSINE.

Mais avez-vous su quel il est [3]?

---

[1] *La vue* d'Harpagon qui va venir. — « Mariane n'a point encore vu Harpagon; Harpagon ne s'est pas même présenté chez elle; comment ne cherche-t-elle pas à s'excuser sur l'inconvenance de sa démarche? Comment une jeune fille vient-elle ainsi chez celui qui veut l'épouser? Enfin comment se fait-il que Mariane ait été confiée par sa mère à une femme comme Frosine? Voilà bien des inconvenances. » (A. MARTIN.)

[2] Cléante.

[3] On dirait aujourd'hui *qui il est*. C'est le contraire de l'usage signalé plus haut, A. III, sc. V, p. 195, n. 1.

MARIANE.

Non, je ne sais point quel il est; mais je sais qu'il est fait d'un air à se faire aimer; que si l'on pouvait mettre les choses à mon choix, je le prendrais plutôt qu'un autre; et qu'il ne contribue pas peu à me faire trouver un tourment effroyable dans l'époux qu'on veut me donner.

FROSINE.

Mon Dieu; tous ces blondins sont agréables, et débitent fort bien leur fait; mais la plupart sont gueux comme des rats, et il vaut mieux, pour vous, de [1] prendre un vieux mari qui vous donne beaucoup de bien. Je vous avoue qu'il y a quelques petits dégoûts à essuyer avec un tel époux; mais cela n'est pas pour durer; et sa mort, croyez-moi, vous mettra bientôt en état d'en prendre un plus aimable, qui réparera toutes choses.

MARIANE.

Mon Dieu! Frosine, c'est une étrange affaire, lorsque, pour être heureuse, il faut souhaiter ou attendre le trépas de quelqu'un, et la mort ne suit pas [2] tous les projets que nous faisons.

FROSINE.

Vous moquez-vous? Vous ne l'épousez qu'aux conditions de vous laisser veuve bientôt; et ce doit être là un des articles du contrat [3]. Il serait bien impertinent de ne pas mourir dans trois mois. Le voici en propre personne.

MARIANE.

Ah! Frosine, quelle figure!

SCÈNE IX

HARPAGON, MARIANE, FROSINE.

HARPAGON, à *Mariane*.

Ne vous offensez pas, ma belle, si je viens à vous avec des lunettes. Je sais que vos appas frappent assez les yeux, sont assez visibles d'eux-mêmes, et qu'il n'est pas besoin de lunettes pour les apercevoir : mais enfin, c'est avec des lunettes qu'on observe les astres, et je maintiens et garantis que vous êtes un

---

[1] *Il vaut mieux* ne prend plus *de* que devant l'infinitif qui est le second membre de la comparaison. (*Gr. fr. hist.*, 762.)

[2] *Ne suit pas*, n'accomplit pas.

[3] Frosine ne cherche, par ces plaisanteries grossières, qu'à tranquilliser Mariane sur son avenir. Ce qui lui importe, c'est que le mariage soit conclu et lui rapporte sa prime d'entremetteuse; le bonheur ou le malheur de Mariane la touche peu.

astre, mais un astre, le plus bel astre qui soit dans le pays des astres [1]. Frosine, elle ne répond mot, et ne témoigne, ce me semble, aucune joie de me voir.

FROSINE.

C'est qu'elle est encore toute surprise; et puis, les filles ont toujours honte à témoigner d'abord ce qu'elles ont dans l'âme.

HARPAGON, *à Frosine.*

Tu as raison. (A Mariane.) Voilà, belle mignonne, ma fille qui vient vous saluer.

SCÈNE X

HARPAGON, ÉLISE, MARIANE, FROSINE.

MARIANE.

Je m'acquitte bien tard, Madame, d'une telle visite.

ÉLISE.

Vous avez fait, Madame [2], ce que je devais faire; et c'était à moi de vous prévenir.

HARPAGON.

Vous voyez qu'elle est grande; mais mauvaise herbe croît toujours.

MARIANE, *bas à Frosine.*

Oh! l'homme déplaisant!

HARPAGON, *bas à Frosine.*

Que dit la belle?

FROSINE.

Qu'elle vous trouve admirable.

HARPAGON.

C'est trop d'honneur que vous me faites, adorable mignonne [3],

MARIANE, *à part.*

Quel animal!

---

[1] Le vieil Harpagon est grotesque à force de faire l'aimable.

[2] Cet emploi du mot *Madame* entre deux jeunes filles nous paraît cérémonieux; c'était sans doute reçu dans un certain monde bourgeois. Était-ce une manière de copier la haute société, ou bien serait-ce par une réserve de bon goût qu'on évitait de se servir de la qualification de *Mademoiselle*, dont la partie principale, le nom *Demoiselle*, était un titre nobiliaire? (*Les Grands Écrivains...*)

[3] Ces mots doucereux dans la bouche du vieil avare font l'effet le plus désagréable; ils excusent un peu le mot grossier qui échappe à Mariane.

HARPAGON.

Je vous suis trop obligé de ces sentiments.

MARIANE, à part.

Je n'y puis plus tenir.

SCÈNE XI

HARPAGON, MARIANE, ÉLISE, CLÉANTE, VALÈRE, FROSINE, BRINDAVOINE.

HARPAGON.

Voici mon fils aussi, qui vous vient faire la révérence.

MARIANE, bas à Frosine.

Ah! Frosine, quelle rencontre! C'est justement celui dont je t'ai parlé.

FROSINE, à Mariane.

L'aventure est merveilleuse.

HARPAGON.

Je vois que vous vous étonnez de me voir de si grands enfants; mais je serai bientôt défait et de l'un et de l'autre [1].

CLÉANTE, à Mariane.

Madame, à vous dire le vrai, c'est ici une aventure où [2] sans doute je ne m'attendais pas; et mon père ne m'a pas peu surpris lorsqu'il m'a dit tantôt le dessein qu'il avait formé.

MARIANE.

Je puis dire la même chose. C'est une rencontre imprévue qui m'a surprise autant que vous; et je n'étais point préparée à une pareille aventure.

CLÉANTE.

Il est vrai que mon père, Madame, ne peut pas faire un plus beau choix, et que ce m'est une sensible joie, que l'honneur de vous voir : mais, avec tout cela, je ne vous assurerai pas que je me réjouis du dessein où vous pourriez être de devenir ma belle-mère. Le compliment, je l'avoue, est trop difficile pour moi; et c'est un titre, s'il vous plaît, que je ne vous souhaite point. Ce discours paraîtra brutal aux yeux de quelques-uns; mais je suis assuré que vous serez personne à le prendre comme il faudra; que c'est un mariage, Madame, où vous vous imaginez bien que je

---

[1] Il faut être un père sans cœur pour parler avec cette dureté brutale. Craignant que la présence de ses enfants ne fasse reculer la jeune fille, il s'en débarrassera en les mariant le plus tôt possible, fût-ce malgré eux.

[2] Où, plus vif que à laquelle. Voir Gr. fr. hist., n. 850.

dois avoir de la répugnance; que vous n'ignorez pas, sachant ce que je suis, comme il choque mes intérêts; et que vous voulez bien enfin que je vous dise, avec la permission de mon père, que si les choses dépendaient de moi, cet hymen ne se ferait point.

HARPAGON.

Voilà un compliment bien impertinent! Quelle belle confession à lui faire?

MARIANE.

Et moi, pour vous répondre, j'ai à vous dire que les choses sont fort égales [1]; et que si vous auriez [2] de la répugnance à me voir votre belle-mère, je n'en aurais pas moins, sans doute, à vous voir mon beau-fils. Ne croyez pas, je vous prie, que ce soit moi qui cherche à vous donner cette inquiétude. Je serais fort fâchée de vous causer du déplaisir; et si je ne m'y vois forcée par une puissance absolue, je vous donne ma parole que je ne consentirai point au mariage qui vous chagrine.

HARPAGON.

Elle a raison. A sot compliment, il faut une réponse de même [3]. Je vous demande pardon, ma belle, de l'impertinence de mon fils. C'est un jeune sot qui ne sait pas encore la conséquence des paroles qu'il dit.

MARIANE.

Je vous promets que ce qu'il m'a dit, ne m'a point du tout offensée; au contraire, il m'a fait plaisir de m'expliquer ainsi ses véritables sentiments. J'aime de lui un aveu de la sorte, et s'il avait parlé d'autre façon, je l'en estimerais bien moins.

HARPAGON.

C'est beaucoup de bonté à vous de vouloir ainsi excuser ses fautes. Le temps le rendra plus sage, et vous verrez qu'il changera de sentiments.

CLÉANTE.

Non, mon père, je ne suis point capable d'en changer, et je prie instamment Madame de le croire.

HARPAGON.

Mais voyez quelle extravagance! il continue encore plus fort.

---

[1] *Fort égales*, c.-à-d. je suis dans les mêmes dispositions que vous.

[2] *Si vous auriez*, dans le cas où vous auriez...; le conditionnel exprime mieux la possibilité future. Ce tour cependant n'est plus en usage.

[3] Harpagon ne comprend rien au langage équivoque de Mariane et de Cléante. Sa méprise va devenir de plus en plus comique.

CLÉANTE.

Voulez-vous que je trahisse mon cœur [1] ?

HARPAGON.

Encore ? Avez-vous envie de changer de discours ?

CLÉANTE.

Eh bien, puisque vous voulez que je parle d'autre façon, souffrez, Madame, que je me mette ici à la place de mon père, et que je vous avoue que je n'ai rien vu dans le monde de si charmant que vous ; que je ne conçois rien d'égal au bonheur de vous plaire ; et que le titre de votre époux est une gloire, une félicité que je préférerais aux destinées des plus grands princes de la terre. Oui, Madame, le bonheur de vous posséder est, à mes regards, la plus belle de toutes les fortunes ; c'est où j'attache toute mon ambition. Il n'y a rien que je ne sois capable de faire pour une conquête si précieuse ; et les obstacles les plus puissants...

HARPAGON.

Doucement, mon fils, s'il vous plaît.

CLÉANTE.

C'est un compliment que je fais pour vous à Madame.

HARPAGON.

Mon Dieu ! j'ai une langue pour m'expliquer moi-même, et je n'ai pas besoin d'un procureur [2] comme vous. Allons, donnez des sièges.

FROSINE.

Non ; il vaut mieux que, de ce pas, nous allions à la foire, afin d'en revenir plus tôt, et d'avoir tout le temps ensuite de nous entretenir.

HARPAGON, à Brindavoine.

Qu'on mette donc les chevaux au carrosse.

SCÈNE XII

HARPAGON, MARIANE, ÉLISE, CLÉANTE, VALÈRE, FROSINE.

HARPAGON, à Mariane.

Je vous prie de m'excuser, ma belle, si je n'ai pas songé à vous donner un peu de collation avant que de partir.

---

[1] Voir dans le *Misanthrope*, A. I, sc. I, l'expression analogue de *trahir son âme*.

[2] *Procureur*, celui qui a pouvoir d'agir pour autrui. Étym. : lat. *pro*, pour, *curare*, avoir soin.

CLÉANTE.

J'y ai pourvu, mon pere, et j'ai fait apporter ici quelques bassins d'oranges de la Chine, des citrons doux et des confitures que j'ai envoyé quérir de votre part.

HARPAGON, *bas à Valère.*

Valère !

VALÈRE, *à Harpagon.*

Il a perdu le sens.

CLÉANTE.

Est-ce que vous trouvez, mon père, que ce ne soit pas assez? Madame aura la bonté d'excuser cela, s'il lui plaît.

MARIANE.

C'est une chose qui n'était pas nécessaire.

CLÉANTE.

Avez-vous jamais vu, Madame, un diamant plus vif que celui que vous voyez que mon père a au doigt?

MARIANE.

Il est vrai qu'il brille beaucoup.

CLÉANTE, *il l'ôte du doigt de son père et le donne à Mariane.*

Il faut que vous le voyiez de près.

MARIANE.

Il est fort beau, sans doute, et jette quantité de feux.

CLÉANTE, *il se met au devant de Mariane qui le veut rendre.*

Nenni[1], Madame, il est en de trop belles mains. C'est un présent que mon père vous fait.

HARPAGON.

Moi?

CLÉANTE.

N'est-il pas vrai, mon père, que vous voulez que Madame le garde pour l'amour de vous?

HARPAGON, *bas à son fils.*

Comment?

CLÉANTE, *à Mariane.*

Belle demande! Il me fait signe de vous le faire accepter.

MARIANE.

Je ne veux point...

---

[1] *Nenni*, négation employée seulement dans la conversation familière. — Étym. : lat. *non illud*, non cela; au XIIe siècle, *nen il*.

CLÉANTE, à Mariane.

Vous moquez-vous¹? Il n'a garde de le reprendre

HARPAGON, à part.

J'enrage !

MARIANE.

Ce serait...

CLÉANTE, en empêchant toujours Mariane de rendre la bague.

Non, vous dis-je, c'est l'offenser.

MARIANE.

De grâce...

CLÉANTE.

Point du tout.

HARPAGON, à part.

Peste soit...

CLÉANTE.

Le voilà qui se scandalise de votre refus ².

HARPAGON, bas à son fils.

Ah ! traître !

CLÉANTE, à Mariane.

Vous voyez qu'il se désespère.

HARPAGON, bas à son fils, en le menaçant.

Bourreau que tu es !

CLÉANTE.

Mon père, ce n'est pas ma faute. Je fais ce que je puis pour l'obliger à le garder, mais elle est obstinée ³.

HARPAGON, bas à son fils, avec emportement.

Pendard !

CLÉANTE.

Vous êtes cause, Madame, que mon père me querelle.

HARPAGON, bas à son fils, avec les mêmes gestes.

Le coquin !

CLÉANTE, à Mariane.

Vous le ferez tomber malade. De grâce, Madame, ne résistez point davantage.

---

1 C.-à-d. *vous refusez?* Voir plus haut, p. 163, n. 2.
2 *Se scandalise*, c.-à-d. s'offense de.
3 Il est assez plaisant en soi de voir l'avarice d'Harpagon exposée à de si rudes épreuves, sans qu'il puisse y opposer que des demi-protestations. Mais ce qui nuit à la gaieté, c'est que ces tours malins sont joués par un fils à son père.

ACTE III, SCÈNE XIV

FROSINE, *à Mariane.*

Mon Dieu, que de façons! Gardez la bague, puisque Monsieur le veut.

MARIANE, *à Harpagon.*

Pour ne vous point mettre en colère, je la garde maintenant; et je prendrai un autre temps pour vous la rendre [1].

SCÈNE XIII

HARPAGON, MARIANE, ÉLISE, CLÉANTE, VALÈRE, FROSINE, BRINDAVOINE.

BRINDAVOINE.

Monsieur, il y a un homme qui veut vous parler.

HARPAGON.

Dis-lui que je suis empêché [2], et qu'il revienne une autre fois.

BRINDAVOINE.

Il dit qu'il vous apporte de l'argent.

HARPAGON, *à Mariane.*

Je vous demande pardon. Je reviens tout à l'heure.

SCÈNE XIV

HARPAGON, MARIANE, ÉLISE, CLÉANTE, VALÈRE, FROSINE, LA MERLUCHE.

LA MERLUCHE.

(*Il vient en courant et fait tomber Harpagon.*)

Monsieur...

HARPAGON.

Ah! je suis mort.

CLÉANTE.

Qu'est-ce, mon père, vous êtes-vous fait mal?

HARPAGON.

Le traître assurément a reçu de l'argent de mes débiteurs, pour me faire rompre le cou [3].

---

[1] Molière a emprunté la situation comique de cette scène à une farce italienne intitulée *Arlequin dévaliseur de maisons.*

[2] *Empêché* se dit fam. pour embarrassé, gêné; il veut dire ici retenu par des occupations.

[3] Cette plaisanterie se trouve dans Plaute : Euclion croit que le coq qui

VALÈRE, à *Harpagon.*

Cela ne sera rien.

LA MERLUCHE, à *Harpagon.*

Monsieur, je vous demande pardon ; je croyais bien faire d'accourir vite.

HARPAGON.

Que viens-tu faire ici, bourreau ?

LA MERLUCHE.

Vous dire que vos deux chevaux sont déferrés.

HARPAGON.

Qu'on les mène promptement chez le maréchal

CLÉANTE.

En attendant qu'ils soient ferrés, je vais faire pour vous, mon père, les honneurs de votre logis, et conduire Madame dans le jardin, où je ferai porter la collation.

SCÈNE XV

HARPAGON, VALÈRE.

HARPAGON.

Valère, aie un peu l'œil à tout cela ; et prends soin, je te prie, de m'en sauver le plus que tu pourras, pour le renvoyer au marchand.

VALÈRE.

C'est assez.

HARPAGON, *seul.*

O fils impertinent, as-tu envie de me ruiner [1] ?

grattait la terre à l'endroit où il avait caché son trésor, était payé pour le trahir. (A. III, sc. IV.)

Racine, dans *les Plaideurs*, a imité un trait semblable des *Guêpes* d'Aristophane :

Il fit couper la tête à son coq, de colère,
Pour l'avoir éveillé plus tard qu'à l'ordinaire ;
Il disait qu'un plaideur dont l'affaire allait mal,
Avait graissé la patte à ce pauvre animal. (A. I, sc. I.)

[1] Les incidents comiques des deux dernières scènes jettent une gaieté franche sur la fin de cet acte. Le poète a soin d'y joindre à chaque fois un trait de mœurs pour achever la peinture de son héros.

QUESTIONS SUR LE III⁰ ACTE.

Que se passe-t-il au III⁰ acte ?
Quelle est la grande préoccupation d'Harpagon en donnant ses ordres pour le souper ?
Quels ordres donne-t-il à dame Claude ? à Brindavoine et à la Merluche ?
Quelles recommandations fait-il à Élise et à Cléante ?
Quels ordres donne-t-il à maître Jacques ? Quelle discussion Harpagon a-t-il à soutenir d'abord contre son cuisinier, puis contre son cocher ?
Comment se termine ce dialogue ?
Quel rôle y joue Valère ?
Quelle altercation s'élève entre Valère et maître Jacques ?
Quels sont les sentiments de Mariane en arrivant chez Harpagon ?
Comment Harpagon la reçoit-il ? Comment répond-elle à ses compliments ?
Quel rôle joue Cléante entre Mariane et Harpagon ?
Ce rôle est-il moral ?
Quel est le présent que Cléante offre à Mariane ?
Quels sont les derniers incidents de l'acte ?

ACTE QUATRIÈME

Le piège. — Le vol de la cassette.

SCÈNE I
CLÉANTE, MARIANE, ÉLISE, FROSINE.

CLÉANTE.

Rentrons ici ; nous serons beaucoup mieux. Il n'y a plus autour de nous personne de suspect, et nous pouvons parler librement.

ÉLISE.

Oui, Madame, mon frère m'a fait confidence de la passion qu'il a pour vous. Je sais les chagrins et les déplaisirs [1] que sont capables de causer de pareilles traverses ; et c'est, je vous assure, avec une tendresse extrême que je m'intéresse à votre aventure.

MARIANE.

C'est une douce consolation, que de voir dans ses intérêts une personne comme vous ; et je vous conjure, Madame, de me garder toujours cette généreuse amitié, si capable de m'adoucir les cruautés de la fortune.

FROSINE.

Vous êtes, par ma foi, de malheureuses gens l'un et l'autre, de ne m'avoir point, avant tout ceci, avertie de votre affaire. Je vous aurais, sans doute, détourné cette inquiétude [2], et n'aurais point amené les choses où l'on voit qu'elles sont.

CLÉANTE.

Que veux-tu ? c'est ma mauvaise destinée qui l'a voulu ainsi. Mais, belle Mariane, quelles résolutions sont les vôtres ?

MARIANE.

Hélas, suis-je en pouvoir de faire des résolutions [3] ! Et, dans la dépendance où je me vois, puis-je former que des souhaits [4] ?

---

[1] Ce mot avait alors plus de force qu'aujourd'hui. Voir des exemples de Corneille, de Bossuet et de Racine, dans le *Théâtre choisi de Corneille*, 1, p. 394, n. 2.

[2] *Détourné*, c.-à-d. éloigné. *Détourner qqch. à qq.* est une tournure latine.

[3] On dit plus souvent aujourd'hui : *prendre, former une résolution*. L'Académie donne encore : faire une bonne, une ferme résolution.

[4] C.-à-d. *autre chose* que des souhaits. Cette ellipse est assez fréquente au XVIIe siècle. Elle revient un peu plus loin.

CLÉANTE.

Point d'autre appui pour moi dans votre cœur que de simples souhaits? Point de pitié officieuse? Point de secourable bonté? Point d'affection agissante?

MARIANE.

Que saurais-je vous dire? Mettez-vous en ma place, et voyez ce que je puis faire. Avisez, ordonnez vous-même; je m'en remets à vous, et je vous crois trop raisonnable pour vouloir exiger de moi que ce qui peut m'être permis par l'honneur et la bienséance.

CLÉANTE.

Hélas! où me réduisez-vous, que de me renvoyer [1] à ce que voudront me permettre les fâcheux sentiments d'un rigoureux honneur et d'une scrupuleuse bienséance?

MARIANE.

Mais que voulez-vous que je fasse? Quand je pourrais passer sur quantité d'égards où notre sexe est obligé, j'ai de la considération pour ma mère. Elle m'a toujours élevée avec une tendresse extrême, et je ne saurais me résoudre à lui donner du déplaisir [2]. Faites, agissez auprès d'elle. Employez tous vos soins à gagner son esprit; vous pouvez faire et dire tout ce que vous voudrez, je vous en donne la licence; et s'il ne tient qu'à me déclarer en votre faveur, je veux bien consentir à lui faire un aveu, moi-même, de tout ce que je sens pour vous.

CLÉANTE.

Frosine, ma pauvre Frosine, voudrais-tu nous servir?

FROSINE.

Par ma foi, faut-il le demander? je le voudrais de tout mon cœur. Vous savez que, de mon naturel, je suis assez humaine. Le ciel ne m'a point fait l'âme de bronze, et je n'ai que trop de tendresse à rendre de petits services, quand je vois des gens qui s'entr'aiment en tout bien et en tout honneur. Que pourrions-nous faire à ceci [3]?

CLÉANTE.

Songe un peu, je te prie.

MARIANE.

Ouvre-nous des lumières [4].

---

[1] *Que de me renvoyer*, c.-à-d. en me renvoyant.

[2] Les sentiments que Mariane exprime dans cette scène, donnent une excellente idée de son cœur et de son éducation.

[3] Ce personnage presque burlesque de Frosine égaye fort à propos cette scène un peu langoureuse.

[4] *Lumière*, au fig., tout ce qui éclaire et guide l'esprit. (Ac.)

ÉLISE.

Trouve quelque invention pour rompre ce que tu as fait.

FROSINE.

Ceci est assez difficile. (*A Mariane.*) Pour votre mère, elle n'est pas tout à fait déraisonnable, et peut-être pourrait-on la gagner, et la résoudre à transporter au fils le don qu'elle veut faire au père. (*A Cléante.*) Mais le mal que j'y trouve, c'est que votre père est votre père.

CLÉANTE.

Cela s'entend.

FROSINE.

Je veux dire qu'il conservera du dépit, si l'on montre qu'on le refuse, et qu'il ne sera point d'humeur ensuite à donner son consentement à votre mariage. Il faudrait, pour bien faire, que le refus vînt de lui-même; et tâcher, par quelque moyen, de le dégoûter de votre personne [1].

CLÉANTE.

Tu as raison.

FROSINE.

Oui, j'ai raison; je le sais bien. C'est là ce qu'il faudrait; mais le diantre [2] est d'en pouvoir trouver les moyens. Attendez; si nous avions quelque femme un peu sur l'âge qui fût de mon talent, et jouât assez bien pour contrefaire une dame de qualité, par le moyen d'un train [3] fait à la hâte et d'un bizarre nom de marquise ou de vicomtesse, que nous supposerions de la Basse-Bretagne [4]; j'aurais assez d'adresse pour faire accroire à votre père que ce serait une personne riche, outre ses maisons, de cent mille écus en argent comptant; qu'elle serait éperdument amoureuse de lui, et souhaiterait de se voir sa femme, jusqu'à lui donner tout son bien par contrat de mariage; et je ne doute point qu'il ne prêtât l'oreille à la proposition, car enfin il vous aime fort, je le sais; mais il aime un peu plus l'argent [5]; et quand, ébloui de ce leurre [6], il aurait une fois consenti à ce qui vous

---

[1] Frosine se tourne vers Mariane.

[2] *Le diantre est de...*, le difficile est de...

[3] *Train*, costume, déguisement.

[4] La Bretagne était divisée en Haute-Bretagne, comprenant les diocèses de Rennes, Nantes, Saint-Malo, Dol et Saint-Brieuc, et en Basse-Bretagne, comprenant les quatre diocèses de Vannes, Quimper, Saint-Pol-de-Léon et Tréguier.

[5] Frosine connaît bien son avare.

[6] *De ce leurre*, de cet artifice. — *Leurre*, s. m., terme de fauconnerie, désigne un morceau de cuir façonné en forme d'oiseau, dont les fauconniers

touche, il importerait peu ensuite qu'il se désabusât, en venant à vouloir voir clair aux affaires de notre marquise.

CLÉANTE.

Tout cela est fort bien pensé.

FROSINE.

Laissez-moi faire. Je viens de me ressouvenir d'une de mes amies qui sera notre fait [1].

CLÉANTE.

Sois assurée, Frosine, de ma reconnaissance, si tu viens à bout de la chose; mais, charmante Mariane, commençons, je vous prie, par gagner votre mère : c'est toujours beaucoup faire que de rompre ce mariage. Faites-y de votre part, je vous en conjure, tous les efforts qu'il vous sera possible. Servez-vous de tout le pouvoir que vous donne sur elle cette amitié qu'elle a pour vous. Déployez sans réserve les grâces éloquentes, les charmes tout-puissants que le ciel a placés dans vos yeux et dans votre bouche; et n'oubliez rien, s'il vous plaît, de ces tendres paroles, de ces douces prières, et de ces caresses touchantes, à qui je suis persuadé qu'on ne saurait rien refuser.

MARIANE.

J'y ferai tout ce que je puis, et n'oublierai aucune chose.

SCÈNE II

HARPAGON, CLÉANTE, MARIANE, ÉLISE, FROSINE.

HARPAGON, *à part, sans être aperçu.*

Ouais! mon fils baise la main de sa prétendue [2] belle-mère, et sa prétendue belle-mère ne s'en défend pas fort. Y aurait-il quelque mystère là-dessous?

ÉLISE.

Voilà mon père.

---

se servent pour rappeler les oiseaux de fauconnerie, lorsqu'ils ne reviennent pas au réclame : *jeter le leurre en l'air*; il se dit figurément d'une chose dont on se sert artificieusement pour attirer quelqu'un et le tromper. (Ac.)

De là *leurrer*, au fig., attirer qq. pour le tromper.

[1] Frosine n'aura pas le temps de mener à terme sa curieuse entreprise : elle sera prévenue par les événements qui vont précipiter la marche de l'action. Il est dans les principes de l'art dramatique de ne jamais rien annoncer qui ne se fasse ou du moins qu'on n'essaie de faire réellement avant la fin de la pièce. Or la pièce de l'*Avare* finit sans qu'on voie venir Frosine avec sa fausse comtesse.

[2] *Prétendue* est pris dans le sens de *future*. Comparez le *Misanthrope*, A. III, sc. I, p. 80, n. 3.

HARPAGON.

Le carrosse est tout prêt. Vous pouvez partir quand il vous plaira.

CLÉANTE.

Puisque vous n'y allez pas, mon père, je m'en vais les conduire.

HARPAGON.

Non, demeurez. Elles iront bien toutes seules, et j'ai besoin de vous.

SCÈNE III

HARPAGON, CLÉANTE.

HARPAGON.

Or çà[1], intérêt de belle-mère à part, que te semble, à toi, de cette personne ?

CLÉANTE.

Ce qui m'en semble ?

HARPAGON.

Oui, de son air, de sa taille, de sa beauté, de son esprit ?

CLÉANTE.

Là, là.

HARPAGON.

Mais encore ?

CLÉANTE.

A vous en parler franchement, je ne l'ai pas trouvée ici ce que je l'avais crue. Son air est de franche coquette : sa taille est assez gauche, sa beauté très médiocre, et son esprit des plus communs. Ne croyez pas que ce soit, mon père, pour vous en dégoûter; car, belle-mère pour belle-mère, j'aime autant celle-là qu'une autre[2].

HARPAGON.

Tu lui disais tantôt pourtant...

CLÉANTE.

Je lui ai dit quelques douceurs en votre nom, mais c'était pour vous plaire.

---

[1] *Or çà*, locution familière pour entamer conversation, pour inviter.

[2] Cléante parle contre sa pensée : se souvenant de la recommandation de Frosine, il profite de l'occasion pour essayer de détacher son père de Mariane : manège bien digne d'un tel fils.

HARPAGON.

Si bien donc que tu n'aurais point d'inclination pour elle?

CLÉANTE.

Moi? point du tout.

HARPAGON.

J'en suis fâché; car cela rompt une pensée qui m'était venue dans l'esprit. J'ai fait, en la voyant ici, réflexion sur mon âge; et j'ai songé qu'on pourra trouver à redire de me voir marier à une si jeune personne. Cette considération m'en faisait quitter le dessein; et comme je l'ai fait demander, et que je suis pour elle engagé de parole, je te l'aurais donnée, sans l'aversion que tu témoignes[1].

CLÉANTE.

A moi?

HARPAGON.

A toi.

CLÉANTE.

En mariage?

HARPAGON.

En mariage.

CLÉANTE.

Écoutez, il est vrai qu'elle n'est pas fort à mon goût; mais, pour vous faire plaisir, mon père, je me résoudrai à l'épouser, si vous voulez.

HARPAGON.

Moi? je suis plus raisonnable que tu ne penses. Je ne veux point forcer ton inclination.

CLÉANTE.

Pardonnez-moi; je me ferai cet effort pour l'amour de vous[2].

HARPAGON.

Non, non, un mariage ne saurait être heureux, où[3] l'inclination n'est pas.

CLÉANTE.

C'est une chose, mon père, qui peut-être viendra ensuite.

---

[1] Harpagon joue son jeu avec plus de finesse encore que Cléante. Sa parole est si franche, ses raisons si plausibles, que le pauvre Cléante donne tête baissée dans le piège.

[2] Cléante a de la peine à remonter la pente. Le rusé vieillard, qui a deviné juste, prend plaisir à grossir les difficultés pour amener son fils à une déclaration sans réticence.

[3] Où, dans lequel. Au XVIIe siècle, la séparation du relatif était fréquente.

HARPAGON.

Non, du côté de l'homme, on ne doit point risquer l'affaire; et ce sont des suites fâcheuses, où je n'ai garde de me commettre[1]. Si tu avais senti quelque inclination pour elle, à la bonne heure, je te l'aurais fait épouser au lieu de moi[2]; mais cela n'étant pas, je suivrai mon premier dessein, et je l'épouserai moi-même.

CLÉANTE.

Eh bien! mon père, puisque les choses sont ainsi, il faut vous découvrir mon cœur, il faut vous révéler notre secret. La vérité est que je l'aime, depuis un jour que je la vis dans une promenade; que mon dessein était tantôt de vous la demander pour femme; et que rien ne m'a retenu que[3] la déclaration de vos sentiments, et la crainte de vous déplaire.

HARPAGON.

Lui avez-vous rendu visite[4]?

CLÉANTE.

Oui, mon père.

HARPAGON.

Beaucoup de fois?

CLÉANTE.

Assez, pour le temps qu'il y a.

HARPAGON.

Vous a-t-on bien reçu?

CLÉANTE.

Fort bien, mais sans savoir qui j'étais; et c'est ce qui a fait tantôt la surprise de Mariane.

HARPAGON.

Lui avez-vous déclaré votre passion, et le dessein où vous étiez de l'épouser?

---

[1] *Me commettre*, c.-à-d. me compromettre, m'exposer, me risquer.

[2] *Au lieu de moi*, à ma place; latinisme.

[3] *Rien que*, c.-à-d. rien d'autre que. (*Gr. fr. hist.*, n. 663.)

[4] Harpagon poursuit son perfide interrogatoire avec un imperturbable sang-froid; il devient même plus sérieux : il cesse de tutoyer son fils. La situation passe insensiblement du comique au tragique.

La scène est admirablement conduite; l'inconvenance du fond fait malheureusement que l'intérêt qu'on y prend, est mêlé d'un sentiment pénible qui confine au dégoût.

Racine a reproduit cette intrigue dans la tragédie de *Mithridate*; le vieux roi a recours au même stratagème pour surprendre l'amour de Monime et de son fils Xipharès (A. III, sc. V).

CLÉANTE.

Sans doute; et même j'en avais fait à sa mère quelque peu d'ouverture.

HARPAGON.

A-t-elle écouté, pour sa fille, votre proposition?

CLÉANTE.

Oui, fort civilement.

HARPAGON.

Et la fille correspond-elle fort à votre amour?

CLÉANTE.

Si j'en dois croire les apparences, je me persuade, mon père, qu'elle a quelque bonté pour moi.

HARPAGON, *bas, à part.*

Je suis bien aise d'avoir appris un tel secret, et voilà justement ce que je demandais. (*Haut.*) Or sus[1], mon fils, savez-vous ce qu'il y a? C'est qu'il faut songer, s'il vous plaît, à vous défaire de votre amour; à cesser toutes vos poursuites auprès d'une personne que je prétends pour moi; et à vous marier dans peu avec celle qu'on vous destine [2].

CLÉANTE.

Oui, mon père, c'est ainsi que vous me jouez! Eh bien, puisque les choses en sont venues là, je vous déclare, moi, que je ne quitterai point la passion que j'ai prise pour Mariane; qu'il n'y a point d'extrémité où je ne m'abandonne pour vous disputer sa conquête; et que si vous avez pour vous le consentement d'une mère, j'aurai d'autres secours, peut-être, qui combattront pour moi.

HARPAGON.

Comment, pendard, tu as l'audace d'aller sur mes brisées[3]?

CLÉANTE.

C'est vous qui allez sur les miennes, et je suis le premier en date.

---

[1] *Or sus,* locution familière pour exhorter, pour conclure.

[2] Le tour est joué, l'indigne père triomphe; mais sa lâche victoire fait éclater le conflit entre l'autorité paternelle qui se dégrade et la piété filiale que remplacent la colère et la vengeance; scène révoltante qui aboutit à un coup de rébellion cynique.

[3] Aller, *courir sur les brisées de qq.*, entrer en concurrence, en rivalité avec lui.

Brisées, au propre, signifie les branches que le veneur brise aux arbres, ou qu'il sème dans son chemin, pour reconnaître l'endroit où est la bête, et où on l'a détournée. (Ac.)

HARPAGON.

Ne suis-je pas ton père? et ne me dois-tu pas respect?

CLÉANTE.

Ce ne sont point ici des choses où les enfants soient obligés de déférer[1] aux pères; et l'amour ne connaît personne.

HARPAGON.

Je te ferai bien me connaître, avec de bons coups de bâton.

CLÉANTE.

Toutes vos menaces ne feront rien.

HARPAGON.

Tu renonceras à Mariane.

CLÉANTE.

Point du tout.

HARPAGON.

Donnez-moi un bâton tout à l'heure[2].

SCÈNE IV

HARPAGON, CLÉANTE, MAÎTRE JACQUES.

MAÎTRE JACQUES.

Eh, eh, eh, Messieurs, qu'est-ce-ci? à quoi songez-vous[3]!

CLÉANTE.

Je me moque de cela.

MAÎTRE JACQUES, *à Cléante.*

Ah, Monsieur, doucement.

HARPAGON.

Me parler avec cette impudence!

MAÎTRE JACQUES, *à Harpagon.*

Ah, Monsieur, de grâce!

CLÉANTE.

Je n'en démordrai point.

MAÎTRE JACQUES, *à Cléante.*

Hé quoi! à votre père?

---

1 *Déférer à qq.*, céder, condescendre.

2 *Tout à l'heure*, tout de suite.

3 L'intervention inattendue de maître Jacques jette la note comique dans une altercation par trop violente.
Qu'est-ce-ci, qu'y a-t-il ici? — *Qu'est-ce-ci*, mes enfants? (CORN., *Hor.*, II, VII.)

ACTE IV, SCÈNE IV

HARPAGON.

Laisse-moi faire.

MAÎTRE JACQUES, à *Harpagon.*

Hé quoi! à votre fils? Encore passe pour moi.

HARPAGON.

Je te veux faire toi-même, maître Jacques, juge de cette affaire, pour montrer comme j'ai raison.

MAÎTRE JACQUES.

J'y consens. (*A Cléante.*) Éloignez-vous un peu [1].

HARPAGON.

J'aime une fille, que je veux épouser; et le pendard a l'insolence de l'aimer avec moi, et d'y prétendre malgré mes ordres.

MAÎTRE JACQUES.

Ah! il a tort.

HARPAGON.

N'est-ce pas une chose épouvantable, qu'un fils qui veut entrer en concurrence avec son père? et ne doit-il pas, par respect, s'abstenir de toucher à mes inclinations?

MAÎTRE JACQUES.

Vous avez raison. Laissez-moi lui parler, et demeurez là.

(*Il vient trouver Cléante à l'autre bout du théâtre.*)

CLÉANTE.

Eh bien, oui, puisqu'il veut te choisir pour juge, je n'y recule [2] point; il ne m'importe qui ce soit et je veux bien aussi me rapporter à toi, maître Jacques, de notre différend.

MAÎTRE JACQUES.

C'est beaucoup d'honneur que vous me faites.

CLÉANTE.

Je suis épris d'une jeune personne qui répond à mes vœux et reçoit tendrement les offres de ma foi; et mon père s'avise de venir troubler notre amour par la demande qu'il en fait faire.

MAÎTRE JACQUES.

Il a tort assurément.

CLÉANTE.

N'a-t-il point de honte, à son âge, de songer à se marier?

---

[1] Maître Jacques ne se fait pas prier : il pose en pacificateur; la solennité qu'il y met, ajoute au comique.
Déjà au Ier acte, sc. VIII, Harpagon avait pris Valère comme arbitre entre sa fille et lui : la situation est semblable.

[2] *Je n'y recule point*, c.-à-d. je ne m'y oppose point; locution vieillie.

MAÎTRE JACQUES.

Vous avez raison, il se moque. Laissez-moi lui dire deux mots. (*Il revient à Harpagon.*) Eh bien! votre fils n'est pas si étrange que vous le dites, et il se met à la raison. Il dit qu'il sait le respect qu'il vous doit, qu'il ne s'est emporté que dans la première chaleur, et qu'il ne fera point refus de se soumettre à ce qu'il vous plaira, pourvu que vous vouliez le traiter mieux que vous ne faites, et lui donner quelque personne en mariage, dont il ait lieu d'être content.

HARPAGON.

Ah! dis-lui, maître Jacques, que, moyennant cela, il pourra espérer toutes choses de moi; et que, hors Mariane, je lui laisserai la liberté de choisir celle qu'il voudra.

MAÎTRE JACQUES.

Laissez-moi faire [1]. (*A Cléante.*) Eh bien! votre père n'est pas si déraisonnable que vous le faites, et il m'a témoigné que ce sont vos emportements qui l'ont mis en colère; qu'il n'en veut seulement qu'à votre manière d'agir, et qu'il sera fort disposé à vous accorder ce que vous souhaitez, pourvu que vous vouliez vous y prendre par la douceur et lui rendre les déférences, les respects et les soumissions qu'un fils doit à son père.

CLÉANTE.

Ah! maître Jacques, tu peux lui assurer que, s'il m'accorde Mariane, il me verra toujours le plus soumis de tous les hommes; et que jamais je ne ferai aucune chose que par ses volontés.

MAÎTRE JACQUES, *à Harpagon.*

Cela est fait. Il consent à ce que vous dites.

HARPAGON.

Voilà qui va le mieux du monde.

MAÎTRE JACQUES, *à Cléante.*

Tout est conclu. Il est content de vos promesses.

CLÉANTE.

Le ciel en soit loué!

MAÎTRE JACQUES.

Messieurs, vous n'avez qu'à parler ensemble : vous voilà d'accord maintenant; et vous alliez vous quereller, faute de vous entendre.

[1] Rien de plus plaisant que ce jeu de maître Jacques faisant la navette entre Harpagon et Cléante, et se contentant de promesses banales de part et d'autre. Pourquoi faut-il que d'un côté soit un père qui a tort, et de l'autre un fils rival et rebelle tout ensemble?

CLÉANTE.

Mon pauvre maître Jacques, je te serai obligé toute ma vie.

MAÎTRE JACQUES.

Il n'y a pas de quoi, Monsieur [1].

HARPAGON.

Tu m'as fait plaisir, maître Jacques; et cela mérite une récompense. *Harpagon fouille dans sa poche; maître Jacques tend la main; mais Harpagon ne tire que son mouchoir, en disant:* Va, je m'en souviendrai, je t'assure.

MAÎTRE JACQUES.

Je vous baise les mains [2].

SCÈNE V

HARPAGON, CLÉANTE.

CLÉANTE.

Je vous demande pardon, mon père, de l'emportement que j'ai fait paraître.

HARPAGON.

Cela n'est rien.

CLÉANTE.

Je vous assure que j'en ai tous les regrets du monde.

HARPAGON.

Et moi, j'ai toutes les joies du monde de te voir raisonnable.

CLÉANTE.

Quelle bonté à vous, d'oublier si vite ma faute!

HARPAGON.

On oublie aisément les fautes des enfants, lorsqu'ils rentrent dans leur devoir.

CLÉANTE.

Quoi? ne garder aucun ressentiment de toutes mes extravagances?

---

[1] Maître Jacques ne le sait que trop.
Il sort cependant triomphant. Son plus grand soin a été tout le temps d'écarter le point en litige. Aussi quelle déception tout à l'heure pour le père et le fils!

[2] *Baiser les mains à qq.*, fig. et fam., lui faire ses compliments. — *Je vous baise les mains*, se dit ironiquement pour témoigner à une personne qu'on n'approuve point ce qu'elle dit, ou qu'on ne veut pas faire ce qu'elle demande. (Ac.)
Dans la bouche de maître Jacques, il y a de plus une allusion plaisante à l'avarice d'Harpagon.

HARPAGON.

C'est une chose où tu m'obliges, par la soumission et le respect où tu te ranges.

CLÉANTE.

Je vous promets, mon père, que, jusques au tombeau, je conserverai dans mon cœur le souvenir de vos bontés.

HARPAGON.

Et moi, je te promets qu'il n'y aura aucune chose que tu n'obtiennes de moi.

CLÉANTE.

Ah! mon père, je ne vous demande plus rien; et c'est m'avoir assez donné que de me donner Mariane.

HARPAGON.

Comment[1]?

CLÉANTE.

Je dis, mon père, que je suis trop content de vous; et que je trouve toutes choses dans la bonté que vous avez de m'accorder Mariane.

HARPAGON.

Qui est-ce qui parle de t'accorder Mariane?

CLÉANTE.

Vous, mon père.

HARPAGON.

Moi?

CLÉANTE.

Sans doute.

HARPAGON.

Comment? c'est toi qui as promis d'y renoncer!

CLÉANTE.

Moi, y renoncer[2]?

HARPAGON.

Oui.

CLÉANTE.

Point du tout.

HARPAGON.

Tu ne t'es pas départi d'y prétendre[3]?

---

[1] La réconciliation n'était qu'apparente, fondée sur un malentendu que maître Jacques n'a eu garde de dissiper. Aussi, à ce seul nom de Mariane, le vieillard se redresse, et la lutte reprend de plus belle.

[2] Modèle de dialogue vif et pressé.

[3] *Se départir*, se désister; on ne l'emploie plus guère avec un infinitif pour régime.

CLÉANTE.

Au contraire, j'y suis porté plus que jamais¹.

HARPAGON.

Quoi, pendard, derechef?

CLÉANTE.

Rien ne me peut changer.

HARPAGON.

Laisse-moi faire, traître!

CLÉANTE.

Faites tout ce qu'il vous plaira.

HARPAGON.

Je te défends de me jamais voir.

CLÉANTE.

A la bonne heure.

HARPAGON.

Je t'abandonne.

CLÉANTE.

Abandonnez.

HARPAGON.

Je te renonce pour mon fils.

CLÉANTE.

Soit.

HARPAGON.

Je te déshérite.

CLÉANTE.

Tout ce que vous voudrez.

HARPAGON.

Et je te donne ma malédiction.

CLÉANTE.

Je n'ai que faire de vos dons².

---

¹ *Être porté à*, être disposé à, incliné vers.

² La colère d'Harpagon a parcouru successivement tous les degrés de pénalité en son pouvoir : de la menace générale et vague, il a passé à l'expulsion, à l'abandon de son fils; puis il l'a renié, il l'a déshérité, sans pouvoir briser sa résistance. Il lui restait une dernière arme, la malédiction, arme du ciel plus encore que de la terre. Harpagon, le père indigne, mais toujours père, jusque dans sa tyrannique colère, n'hésite pas à lancer cette foudre de la malédiction : le fils pliera-t-il au souvenir du ciel vengeur de l'autorité paternelle? Non, Cléante s'en moque. Sa réponse n'est pas seulement insolente, elle est impie.

Le poëte a passé la mesure. Cléante, surexcité par l'odieuse conduite de son

SCÈNE VI
CLÉANTE, LA FLÈCHE.

LA FLÈCHE, *sortant du jardin avec une cassette.*

Ah! Monsieur, que je vous trouve à propos! suivez-moi vite.

CLÉANTE.

Qu'y a-t-il?

LA FLÈCHE.

Suivez-moi, vous dis-je; nous sommes bien.

CLÉANTE.

Comment?

LA FLÈCHE.

Voici votre affaire.

CLÉANTE.

Quoi?

LA FLÈCHE.

J'ai guigné ceci tout le jour [1].

CLÉANTE.

Qu'est-ce que c'est?

LA FLÈCHE.

Le trésor de votre père, que j'ai attrapé [2].

CLÉANTE.

Comment as-tu fait?

LA FLÈCHE.

Vous saurez tout. Sauvons-nous, je l'entends crier.

SCÈNE VII

HARPAGON, *il crie au voleur dès le jardin, et vient sans chapeau.*

Au voleur, au voleur, à l'assassin, au meurtrier! Justice, juste ciel! Je suis perdu, je suis assassiné, on m'a coupé la gorge, on m'a dérobé mon argent. Qui peut-ce être? Qu'est-il

---

père à son égard, pouvait lui contester le droit de le dévouer à la vengeance céleste; mais rien ne justifie une réplique où l'insolence se mêle à l'impiété de la dérision. (Voir plus haut, p. 139.)

Le père se retire impuissant et avili devant son fils rebelle : se peut-il un spectacle plus navrant?

[1] *Guigner*, fam., v. n., fermer à demi les yeux, en regardant du coin de l'œil; v. a., lorgner, regarder sans faire semblant. (Ac.)

[2] Cléante participe au vol de la Flèche : c'est à lui que le voleur va donner le trésor qu'il vient de dérober.

devenu? Où est-il? Où se cache-t-il? Que ferai-je pour le trouver? Où courir? Où ne pas courir? N'est-il point là? N'est-il point ici? Qui est-ce? Arrête. (*Il se prend lui-même le bras.*) Rends-moi mon argent, coquin... Ah, c'est moi. Mon esprit est troublé, et j'ignore où je suis, qui je suis, et ce que je fais [1].

Hélas, mon pauvre argent, mon pauvre argent, mon cher ami, on m'a privé de toi : et puisque tu m'es enlevé, j'ai perdu mon support, ma consolation, ma joie; tout est fini pour moi, et je n'ai plus que faire au monde. Sans toi, il m'est impossible de vivre. C'en est fait, je n'en puis plus, je me meurs, je suis mort, je suis enterré. N'y a-t-il personne qui veuille me ressusciter, en me rendant mon cher argent, ou en m'apprenant qui l'a pris? Euh? que dites-vous? Ce n'est personne. Il faut, qui que ce soit qui ait fait le coup, qu'avec beaucoup de soin on ait épié l'heure; et l'on a choisi justement le temps que je parlais à mon traître de fils. Sortons. Je veux aller quérir la justice, et faire donner la question [2] à toute ma maison; à servantes, à valets, à fils, à fille, et à moi aussi.

Que de gens assemblés! Je ne jette mes regards sur personne qui ne me donne des soupçons, et tout me semble mon voleur. Eh? de quoi est-ce qu'on parle là? de celui qui m'a dérobé? Quel bruit fait-on là-haut? Est-ce mon voleur qui y est? De grâce, si l'on sait des nouvelles de mon voleur, je supplie que l'on m'en dise. N'est-il point caché là parmi vous? Ils me regardent tous, et se mettent à rire [3]. Vous verrez qu'ils ont part, sans doute, au vol que l'on m'a fait.

Allons vite, des commissaires, des archers, des prévôts [4], des

[1] La douleur d'Harpagon touche à la folie : la perte de sa cassette le met hors de lui. Ce monologue célèbre peint avec une vivacité et une force admirables l'agitation du pauvre avare, son exaltation, ses soupçons, son désespoir. Quelques traits paraissent forcés : mais il faut considérer que la passion est au paroxysme de la fureur. Peut-être aussi le poète croyait-il nécessaire de provoquer le rire par quelques traits de folie, comme celui où il veut qu'on mette à la question toute sa maison, *et lui-même*.

[2] La *question*, c.-à-d. la torture donnée aux accusés et aux condamnés en matière criminelle, pour leur arracher des aveux. (Ac.) — La question, léguée au moyen âge par la procédure romaine, fut abolie en France par Louis XVI.

[3] L'avare est censé voir de sa fenêtre des gens assemblés dans la rue. L'acteur peut donner un tour plus plaisant à ces soupçons, à ces objurgations et à ces prières, en les adressant à la foule des spectateurs qui le regardent, comme si c'étaient les gens de la rue.

[4] *Commissaire de police*, ou simplement *commissaire*, officier public chargé dans les villes de faire observer les règlements et les ordonnances de police. (Ac.)

Archer (proprement, homme de guerre combattant avec l'arc) se disait particulièrement, autrefois, de certains officiers subalternes de justice ou de juges, des gênes[1], des potences, et des bourreaux. Je veux faire pendre tout le monde; et si je ne retrouve mon argent, je me pendrai moi-même après[2].

QUESTIONS SUR LE IV⁰ ACTE.

Que se passe-t-il au IV⁰ acte ?
Quel est l'objet de la délibération qui a lieu entre Cléante, Élise, Mariane et Frosine ? Que propose Frosine ?
Quel est le stratagème d'Harpagon ?
Comment abuse-t-il de sa découverte ?
Quelle est la réponse de Cléante ?
Comment maître Jacques remplit-il le rôle d'arbitre entre le père et le fils ?
Comment la querelle se rallume-t-elle ?
Quel coup d'éclat y met fin ?
Est-ce que la dernière réplique de Cléante satisfait à la morale du théâtre ?
Comment la cassette d'Harpagon tombe-t-elle entre les mains de Cléante ?
Comment Harpagon exprime-t-il son désespoir ?

police, qui portaient des épées, des hallebardes, des armes à feu, soit pour prendre des voleurs, soit pour faire la garde des villes, soit pour exécuter quelque ordre de justice ou de police. (Ac.)
Prévôt, nom qu'on donnait à certaines personnes qui exerçaient une juridiction, qui étaient *préposées* pour avoir soin de qqch., pour avoir autorité sur qqch. (Ac.) — Étym. : *præpositus*, préposé.

[1] *Gêne*, torture, question, peine que l'on fait souffrir à qq. pour l'obliger à confesser la vérité. (Ac.) — Étym. : Géhenne, proprement, vallée près de Jérusalem où les Juifs idolâtres brûlaient leurs enfants en l'honneur des faux dieux ; au fig., l'enfer, en style d'Écriture. (LITTRÉ.)

[2] Harpagon sort pour chercher les commissaires : ainsi est motivée la suspension de l'action.
Molière a trouvé dans Plaute (A. IV, sc. VII) l'idée et les principaux traits de ce monologue.
Un poète du XVI⁰ siècle, Pierre Larivey (1550-1611), avait aussi reproduit le morceau de Plaute dans une comédie intitulée *les Esprits*.

ACTE CINQUIÈME

L'enquête. — Le dénouement.

SCÈNE I

HARPAGON, LE COMMISSAIRE, SON CLERC.

LE COMMISSAIRE.

Laissez-moi faire. Je sais mon métier, Dieu merci. Ce n'est pas d'aujourd'hui que je me mêle de découvrir les vols, et je voudrais avoir autant de sacs de mille francs que j'ai fait pendre de personnes [1].

HARPAGON.

Tous les magistrats sont intéressés à prendre cette affaire en main; et, si l'on ne me fait retrouver mon argent, je demanderai justice de la justice.

LE COMMISSAIRE.

Il faut faire toutes les poursuites requises. Vous dites qu'il y avait dans cette cassette...?

HARPAGON.

Dix mille écus bien comptés.

LE COMMISSAIRE.

Dix mille écus !

HARPAGON, *en pleurant.*

Dix mille écus.

LE COMMISSAIRE.

Le vol est considérable.

HARPAGON.

Il n'y a point de supplice assez grand pour l'énormité de ce crime; et s'il demeure impuni, les choses les plus sacrées ne sont plus en sûreté.

LE COMMISSAIRE.

En quelles espèces était cette somme ?

---

[1] « Voyez quelle physionomie comique Molière sait donner tout de suite à ses moindres personnages. Ce commissaire ne joue qu'un rôle épisodique, et, par quelques mots, il s'élève jusqu'à l'importance d'un caractère. » (AUGER.)

HARPAGON.

En bons louis d'or et pistoles bien trébuchantes [1].

LE COMMISSAIRE.

Qui soupçonnez-vous de ce vol ?

HARPAGON.

Tout le monde ; et je veux que vous arrêtiez prisonniers la ville et les faubourgs [2].

LE COMMISSAIRE.

Il faut, si vous m'en croyez, n'effaroucher personne, et tâcher doucement d'attraper [3] quelques preuves, afin de procéder après, par la rigueur, au recouvrement des deniers qui vous ont été pris.

SCÈNE II

MAITRE JACQUES, HARPAGON, UN COMMISSAIRE, SON CLERC.

MAÎTRE JACQUES, *au bout du théâtre, en se retournant du côté dont il sort.*

Je m'en vais revenir. Qu'on me l'égorge tout à l'heure ; qu'on me lui fasse griller les pieds ; qu'on me le mette dans l'eau bouillante, et qu'on me le pende au plancher [4].

HARPAGON, *à maître Jacques.*

Qui ? celui qui m'a dérobé [5] ?

MAÎTRE JACQUES.

Je parle d'un cochon de lait que votre intendant me vient d'envoyer, et je veux vous l'accommoder à ma fantaisie.

HARPAGON.

Il n'est pas question de cela ; et voilà Monsieur, à qui il faut parler d'autre chose.

---

[1] *Trébuchant*, qui trébuche, ne se dit guère qu'en parlant des monnaies d'or et d'argent, et signifie qui est de poids. (Ac.)
Trébuchet, piège pour attraper des oiseaux, signifie aussi une petite balance pour peser des monnaies, ou autres objets d'un poids léger. (Ac.) « Autrefois le grand nombre de pièces d'or rognées ou fausses rendait continuel l'usage du trébuchet. » (AUGER.)

[2] Harpagon est toujours dans une agitation extrême qui explique ce langage ridicule.

[3] *Attraper* était alors moins familier qu'aujourd'hui.

[4] Maitre Jacques donne des ordres aux cuisiniers pour le repas commandé par Harpagon. — *Me* est explétif. Voir *Gr. fr. hist.*, n. 614.

[5] Dans Plaute aussi, un chef cuisinier donne ses ordres ; mais l'effet comique, produit par la question d'Harpagon, revient tout entier à Molière.

ACTE V, SCÈNE II

LE COMMISSAIRE, *à maître Jacques.*

Ne vous épouvantez point. Je suis un homme à ne vous point scandaliser[1]; et les choses iront dans la douceur.

MAÎTRE JACQUES.

Monsieur est de votre souper?

LE COMMISSAIRE.

Il faut ici, mon cher ami, ne rien cacher à votre maître.

MAÎTRE JACQUES.

Ma foi, Monsieur, je montrerai tout ce que je sais faire; et je vous traiterai du mieux qu'il me sera possible.

HARPAGON.

Ce n'est pas là l'affaire.

MAÎTRE JACQUES.

Si je ne vous fais pas aussi bonne chère que je voudrais, c'est la faute de Monsieur notre intendant, qui m'a rogné les ailes avec les ciseaux de son économie[2].

HARPAGON.

Traître! il s'agit d'autre chose que de souper, et je veux que tu me dises des nouvelles de l'argent qu'on m'a pris.

MAÎTRE JACQUES.

On vous a pris de l'argent?

HARPAGON.

Oui, coquin; et je m'en vais te faire pendre, si tu ne me le rends.

LE COMMISSAIRE, *à Harpagon.*

Mon Dieu! ne le maltraitez point. Je vois à sa mine qu'il est honnête homme; et que, sans se faire mettre en prison, il vous découvrira ce que vous voulez savoir. Oui, mon ami, si vous nous confessez la chose, il ne vous sera fait aucun mal, et vous serez récompensé comme il faut par votre maître. On lui a pris aujourd'hui son argent, et il n'est pas que vous ne sachiez[3] quelques nouvelles de cette affaire.

MAÎTRE JACQUES, *bas, à part.*

Voici justement ce qu'il me faut pour me venger de notre inten

---

[1] *Scandaliser,* c.-à-d. offenser, faire de la peine. Cette acception n'est plus en usage.

[2] La méprise de maître Jacques, son humeur joviale et son langage pittoresque font un plaisant contraste avec les angoisses d'Harpagon et la gravité du commissaire.

[3] *Il n'est pas* possible (sous-ent.) *que...*

dant : depuis qu'il est entré céans, il est le favori; on n'écoute que ses conseils; et j'ai aussi sur le cœur les coups de bâton de tantôt.

HARPAGON.

Qu'as-tu à ruminer¹?

LE COMMISSAIRE, à Harpagon.

Laissez-le faire. Il se prépare à vous contenter; et je vous ai bien dit qu'il était honnête homme.

MAÎTRE JACQUES.

Monsieur, si vous voulez que je vous dise les choses, je crois que c'est Monsieur votre cher intendant qui a fait le coup².

HARPAGON.

Valère?

MAÎTRE JACQUES.

Oui.

HARPAGON.

Lui, qui me paraît si fidèle?

MAÎTRE JACQUES.

Lui-même. Je crois que c'est lui qui vous a dérobé.

HARPAGON.

Et sur quoi le crois-tu?

MAÎTRE JACQUES.

Sur quoi?

HARPAGON.

Oui.

MAÎTRE JACQUES.

Je le crois... sur ce que je le crois.

LE COMMISSAIRE.

Mais il est nécessaire de dire les indices que vous avez.

HARPAGON.

L'as-tu vu rôder autour du lieu où j'avais mis mon argent?

MAÎTRE JACQUES.

Oui vraiment. Où était-il, votre argent?

HARPAGON.

Dans le jardin.

---

1. *Ruminer,* proprement, remâcher, signifie, fig. et fam., penser et repenser à une chose; la tourner et retourner dans son esprit. (Ac.)

2. Le brave maître Jacques succombe à la tentation de la vengeance. L'hésitation de ses *je crois* montre au moins que le plaisir de jouer un mauvais tour à l'intendant, n'étouffe pas tout à fait l'honnêteté de sa conscience.

MAÎTRE JACQUES.

Justement. Je l'ai vu rôder dans le jardin. Et dans quoi est-ce que cet argent était?

HARPAGON.

Dans une cassette.

MAÎTRE JACQUES.

Voilà l'affaire. Je lui ai vu une cassette.

HARPAGON.

Et cette cassette, comment était-elle faite? Je verrai bien si c'est la mienne.

MAÎTRE JACQUES.

Comment elle est faite?

HARPAGON.

Oui.

MAÎTRE JACQUES.

Elle est faite... elle est faite comme une cassette.

LE COMMISSAIRE.

Cela s'entend. Mais dépeignez-la un peu, pour voir.

MAÎTRE JACQUES.

C'est une grande cassette.

HARPAGON.

Celle qu'on m'a volée est petite.

MAÎTRE JACQUES.

Eh! oui, elle est petite, si on le veut prendre par là; mais je l'appelle grande pour ce qu'elle contient.

LE COMMISSAIRE.

Et de quelle couleur est-elle?

MAÎTRE JACQUES.

De quelle couleur?

LE COMMISSAIRE.

Oui.

MAÎTRE JACQUES.

Elle est de couleur... là, d'une certaine couleur... Ne sauriez-vous m'aider à dire?

HARPAGON.

Euh?

MAÎTRE JACQUES.

N'est-elle pas rouge?

HARPAGON.

Non, grise.

MAÎTRE JACQUES.

Eh! oui, gris-rouge; c'est ce que je voulais dire.

HARPAGON.

Il n'y a point de doute. C'est elle assurément[1]. Écrivez, Monsieur, écrivez sa déposition. Ciel! à qui désormais se fier! Il ne faut plus jurer de rien; et je crois, après cela, que je suis homme à me voler moi-même.

MAÎTRE JACQUES, *à Harpagon.*

Monsieur, le voici qui revient. Ne lui allez pas dire, au moins, que c'est moi qui vous ai découvert cela.

SCÈNE III

HARPAGON, LE COMMISSAIRE, VALÈRE, MAITRE JACQUES.

HARPAGON.

Approche. Viens confesser l'action la plus noire, l'attentat le plus horrible qui jamais ait été commis.

VALÈRE.

Que voulez-vous, Monsieur?

HARPAGON.

Comment, traître, tu ne rougis pas de ton crime?

VALÈRE.

De quel crime voulez-vous donc parler?

HARPAGON.

De quel crime je veux parler, infâme? comme si tu ne savais pas ce que je veux dire. C'est en vain que tu prétendrais de le déguiser[2]. L'affaire est découverte, et l'on vient de m'apprendre tout. Comment! abuser ainsi de ma bonté, et s'introduire exprès chez moi pour me trahir? pour me jouer un tour de cette nature?

---

[1] La curieuse déposition de maître Jacques ne pouvait se terminer plus heureusement que par la conclusion aussi comique qu'inattendue d'Harpagon. Maître Jacques n'a fait que répéter ce que l'Avare lui a dit le premier. Harpagon cependant y voit des preuves certaines de la culpabilité de Valère : tant la passion est aveugle !
L'interrogatoire de maître Jacques se retrouve sous une forme un peu différente dans *M. de Pourceaugnac* (A. I, sc. IV).

[2] *Prétendre* s'unit à l'infinitif sans préposition : *il prétend donner la loi partout*. L'Académie ne donne plus d'exemple avec *de*.

ACTE V, SCÈNE III

VALÈRE.

Monsieur, puisqu'on vous a découvert tout, je ne veux point chercher de détours, et vous nier la chose¹.

MAÎTRE JACQUES, *à part.*

Oh, oh! Aurais-je deviné sans y penser?

VALÈRE.

C'était mon dessein de vous en parler, et je voulais attendre pour cela des conjonctures favorables ; mais puisqu'il est ainsi, je vous conjure de ne vous point fâcher, et de vouloir entendre mes raisons.

HARPAGON.

Et quelles belles raisons peux-tu me donner, voleur infâme ?

VALÈRE.

Ah! Monsieur, je n'ai pas mérité ces noms. Il est vrai que j'ai commis une offense envers vous ; mais, après tout, une faute pardonnable.

HARPAGON.

Comment pardonnable ? Un guet-apens², un assassinat de la sorte ?

VALÈRE.

De grâce, ne vous mettez point en colère. Quand vous m'aurez oui, vous verrez que le mal n'est pas si grand que vous le faites.

HARPAGON.

Le mal n'est pas si grand que je le fais ! Quoi ! mon sang, mes entrailles³, pendard !

VALÈRE.

Votre sang, Monsieur, n'est pas tombé dans de mauvaises mains. Je suis d'une condition à ne lui point faire de tort, et il n'y a rien, en tout ceci, que je ne puisse bien réparer.

---

1. Valère se méprend sur le reproche d'Harpagon. Les termes vagues dont celui-ci s'est servi pour l'accuser, lui font craindre que la promesse de mariage, signée la veille avec Élise à l'insu de son père, n'ait été découverte. C'est ce qui fait naître l'équivoque entre la cassette d'Harpagon et sa fille, qui va égayer toute cette scène. Chacun parle selon l'idée qui le préoccupe.

2. *Guet-apens*, embûche dressée pour assassiner qq., ou pour lui faire quelque grand outrage ; il se dit figurément de tout dessein prémédité de nuire. (Ac.) — Étym. : *guet-apensé*, c.-à-d. prémédité, de *apens*, qui a mis attention ; *guet*, action par laquelle on observe, on épie ce qui se passe. (Littré.)

3. Le vieillard parle de ses écus ; aucune expression ne pouvait mieux dire combien ils lui tiennent au cœur, ni mieux affermir Valère dans son erreur.

HARPAGON.

C'est bien mon intention; et que tu me restitues ce que tu m'as ravi.

VALÈRE.

Votre honneur, Monsieur, sera pleinement satisfait.

HARPAGON.

Il n'est pas question d'honneur là-dedans. Mais, dis-moi, qui t'a porté à cette action?

VALÈRE.

Hélas! me le demandez-vous?

HARPAGON.

Oui vraiment, je te le demande [1].

VALÈRE.

L'amour.

HARPAGON.

Bel amour, bel amour, ma foi! l'amour de mes louis d'or!

VALÈRE.

Non, Monsieur; ce ne sont point vos richesses qui m'ont tenté, ce n'est pas cela qui m'a ébloui, et je proteste de ne prétendre rien à tous vos biens, pourvu que vous me laissiez celui que j'ai.

HARPAGON.

Non ferai [2], de par tous les diables, je ne te le laisserai pas. Mais voyez quelle insolence, de vouloir retenir le vol qu'il m'a fait!

VALÈRE.

Appelez-vous cela un vol?

HARPAGON.

Si je l'appelle un vol? un trésor comme celui-là!

VALÈRE.

C'est un trésor, il est vrai, et le plus précieux que vous ayez, sans doute; mais ce ne sera pas le perdre, que de me le laisser. Je vous le demande à genoux, ce trésor [3] plein de charmes; et pour bien faire, il faut que vous me l'accordiez.

---

[1] Molière emprunte à Plaute toute cette situation, ainsi que l'équivoque de la cassette.

[2] Tour familier; l'ellipse lui donne une grande énergie. Harpagon s'emporte, en voyant la résistance du prétendu voleur.

[3] Cette métaphore de Valère vient à propos pour prolonger la méprise. Harpagon se persuade de plus en plus que l'intendant tient sa cassette.

ACTE V, SCÈNE III

HARPAGON.

Je n'en ferai rien. Qu'est-ce à dire cela?

VALÈRE.

Nous nous sommes promis une foi mutuelle, et avons fait serment de ne nous point abandonner.

HARPAGON.

Le serment est admirable, et la promesse plaisante

VALÈRE.

Oui, nous nous sommes engagés d'être l'un à l'autre à jamais[1].

HARPAGON.

Je vous en empêcherai bien, je vous assure.

VALÈRE.

Rien que la mort ne nous peut séparer.

HARPAGON.

C'est être bien endiablé après mon argent[2].

VALÈRE.

Je vous ai déjà dit, Monsieur, que ce n'était point l'intérêt qui m'avait poussé à faire ce que j'ai fait. Mon cœur n'a point agi par les ressorts que vous pensez[3], et un motif plus noble m'a inspiré cette résolution.

HARPAGON.

Vous verrez que c'est par charité chrétienne qu'il veut avoir mon bien, mais j'y donnerai bon ordre; et la justice, pendard effronté, me va faire raison de tout.

VALÈRE.

Vous en userez comme vous voudrez, et me voilà prêt à souffrir toutes les violences qu'il vous plaira; mais je vous prie de croire, au moins, que, s'il y a du mal, ce n'est que moi qu'il en faut accuser, et que votre fille, en tout ceci, n'est aucunement coupable.

HARPAGON.

Je le crois bien, vraiment; il serait fort étrange que ma fille eût trempé dans ce crime. Mais je veux ravoir mon affaire, et que[4] tu me confesses en quel endroit tu me l'as enlevée.

---

[1] On ne dit plus *s'engager de*, mais *s'engager à*.

[2] *Endiablé*, furieux, enragé, comme possédé du démon de l'argent.

[3] *Ressorts*, c.-à-d. motifs, raisons.

[4] *Anacoluthe*, tournure de phrase par laquelle on abandonne une construction commencée pour en prendre une autre. (Ac.) — Ces brusques changements de tour se rencontrent assez fréquemment chez nos meilleurs écrivains, surtout dans le style familier. — Le poète supprime *je veux*.

VALÈRE.

Moi? je ne l'ai point enlevée, et elle est encore chez vous.

HARPAGON, *à part.*

O ma chère cassette! (*Haut.*) Elle n'est point sortie de ma maison?

VALÈRE.

Non, Monsieur. Elle est trop sage et trop honnête pour cela.

HARPAGON, *à part.*

Ma cassette trop honnête!

VALÈRE.

Rien de criminel n'a profané la passion que ses beaux yeux m'ont inspirée.

HARPAGON, *à part.*

Les beaux yeux de ma cassette!

VALÈRE.

Dame Claude, Monsieur, sait la vérité de cette aventure, et elle peut vous rendre témoignage...

HARPAGON.

Quoi? ma servante est complice de l'affaire?

VALÈRE.

Oui, Monsieur : elle a été témoin de notre engagement; et c'est après avoir connu l'honnêteté de ma flamme qu'elle m'a aidé à persuader votre fille de me donner sa foi et recevoir la mienne.

HARPAGON, *à part.*

Eh? Est-ce que la peur de la justice le fait extravaguer? (*A Valère.*) Que nous brouilles-tu ici de ma fille?

VALÈRE.

C'est seulement depuis hier qu'elle a pû se résoudre à nous signer mutuellement une promesse de mariage.

HARPAGON.

Ma fille t'a signé une promesse de mariage?

VALÈRE.

Oui, Monsieur; comme, de ma part, je lui en ai signé une.

HARPAGON.

O ciel! autre disgrâce!

MAÎTRE JACQUES, *au commissaire.*

Écrivez, Monsieur, écrivez.

HARPAGON.

Rengrégement[1] de mal! surcroît de désespoir! *(Au commissaire.)* Allons, Monsieur, faites le dû de votre charge[2], et dressez-lui-moi son procès, comme larron et comme suborneur.

MAÎTRE JACQUES.

Comme larron et comme suborneur[3].

VALÈRE.

Ce sont des noms qui ne me sont point dus; et quand on saura qui je suis...

SCÈNE IV

HARPAGON, ÉLISE, MARIANE, VALÈRE, FROSINE, MAITRE JACQUES, LE COMMISSAIRE, SON CLERC.

HARPAGON.

Ah! fille scélérate, fille indigne d'un père comme moi! c'est ainsi que tu pratiques les leçons que je t'ai données! Tu te laisses prendre d'amour pour un voleur infâme, et tu lui engages ta foi sans mon consentement? Mais vous serez trompés l'un et l'autre. *(A Élise.)* Quatre bonnes murailles me répondront de ta conduite; *(A Valère.)* et une bonne potence, pendard effronté, me fera raison de ton audace.

VALÈRE.

Ce ne sera point votre passion qui jugera l'affaire, et l'on m'écoutera, au moins, avant que de me condamner.

HARPAGON.

Je me suis abusé de dire une potence; et tu seras roué tout vif[4].

ÉLISE, *à genoux devant son père.*

Ah! mon père, prenez des sentiments un peu plus humains, je vous prie, et n'allez point pousser les choses dans les dernières violences du pouvoir paternel. Ne vous laissez point entraîner aux premiers mouvements de votre passion, et donnez-vous le temps de considérer ce que vous voulez faire. Prenez la peine de

---

[1] *Rengrégement*, augmentation, accroissement. Il ne se dit que des maux, et il est vieux. (Ac.) De même le verbe actif *rengréger*. — Étym. : *re* itératif, *en*, *gréger* de l'ancien comparatif *greindre* (lat. *grandior*), plus grand. (Littré.)

[2] *Le dû*, ce qui est dû; il signifie aussi *devoir*; c'est le sens qu'il a ici.

[3] *Suborner*, d'où *suborneur*, porter à faire une action contre le devoir : *suborner des domestiques, des témoins pour les faire déposer contre la vérité.* (Ac.)

[4] *Rouer*, punir du supplice de la roue. Le criminel, après avoir eu les membres brisés par une barre de fer, était attaché sur une roue. Ce supplice a été aboli en France à la fin du XVIIIe siècle.

mieux voir celui dont vous vous offensez[1]. Il est tout autre que vos yeux ne le jugent : et vous trouverez moins étrange que je me sois donnée à lui, lorsque vous saurez que sans lui vous ne m'auriez plus il y a longtemps. Oui, mon père, c'est celui qui me sauva de ce grand péril que vous savez que je courus dans l'eau, et à qui vous devez la vie de cette même fille dont...

HARPAGON.

Tout cela n'est rien ; et il valait bien mieux pour moi qu'il te laissât noyer, que de faire ce qu'il a fait[2].

ÉLISE.

Mon père, je vous conjure, par l'amour paternel de me...

HARPAGON.

Non, non ; je ne veux rien entendre, et il faut que la justice fasse son devoir.

MAÎTRE JACQUES, *à part.*

Tu me payeras mes coups de bâton[3] !

FROSINE, *à part.*

Voici un étrange embarras !

SCÈNE V

ANSELME, HARPAGON, ÉLISE, MARIANE, FROSINE, VALÈRE, MAITRE JACQUES, LE COMMISSAIRE, SON CLERC.

ANSELME.

Qu'est-ce, Seigneur Harpagon ? Je vous vois tout ému.

HARPAGON.

Ah ! Seigneur Anselme, vous me voyez le plus infortuné de tous les hommes ; et voici bien du trouble et du désordre au contrat que vous venez faire[4]. On m'assassine dans le bien, on m'assassine dans l'honneur ; et voilà un traître, un scélérat, qui a violé tous les droits les plus saints ; qui s'est coulé[5] chez moi

---

[1] *Dont vous vous offensez*, c.-à-d. dont vous êtes mécontent, offensé.

[2] Le mot est cruel, surtout dans la bouche d'un père. Mais Harpagon n'a plus rien d'un père.

[3] La rancune de maître Jacques finit par devenir odieuse. Les coups de bâton qu'il avait reçus, étaient suffisamment payés : il était temps de détruire la calomnie. La méchanceté que le poète donne ici à maître Jacques, ne laisse pas que de gâter ce joyeux caractère.

[4] Le contrat de mariage entre Élise et le seigneur Anselme. Il a été question de ce contrat dès le Ier acte, sc. VI. C'est ce qui motive l'arrivée du seigneur Anselme.

[5] Métaphore très belle et très juste. — *Couler*, comme verbe actif, neutre ou pronominal, s'emploie élégamment pour *glisser qqch.* ou *se glisser soi-même quelque part*, adroitement, furtivement et sans bruit. (AC.)

ACTE V, SCÈNE V

sous le titre de domestique pour me dérober mon argent[1], et pour me suborner ma fille.

VALÈRE.

Qui songe à votre argent, dont vous me faites un galimatias[2]?

HARPAGON.

Oui, ils se sont donné l'un à l'autre une promesse de mariage. Cet affront vous regarde, Seigneur Anselme; et c'est vous qui devez vous rendre partie contre lui, et faire toutes les poursuites de la justice, pour vous venger de son insolence.

ANSELME.

Ce n'est pas mon dessein de me faire épouser par force, et de rien[3] prétendre à un cœur qui se serait donné; mais, pour vos intérêts, je suis prêt à les embrasser ainsi que les miens propres.

HARPAGON.

Voilà Monsieur, qui est un honnête commissaire, qui n'oubliera rien, à ce qu'il m'a dit, de la fonction de son office. (*Au commissaire, montrant Valère.*) Chargez-le comme il faut, Monsieur, et rendez les choses bien criminelles[4].

VALÈRE.

Je ne vois pas quel crime on peut me faire de la passion que j'ai pour votre fille, et le supplice où vous croyez que je puisse être condamné pour notre engagement, lorsqu'on saura ce que je suis...

HARPAGON.

Je me moque de tous ces contes; et le monde aujourd'hui n'est plein que de ces larrons de noblesse[5], que de ces imposteurs, qui tirent avantage de leur obscurité, et s'habillent insolemment du premier nom illustre qu'ils s'avisent de prendre.

---

[1] Harpagon, malgré les explications de Valère, reste toujours convaincu qu'il lui a dérobé sa cassette.

[2] *Galimatias*, discours embrouillé et confus, qui semble dire qqch., et ne dit rien. (Ac.) — L'origine du mot est inconnue. « On a dit que *galimatias* venait de ce qu'un avocat, plaidant en latin pour Mathias, dans une affaire où il s'agissait d'un coq, s'embrouilla au point de dire *galli Matthias* au lieu de *gallus Matthiæ*; mais l'anecdote a été inventée pour fournir l'étymologie. » (LITTRÉ.)

[3] *Rien* est pris dans son sens primitif de *quelque chose*. Voir *Gr. fr. hist.*, n. 364-365.

[4] Recommandation digne d'Harpagon; c'est peut-être aussi un trait de satire contre les habitudes des commissaires.

[5] Autre trait de mœurs, contre la fausse noblesse. Voir acte I, sc. V, p. 163, n. 4. Comparez aussi *Boileau*, Satire V.

VALÈRE.

Sachez que j'ai le cœur trop bon[1], pour me parer de quelque chose qui ne soit point à moi, et que tout Naples peut rendre témoignage de ma naissance.

ANSELME.

Tout beau[2] ! Prenez garde à ce que vous allez dire. Vous risquez ici plus que vous ne pensez; et vous parlez devant un homme à qui tout Naples est connu, et qui peut aisément voir clair dans l'histoire que vous ferez.

VALÈRE, *en mettant fièrement son chapeau.*

Je ne suis point homme à rien[3] craindre ; et si Naples vous est connu, vous savez qui était don Thomas d'Alburci.

ANSELME.

Sans doute, je le sais; et peu de gens l'ont connu mieux que moi.

HARPAGON.

Je ne me soucie ni de don Thomas ni de don Martin.
(*Voyant deux chandelles allumées, il en souffle une.*)[4]

ANSELME.

De grâce, laissez-le parler, nous verrons ce qu'il en veut dire.

VALÈRE.

Je veux dire que c'est lui qui m'a donné le jour.

---

[1] *Trop bon*, trop honnête, trop généreux.

[2] Corneille a employé cette expression dans le style noble. Voir *Horace*, A. III, sc. VI, et *Polyeucte*, A. IV, sc. III.

[3] *Rien* a le même sens que plus haut, p. 241, n. 3.

[4] Par esprit d'économie. — « Le président Chamrond, vieil avare, se trouvant au dix-septième jour de la maladie qui l'emporta en 1658, presque à l'extrémité, se réveilla pour dire à une servante : « Charlotte, à quoi bon deux chandelles? Éteignez-en une. » (TALLEMANT DES RÉAUX.)

« Molière, dit l'acteur Grandmesnil, ayant employé, pour dénouer sa pièce, une reconnaissance qui a peu d'intérêt, les comédiens ont imaginé le jeu de la bougie pour égayer une scène que le public n'écoute jamais sans quelque impatience. Voici comment ce jeu s'exécute : Harpagon éteint une des deux bougies placées sur la table du notaire. A peine a-t-il tourné le dos que maître Jacques la rallume. Harpagon, la voyant brûler de nouveau, s'en empare, l'éteint et la garde dans sa main. Mais pendant qu'il écoute, les deux bras croisés, la conversation d'Anselme et de Valère, maître Jacques passe derrière lui et rallume la bougie. — Un instant après, Harpagon décroise les bras, voit la bougie brûler, la souffle et la met dans la poche droite de son haut-de-chausses, où maître Jacques ne manque pas de la rallumer une quatrième fois. Enfin, la main d'Harpagon rencontre la flamme de la bougie, et c'est ainsi qu'il occupe la scène jusqu'au moment où l'idée lui vient de se faire rendre par Anselme les dix mille écus qui lui ont été volés. »

ANSELME.

Lui?

VALÈRE.

Oui.

ANSELME.

Allez, vous vous moquez. Cherchez quelque autre histoire qui vous puisse mieux réussir; et ne prétendez pas vous sauver sous cette imposture.

VALÈRE.

Songez à mieux parler. Ce n'est point une imposture; et je n'avance rien qu'il ne me soit aisé de justifier.

ANSELME.

Quoi! vous osez vous dire fils de don Thomas d'Alburci?

VALÈRE.

Oui, je l'ose; et je suis prêt à soutenir cette vérité contre qui que ce soit.

ANSELME.

L'audace est merveilleuse! Apprenez, pour vous confondre, qu'il y a seize ans, pour le moins, que l'homme dont vous nous parlez, périt sur mer avec ses enfants et sa femme, en voulant dérober leur vie aux cruelles persécutions qui ont accompagné les désordres de Naples, et qui en firent exiler plusieurs nobles familles[1].

VALÈRE.

Oui; mais apprenez, pour vous confondre, vous, que son fils, âgé de sept ans, avec un domestique, fut sauvé de ce naufrage par un vaisseau espagnol; et que ce fils sauvé est celui qui vous parle. Apprenez que le capitaine de ce vaisseau, touché de ma fortune[2], prit amitié pour moi; qu'il me fit élever comme son propre fils, et que les armes furent mon emploi, dès que je m'en trouvai capable; que j'ai su depuis peu que mon père n'était point mort, comme je l'avais toujours cru; que, passant ici pour l'aller chercher, une aventure, par le ciel concertée, me fit voir la char-

---

[1] L'action de cette comédie n'ayant point d'époque déterminée, Molière a pu parler à l'aventure des *désordres* de Naples, pays où ont éclaté beaucoup de révolutions. Il est possible aussi (*et nous le croyons plus probable*) qu'il ait fait allusion à la révolution populaire dont Masaniello fut l'auteur, le héros et bientôt la victime, et pendant laquelle, en effet, les familles nobles eurent à souffrir de *cruelles persécutions*. Cette révolution eut lieu en 1647 et 1648 : c'était une vingtaine d'années avant la représentation de *l'Avare*, et l'âge des divers personnages s'accorde assez bien avec cette date. (*Note d'Auger.*)

[2] *De ma fortune*, de mon sort, de mon malheur.

mante Élise; que cette vue me rendit esclave de ses beautés[1]; et que la violence de mon amour, et les sévérités de son père, me firent prendre la résolution de m'introduire dans son logis, et d'envoyer un autre à la quête[2] de mes parents.

ANSELME.

Mais quels témoignages encore, autres que vos paroles, nous peuvent assurer que ce ne soit point une fable que vous ayez bâtie sur une vérité?

VALÈRE.

Le capitaine espagnol; un cachet de rubis qui était à mon père; un bracelet d'agate que ma mère m'avait mis au bras; le vieux Pédro, ce domestique qui se sauva avec moi du naufrage.

MARIANE.

Hélas! à vos paroles, je puis ici répondre, moi, que vous n'imposez point; et tout ce que vous me dites me fait connaître clairement que vous êtes mon frère.

VALÈRE.

Vous, ma sœur?

MARIANE.

Oui, mon cœur s'est ému dès le moment que vous avez ouvert la bouche; et notre mère, que vous allez ravir, m'a mille fois entretenue des disgrâces de notre famille. Le ciel ne nous fit point aussi[3] périr dans ce triste naufrage; mais il ne nous sauva la vie que par la perte de notre liberté; et ce furent des corsaires qui nous recueillirent, ma mère et moi, sur un débris de notre vaisseau. Après dix ans d'esclavage, une heureuse fortune nous rendit notre liberté, et nous retournâmes dans Naples, où nous trouvâmes tout notre bien vendu, sans y pouvoir trouver des nouvelles de notre père. Nous passâmes à Gênes, où ma mère alla ramasser quelques malheureux restes d'une succession qu'on avait déchirée; et de là, fuyant la barbare injustice de ses parents, elle vint en ces lieux, où elle n'a presque vécu que d'une vie languissante.

ANSELME.

O ciel! quels sont les traits de ta puissance! et que tu fais bien voir qu'il n'appartient qu'à toi de faire des miracles! Embrassez-

---

[1] Molière, qui s'est tant moqué des *Précieuses*, sacrifie aussi au goût du temps. Le même style se trouve dans les premières tragédies de Racine, composées à cette époque (*Alexandre*, 1665; *Andromaque*, 1667).

[2] *A la quête*, à la recherche; sens étymologique; du lat. *quærere*, *chercher*, d'où aussi *quérir*.

[3] Nous dirions aujourd'hui *non plus*.

moi, mes enfants, et mêlez tous deux vos transports à ceux de votre père.

VALÈRE.

Vous êtes notre père?

MARIANE.

C'est vous que ma mère a tant pleuré[1]?

ANSELME.

Oui, ma fille, oui, mon fils, je suis don Thomas d'Alburci, que le ciel garantit des ondes avec tout l'argent qu'il portait, et qui, vous ayant tous crus morts durant plus de seize ans, se préparait, après de longs voyages, à chercher dans l'hymen[2] d'une douce et sage personne la consolation de quelque nouvelle famille. Le peu de sûreté que j'ai vu pour ma vie à retourner à Naples, m'a fait y renoncer pour toujours; et, ayant trouvé moyen d'y faire vendre ce que j'avais, je me suis habitué ici, où, sous le nom d'Anselme, j'ai voulu m'éloigner les chagrins[3] de cet autre nom qui m'a causé tant de traverses.

HARPAGON, à Anselme.

C'est là votre fils?

ANSELME.

Oui.

HARPAGON.

Je vous prends à partie, pour me payer dix mille écus qu'il m'a volés[4].

ANSELME.

Lui, vous avoir volé[5]?

HARPAGON.

Lui-même.

VALÈRE.

Qui vous dit cela?

---

[1] La reconnaissance est touchante, mais trop romanesque, et peu en harmonie avec un genre de comédie grave et classique, comme l'est l'*Avare*.

[2] *Ondes, hymen*, expressions réservées aujourd'hui à la poésie.

[3] *M'éloigner les chagrins*, pour *éloigner de moi...*; latinisme qui n'est plus en usage.

[4] L'avare reparaît avec ses préoccupations et ses exigences comiques.
L'expression *prendre à partie* est ici de la plus grande justesse. *La partie*, en termes de palais, signifie celui qui plaide contre qq.; *prendre qq. à partie*, c'est attaquer en justice un homme qui n'était pas d'abord notre adversaire. (Ac.) C'est ce que prétend Harpagon, contre celui dont il voulait faire son gendre.

[5] Infinitif d'exclamation, imité du latin. Voir *Gr. fr. hist.*, n. 758.

HARPAGON.

Maître Jacques.

VALÈRE, à maître Jacques.

C'est toi qui le dis?

MAÎTRE JACQUES.

Vous voyez que je ne dis rien.

HARPAGON.

Oui. Voilà Monsieur le commissaire qui a reçu sa déposition.

VALÈRE.

Pouvez-vous me croire capable d'une action si lâche!

HARPAGON.

Capable, ou non capable, je veux ravoir mon argent.

SCÈNE VI

HARPAGON, ANSELME, ÉLISE, MARIANE, CLÉANTE, VALÈRE, FROSINE, MAITRE JACQUES, LA FLÈCHE, LE COMMISSAIRE, SON CLERC.

CLÉANTE.

Ne vous tourmentez point, mon père, et n'accusez personne. J'ai découvert des nouvelles de votre affaire; et je viens ici pour vous dire que, si vous voulez vous résoudre à me laisser épouser Mariane, votre argent vous sera rendu.

HARPAGON.

Où est-il?

CLÉANTE.

Ne vous en mettez point en peine. Il est en lieu[1] dont je réponds, et tout ne dépend que de moi. C'est à vous de me dire[2] à quoi vous vous déterminez; et vous pouvez choisir, ou de me donner Mariane, ou de perdre votre cassette.

HARPAGON.

N'en a-t-on rien ôté[3]?

CLÉANTE.

Rien du tout. Voyez si c'est votre dessein de souscrire à ce mariage, et de joindre votre consentement à celui de sa mère, qui lui laisse la liberté de faire un choix entre nous deux.

---

[1] On dirait aujourd'hui *en un lieu dont...*, parce que le mot *lieu* est déterminé par une proposition conjonctive.

[2] *C'est à vous de parler*, c'est à vous qu'il appartient de...; *c'est à vous à parler*, c'est votre tour de... (Ac.)

[3] Harpagon ne pense plus à Mariane; sa cassette maintenant est toute sa préoccupation; l'avarice domine tout.

MARIANE, *à Cléante.*

Mais vous ne savez pas que ce n'est pas assez que ce consentement, et que le ciel (*montrant Valère*), avec un frère que vous voyez, vient de me rendre un père (*montrant Anselme*) dont vous avez à m'obtenir.

ANSELME.

Le ciel, mes enfants, ne me redonne point à vous pour être contraire à vos vœux. Seigneur Harpagon, vous jugez bien que le choix d'une jeune personne tombera sur le fils plutôt que sur le père. Allons, ne vous faites point dire ce qu'il n'est pas nécessaire d'entendre, et consentez, ainsi que moi, à ce double hyménée.

HARPAGON.

Il faut, pour me donner conseil, que je voie ma cassette.

CLÉANTE.

Vous la verrez saine et entière.

HARPAGON.

Je n'ai point d'argent à donner en mariage à mes enfants.

ANSELME.

Eh bien, j'en ai pour eux; que cela ne vous inquiète point.

HARPAGON.

Vous obligerez-vous à faire tous les frais de ces deux mariages?

ANSELME.

Oui, je m'y oblige. Êtes-vous satisfait?

HARPAGON.

Oui, pourvu que, pour les noces, vous me fassiez faire un habit[1].

ANSELME.

D'accord. Allons jouir de l'allégresse que cet heureux jour nous présente.

LE COMMISSAIRE.

Holà! Messieurs, holà! Tout doucement, s'il vous plaît. Qui me payera mes écritures?

HARPAGON.

Nous n'avons que faire de vos écritures.

LE COMMISSAIRE.

Oui! mais je ne prétends pas, moi, les avoir faites pour rien.

[1] Le vieillard est ladre jusqu'au bout.

HARPAGON, *montrant maître Jacques.*

Pour votre payement, voilà un homme que je vous donne à pendre.

MAÎTRE JACQUES.

Hélas! comment faut-il donc faire? On me donne des coups de bâton pour dire vrai, et on me veut pendre pour mentir.

ANSELME.

Seigneur Harpagon, il faut lui pardonner cette imposture.

HARPAGON.

Vous payerez donc le commissaire?

ANSELME.

Soit. Allons vite faire part de notre joie à votre mère.

HARPAGON.

Et moi, voir ma chère cassette[1].

QUESTIONS SUR LE Ve ACTE.

Que se passe-t-il au Ve acte?
Dans quel but Harpagon amène-t-il le commissaire?
Analysez la scène de l'interrogatoire de maître Jacques.
Quel en est le passage le plus comique?
Pourquoi Valère est-il mis en cause?
Analysez la scène de l'interrogatoire de Valère.
Qu'y a-t-il de comique dans cet interrogatoire, et quelle en est la cause?
Comment Harpagon accueille-t-il les aveux d'Élise?
Comment l'intervention du seigneur Anselme prépare-t-elle le dénouement?
A quel prix Harpagon peut-il recouvrer sa cassette?
Quelles conditions met-il au mariage de Cléante avec Mariane?
Quel est le caractère dramatique de ce dénouement?
Est-il moral?

---

[1] Molière a voulu que le dernier mot fût un trait de caractère. Harpagon n'est point guéri de son avarice. — Sur ce dénouement, voir p. 138, n. 2.

LES
FEMMES SAVANTES
COMÉDIE

1672

LES
FEMMES SAVANTES
COMÉDIE

La première représentation eut lieu à Paris, sur le théâtre du Palais-Royal, le 11 mars 1672.

PERSONNAGES (1).

CHRYSALE, bon bourgeois.
PHILAMINTE, femme de Chrysale.
ARMANDE,
HENRIETTE, } filles de Chrysale et de Philaminte.
ARISTE, frère de Chrysale.
BÉLISE, sœur de Chrysale.
CLITANDRE, amant d'Henriette.
TRISSOTIN, bel esprit (2).
VADIUS, savant (3).
MARTINE, servante de cuisine.
LÉPINE, valet de Chrysale.
JULIEN, valet de Vadius.
UN NOTAIRE.

La scène est à Paris, dans la maison de Chrysale.

(1) Les rôles étaient distribués de la manière suivante :
Chrysale, Molière.   *Clitandre,* la Grange.
Philaminte, Mlle Hubert.   *Trissotin,* la Thorillière.
Armande, Mlle de Brie.   *Vadius,* du Croisy.
Henriette, Mlle Molière.   *Martine,* servante de Molière,
Ariste, Baron.   qui portait ce nom.
Bélise, Mlle Villaubrun.

(2) Aux premières représentations, *Trissotin* (trois fois sot) s'appelait *Tricotin,* pour rendre plus transparente l'allusion à l'abbé Cotin, joué par Molière. Voir plus loin, p. 259.

(3) Ce nom à terminaison latine convenait bien à un pédant ridicule.

ANALYSE GÉNÉRALE DE L'ACTION.

Acte I. — L'exposition. — Les deux sœurs.

La scène s'ouvre par une discussion entre Armande et Henriette. Armande, jalouse de sa sœur qu'elle croit préférée par Clitandre, lui vante l'excellence de l'amour platonique, qui ne vise qu'à l'union des cœurs. L'arrivée de Clitandre échauffe la querelle : Clitandre s'étant déclaré pour Henriette, Armande se retire pleine de dépit. Henriette engage Clitandre à gagner Philaminte à sa cause ; Clitandre répond qu'il espère peu de sa mère, à cause de son engouement pour Trissotin. Cependant, voyant arriver Bélise, il se résout à l'intéresser à ses projets : Bélise a la sottise de prendre pour elle-même les déclarations de Clitandre.

Acte II. — Le renvoi de Martine.

Ariste vient demander à Chrysale la main d'Henriette pour Clitandre. Chrysale accepte le gendre présenté par Ariste, et s'engage à le faire agréer à sa femme. A ce moment entre Martine qui se plaint d'être chassée sans raison par sa maîtresse. Tandis que Chrysale la console, Philaminte arrive avec Bélise : toutes deux accablent Martine de leurs reproches, pour avoir manqué à la grammaire. Après le départ de Martine, Chrysale s'emporte contre les ridicules manies des femmes savantes : Philaminte et Bélise le prennent en pitié. Lorsqu'enfin il essaie de parler du mariage d'Henriette, sa femme le prévient, en lui disant qu'elle lui destine Trissotin, et de ce pas elle va en instruire sa fille. Le retour d'Ariste rend un peu de courage au pauvre Chrysale.

Acte III. — Les deux pédants.

Trissotin arrive entouré de Philaminte, d'Armande et de Bélise, qui le pressent de leur lire une épigramme qu'il vient de composer. Henriette se tient modestement à l'écart. Trissotin lit d'abord un *sonnet à la princesse Uranie sur sa fièvre*. Philaminte, Armande et Bélise se pâment d'admiration ; leur enthousiasme redouble à la lecture d'une épigramme aussi ridicule que le sonnet. Philaminte, invitée à son tour par Trissotin à montrer une de ses compositions, lui annonce la création prochaine d'une Académie dont elle rédige les statuts avec Bélise et Armande.

Sur ces entrefaites arrive Vadius. Les deux pédants, après s'être accablés de compliments, se prennent de querelle, et se lancent l'un à l'autre les injures mêlées aux menaces. Après le départ de Vadius, Philaminte annonce à Henriette qu'elle lui a choisi Trissotin pour époux. Henriette se récrie. Philaminte est à peine sortie que Chrysale vient présenter Clitandre à Henriette, comme l'époux dont il a fait choix pour elle.

Acte IV. — Rivalité de Trissotin et de Clitandre.

Philaminte est décidée à empêcher le mariage d'Henriette avec Clitandre : Armande l'y pousse dans l'espoir de reconquérir l'amant qu'elle a perdu. Voyant entrer Clitandre, Armande lui reproche son infidélité ; il répond que, rebuté par elle, il appartient désormais à Henriette. Trissotin, qui vient interrompre l'entretien, engage avec Clitandre une discussion où le pédantisme est flagellé, comme il le mérite.

Cependant une lettre de Vadius donne avis à Philaminte que Trissotin n'est qu'un plagiaire et un hypocrite qui recherche avant tout la fortune de sa fille. Philaminte n'en reste que plus attachée à Trissotin ; elle invite même Clitandre à assister au contrat de mariage qui doit se signer le soir. Clitandre, voyant arriver Chrysale, implore son appui : Chrysale jure de se faire obéir.

Acte V. — Le contrat. — Dénouement.

Henriette presse Trissotin de renoncer à sa main : le pédant s'y refuse. Tandis qu'il va trouver Philaminte pour la signature du contrat, Chrysale vient avec Clitandre et Martine qui promet de l'appuyer dans la lutte. Le combat s'engage en effet avec l'arrivée de Philaminte : Bélise, Armande, Trissotin la suivent ainsi que le notaire. Chrysale tient pour Clitandre, Philaminte pour Trissotin : Martine soutient le faible Chrysale.

Un stratagème d'Ariste sauve Henriette : deux lettres qu'il apporte, annoncent la ruine complète de Chrysale ; se croyant frustré de la dot qu'il convoitait, Trissotin se retire. Mais la nouvelle était fausse. Désabusée sur le compte du pédant, Philaminte consent à l'union d'Henriette et de Clitandre.

APPRÉCIATION.

Caractère de la pièce; son à-propos.

La comédie des *Femmes savantes* est une comédie de mœurs. Molière y représente sous une forme nouvelle et dans un tableau plus complet des travers qu'il avait attaqués déjà treize ans auparavant, au début de sa carrière à Paris.

Dans les *Précieuses ridicules* (1659), il avait joué les sentiments romanesques et le langage affecté des habituées de l'Hôtel de Rambouillet.

Dans les *Femmes savantes*, il tourna en ridicule les prétentions littéraires et scientifiques des femmes. Pour donner plus de relief à ses peintures, il y joignit aussi le pédantisme des hommes (1).

En 1672, comme en 1659, le poète eut l'avantage de l'à-propos. Au jargon sentimental et aux raffinements de langage qui avaient régné trop longtemps dans les ruelles, émules de la *Chambre bleue*, avait succédé un engouement plus ridicule encore pour la grammaire, le grec, la poésie et les sciences. Les grandes dames, les bourgeoises elles-mêmes se piquaient d'être non seulement poètes, mais grammairiennes, philosophes, mathématiciennes, astronomes : Descartes, Pascal, Gassendi, Cassini, leur avaient tourné la tête. La comédie des *Femmes savantes* venait à son heure (2).

---

(1) L'idée d'une comédie sur les *Femmes savantes* paraît s'être présentée à l'esprit de Molière dès 1663. Dans la *Critique de l'École des femmes*, il faisait dire à Dorante : « Ce serait une chose plaisante à mettre sur le théâtre que leurs grimaces savantes (des femmes), leur vicieuse coutume d'assassiner les gens de leurs ouvrages, leur friandise de louanges, leur trafic de réputation, et leurs ligues offensives et défensives, aussi bien que leurs guerres d'esprit, et leurs combats de prose et de vers. »

(2) Le travers datait de loin. Balzac l'avait stigmatisé plus de trente ans avant Molière : « Il y a longtemps, écrivait-il, que je me suis déclaré contre cette pédanterie (des femmes), et que je souffrirais plus volontiers une femme qui a de la barbe, qu'une femme qui fait la savante. »

Au dire du P. Rapin, « les *Précieuses ridicules* et les *Femmes savantes* firent tant de honte aux dames qui se piquaient trop de bel esprit, que toute la nation des précieuses s'éteignit en moins de quinze jours; ou du moins elles se déguisèrent si bien qu'on n'en trouva plus ni à la cour, ni à la ville. »

Disparues un moment, elles ne tardèrent pas à relever la tête. Boileau les signalait de nouveau dans sa X⁰ satire, en 1693 :

Qui s'offrira d'abord ? Bon, c'est cette *savante*
Qu'estime Roberval, et que Sauveur fréquente.
D'où vient qu'elle a l'œil trouble et le teint si terni ?

Dessein du poëte. — Mérite de la pièce.

Le dessein de Molière était, non de proscrire l'instruction dans les femmes, mais de ridiculiser leurs prétentions littéraires et leurs manies scientifiques.

Il s'attaquait à l'abus, à l'excès. S'il condamne les femmes *savantes*, il respecte les femmes *instruites* (1).

Sa vraie pensée ne se trouve pas dans les boutades du bonhomme Chrysale dont le bon sens vulgaire est trop surexcité pour donner la note juste et la leçon vraie; il faut la chercher plutôt dans cette sage réplique de Clitandre (A. I, sc. III) :

> ... Les femmes docteurs ne sont point de mon goût.
> Je consens qu'une femme ait des clartés de tout;
> Mais je ne lui veux point la passion choquante
> De se rendre savante afin d'être savante,
> Et j'aime que souvent, aux questions qu'on fait,
> Elle sache ignorer les choses qu'elle sait (2).

Le poète ne se contente pas de montrer le ridicule du bel esprit et du pédantisme dans les femmes; il en fait voir les tristes effets

> C'est que sur le calcul, dit-on, de Cassini,
> Un astrolabe en main, elle a dans sa gouttière
> A suivre Jupiter passé la nuit entière.
> Gardons de la troubler. Sa science, je croi,
> Aura pour s'occuper ce jour plus d'un emploi :
> D'un nouveau microscope on doit, en sa présence,
> Tantôt chez Dalancé faire l'expérience.

Roberval et Sauveur étaient mathématiciens, de l'Académie des Sciences. — Cassini, célèbre astronome, né dans le comté de Nice en 1625, fut attiré en France par Louis XIV en 1668, et organisa l'Observatoire; il mourut en 1712. Dalancé se livrait alors à des expériences de physique qui le ruinèrent.

(1) « Une femme savante de profession est odieuse; mais une femme instruite, sensée, doucement sérieuse, qui entre dans les goûts, dans les études d'un mari, d'un frère ou d'un père, qui, sans quitter son ouvrage d'aiguille, peut s'arrêter un instant, comprendre toutes les pensées et donner un avis naturel, quoi de plus simple et de plus désirable? » (SAINTE-BEUVE.)

(2) « Molière ne proscrit que l'orgueil d'un faux savoir, il respecte la véritable science... C'est aux femmes surtout qu'il interdit la vaine érudition et le pédantisme comme plus opposés à leurs intérêts et à leurs devoirs... Il est bien éloigné de réduire toute la culture de leur esprit au gouvernement de leur *pot au feu*; il ne faut pas prendre à la lettre la charge comique que se permet Chrysale dans un moment d'humeur : c'est le ridicule entêtement d'une vaine et fausse littérature, c'est un sot étalage de connaissances astronomiques et mathématiques, que Molière blâme avec raison dans les femmes. Que dirait-il aujourd'hui, s'il les voyait abandonner leur maison pour courir à des cours de chimie, d'histoire naturelle, de physique, de botanique, de grammaire, etc.? » (GEOFFROY, 1803.)

au sein d'une famille : la division, la jalousie, les colères insensées, les prétentions extravagantes, la guerre enfin, tels sont les maux qu'entraîne après elle la manie de la science, quand elle s'empare d'une maîtresse de maison et de ses filles.

La verve satirique du poète a donc bien rempli son rôle (1).

Sa peinture est vive et dramatique. La pièce est animée généralement d'une gaieté franche et d'un comique de bon aloi. La structure est régulière, la poésie facile et élégante.

Les caractères sont variés, bien tracés ; ils offrent de plus de très beaux contrastes (2).

Le succès néanmoins fut médiocre (3).

Sujet, action, intrigue, dénouement, moralité.

Le *sujet* des *Femmes savantes* est la satire du pédantisme dans les femmes.

L'*action* consiste dans le projet de mariage d'Henriette avec Clitandre.

L'*intrigue* se compose des efforts que font d'une part Philaminte, Armande, Bélise pour marier Henriette à Trissotin, et d'autre part Chrysale, Martine et Ariste pour assurer la main d'Henriette à Clitandre.

Le *ressort* de l'intrigue est l'engouement des trois savantes pour la science et pour Trissotin.

Le *nœud* est formé par la rivalité des deux sœurs.

Le *dénouement* est amené par le stratagème d'Ariste ; les deux

---

(1) Les philosophes du xviiie siècle goûtaient peu, paraît-il, la pièce de Molière : « A peine lui pardonnent-ils, disait Geoffroy, d'avoir fait les *Femmes savantes*, parce que cette comédie leur paraît attaquer la philosophie moderne dans son plus fort retranchement, la vanité et l'ambition des femmes. Ce sont en effet les femmes beaux esprits qui ont propagé avec le plus d'ardeur et de succès les nouveaux systèmes, dans le temps où leur caprice faisait loi dans la société : avant la révolution, il n'y avait guère à Paris de bonne maison qui n'eût sa Philaminte et ses Trissotins. »

(2) Les contrastes les plus frappants sont ceux de Chrysale et de Philaminte, d'Henriette et d'Armande, de Clitandre et de Trissotin.

(3) Les *Femmes savantes* n'eurent que dix-neuf représentations ; l'affluence diminua dès la dixième.

La coterie à laquelle s'attaquait Molière, était puissante. D'autre part, Cotin qui était joué dans la pièce, et peut-être aussi Ménage que plusieurs croyaient voir sous les traits de Vadius, avaient dû entretenir les préventions du public contre une comédie peu recommandée par son titre.

lettres qu'il apporte et qui annoncent la ruine de Chrysale, décident Trissotin à se retirer, montrent la générosité de Clitandre, ouvrent les yeux à Philaminte, et la déterminent enfin à donner Henriette à l'époux que sa fille préfère.

Philaminte est vaincue, sans être désabusée; Armande et Bélise sont frustrées dans leurs sottes espérances; la victoire reste au droit, à l'honneur, à la raison.

Le dénouement est *naturel* et *moral*; c'est un des meilleurs de Molière.

Personnages.

Les personnages se divisent en trois groupes :
1° Le groupe des savantes : *Philaminte, Armande* et *Bélise*;
2° Le groupe des pédants : *Trissotin* et *Vadius*;
3° Le groupe du bon sens : *Chrysale, Henriette, Martine, Clitandre* et *Ariste*.

Les savantes et les pédants.

Philaminte, Armande et Bélise, trois types de femmes savantes, ont chacune leur caractère et leur physionomie propre (1).

Philaminte est aussi impérieuse et dure dans le gouvernement de sa maison que ridicule par ses raffinements littéraires et ses visées scientifiques. Elle a la fierté d'Agrippine, et prétend comme elle disposer de tout en maîtresse absolue. Rivale de Richelieu, elle veut fonder une académie.

Armande, l'aînée de ses filles, joint à la préciosité de sa mère une jalousie hypocrite et méchante. Elle ne pardonne point à sa sœur Henriette d'avoir mérité les préférences de Clitandre, et son dépit l'emporte jusqu'aux accusations les plus calomnieuses.

Bélise est la vieille fille romanesque, atteinte de la folie du bel esprit, et de la folie plus extravagante encore de se croire adorée de tous.

(1) « Philaminte est despotique, acariâtre, orgueilleuse, sans aucune nuance de sensibilité; Armande est prude et jalouse; la philosophie n'a pas tellement endurci son cœur, qu'elle ne soit encore très disposée à courir les risques du mariage; Bélise a l'esprit gâté par les romans, et croit que tous les hommes sont amoureux d'elle; mais elle ne permet à aucun de lui parler d'amour. » (GEOFFROY.)

Trissotin est le type du bel esprit infatué de lui-même, intéressé, flatteur, hypocrite, impudent. S'il courtise Philaminte, c'est moins pour l'amour de sa fille que pour sa dot.

Vadius est le pédant orgueilleux, violent et brutal (1).

Chrysale, Henriette, Martine, Clitandre et Ariste.

Le bon sens est représenté et vengé par ces cinq personnages, mais avec des nuances diverses.

Chrysale a le gros bon sens du bourgeois qui s'indigne de voir les vertus domestiques supplantées par les manies du pédantisme féminin. Ses goûts sont un peu vulgaires, mais il est droit et bon. Par malheur, son caractère ne vaut pas son cœur : il est faible, tremblant, presque lâche devant les sommations altières de sa femme (2).

Henriette fait un beau contraste avec l'orgueilleuse Armande. Elle a de la raison, de l'esprit; elle est simple, modeste, discrète, respectueuse pour ses parents. Il manque à son aimable caractère cette fleur de délicatesse et cette grâce de la pudeur qu'on admire dans la Junie de Racine. La vivacité d'Henriette est trop cavalière, et son langage s'en ressent.

Martine, la servante fidèle et courageuse de Chrysale, représente le bon sens populaire. Ses répliques franches, rudes, pétillantes de verve gauloise, vengent de la façon la plus comique les droits du mari contre le despotisme d'une femme hautaine, et flagellent sans pitié les affectations puristes de ses maîtresses.

Clitandre gagne toute notre sympathie par son caractère honnête, loyal et généreux, autant que par la rectitude de son esprit et la fermeté de sa raison.

Ariste est l'ami sage et dévoué du faible Chrysale; il lui montre son devoir, il le soutient dans ses défaillances, il assure enfin son triomphe par son intervention inopinée dans la crise suprême du dénouement.

---

(1) *Pédant*, celui qui affecte mal à propos de paraître savant, ou qui parle avec un ton, avec un air trop décisif. (Ac.)

(2) « C'est un trait de génie d'avoir fait contraster avec une savante altière et impérieuse, un homme simple et débonnaire tel que Chrysale. » (Geoffroy.)

Les plus belles scènes.

Les plus belles scènes sont les suivantes :
Acte I, sc. I : Discussion sur l'amour platonique.
Acte II, sc. VI : Le renvoi de Martine.
— sc. VII : Sortie de Chrysale contre les savants.
Acte III, sc. II : Scène du sonnet.
— sc. V : Dispute de Trissotin et de Vadius.
Acte IV, sc. III : Réquisitoire de Clitandre contre le pédantisme.
Acte V, sc. III : Scène du contrat de mariage.

Défauts.

On peut reprocher aux *Femmes savantes* :
1° L'exagération du caractère de Bélise ;
2° Des libertés de langage qui déparent le ton généralement noble et relevé de la pièce ;
3° Le spectacle peu édifiant et trop peu agréable de deux sœurs qui se querellent, se jalousent et se font la guerre (1) ;
4° L'indigne persiflage de l'abbé Cotin, non seulement ridiculisé, mais rendu odieux dans sa caricature de Trissotin (2).

(1) Ici encore, nous pouvons constater un déficit ordinaire dans les pièces de Molière sous le rapport moral. Le travers est ridiculisé, le mal est stigmatisé ; mais l'image du bien n'apparaît nulle part dans sa vraie et complète beauté : « Il n'y avait ni père, ni fils, ni famille dans l'*Avare*. Je ne vois ici ni époux, ni épouse ; d'enfants qui semblent aimer leurs parents, pas l'ombre ; d'éducation vraie, pas de trace. » (CHARAUX, *Molière*.)

(2) L'abbé Cotin, prédicateur et écrivain du xviie siècle, est connu surtout par les critiques de Boileau et de Molière. Né en 1604, il mourut en 1682.
Cotin avait attaqué très violemment Molière et Boileau dans sa *Satire des Satires*. Boileau riposta par les épigrammes que l'on sait. Molière lui porta le coup de grâce en l'exposant en pleine scène à la risée publique sous le travestissement de Trissotin. Pour que personne ne pût s'y méprendre, Molière avait donné d'abord à son personnage le nom de *Tricotin*. D'après Ménage, il aurait même fait acheter un des habits de l'abbé pour en revêtir l'acteur chargé de ce rôle.
Donneau de Visé disait dans *le Mercure*, le 12 mai 1672 : « Beaucoup de gens font des applications de cette comédie ;.... mais M. Molière s'en est suffisamment justifié par une harangue qu'il fit au public, deux jours avant la première représentation. » Si cette harangue eut lieu, elle ne devait pas briller par la sincérité.
Ce qu'il y a de certain, c'est que Cotin ne se releva pas du coup ; quand il mourut, on osa à peine prononcer son nom à l'Académie.

La comédie peut s'attaquer aux travers et aux vices régnants ; il lui est défendu de toucher aux personnes vivantes (1).

QUESTIONS GÉNÉRALES.

En quelle année parurent les *Femmes savantes* ?
Sur quel théâtre ? Comment étaient distribués les rôles ?
Sous quel nom avait d'abord paru Trissotin ?
Donnez l'analyse générale de l'action.
Quel rapport y a-t-il entre les *Femmes savantes* et les *Précieuses ridicules* ?
La nouvelle comédie arrivait-elle à propos ?
Citez d'autres auteurs du xviie siècle qui ont ridiculisé les femmes savantes.
Quel était le véritable dessein de Molière ?
Quelles sont les qualités de la pièce ?
Eut-elle du succès ?

Sujet, action, personnages, défauts.

Quel est le sujet des *Femmes savantes* ?
En quoi consiste l'action ?
De quoi se compose l'intrigue ? Quel en est le ressort ?
Par quoi est formé le nœud ?
Qu'est-ce qui amène le dénouement ?
Le dénouement est-il naturel ? est-il moral ?
En combien de groupes se divisent les personnages ?
Quel est le caractère de Philaminte ? d'Armande ? de Bélise ? de Trissotin ? de Vadius ?
Quel est le caractère de Chrysale ? d'Henriette ? de Martine ? de Clitandre et d'Ariste ?
Quelles sont les plus belles scènes ?
Quels sont les défauts ?

(1) On avait voulu voir aussi Ménage sous le nom de Vadius : le fait est douteux. Ménage (1613-1693) était un érudit sérieux et un critique estimé. Il ne paraît pas avoir été hostile à Molière. Un jour que Mme de Montausier lui disait : « Quoi ! vous souffrirez que cet impertinent vous joue de la sorte ? » Ménage lui répondit, dit-on : « Madame, j'ai vu cette comédie ; elle est parfaitement belle, on n'y saurait trouver rien à critiquer. »

ACTE PREMIER

Exposition. — Les deux sœurs.

SCÈNE I
ARMANDE, HENRIETTE.

ARMANDE.

Quoi! le beau nom de fille est un titre, ma sœur (1),
Dont vous voulez quitter la charmante douceur?
Et de vous marier vous osez faire fête (2)?
Ce vulgaire dessein vous peut monter en tête?

HENRIETTE.

Oui, ma sœur.

ARMANDE.

Ah! ce « oui » se peut-il supporter (3),
Et sans un mal de cœur saurait-on l'écouter?

HENRIETTE.

Qu'a donc le mariage en soi qui vous oblige,
Ma sœur... ?

ARMANDE.

Ah! mon Dieu! fi!

HENRIETTE.

Comment?

---

(1) *Le nom de fille.* « Le mot *fille* se dit, particulièrement, par opposition à femme mariée. » (Ac.)
C'était une des extravagances des précieuses de se glorifier du titre de fille; leur vanité romanesque aimait à faire parade d'une vie éthérée, nourrie de pure philosophie. Elles trouvaient ainsi le moyen d'éterniser les adulations de la petite cour d'adorateurs dont elles se plaisaient à s'entourer.
L'amour platonique qu'elles affectaient n'était souvent, comme nous allons le voir chez Armande, qu'un vernis trompeur dont se couvrait leur égoïste jalousie.

(2) *Faire fête,* se réjouir, se vanter. Cette expression n'est plus usitée que dans les locutions suivantes données par l'Académie : *faire fête à qq., faire fête d'une chose à qq., se faire une fête de qqch.*

(3) *Oui* est une diphtongue *aspirée*; ce mot n'admet ni élision, ni liaison, comme s'il y avait en tête une *h* aspirée. Voir *Gr. fr. hist.*, n. 58.

ARMANDE.

Ah! fi! vous dis-je.
N'en frissonnez-vous point? et pouvez-vous, ma sœur,
Aux suites de ce mot résoudre votre cœur?

HENRIETTE.

Les suites de ce mot, quand je les envisage,
Me font voir un mari, des enfants, un ménage;
Et je ne vois rien là, si j'en puis raisonner,
Qui blesse la pensée et fasse frissonner.

ARMANDE.

De tels attachements, ô ciel! sont pour vous plaire!

HENRIETTE.

Et qu'est-ce qu'à mon âge on a de mieux à faire
Que d'attacher à soi, par le titre d'époux,
Un homme qui vous aime et soit aimé de vous;
Et de cette union de tendresse suivie,
Se faire les douceurs d'une innocente vie (1)?
Ce nœud bien assorti n'a-t-il pas des appas (2)?

ARMANDE.

Mon Dieu! que votre esprit est d'un étage bas (3)!
Que vous jouez au monde un petit personnage,
De vous claquemurer aux choses du ménage (4),
Et de n'entrevoir point de plaisirs plus touchants
Qu'une idole d'époux et des marmots d'enfants (5)!
Laissez aux gens grossiers, aux personnes vulgaires,
Les bas amusements de ces sortes d'affaires.

(1) Les caractères des deux sœurs se dessinent parfaitement dès ces premiers vers. D'un côté, une précieuse dont l'orgueil est doublé d'une pruderie affectée; de l'autre, une jeune fille simple, droite, dont le bon sens ne manque pas de finesse.

(2) *Appas*, pl. m., attraits, charmes. *Appas*, au sing., se dit au propre, de la pâture avec laquelle on attire les oiseaux et les poissons, et au fig., de tout ce qui attire.

(3) *D'un étage bas*, c.-à-d. vulgaire. Cette locution, moins familière au XVIIe siècle qu'elle ne l'est aujourd'hui, a été employée aussi par Corneille et par Bossuet :

Ils (*les dieux*) descendent bien moins dans de si bas étages. (*Hor.* III, 3.)

« Notre nature que sa mortalité avait reléguée au plus bas étage de l'univers. » (Boss., 3e *serm. sur l'Annonc.*)

(4) *Claquemurer*, resserrer dans une étroite prison; *se claquemurer*, se tenir renfermé. (AC.) — Expression familière et pittoresque. — Étym. : *Claquer* et *murer*; proprement claquer, c.-à-d. se jeter dans les murs. (LITTRÉ.)

Aux choses, pour *dans* les choses; usage fréquent au XVIIe siècle.

(5) Idole *d'époux*, marmots *d'enfants*, *de* explétif. (*Gr. fr. hist.*, 527.)

A de plus hauts objets élevez vos désirs ;
Songez à prendre un goût des plus nobles plaisirs (1),
Et, traitant de mépris les sens et la matière (2),
A l'esprit, comme nous, donnez-vous tout entière (3).
Vous avez notre mère en exemple à vos yeux,
Que du nom de savante on honore en tous lieux (4) :
Tâchez, ainsi que moi, de vous montrer sa fille,
Aspirez aux clartés qui sont dans la famille (5),
Et vous rendez sensible aux charmantes douceurs (6)
Que l'amour de l'étude épanche dans les cœurs.
Loin d'être aux lois d'un homme en esclave asservie,
Mariez-vous, ma sœur, à la philosophie (7),
Qui nous monte au-dessus de tout le genre humain (8),
Et donne à la raison l'empire souverain,
Soumettant à ses lois la partie animale,
Dont l'appétit grossier aux bêtes nous ravale.
Ce sont là les beaux feux, les doux attachements
Qui doivent de la vie occuper les moments ;
Et les soins où je vois tant de femmes sensibles,
Me paraissent aux yeux des pauvretés horribles.

HENRIETTE.

Le ciel, dont nous voyons que l'ordre est tout-puissant,
Pour différents emplois nous fabrique en naissant ;
Et tout esprit n'est pas composé d'une étoffe
Qui se trouve taillée à faire un philosophe.
Si le vôtre est né propre aux élévations
Où montent des savants les spéculations,

(1) On dirait aujourd'hui *prendre goût à de plus nobles plaisirs.*

(2) *Traiter de mépris,* pour *avec mépris.* Ce tour se trouve aussi dans Corneille (*Pol.*, A. III, sc. II.).

(3) Vers caractéristique. La lutte est entre la *matière* et l'*esprit.*

(4) Nous apprenons que la mère des deux sœurs appartient à cette élite de l'humanité qui s'adonne au culte pur de l'esprit et de la science.

(5) *Clarté* s'employait souvent au xviie siècle dans le sens de *lumière* qui éclaire l'esprit, de connaissance, de science ; on l'emploie encore aujourd'hui dans ce sens, surtout au pluriel. (Ac.)
On dit cependant plus souvent *des lumières.*

(6) Aspirez... et *vous* rendez. C'était l'usage ordinaire au xviie siècle, quand deux impératifs se suivent, de mettre le pronom régime avant le second :
Va, cours, vole, et *nous* venge. (CORN., *Cid,* I, V.)

(7) Vers topique, des plus heureux ; le sérieux avec lequel Armande le prononce, en augmente l'effet comique.

(8) La précieuse savoure avec un secret orgueil le plaisir de se voir au-dessus du genre humain.

Le mien est fait, ma sœur, pour aller terre à terre,
Et dans les petits soins son faible se resserre.
Ne troublons point du ciel les justes règlements,
Et de nos deux instincts suivons les mouvements.
Habitez, par l'essor d'un grand et beau génie,
Les hautes régions de la philosophie :
Tandis que mon esprit, se tenant ici-bas,
Goûtera de l'hymen les terrestres appas.
Ainsi, dans nos desseins l'une à l'autre contraire,
Nous saurons toutes deux imiter notre mère (1).

ARMANDE.

Quand sur une personne on prétend se régler,
C'est par les beaux côtés qu'il lui faut ressembler (2),
Et ce n'est point du tout la prendre pour modèle,
Ma sœur, que de tousser et de cracher comme elle.

HENRIETTE.

Mais vous ne seriez pas ce dont vous vous vantez,
Si ma mère n'eût eu que de ces beaux côtés ;
Et bien vous prend, ma sœur, que son noble génie
N'ait pas vaqué toujours à la philosophie.

ARMANDE.

Je vois que votre esprit ne peut être guéri
Du fol entêtement de vous faire un mari.
Mais sachons, s'il vous plaît, qui vous songez à prendre ;
Votre visée au moins n'est pas mise à Clitandre ?

HENRIETTE.

Et par quelle raison n'y serait-elle pas ?
Manque-t-il de mérite ? Est-ce un choix qui soit bas ?

ARMANDE.

Non ; mais c'est un dessein qui serait malhonnête
Que de vouloir d'une autre enlever la conquête (3) ;
Et ce n'est pas un fait dans le monde ignoré
Que Clitandre ait pour moi hautement soupiré (4).

(1) La modeste réplique d'Henriette n'est pas exempte d'ironie.

(2) Vers devenus proverbes. D'après le *Bolæana*, c'est Boileau qui leur aurait donné leur forme actuelle, corrigeant ceux de Molière qui avait écrit :
  Quand sur une personne on prétend *s'ajuster*,
  C'est par les beaux côtés qu'il *la* faut *imiter*.

(3) *D'une autre*, c.-à-d. d'Armande elle-même. Les éditions antérieures à celle de 1734, portaient *d'un autre*, mot plus général.

(4) Voilà l'explication des visées philosophiques d'Armande : elle voulait élever Henriette au-dessus de la matière, dans la crainte qu'elle ne lui enlevât Clitandre.

ACTE I, SCÈNE II

HENRIETTE.
Oui; mais tous ces soupirs chez vous sont choses vaines,
Et vous ne tombez point aux bassesses humaines;
Votre esprit à l'hymen renonce pour toujours,
Et la philosophie a toutes vos amours.
Ainsi, n'ayant au cœur nul dessein pour Clitandre,
Que vous importe-t-il qu'on y puisse prétendre?

ARMANDE.
Cet empire que tient la raison sur les sens
Ne fait pas renoncer aux douceurs des encens (1)?
Et l'on peut pour époux refuser un mérite
Que pour adorateur on veut bien à sa suite.

HENRIETTE.
Je n'ai pas empêché qu'à vos perfections
Il n'ait continué ses adorations :
Et je n'ai fait que prendre, au refus de votre âme,
Ce qu'est venu m'offrir l'hommage de sa flamme.

ARMANDE.
Mais à l'offre des vœux d'un amant dépité,
Trouvez-vous, je vous prie, entière sûreté?
Croyez-vous pour vos yeux sa passion bien forte,
Et qu'en son cœur pour moi toute flamme soit morte?

HENRIETTE.
Il me l'a dit, ma sœur; et, pour moi, je le croi (2).

ARMANDE.
Ne soyez pas, ma sœur, d'une si bonne foi :
Et croyez, quand il dit qu'il me quitte et vous aime,
Qu'il n'y songe pas bien et se trompe lui-même.

HENRIETTE.
Je ne sais; mais enfin, si c'est votre plaisir,
Il nous est bien aisé de nous en éclaircir :
Je l'aperçois qui vient, et sur cette matière,
Il pourra nous donner une pleine lumière.

SCÈNE II

CLITANDRE, ARMANDE, HENRIETTE.

HENRIETTE.
Pour me tirer d'un doute où me jette ma sœur,
Entre elle et moi, Clitandre, expliquez votre cœur;

---

(1) *Sens* rime avec *encens*; l'usage de ne pas prononcer l's de *sens* était encore commun. Le P. Chifflet (1687) recommande de prononcer l's pour distinguer *sens* de *sang* : « C'est ainsi, dit-il, que parlent les plus diserts. »
Encens, au pl., se disait très bien au XVIIe siècle pour louanges, flatteries.
(2) *Je le croi*; pour cette orthographe, voir *l'Avare*, Acte I, sc. I, p. 141.

Découvrez-en le fond, et nous daignez apprendre
Qui de nous à vos vœux est en droit de prétendre.

ARMANDE.

Non, non, je ne veux point à votre passion
Imposer la rigueur d'une explication :
Je ménage les gens, et sais comme embarrasse
Le contraignant effort de ces aveux en face (1).

CLITANDRE.

Non, Madame, mon cœur, qui dissimule peu,
Ne sent nulle contrainte à faire un libre aveu ;
Dans aucun embarras un tel pas ne me jette ;
Et j'avouerai tout haut, d'une âme franche et nette,
Que les tendres liens où je suis arrêté,
Mon amour et mes vœux sont tous de ce côté (2).
Qu'à nulle émotion cet aveu ne vous porte :
Vous avez bien voulu les choses de la sorte.
Vos attraits m'avaient pris, et mes tendres soupirs
Vous ont assez prouvé l'ardeur de mes désirs ;
Mon cœur vous consacrait une flamme immortelle :
Mais vos yeux n'ont pas cru leur conquête assez belle.
J'ai souffert sous leur joug cent mépris différents ;
Ils régnaient sur mon âme en superbes tyrans,
Et je me suis cherché, lassé de tant de peines,
Des vainqueurs plus humains et de moins rudes chaînes.

(Montrant Henriette.)

Je les ai rencontrés, Madame, dans ces yeux,
Et leurs traits à jamais me seront précieux :
D'un regard pitoyable ils ont séché mes larmes (3),
Et n'ont pas dédaigné le rebut de vos charmes.
De si rares bontés m'ont si bien su toucher
Qu'il n'est rien qui me puisse à mes fers arracher ;
Et j'ose maintenant vous conjurer, Madame,
De ne vouloir tenter nul effort sur ma flamme,

---

(1) Voir dans *le Misanthrope* une situation toute semblable. Célimène est pressée de même de se déclarer entre Alceste et Oronte (A. V, sc. II).

Embarrassée par le rôle égoïste et perfide qu'elle a joué envers l'un et l'autre, la coquette tâche d'esquiver la difficulté, en évitant de se prononcer.

Clitandre, qui va droit son chemin, se tire de la situation avec plus d'honneur, grâce à sa franchise. Son discours néanmoins est bien alambiqué.

(2) Clitandre montre Henriette, puis se retourne vers Armande.

(3) *Pitoyable* a le sens actif, *qui a pitié*. Corneille a dit de même :
   Si le ciel *pitoyable* eût écouté ma voix. (*Hor.*, III, V.)

De ne point essayer à rappeler un cœur,
Résolu de mourir dans cette douce ardeur (1).

ARMANDE.

Hé! qui vous dit, Monsieur, que l'on ait cette envie,
Et que de vous enfin si fort on se soucie?
Je vous trouve plaisant de vous le figurer,
Et bien impertinent de me le déclarer (2).

HENRIETTE.

Hé! doucement, ma sœur. Où donc est la morale
Qui sait si bien régir la partie animale,
Et retenir la bride aux efforts du courroux (3)?

ARMANDE.

Mais vous, qui m'en parlez, où la pratiquez-vous,
De répondre à l'amour que l'on vous fait paraître,
Sans le congé de ceux qui vous ont donné l'être (4)?
Sachez que le devoir vous soumet à leurs lois,
Qu'il ne vous est permis d'aimer que par leur choix;
Qu'ils ont sur votre cœur l'autorité suprême,
Et qu'il est criminel d'en disposer vous-même.

HENRIETTE.

Je rends grâce aux bontés que vous me faites voir
De m'enseigner si bien les choses du devoir (5).
Mon cœur sur vos leçons veut régler sa conduite;
Et pour vous faire voir, ma sœur, que j'en profite,
Clitandre, prenez soin d'appuyer votre amour
De l'agrément de ceux dont j'ai reçu le jour;
Faites-vous sur mes vœux un pouvoir légitime,
Et me donnez moyen de vous aimer sans crime.

CLITANDRE.

J'y vais de tous mes soins travailler hautement,
Et j'attendais de vous ce doux consentement.

(1) Tout ce discours se ressent de la galanterie encore trop à la mode : Clitandre cependant n'est pas du groupe des précieux.

(2) Armande répond avec le même dépit qu'Arsinoé, lorsqu'elle se voit repoussée par Alceste (A. V, sc. IV).

(3) Henriette devient méchante : elle abuse de sa victoire.

(4) *Sans le congé,* sans la permission.

(5) On croit entendre la prude et la coquette du *Misanthrope,* dans les conseils charitables qu'elles se donnent.

ARMANDE.

Vous triomphez, ma sœur, et faites une mine (1)
A vous imaginer que cela me chagrine.

HENRIETTE.

Moi, ma sœur? point du tout. Je sais que sur vos sens
Les droits de la raison sont toujours tout-puissants,
Et que, par les leçons qu'on prend dans la sagesse,
Vous êtes au-dessus d'une telle faiblesse.
Loin de vous soupçonner d'aucun chagrin, je croi
Qu'ici vous daignerez vous employer pour moi,
Appuyer sa demande, et de votre suffrage
Presser l'heureux moment de notre mariage.
Je vous en sollicite ; et, pour y travailler...

ARMANDE.

Votre petit esprit se mêle de railler,
Et d'un cœur qu'on vous jette on vous voit toute fière.

HENRIETTE.

Tout jeté qu'est ce cœur, il ne vous déplaît guère ;
Et si vos yeux sur moi le pouvaient ramasser,
Ils prendraient aisément le soin de se baisser.

ARMANDE.

A répondre à cela je ne daigne descendre,
Et ce sont sots discours qu'il ne faut pas entendre.

HENRIETTE.

C'est fort bien fait à vous, et vous nous faites voir
Des modérations qu'on ne peut concevoir (2).

SCÈNE III

CLITANDRE, HENRIETTE.

HENRIETTE.

Votre sincère aveu ne l'a pas peu surprise.

CLITANDRE.

Elle mérite assez une telle franchise ;
Et toutes les hauteurs de sa folle fierté

---

(1) C.-à-d. vous avez l'air de vous imaginer. Aujourd'hui on dit dans ce sens *faire mine de*. V. le *Misanthrope*, A. III, sc. V, p. 90.

(2) La querelle finit sur le même ton aigre que dans le *Misanthrope*, entre Célimène et Arsinoé (A. III, sc. IV). Ici la situation est loin d'être aussi plaisante : on aime peu à voir cette rivalité jalouse et amère entre deux sœurs.

Sont dignes tout au moins de ma sincérité.
Mais, puisqu'il m'est permis, je vais à votre père,
Madame...

HENRIETTE.

Le plus sûr est de gagner ma mère.
Mon père est d'une humeur à consentir à tout,
Mais il met peu de poids aux choses qu'il résout :
Il a reçu du ciel certaine bonté d'âme
Qui le soumet d'abord à ce que veut sa femme (1);
C'est elle qui gouverne, et d'un ton absolu
Elle dicte pour loi ce qu'elle a résolu (2).
Je voudrais bien vous voir pour elle et pour ma tante
Une âme, je l'avoue, un peu plus complaisante,
Un esprit qui, flattant les visions du leur,
Vous pût de leur estime attirer la chaleur.

CLITANDRE.

Mon cœur n'a jamais pu, tant il est né sincère,
Même dans votre sœur flatter leur caractère :
Et les femmes docteurs ne sont point de mon goût (3).
Je consens qu'une femme ait des clartés de tout (4);
Mais je ne lui veux point la passion choquante
De se rendre savante afin d'être savante (5);

(1) *D'abord*, dès le premier instant, sur-le-champ, sans discussion ; emploi fréquent au XVIIe siècle.

(2) Henriette apprécie la situation avec non moins de tact que de justesse. Elle attribue la faiblesse de son père à une certaine *bonté d'âme*; quant à l'esprit dominateur de sa mère, elle le constate sans se permettre de le juger.

(3) Ce passage donne la vraie pensée de l'auteur sur l'éducation des femmes. Clitandre, l'homme raisonnable de la pièce, s'exprime ici avec franchise et mesure. Il garde le milieu entre les deux extrêmes : entre une ignorance sotte qui rendrait l'épouse et la mère incapables de remplir dignement la mission que Dieu leur a confiée, et un pédantisme plus sot encore qui leur ferait négliger les soins plus importants de la famille, ou amoindrirait le respect et l'autorité dont elles doivent rester entourées. Voir plus haut, p. 255.

(4) *Des clartés*, une certaine connaissance. Il convient qu'une femme ait une idée de toutes les sciences utiles, pour pouvoir suivre avec intérêt les questions qui peuvent survenir dans une conversation, et diriger avec plus de sûreté l'éducation de ses enfants.

(5) Rechercher la science pour la science, ou pour la vaine satisfaction de la montrer, c'est un désordre dans l'homme; c'est un abus égal, et plus ridicule encore dans la femme. La science ne lui est pas interdite, pourvu qu'elle n'en fasse point parade, qu'elle n'en tire point vanité, qu'elle s'en serve avec modestie et une sorte de pudeur.
Ainsi en était-il au temps « de la bonne régence » d'Anne d'Autriche, où, comme disait Saint-Evremond, les

Femmes (étaient) savantes, sans faire les savantes.

Et j'aime que souvent, aux questions qu'on fait,
Elle sache ignorer les choses qu'elle sait :
De son étude enfin je veux qu'elle se cache,
Et qu'elle ait du savoir sans vouloir qu'on le sache,
Sans citer les auteurs, sans dire de grands mots,
Et clouer de l'esprit à ses moindres propos (1).
Je respecte beaucoup Madame votre mère;
Mais je ne puis du tout approuver sa chimère,
Et me rendre l'écho des choses qu'elle dit,
Aux encens qu'elle donne à son héros d'esprit.
Son monsieur Trissotin me chagrine, m'assomme (2);
Et j'enrage de voir qu'elle estime un tel homme,
Qu'elle nous mette au rang des grands et beaux esprits (3)
Un benêt dont partout on siffle les écrits (4),
Un pédant dont on voit la plume libérale
D'officieux papiers fournir toute la halle (5).

      HENRIETTE.

Ses écrits, ses discours, tout m'en semble ennuyeux,
Et je me trouve assez votre goût et vos yeux;
Mais, comme sur ma mère il a grande puissance,
Vous devez vous forcer à quelque complaisance.
Un amant fait sa cour où s'attache son cœur.
Il veut de tout le monde y gagner la faveur;

(1) Clitandre condamne l'affectation du bel esprit, et le pédantisme.

(2) *Son* ; ce possessif montre combien elle s'en est coiffée. On sait que Molière visait sous le nom de Trissotin l'abbé Cotin; voir plus haut, p. 259.

(3) *Nous*, explétif. Voir *Gr. fr. hist.*, 614 :
    Prends-moi le bon parti. (BOIL.)

(4) *Un benêt*, un niais, un sot. (AC.) — Étym. : « Benêt (prononciation normande de *benoit*, d'où *bénit*) a été employé pour désigner un niais, à cause de cette opinion vulgaire que les simples d'esprit sont favorisés du ciel. Il ne se dit qu'au masculin. » (LITTRÉ.)

(5) *La halle*, place publique, ordinairement couverte, qui sert à tenir le marché ou la foire. (AC.) — Mot d'origine germanique.
Boileau envoyait les mauvais poètes chez l'épicier (*Sat.* IX.). Il avait, dans sa Satire III, traité d'empoisonneur Jacques Mignot, pâtissier traiteur de la rue de la Harpe, maître-queux de la maison du roi :
  Ma foi, vive Mignot, et tout ce qu'il apprête !
  Car Mignot, c'est tout dire ; et dans le monde entier
  Jamais empoisonneur ne sut mieux son métier.
Mignot, pour se venger, enveloppa ses biscuits dans les feuillets de la *Critique désintéressée*, pamphlet de Cotin contre Boileau. C'était l'expédient le plus heureux qu'on eût encore trouvé pour faire circuler les écrits de Cotin. Boileau se donna souvent le plaisir de faire acheter de ces biscuits. (*Note de* DAUNOU.)

D'officieux papiers, de papiers heureux de rendre service aux épiciers.

ACTE I, SCÈNE III

Et, pour n'avoir personne à sa flamme contraire,
Jusqu'au chien du logis il s'efforce de plaire.

CLITANDRE.

Oui, vous avez raison ; mais monsieur Trissotin
M'inspire au fond de l'âme un dominant chagrin.
Je ne puis consentir, pour gagner ses suffrages,
A me déshonorer en prisant ses ouvrages ;
C'est par eux qu'à mes yeux il a d'abord paru,
Et je le connaissais avant que l'avoir vu (1).
Je vis dans le fatras des écrits qu'il nous donne (2),
Ce qu'étale en tous lieux sa pédante personne,
La constante hauteur de sa présomption,
Cette intrépidité de bonne opinion,
Cet indolent état de confiance extrême
Qui le rend en tout temps si content de soi-même,
Qui fait qu'à son mérite incessamment il rit,
Qu'il se sait si bon gré de tout ce qu'il écrit,
Et qu'il ne voudrait pas changer sa renommée
Contre tous les honneurs d'un général d'armée.

HENRIETTE.

C'est avoir de bons yeux que de voir tout cela.

CLITANDRE.

Jusques à sa figure encor la chose alla,
Et je vis, par les vers qu'à la tête il nous jette,
De quel air il fallait que fût fait le poète ;
Et j'en avais si bien deviné tous les traits,
Que, rencontrant un homme un jour dans le Palais (3),
Je gageai que c'était Trissotin en personne,
Et je vis qu'en effet la gageure était bonne (4).

HENRIETTE.

Quel conte !

---

(1) En prose, il faudrait *de* : *avant que de* l'avoir vu. (*Gr. fr. hist.*, 879.)

(2) *Fatras,* terme qui se dit par mépris d'un amas confus de plusieurs choses. (Ac.)

(3) Les galeries du Palais de justice étaient alors très fréquentées par les promeneurs. Voir la comédie de Corneille intitulée *la Galerie du Palais* (1633).

(4) Comme Trissotin est un des personnages importants de l'action et que le poète, d'après son plan, ne pourra l'amener sur la scène qu'au IIIe acte, il en trace ici un portrait fort soigné, afin de bien l'imprimer dans l'esprit du spectateur. Trissotin a tous les traits d'un pédant : bel esprit, méchant poète, auteur ennuyeux, vain, présomptueux, aussi ridicule par son extérieur que par sa suffisance.

CLITANDRE.

Non ; je dis la chose comme elle est.
Mais je vois votre tante : agréez, s'il vous plaît,
Que mon cœur lui déclare ici notre mystère,
Et gagne sa faveur auprès de votre mère.

SCÈNE IV

CLITANDRE, BÉLISE.

CLITANDRE.

Souffrez, pour vous parler, Madame, qu'un amant
Prenne l'occasion de cet heureux moment,
Et se découvre à vous de la sincère flamme...

BÉLISE.

Ah! tout beau : gardez-vous de m'ouvrir trop votre âme (1).
Si je vous ai su mettre au rang de mes amants,
Contentez-vous des yeux pour vos seuls truchements (2);
Et ne m'expliquez point par un autre langage
Des désirs qui, chez moi, passent pour un outrage.
Aimez-moi, soupirez, brûlez pour mes appas ;
Mais qu'il me soit permis de ne le savoir pas.
Je puis fermer les yeux sur vos flammes secrètes,
Tant que vous vous tiendrez aux muets interprètes :
Mais si la bouche vient à s'en vouloir mêler,
Pour jamais de ma vue il vous faut exiler.

CLITANDRE.

Des projets de mon cœur ne prenez point d'alarme.
Henriette, Madame, est l'objet qui me charme ;
Et je viens ardemment conjurer vos bontés
De seconder l'amour que j'ai pour ses beautés.

BÉLISE.

Oh! certes, le détour est d'esprit (3), je l'avoue.
Ce subtil faux-fuyant mérite qu'on le loue ;

---

(1) Bélise ne permet pas à Clitandre d'achever. Au premier mot d'amour, persuadée que c'est à elle qu'il s'adresse, elle s'en effarouche avec la pruderie d'une précieuse.
Toute pleine des romans à la mode, elle en reflète les ridicules excentricités. Molière l'a peinte d'après le personnage d'Hespérie, héroïne des *Visionnaires* (comédie de Desmarets de Saint-Sorlin, 1640). Hespérie s'était figuré que le roi de Congo était épris de sa personne.
(2) *Vos truchements*, vos interprètes; expression figurée, assez recherchée des précieuses. Les yeux, *muets interprètes*... périphrase de même acabit.
Truchement ou *trucheman*, de même *drogman*, leur synonyme, viennent de l'arabe *tardjeman*, interprète.
(3) Locution fort accréditée auprès des précieuses ; c.-à-d. le détour est fin, bien imaginé.

Et dans tous les romans où j'ai jeté les yeux (1),
Je n'ai rien rencontré de plus ingénieux.

CLITANDRE.

Ceci n'est point du tout un trait d'esprit, Madame,
Et c'est un pur aveu de ce que j'ai dans l'âme.
Les cieux, par les liens d'une immuable ardeur,
Aux beautés d'Henriette ont attaché mon cœur;
Henriette me tient sous son aimable empire,
Et l'hymen d'Henriette est le bien où j'aspire (2).
Vous y pouvez beaucoup; et tout ce que je veux,
C'est que vous y daigniez favoriser mes vœux.

BÉLISE.

Je vois où doucement veut aller la demande,
Et je sais sous ce nom ce qu'il faut que j'entende.
La figure est adroite; et pour n'en point sortir,
Aux choses que mon cœur m'offre à vous repartir,
Je dirai qu'Henriette à l'hymen est rebelle,
Et que, sans rien prétendre, il faut brûler pour elle.

CLITANDRE.

Eh, Madame! à quoi bon un pareil embarras?
Et pourquoi voulez-vous penser ce qui n'est pas?

BÉLISE.

Mon Dieu! point de façons. Cessez de vous défendre
De ce que vos regards m'ont souvent fait entendre.
Il suffit que l'on est contente du détour (3)
Dont s'est adroitement avisé votre amour,
Et que, sous la figure où le respect l'engage,
On veut bien se résoudre à souffrir son hommage,
Pourvu que ses transports, par l'honneur éclairés,
N'offrent à mes autels que des vœux épurés.

(1) Les romans qui ont eu le plus de vogue au XVIIe siècle, sont: l'*Astrée* d'Honoré d'Urfé (1612-1624); l'*Artamène* ou *le Grand Cyrus* et la *Clélie* de Mlle de Scudéry; *Cassandre*, *Cléopâtre*, *Pharamond*, de la Calprenède. Le moindre de ces romans avait cinq volumes; presque tous en avaient jusqu'à dix ou douze.

• D'Urfé, dans son *Astrée*, de bergers très frivoles avait fait des héros de romans considérables; la Calprenède et les autres, des héros les plus considérables de l'histoire firent des bergers très frivoles, et quelquefois même des bourgeois encore plus frivoles que ces bergers. » (BOILEAU, *Dial.*)

Mlle Scudéry peignait
    Caton galant et Brutus dameret. (Art p., III.)

(2) Clitandre répète jusqu'à trois fois le nom d'Henriette, pour désabuser Bélise : la précieuse ne s'en obstinera pas moins dans sa folie.

(3) Il faut aujourd'hui le subjonctif : *il suffit que l'on soit*. (*Gr. fr. hist.*, 734.)

CLITANDRE.

Mais...

BÉLISE.

Adieu. Pour ce coup, ceci doit vous suffire,
Et je vous ai plus dit que je ne voulais dire.

CLITANDRE.

Mais votre erreur...

BÉLISE.

Laissez. Je rougis maintenant;
Et ma pudeur s'est fait un effort surprenant.

CLITANDRE.

Je veux être pendu si je vous aime (1); et sage...

BÉLISE.

Non, non, je ne veux rien entendre davantage.

SCÈNE V

CLITANDRE, *seul* (2).

Diantre soit de la folle avec ses visions (3)!
A-t-on rien vu d'égal à ses préventions?
Allons commettre un autre au soin que l'on me donne (4),
Et prenons le secours d'une sage personne (5).

(1) Clitandre a tort de s'impatienter; on ne guérit pas les fous, en raisonnant avec eux. Mais Bélise est la tante d'Henriette; il importait de la détromper. L'insuccès de Clitandre, en égayant le parterre, offre aussi l'avantage de compliquer un peu l'intrigue.

(2) Les monologues sont extrêmement rares dans Molière. Il n'y en a pas dans le *Misanthrope*; il n'y en a qu'un dans l'*Avare*.

(3) *Diantre,* mot formé de *diable. Diantre soit de, diable soit de,* comme on dit *peste* ou *la peste soit de.*

(4) *Commettre,* employer, préposer. Harpagon, dans l'*Avare* (A. III, sc. I), dit à dame Claude : « Je vous *commets* au soin de nettoyer partout. »

(5) C'est l'annonce d'Ariste, que Clitandre va intéresser à sa cause.

L'exposition est complète; elle a été claire et intéressante.

Les deux sœurs et leur tante se sont peintes elles-mêmes dans leurs discours; Clitandre s'est exprimé avec la franchise de son caractère sur le sujet de l'action, son mariage avec Henriette, aussi bien que sur le fond de la pièce, le pédantisme des femmes.

En quelques traits crayonnés d'une main discrète, Henriette nous a fait entrevoir les physionomies si différentes de son père et de sa mère. Le portrait de Trissotin, buriné par Clitandre, ne sortira plus de notre mémoire.

QUESTIONS SUR LE Ier ACTE.

Quel est le sujet du 1er acte ?
Quel est l'objet de la discussion qui s'élève entre Armande et Henriette ?
Quel est le but d'Armande ?
Comment le caractère des deux sœurs s'y fait-il connaître ?
Comment Clitandre répond-il à la question que lui pose Henriette ?
Quel effet sa déclaration produit-elle sur Armande ?
Quels sont les sentiments de Clitandre sur l'instruction des femmes ? Quel est l'abus qu'il réprouve ?
Sous quels traits Clitandre et Henriette dépeignent-ils Trissotin ?
Dans quel but Clitandre s'adresse-t-il à Bélise ?
D'où vient la méprise comique de Bélise ?
Que se propose Clitandre en la quittant ?
Quel est le mérite du 1er acte ?
Comment se fait l'exposition ?
Quels sont les personnages qu'elle nous fait connaître ?

ACTE SECOND

Le renvoi de Martine.

SCÈNE I

ARISTE, *quittant Clitandre et lui parlant encor*

Oui, je vous porterai la réponse au plus tôt (1);
J'appuierai, presserai, ferai tout ce qu'il faut (2).
Qu'un amant pour un mot a de choses à dire!
Et qu'impatiemment il veut ce qu'il désire!
Jamais...

SCÈNE II

CHRYSALE, ARISTE.

ARISTE.

Ah! Dieu vous gard', mon frère (3)!

CHRYSALE.

Et vous aussi,
Mon frère.

ARISTE.

Savez-vous ce qui m'amène ici?

CHRYSALE.

Non; mais, si vous voulez, je suis prêt à l'entendre.

ARISTE.

Depuis assez longtemps vous connaissez Clitandre?

CHRYSALE.

Sans doute, et je le vois qui fréquente chez nous (4).

---

(1) Clitandre amène Ariste qu'il a gagné à sa cause pendant l'entr'acte; il le quitte, après lui avoir fait ses dernières recommandations.

(2) L'*e* muet du futur et du conditionnel ne compte pas dans le vers après une voyelle ou une diphtongue.

(3) *Dieu vous garde!* se disait autrefois, par forme de salutation, le plus souvent à des inférieurs qu'on abordait ou dont on était abordé, et quelquefois d'égal à égal. *Dieu gard'*, locution ancienne qui a le même sens que *Dieu garde*. (Littré.)
La suppression de l'*e* n'est pas une licence; elle était passée en usage.

(4) *Fréquenter*, ordinairement actif, est quelquefois neutre : *fréquenter avec* qq., *chez* qq., *dans* la maison de qq. (Ac.)

ARISTE.
En quelle estime est-il, mon frère, auprès de vous?

CHRYSALE.
D'homme d'honneur, d'esprit, de cœur et de conduite;
Et je vois peu de gens qui soient de son mérite.

ARISTE.
Certain désir qu'il a, conduit ici mes pas,
Et je me réjouis que vous en fassiez cas.

CHRYSALE.
Je connus feu son père en mon voyage à Rome.

ARISTE.
Fort bien.

CHRYSALE.
C'était, mon frère, un fort bon gentilhomme.

ARISTE.
On le dit.

CHRYSALE.
Nous n'avions alors que vingt-huit ans,
Et nous étions, ma foi, tous deux de verts galants (1).

SCÈNE III

BÉLISE, *entrant doucement et écoutant;*
CHRYSALE, ARISTE.

ARISTE.
Clitandre auprès de vous me fait son interprète,
Et son cœur est épris des grâces d'Henriette.

CHRYSALE.
Quoi! de ma fille?

ARISTE.
Oui; Clitandre en est charmé,
Et je ne vis jamais amant plus enflammé.

BÉLISE, à Ariste.
Non, non, je vous entends. Vous ignorez l'histoire,
Et l'affaire n'est pas ce que vous pouvez croire (2).

---

(1) Fig. et fam., *c'est un vert galant*, se dit d'un homme vif, alerte, vigoureux. (Ac.) — Les verts galants étaient des bandits du xv° siècle, ainsi nommés parce qu'ils se tenaient dans les bois. (LITTRÉ.)

(2 La sotte intervention de Bélise devient de la bouffonnerie.

ARISTE.

Comment, ma sœur?

BÉLISE.

Clitandre abuse vos esprits,
Et c'est d'un autre objet que son cœur est épris.

ARISTE.

Vous raillez. Ce n'est pas Henriette qu'il aime

BÉLISE.

Non, j'en suis assurée.

ARISTE.

Il me l'a dit lui-même.

BÉLISE.

Hé! oui.

ARISTE.

Vous me voyez, ma sœur, chargé par lui
D'en faire la demande à son père aujourd'hui.

BÉLISE.

Fort bien.

ARISTE.

Et son amour même m'a fait instance
De presser les moments d'une telle alliance.

BÉLISE.

Encor mieux. On ne peut tromper plus galamment.
Henriette, entre nous, est un amusement,
Un voile ingénieux, un prétexte, mon frère,
A couvrir d'autres feux dont je sais le mystère;
Et je veux bien tous deux vous mettre hors d'erreur.

ARISTE.

Mais, puisque vous savez tant de choses, ma sœur,
Dites-nous, s'il vous plait, cet autre objet qu'il aime

BÉLISE.

Vous le voulez savoir?

ARISTE.

Oui. Quoi?

BÉLISE.

Moi.

ARISTE.

Vous?

BÉLISE.

Moi-même.

ARISTE.

Hai, ma sœur (1) !

BÉLISE.

Qu'est-ce donc que veut dire ce hai ?
Et qu'a de surprenant le discours que je fai (2) ?
On est faite d'un air, je pense, à pouvoir dire (3)
Qu'on n'a pas pour un cœur soumis à son empire (4) ;
Et Dorante, Damis, Cléonte et Lycidas,
Peuvent bien faire voir qu'on a quelques appas.

ARISTE.

Ces gens vous aiment ?

BÉLISE.

Oui, de toute leur puissance.

ARISTE.

Ils vous l'ont dit ?

BÉLISE.

Aucun n'a pris cette licence ;
Ils m'ont su révérer si fort jusqu'à ce jour,
Qu'ils ne m'ont jamais dit un mot de leur amour.
Mais, pour m'offrir leur cœur et vouer leur service,
Les muets truchements ont tous fait leur office (5).

ARISTE.

On ne voit presque point céans venir Damis (6).

BÉLISE.

C'est pour me faire voir un respect plus soumis.

ARISTE.

De mots piquants partout Dorante vous outrage.

BÉLISE.

Ce sont emportements d'une jalouse rage.

---

(1) *Hai*, interjection, la même que *hé*. (Ac.)
(2) Molière écrivait, selon l'usage encore en vigueur, *je fai* ou *je fais*, comme *je croi* ou *je crois*. Voir plus haut, p. 141, n. 3, et p. 265, n. 2.
(3) *On* peut être suivi d'un attribut féminin ou pluriel, quand il désigne un nom féminin ou pluriel. (*Gr. fr. hist.*, 656.)
(4) *N'avoir pas pour un...*, n'avoir pas seulement un... ; locution tombée.
(5) *Les muets truchements*. Voir A. I, sc. IV, p. 272, n. 2.
(6) *Céans*, ici dedans. Voir *l'Avare*, A. II, sc. II, p. 176, n. 1.

ARISTE.

Cléonte et Lycidas ont pris femme tous deux.

BÉLISE.

C'est par un désespoir où j'ai réduit leurs feux (1).

ARISTE.

Ma foi, ma chère sœur, vision toute claire.

CHRYSALE, à Bélise.

De ces chimères-là vous devez vous défaire (2).

BÉLISE.

Ah! chimères! Ce sont des chimères, dit-on.
Chimères, moi! Vraiment, chimères est fort bon!
Je me réjouis fort de chimères, mes frères,
Et je ne savais pas que j'eusse des chimères (3).

SCÈNE IV

CHRYSALE, ARISTE.

CHRYSALE.

Notre sœur est folle, oui (4).

ARISTE.

                       Cela croît tous les jours.
Mais, encore une fois, reprenons le discours.
Clitandre vous demande Henriette pour femme;
Voyez quelle réponse on doit faire à sa flamme.

CHRYSALE.

Faut-il le demander? J'y consens de bon cœur,
Et tiens son alliance à singulier honneur.

ARISTE.

Vous savez que de biens il n'a pas l'abondance (5).
Que...

(1) Bélise est décidément maniaque : les faits les plus évidents ne peuvent lui dessiller les yeux.

(2) *Chimère*, grec χίμαιρα, monstre fabuleux, ayant le devant d'un lion, le milieu du corps d'une chèvre, et le derrière d'un dragon : *Bellérophon combattit la chimère*. Il se dit, figurément, des imaginations vaines et qui n'ont aucun fondement. (Ac.) Ce mot grec fait grand effet sur la savante.

(3) Cette sortie grotesque achève le ridicule de cet étrange personnage. Molière l'a poussé jusqu'à la charge : c'est plutôt un caractère de farce que de comédie sérieuse.

(4) C'est la vérité. Mais cette folie n'inquiète guère Chrysale et Ariste: ils y sont accoutumés.

(5) On supprime aujourd'hui l'article : *avoir abondance de toutes choses.* (Ac.)

CHRYSALE.

C'est un intérêt qui n'est pas d'importance ;
Il est riche en vertu, cela vaut des trésors :
Et puis son père et moi n'étions qu'un en deux corps.

ARISTE.

Parlons à votre femme, et voyons à la rendre (1)
Favorable...

CHRYSALE.

Il suffit, je l'accepte pour gendre.

ARISTE.

Oui ; mais pour appuyer votre consentement,
Mon frère, il n'est pas mal d'avoir son agrément (2).
Allons...

CHRYSALE.

Vous moquez-vous ? il n'est pas nécessaire.
Je réponds de ma femme, et prends sur moi l'affaire (3).

ARISTE.

Mais...

CHRYSALE.

Laissez faire, dis-je, et n'appréhendez pas.
Je la vais disposer aux choses, de ce pas.

ARISTE.

Soit. Je vais là-dessus sonder votre Henriette,
Et reviendrai savoir...

CHRYSALE.

C'est une affaire faite,
Et je vais à ma femme en parler sans délai.

SCÈNE V
CHRYSALE, MARTINE.

MARTINE.

Me voilà bien chanceuse (4). Hélas ! l'an dit bien vrai (5),

---

(1) *Voyons à...*, cherchons à... ; ce tour n'est plus en usage.

(2) C'est au père à donner son *consentement*, avec *l'agrément* de la mère. *L'agrément* est une approbation donnée de bon gré, parce que la décision plaît.

(3) Chrysale est bien présomptueux ; défaut ordinaire des caractères faibles.

(4) *Chanceux*, qui a une chance favorable, qui est en bonheur. Ironiquement : *voilà un homme bien chanceux !* c'est un homme malheureux, à qui rien ne réussit. (Ac.) — Il y a de l'ironie dans la parole de Martine.

(5) *L'an*, archaïsme pour *l'on*. « Dans l'ancien français, on a dit souvent

Qui veut noyer son chien l'accuse de la rage (1);
Et service d'autrui n'est pas un héritage (2).

CHRYSALE.

Qu'est-ce donc? Qu'avez-vous, Martine?

MARTINE.

Ce que j'ai?

CHRYSALE.

Oui.

MARTINE.

J'ai que l'an me donne aujourd'hui mon congé (3), Monsieur.

CHRYSALE.

Votre congé?

MARTINE.

Oui. Madame me chasse.

CHRYSALE.

Je n'entends pas cela. Comment?

MARTINE.

On me menace,
Si je ne sors d'ici, de me bailler cent coups (4).

CHRYSALE.

Non, vous demeurerez, je suis content de vous.
Ma femme bien souvent a la tête un peu chaude;
Et je ne veux pas, moi...

en pour *on*, par une tendance à changer *on* en *en*, comme l'*o* latin en *a*, par exemple *dame* de *domina*. » (LITTRÉ.) Comme on disait *l'on*, on disait aussi *l'en*; d'où *l'an*, resté dans le langage populaire.

(1) Proverbe. — Les proverbes sont familiers aux gens du peuple : ils aiment à s'en servir comme d'arguments sans réplique. Aussi bien, c'est le bon sens ramassé en peu de mots simples et clairs. « Les sentences sont les proverbes des gens bien élevés, et les proverbes sont les sentences du peuple. » (Ac.) — Voir les *Six mille Proverbes*, du P. Cahier.

(2) Autre proverbe : quand on est au service d'autrui, on ne vit pas de ses rentes.

(3) *Congé* se dit particulièrement en parlant d'un domestique qui demande à se retirer tout à fait, ou que son maître renvoie. (Ac.)

(4) *Bailler*, terme de pratique, donner, mettre en main, livrer : *bailler à ferme*. Il vieillit. (Ac.) — Étym. : *bailler* ou *baillir*, du lat. *bajulare*, porter, signifiait dans le vieux français tenir, gouverner; de là *bailli*.

SCÈNE VI

PHILAMINTE, BÉLISE, CHRYSALE, MARTINE.

PHILAMINTE, *apercevant Martine.*

Quoi ! je vous vois, maraude (1) !
Vite sortez, friponne (2) ; allons, quittez ces lieux,
Et ne vous présentez jamais devant mes yeux (3).

CHRYSALE.

Tout doux.

PHILAMINTE.

Non, c'en est fait.

CHRYSALE.

Hé !

PHILAMINTE.

Je veux qu'elle sorte.

CHRYSALE.

Mais qu'a-t-elle commis pour vouloir de la sorte...?

PHILAMINTE.

Quoi ! vous la soutenez !

CHRYSALE.

En aucune façon.

PHILAMINTE.

Prenez-vous son parti contre moi ?

CHRYSALE.

Mon Dieu, non :
Je ne fais seulement que demander son crime.

PHILAMINTE.

Suis-je pour la chasser sans cause légitime ?

---

(1) *Maraud, aude,* s., terme d'injure et de mépris, vil et impudent coquin. (Ac.) — Étymologie inconnue ; primitivement, en vieux français, *maraud* signifie pauvre gueux. (LITTRÉ.)

(2) *Fripon, onne,* s. et adj., celui qui vole adroitement, fourbe, trompeur. (Ac.) — Étym. : fripon, de *friper*, manger avidement, signifie essentiellement gourmand ; de là les autres sens. (LITTRÉ.)

(3) Cette entrée de Philaminte ressemble beaucoup à celle d'Harpagon, au 1er acte de l'*Avare,* lorsqu'il chasse la Flèche.
C'est la même brusquerie, la même violence. Chez Philaminte, il y a plus de hauteur : la prétention à la science rend fat et orgueilleux ; de plus, la savante est en face de Chrysale qui ose la contredire.

CHRYSALE.

Je ne dis pas cela; mais il faut de nos gens...

PHILAMINTE.

Non, elle sortira, vous dis-je, de céans.

CHRYSALE.

Eh bien! oui. Vous dit-on quelque chose là-contre (1)?

PHILAMINTE.

Je ne veux point d'obstacle aux désirs que je montre (2).

CHRYSALE.

D'accord.

PHILAMINTE.

Et vous devez, en raisonnable époux,
Être pour moi contre elle, et prendre mon courroux (3).

CHRYSALE, *se tournant vers Martine.*

Aussi fais-je (4). Oui, ma femme avec raison vous chasse,
Coquine, et votre crime est indigne de grâce (5).

MARTINE.

Qu'est-ce donc que j'ai fait?

CHRYSALE, *bas.*

Ma foi, je ne sais pas.

PHILAMINTE.

Elle est d'humeur encore à n'en faire aucun cas.

CHRYSALE.

A-t-elle, pour donner matière à votre haine,
Cassé quelque miroir ou quelque porcelaine?

PHILAMINTE.

Voudrais-je la chasser, et vous figurez-vous
Que pour si peu de chose on se mette en courroux?

CHRYSALE.

(A *Martine.*)   (A *Philaminte.*)

Qu'est-ce à dire? L'affaire est donc considérable?

(1) *Là-contre,* contre cela.
(2) Plus Chrysale adoucit le ton, plus Philaminte le renforce; elle ne souffre pas d'obstacle à ses *désirs;* c'est le despotisme en personne.
(3) *Prendre mon courroux,* épouser *ma colère, ma querelle.*
(4) *Aussi fais-je,* pour *ainsi fais-je.*
(5) C'est une première lâcheté. — *Coquin, ine,* terme d'injure et de mépris, se dit de quelqu'un qui a un caractère vil, bas et fripon. — Étym. très probable : bas-lat. *coquinus,* marmiton, de *coquus,* cuisinier.

ACTE II, SCÈNE VI

PHILAMINTE.

Sans doute. Me voit-on femme déraisonnable?

CHRYSALE.

Est-ce qu'elle a laissé, d'un esprit négligent,
Dérober quelque aiguière ou quelque plat d'argent (1)?

PHILAMINTE.

Cela ne serait rien.

CHRYSALE, *à Martine.*

Oh, oh! Peste, la belle!

(A Philaminte.)

Quoi! l'avez-vous surprise à n'être pas fidèle (2)?

PHILAMINTE.

C'est pis que tout cela.

CHRYSALE.

Pis que tout cela?

PHILAMINTE.

Pis.

CHRYSALE.

(A Martine.)   (A Philaminte.)

Comment, diantre, friponne? Euh! a-t-elle commis (3)?...

PHILAMINTE.

Elle a, d'une insolence à nulle autre pareille (4),
Après trente leçons, insulté mon oreille
Par l'impropriété d'un mot sauvage et bas,
Qu'en termes décisifs condamne Vaugelas (5).

(1) *Aiguière,* vase fort ouvert, où l'on met de l'eau pour le service de la table. — Étym. : *aqua,* eau, d'où *aigue,* en vieux français, eau.

(2) *Fidèle,* qui ne vole pas son maître.

(3) Cette gradation ascendante est d'un fort bel effet. Le poète conduit Chrysale à travers les méfaits ordinaires d'une servante, jusqu'au vol et même au delà, pour permettre à Philaminte de renchérir toujours, et de dénoncer enfin le forfait d'un *solécisme.*

(4) Boileau s'est moqué agréablement, dans sa satire II, de ces expressions chères aux beaux esprits de son temps :

    Si je louais Philis *en miracles féconde,*
    Je trouverais bientôt : *à nulle autre seconde;*
    Si je voulais vanter un objet *non pareil,*
    Je mettrais à l'instant : *plus beau que le soleil;*
    Enfin, parlant toujours d'*astres* et de *merveilles,*
    De *chefs-d'œuvre des cieux,* de *beautés sans pareilles...*

(5) Vaugelas (Claude Favre de), baron de Péroges, né en 1585, mort en 1650, savant grammairien français. L'Académie le désigna pour présider à

CHRYSALE.

Est-ce là... ?

PHILAMINTE.

Quoi! toujours, malgré nos remontrances,
Heurter le fondement de toutes les sciences,
La grammaire, qui sait régenter jusqu'aux rois,
Et les fait, la main haute, obéir à ses lois (1)!

CHRYSALE.

Du plus grand des forfaits je la croyais coupable.

PHILAMINTE.

Quoi! vous ne trouvez pas ce crime impardonnable?

CHRYSALE.

Si fait (2).

PHILAMINTE.

Je voudrais bien que vous l'excusassiez (3)!

CHRYSALE.

Je n'ai garde.

BÉLISE.

Il est vrai que ce sont des pitiés (4).
Toute construction est par elle détruite,
Et des lois du langage on l'a cent fois instruite.

MARTINE.

Tout ce que vous prêchez est, je crois, bel et bon;
Mais je ne saurais, moi, parler votre jargon (5).

la rédaction de son Dictionnaire. En 1647, il publia ses *Remarques sur la langue française*. Il fut longtemps regardé comme l'arbitre du beau langage; il était l'oracle tout spécialement des précieuses.

(1) « Il n'est permis, disait Vaugelas, à qui que ce soit, de faire des mots nouveaux, pas même aux souverains; de sorte que Pomponius Marcellus eut raison de reprendre Tibère d'en avoir fait un, et de dire qu'il pouvait bien donner le droit de bourgeoisie aux hommes, mais non pas aux mots, car son autorité ne va pas jusque-là. »

(2) *Si fait*, façon de parler familière pour affirmer le contraire de ce qu'un autre a dit. (Ac.)

(3) Une puriste comme Philaminte ne pouvait manquer d'employer avec emphase ce grand et ridicule imparfait du subjonctif. — C'est le cas de dire que l'usage doit l'emporter sur la règle.

(4) On dit encore aujourd'hui au singulier : c'est *grand'pitié*, c'est *une étrange pitié* que de nous; c'est *une pitié* que de voir... (Ac.) — Le pluriel n'est plus usité dans ce sens; ici Bélise l'emploie par affectation.

(5) Jargon, langage corrompu; il signifie encore le langage particulier que certaines gens adoptent : le jargon des filous, des précieuses. (Ac.) — Origine inconnue.

PHILAMINTE.

L'impudente ! Appeler un jargon le langage
Fondé sur la raison et sur le bel usage (1) !

MARTINE.

Quand on se fait entendre, on parle toujours bien,
Et tous vos biaux dictons ne servent pas de rien (2).

PHILAMINTE.

Eh bien ! ne voilà pas encore de son style (3) ?
Ne servent pas de rien !

BÉLISE.

O cervelle indocile !
Faut-il qu'avec les soins qu'on prend incessamment
On ne te puisse apprendre à parler congrûment (4) !
De *pas* mis avec *rien*, tu fais la récidive (5) ;
Et c'est, comme on t'a dit, trop d'une négative.

MARTINE.

Mon Dieu ! je n'avons pas étugué comme vous (6),
Et je parlons (7) tout droit comme on parle cheux nous (8).

PHILAMINTE.

Ah ! peut-on y tenir ?

(1) *Le bel usage*, expression de Vaugelas que les précieuses avaient sans cesse à la bouche ; de même *le bel air, le bel esprit, le beau style.* Voir la comédie des *Précieuses ridicules.*

(2) Le masculin *biau* se trouve dès le xii° siècle : « *Biaus* douz amis, de moi aiez pitié. » (*Roncevaux.*) Remplacé au xv° siècle par *beau*, il s'est maintenu dans le langage populaire de quelques provinces.
Dicton, mot ou sentence qui a passé en proverbe.

(3) Pour *ne voilà-t-il pas ?*

(4) *Congrûment*, d'une manière correcte. Il est vieux et ne se dit guère que par plaisanterie. (Ac.) Bélise emploie de préférence les termes affectés.

(5) *Récidive*, rechute dans une faute. (Ac.) — Étym. : *re*, de nouveau, *cadere*, tomber.

(6) *Étugué*, par corruption populaire, pour *étudié*.

(7) *Je parlons*, solécisme fréquent parmi le peuple. Au xvi° siècle, on l'affectait même à la cour : « Pensez à vous, ô courtisans, qui, lourdement barbarisant toujours, *j'allions, je venions*, dites. » (H. Estienne, *Du langage français italianisé.*) On trouve dans une lettre de François 1er : « J'avons espérance qu'il fera beau temps. » (Voir Littré, à *je*.)

(8) *Cheux*, pour *chez*, représente la prononciation vicieuse des gens du peuple dans certaines provinces. — « Berry, *cheux* ; picard, *cheux, chu* ; Saintonge, *cheux* ; de *casa*, la maison. » (Littré.) — Vieux français, xii° siècle : ches, chies, cies ; xv° siècle, *cheux* : s'en vint cheux ce Philippe (Froissart) ; xvi° siècle, *cheux, chez* : nous allons cheux M. Deschenais (Marg.) ; *chez* Plutarque (Mont.).

BÉLISE.

Quel solécisme horrible (1)!

PHILAMINTE.

En voilà pour tuer une oreille sensible.

BÉLISE.

Ton esprit, je l'avoue, est bien matériel :
Je n'est qu'un singulier, *avons* est un pluriel.
Veux-tu toute ta vie offenser la grammaire?

MARTINE.

Qui parle d'offenser grand'mère ni grand-père (2)?

PHILAMINTE.

O ciel!

BÉLISE.

Grammaire est prise à contre-sens par toi (3),
Et je t'ai déjà dit d'où vient ce mot.

MARTINE.

Ma foi!
Qu'il vienne de Chaillot, d'Auteuil ou de Pontoise (4),
Cela ne me fait rien.

BÉLISE.

Quelle âme villageoise!
La grammaire, du verbe et du nominatif (5),
Comme de l'adjectif avec le substantif,
Nous enseigne les lois.

MARTINE.

J'ai, Madame, à vous dire
Que je ne connais point ces gens-là.

(1) *Solécisme*, faute contre la syntaxe. — Étym. : locution vicieuse des habitants de *Soles*, colonie athénienne de Cilicie.

(2) On voit, par ce jeu de mots, que du temps de Molière on prononçait encore *gran-maire*. « Dangeau, qui voulait peindre exactement la prononciation (au XVIIe siècle), écrit granmaire. » (LITTRÉ.)

(3) On dirait aujourd'hui *est pris*, au masculin, se rapportant à *mot* sous-entendu.

(4) *Chaillot*, village sur la rive droite de la Seine, réuni à Paris en 1659; on y voyait la manufacture de tapisserie de la Savonnerie.

Auteuil, village compris depuis 1860 dans le 16e arrondissement de Paris.

Pontoise, chef-lieu d'arrondissement de Seine-et-Oise. Ancienne capitale du Vexin, elle fut souvent la résidence de saint Louis et de plusieurs autres rois de France.

(5) Le nominatif, c.-à-d. le sujet. Jusqu'au dernier siècle, on appelait le sujet nominatif, parce que dans les langues qui ont des cas, comme le latin d'où le français dérive, le sujet est toujours au nominatif.

PHILAMINTE.

Quel martyre!

BÉLISE.

Ce sont les noms des mots ; et l'on doit regarder
En quoi c'est qu'il les faut faire ensemble accorder (1).

MARTINE.

Qu'ils s'accordent entre eux ou se gourment, qu'importe (2)?

PHILAMINTE, *à Bélise*.

Eh, mon Dieu! finissez un discours de la sorte.
  (*A Chrysale.*)
Vous ne voulez pas, vous, me la faire sortir?

CHRYSALE.

Si fait. (*A part.*) A son caprice il me faut consentir.
Va, ne l'irrite point; retire-toi, Martine.

PHILAMINTE.

Comment! vous avez peur d'offenser la coquine?
Vous lui parlez d'un ton tout à fait obligeant!

CHRYSALE.

(*D'un ton ferme.*)   (*D'un ton plus doux.*)
Moi? point. Allons, sortez. Va-t'en, ma pauvre enfant (3).

SCÈNE VII

PHILAMINTE, CHRYSALE, BÉLISE.

CHRYSALE.

Vous êtes satisfaite, et la voilà partie :
Mais je n'approuve point une telle sortie (4);
C'est une fille propre aux choses qu'elle fait,
Et vous me la chassez pour un maigre sujet.

---

(1) *En quoi c'est que...*, tour aujourd'hui abandonné.

(2) *Se gourment*, se contrarient, se battent. *Gourmer* signifie proprement mettre la gourmette (petite chaînette du mors) à un cheval; il signifie aussi familièrement, battre à coups de poing. (Ac.)

(3) Rien de plus plaisant que ces jeux de scène où se montrent peintes au naturel la bonté de Chrysale et son étrange faiblesse.

(4) Après avoir sacrifié sa pauvre servante au caprice de sa femme, Chrysale se redresse tout d'un coup; il retrouve une assurance qui lui faisait défaut tout à l'heure. Mais il ne faut pas s'y tromper : Chrysale n'est jamais fort qu'en paroles; dès que l'action s'engage, il recule. Ses beaux discours, ses résolutions magnanimes s'évanouissent en fumée, dès que l'ennemi, c.-à-d. sa femme, relève tant soit peu la tête.

PHILAMINTE.

Vous voulez que toujours je l'aie à mon service
Pour mettre incessamment mon oreille au supplice,
Pour rompre toute loi d'usage et de raison
Par un barbare amas de vices d'oraison (1),
De mots estropiés, cousus par intervalles,
De proverbes traînés dans les ruisseaux des halles?

BÉLISE.

Il est vrai que l'on sue à souffrir ses discours :
Elle y met Vaugelas en pièces tous les jours ;
Et les moindres défauts de ce grossier génie
Sont ou le pléonasme ou la cacophonie (2).

CHRYSALE.

Qu'importe qu'elle manque aux lois de Vaugelas,
Pourvu qu'à la cuisine elle ne manque pas?
J'aime bien mieux, pour moi, qu'en épluchant ses herbes,
Elle accommode mal les noms avec les verbes,
Et redise cent fois un bas et méchant mot (3),
Que de brûler ma viande ou saler trop mon pot.
Je vis de bonne soupe, et non de beau langage (4).
Vaugelas n'apprend point à bien faire un potage ;
Et Malherbe et Balzac, si savants en beaux mots (5),
En cuisine, peut-être, auraient été des sots (6).

PHILAMINTE.

Que ce discours grossier terriblement assomme (7) !

(1) *Oraison*, terme de grammaire, discours dans le sens primitif du latin *oratio*, phrase, proposition. L'Académie donne encore ces exemples : *les parties d'oraison* ou *de l'oraison* sont les différentes espèces de mots ; le solécisme est un vice *d'oraison*.

(2) *Pléonasme*, redondance vicieuse de paroles. — *Cacophonie*, rencontre de syllabes ou de paroles qui forment un son désagréable à l'oreille. (Ac.) Étym. : κακός, mauvais ; φωνή, son.

(3) *Un méchant mot*, un mot qui ne vaut rien, impropre, mal choisi, mal construit. — Étym. : vieux participe présent *mescheant*, de *meschoir*, tomber mal.

(4) Vers souvent cité. Le bon sens ne saurait parler un langage plus clair, plus décisif et plus pittoresque.

(5) Malherbe (1555-1628), réformateur de la poésie et de la langue françaises. — Balzac (1594-1654), malgré l'enflure de son style, a beaucoup contribué à former et à ennoblir notre langue.

(6) La raison et le style de Chrysale dans cette belle tirade ne sortent guère de la sphère vulgaire du pot-au-feu ; mais la familiarité même des idées, des expressions et des comparaisons donnent plus de mordant à son réquisitoire.

(7) Les adjectifs et les adverbes *terrible*, *terriblement*, *furieux*, *furieuse-*

Et quelle indignité, pour ce qui s'appelle homme,
D'être baissé sans cesse aux soins matériels,
Au lieu de se hausser vers les spirituels!
Le corps, cette guenille, est-il d'une importance,
D'un prix à mériter seulement qu'on y pense?
Et ne devons-nous pas laisser cela bien loin?

CHRYSALE.

Oui, mon corps est moi-même, et j'en veux prendre soin.
Guenille, si l'on veut : ma guenille m'est chère (1).

BÉLISE.

Le corps avec l'esprit fait figure, mon frère;
Mais, si vous en croyez tout le monde savant,
L'esprit doit sur le corps prendre le pas devant;
Et notre plus grand soin, notre première instance,
Doit être à le nourrir du suc de la science.

CHRYSALE.

Ma foi, si vous songez à nourrir votre esprit,
C'est de viande bien creuse, à ce que chacun dit,
Et vous n'avez nul soin, nulle sollicitude
Pour...

PHILAMINTE.

Ah! *sollicitude* à mon oreille est rude (2);
Il pue étrangement son ancienneté (3).

BÉLISE.

Il est vrai que le mot est bien collet monté (4).

ment, et autres semblables, faisaient partie du vocabulaire des précieuses : « Je vous avoue que je suis *furieusement* pour les portraits, » dit Madelon dans les *Précieuses ridicules* (sc. IX), et Cathos de répondre : « Pour moi, j'aime *terriblement* les énigmes. »

(1) *Guenille*, haillon, chiffon; au fig., chose de peu d'importance. *Si l'on veut*; Chrysale n'ose s'attaquer directement à la redoutable Philaminte. Avec sa sœur, il se trouve plus à l'aise. C'est sur elle qu'il va décharger dans un instant toutes ses colères.

(2) « On voit par l'exemple de Molière que, de son temps, les puristes regardaient *sollicitude* comme un mot vieux et hors d'usage ; il est aujourd'hui plein de vie. » (LITTRÉ.)

(3) Littré donne ainsi le vers de Molière. L'édition originale porte, paraît-il, *put* avec un *t*, de l'ancienne forme *puir*. On trouve *put* dans Malherbe, et au XVIIIe siècle encore dans Lesage :

Phlègre qui les reçut (les géants), put encore la foudre
Dont ils furent touchés. (MALH.)

(4) *Collet monté*, collet de femme où il y avait de la carte ou du fil de fer pour le soutenir. *Du temps des collets montés*, dans les vieux temps. Fig. et fam., *cela est collet monté*, cela est antique, ou cela a un air contraint et guindé. (Ac.)

CHRYSALE.

Voulez-vous que je dise ? Il faut qu'enfin j'éclate,
Que je lève le masque et décharge ma rate (1).
De folles on vous traite, et j'ai fort sur le cœur...

PHILAMINTE.

Comment donc !

CHRYSALE, *à Bélise.*

C'est à vous que je parle, ma sœur (2).
Le moindre solécisme en parlant vous irrite ;
Mais vous en faites, vous, d'étranges en conduite.
Vos livres éternels ne me contentent pas (3);
Et, hors un gros Plutarque à mettre mes rabats (4),
Vous devriez brûler tout ce meuble inutile,
Et laisser la science aux docteurs de la ville ;
M'ôter, pour faire bien, du grenier de céans
Cette longue lunette à faire peur aux gens (5),
Et cent brimborions dont l'aspect importune (6) ;
Ne point aller chercher ce qu'on fait dans la lune,

(1) *Que je lève le masque,* que je dise franchement ma pensée, à découvert, sans déguisement.
Ma rate. « Dans l'ancienne physiologie, la rate était regardée comme le siège de la bile noire ou atrabile ; de là le rôle que l'opinion vulgaire lui faisait jouer dans la bonne ou la mauvaise humeur. Fam., *épanouir,* ou *désopiler,* ou *dilater la rate,* divertir, faire rire ; *décharger sa rate,* dire ce qu'on a sur le cœur. » (LITTRÉ.)

(2) Chrysale vient de s'oublier : il a osé confondre dans un pluriel téméraire sa femme et sa sœur ; Philaminte à l'instant lui rappelle son inviolabilité ; la pauvre Bélise va supporter tous les coups.

(3) Vos livres *éternels,* que vous avez toujours devant vous.

(4) Amyot avait publié la traduction de Plutarque en deux grands in-folio. — Dans la bibliothèque de Marie Cressé, mère de Molière, figure un gros Plutarque.
Rabat, pièce de l'ancien costume français consistant en un col de toile, ordinairement garni de dentelles, qui laissait le cou des hommes tout à fait à découvert. (AC.) — Plus tard, pièce de toile fine et empesée, quelquefois même garnie de dentelles, qui tombait sur le devant de la poitrine. (LITTRÉ.)
On mettait ces collets *rabattus* en presse dans de gros livres « Dites-moi à quoi vous vous en voulez servir (d'un livre). Belastre lui répondit brusquement : C'est pour mettre mes rabats en presse. » (FURETIÈRE.)

(5) Le poète jusqu'ici s'est moqué des manies grammaticales ; il commence à s'attaquer aux folies astronomiques.
Boileau parle aussi des femmes astronomes (*Sat.* X) :
　　Un astrolabe en main, elle a dans sa gouttière
　　A suivre Jupiter passé la nuit entière.

(6) *Brimborion,* colifichet, babiole, chose de peu de valeur. (AC.) Étym. inconnue.

Et vous mêler un peu de ce qu'on fait chez vous,
Où nous voyons aller tout sens dessus dessous (1).
Il n'est pas bien honnête, et pour beaucoup de causes,
Qu'une femme étudie et sache tant de choses.
Former aux bonnes mœurs l'esprit de ses enfants,
Faire aller son ménage, avoir l'œil sur ses gens,
Et régler la dépense avec economie,
Doit être son étude et sa philosophie (2).
Nos pères, sur ce point, étaient gens bien sensés (3),
Qui disaient qu'une femme en sait toujours assez
Quand la capacité de son esprit se hausse
A connaître un pourpoint d'avec un haut-de-chausse (4).
Les leurs ne lisaient point, mais elles vivaient bien ;
Leurs ménages étaient tout leur docte entretien,
Et leurs livres, un dé, du fil et des aiguilles,
Dont elles travaillaient au trousseau de leurs filles.
Les femmes d'à présent sont bien loin de ces mœurs.
Elles veulent écrire et devenir auteurs ;

(1) *Sens* signifie aussi un des côtés d'une chose, direction d'une chose. — *Sens dessus dessous*, loc. adv., qui se dit en parlant de la situation d'un objet tourné de manière que ce qui devrait être dessus ou en haut, se trouve dessous ou en bas. Cette locution s'emploie aussi, familièrement, en parlant de ce qui est dans un grand désordre et tout bouleversé. (Ac.)

(2) C'est la règle du bon sens.

(3) Chrysale se laisse emporter ici par sa mauvaise humeur dans l'excès opposé à celui qu'il combat. Il s'est, du reste, réfuté d'avance dans les vers qui précèdent. Pour pouvoir, comme il dit,

   Former aux bonnes mœurs l'esprit de ses enfants,

une mère de famille doit en savoir plus que ne demandait le dicton de nos vieux pères.

Le mot de Molière est emprunté à Montaigne : « A l'adventure, nous et la théologie ne requérons pas beaucoup de science aux femmes ; et François, duc de Bretagne, fils de Jean V, comme on lui parla de son mariage avec Isabeau, fille d'Écosse, et qu'on lui adjousta qu'elle avoit esté nourrie simplement et sans aucune instruction de lettres, respondit « qu'il l'en aimoit mieux et qu'une femme estoit assez sçavante quand elle sçavoit mettre différence entre la chemise et le pourpoinct de son mari. » (MONTAIGNE, *Essais*, I, XIV.)

Le bon duc, il faut le croire, n'entendait pas qu'on prit à la lettre le mot plaisant qui devait montrer seulement la préférence qu'il donnait à la vertu sur une science de luxe.

Comme Montaigne parle de la théologie, nous renvoyons le lecteur au portrait de la femme forte tracé par l'Esprit-Saint au livre des Proverbes (ch. XXXI). Voir l'appendice de la pièce.

(4) *Pourpoint*, la partie de l'ancien habillement français qui couvrait le corps depuis le cou jusque vers la ceinture. — *Haut-de-chausse*, la partie du vêtement de l'homme, qui le couvre depuis la ceinture jusqu'aux genoux. (Ac.) — Voir *l'Avare*, A. I, sc. III, p. 149.

Connaître d'avec, distinguer de ; construction inusitée aujourd'hui.

Nulle science n'est pour elles trop profonde,
Et céans beaucoup plus qu'en aucun lieu du monde.
Les secrets les plus hauts s'y laissent concevoir,
Et l'on sait tout chez moi, hors ce qu'il faut savoir.
On y sait comme vont lune, étoile polaire,
Vénus, Saturne et Mars, dont je n'ai point affaire (1);
Et dans ce vain savoir, qu'on va chercher si loin,
On ne sait comme va mon pot, dont j'ai besoin.
Mes gens à la science aspirent pour vous plaire,
Et tous ne font rien moins que ce qu'ils ont à faire :
Raisonner est l'emploi de toute ma maison,
Et le raisonnement en bannit la raison (2).
L'un me brûle mon rôt en lisant quelque histoire;
L'autre rêve à des vers quand je demande à boire;
Enfin, je vois par eux votre exemple suivi,
Et j'ai des serviteurs et ne suis point servi (3).
Une pauvre servante, au moins, m'était restée,
Qui de ce mauvais air n'était point infectée :
Et voilà qu'on la chasse avec un grand fracas,
A cause qu'elle manque à parler Vaugelas (4).
Je vous le dis, ma sœur, tout ce train-là me blesse,
Car c'est, comme j'ai dit, à vous que je m'adresse (5).
Je n'aime point céans tous vos gens à latin,
Et principalement ce monsieur Trissotin :
C'est lui qui, dans des vers, vous a tympanisées (6).

(1) *Vénus, Saturne* et *Mars,* trois planètes.
Avoir affaire de, avoir besoin de; *avoir affaire à qq.,* avoir à traiter avec lui de qqch., ou avoir quelque démêlé avec lui.

(2) Vers devenu proverbial.

(3) Tableau d'une vérité expressive et d'un familier charmant.

(4) « Des grammairiens ont voulu bannir la locution conjonctive *à cause que;* elle doit être conservée, étant appuyée par de bons auteurs, et, dans certains cas, d'un emploi préférable à *parce que.* » (LITTRÉ.) — L'Académie l'a en effet maintenue.
Parler Vaugelas, c.-à-d. parler français selon les règles tracées par Vaugelas; expression heureuse et piquante, comme si le bon français était désormais identifié avec l'illustre grammairien.

(5) Le bonhomme affecte, non sans quelque malice, de ne parler qu'à Bélise. Quoiqu'il n'ose regarder Philaminte, c'est Philaminte cependant qu'il vise par-dessus la tête de sa sœur; c'est à la présidente du savant cénacle que s'adressent les traits qu'il décoche, surtout le dernier, dont il attend un effet décisif pour Henriette.

(6) *Tympaniser,* faire connaître à grand bruit; mot de raillerie, dit Vaugelas; de là décrier hautement et publiquement qq.; du lat. *tympanum,* tambour. Dérivés : timbre, tympan, timbale, etc.

Tous les propos qu'il tient sont des billevesées (1).
On cherche ce qu'il dit après qu'il a parlé :
Et je lui crois, pour moi, le timbre un peu fêlé (2).

PHILAMINTE.

Quelle bassesse, ô ciel! et d'âme et de langage!

BÉLISE.

Est-il de petits corps un plus lourd assemblage,
Un esprit composé d'atomes plus bourgeois (3)?
Et de ce même sang se peut-il que je sois?
Je me veux mal de mort d'être de votre race,
Et, de confusion, j'abandonne la place.

SCÈNE VIII

PHILAMINTE, CHRYSALE.

PHILAMINTE.

Avez-vous à lâcher encore quelque trait?

CHRYSALE.

Moi? non. Ne parlons plus de querelles, c'est fait (4).
Discourons d'autre affaire. A votre fille aînée
On voit quelque dégoût pour les nœuds d'hyménée (5).
C'est une philosophe enfin; je n'en dis rien.
Elle est bien gouvernée, et vous faites fort bien :
Mais de tout autre humeur se trouve sa cadette :
Et je crois qu'il est bon de pourvoir Henriette,
De choisir un mari...

PHILAMINTE.

C'est à quoi j'ai songé,
Et je veux vous ouvrir l'intention que j'ai.
Ce monsieur Trissotin dont on nous fait un crime,
Et qui n'a pas l'honneur d'être dans votre estime,
Est celui que je prends pour l'époux qu'il lui faut,
Et je sais mieux que vous juger de ce qu'il vaut.
La contestation est ici superflue.
Et de tout point, chez moi, l'affaire est résolue.

(1) *Billevesée*, discours frivole; conte vain et ridicule; il se dit aussi des idées creuses, chimériques. (Ac.)

(2) *Il a le timbre fêlé*, fig. et fam., se dit d'un homme un peu fou. (Ac.)

(3) Bélise est toute remplie de la philosophie d'Épicure; comme le poète Lucrèce, elle met les atomes jusque dans la composition de l'esprit.

(4) L'attitude méprisante de Philaminte calme tout d'un coup le pauvre Chrysale; il change de sujet à l'instant même.

(5) *Hymen, hyménée*, réservés à la poésie. — *Philosophe* est aussi fém. (Ac.)

Au moins ne dites mot du choix de cet époux;
Je veux à votre fille en parler avant vous.
J'ai des raisons à faire approuver ma conduite;
Et je connaîtrai bien si vous l'aurez instruite (1).

SCÈNE IX
ARISTE, CHRYSALE.

ARISTE.

Eh bien, la femme sort, mon frère, et je vois bien
Que vous venez d'avoir ensemble un entretien.

CHRYSALE.

Oui.

ARISTE.

Quel est le succès? Aurons-nous Henriette?
A-t-elle consenti? L'affaire est-elle faite?

CHRYSALE.

Pas tout à fait encore.

ARISTE.

Refuse-t-elle?

CHRYSALE.

Non (2).

ARISTE.

Est-ce qu'elle balance?

CHRYSALE.

En aucune façon.

ARISTE.

Quoi donc?

CHRYSALE.

C'est que pour gendre elle m'offre un autre homme.

ARISTE.

Un autre homme pour gendre?

CHRYSALE.

Un autre.

(1) « Toutes les formes les plus insultantes que l'impudence peut inventer, la contradiction, le mépris, la hauteur, la volonté altière, la défense, l'ironie, la menace, sont accumulées dans cette tirade, qui est le modèle du genre. » (A. Martin.)

(2) Chrysale reste comme foudroyé par les impérieuses injonctions de sa femme. Il hésite, il tremble, il ose à peine avouer à son frère la défaite qu'il vient d'essuyer.

ARISTE.

Qui se nomme?

CHRYSALE.

Monsieur Trissotin.

ARISTE.

Quoi! ce monsieur Trissotin?...

CHRYSALE.

Oui, qui parle toujours de vers et de latin.

ARISTE.

Vous l'avez accepté?

CHRYSALE.

Moi, point! à Dieu ne plaise!

ARISTE.

Qu'avez-vous répondu?

CHRYSALE.

Rien; et je suis bien aise
De n'avoir point parlé, pour ne m'engager pas.

ARISTE.

La raison est fort belle, et c'est faire un grand pas.
Avez-vous su du moins lui proposer Clitandre?

CHRYSALE.

Non; car, comme j'ai vu qu'on parlait d'autre gendre,
J'ai cru qu'il était mieux de ne m'avancer point (1).

ARISTE.

Certes, votre prudence est rare au dernier point.
N'avez-vous point de honte, avec votre mollesse?
Et se peut-il qu'un homme ait assez de faiblesse
Pour laisser à sa femme un pouvoir absolu,
Et n'oser attaquer ce qu'elle a résolu?

CHRYSALE.

Mon Dieu, vous en parlez, mon frère, bien à l'aise,
Et vous ne savez pas comme le bruit me pèse.
J'aime fort le repos, la paix et la douceur,
Et ma femme est terrible avecque son humeur (2);
Du nom de philosophe elle fait grand mystère,
Mais elle n'en est pas pour cela moins colère :

(1) Triste prudence des cœurs faibles et pusillanimes.
(2) *Avecque*, ancienne forme qui pourrait être encore employée en poésie. (LITTRÉ.)

Et sa morale, faite à mépriser le bien,
Sur l'aigreur de sa bile opère comme rien.
Pour peu que l'on s'oppose à ce que veut sa tête,
On en a pour huit jours d'effroyable tempête.
Elle me fait trembler dès qu'elle prend son ton (1);
Je ne sais où me mettre, et c'est un vrai dragon (2);
Et cependant, avec toute sa diablerie,
Il faut que je l'appelle et « mon cœur » et « ma mie (3). »

ARISTE.

Allez, c'est se moquer. Votre femme, entre nous,
Est, par vos lâchetés, souveraine sur vous.
Son pouvoir n'est fondé que sur votre faiblesse (4) :
C'est de vous qu'elle prend le titre de maîtresse;
Vous-même à ses hauteurs vous vous abandonnez,
Et vous faites mener, en bête, par le nez.
Quoi! vous ne pouvez pas, voyant comme on vous nomme,
Vous résoudre une fois à vouloir être un homme,
A faire condescendre une femme à vos vœux?
Et prendre assez de cœur pour dire un « Je le veux » ?
Vous laisserez sans honte immoler votre fille
Aux folles visions qui tiennent la famille,
Et de tout votre bien revêtir un nigaud (5)
Pour six mots de latin qu'il leur fait sonner haut;
Un pédant qu'à tout coup votre femme apostrophe
Du nom de bel esprit et de grand philosophe,
D'homme qu'en vers galants jamais on n'égala,
Et qui n'est, comme on sait, rien moins que tout cela?
Allez, encore un coup, c'est une moquerie,
Et votre lâcheté mérite qu'on en rie.

---

(1) Néron parlait ainsi d'Agrippine, dont il subissait encore malgré lui l'ascendant :

Mes efforts ne me servent de rien;
Mon génie étonné tremble devant le sien. (*Brit.*, II, III.)

(2) *Dragon*, animal fabuleux qu'on représente avec des griffes, des ailes et une queue de serpent. Il se dit figurément et familièrement, d'une femme vive, turbulente, acariâtre.

Dragons est aussi le nom d'une cavalerie légère : « L'opinion la plus probable sur l'origine de ce mot est qu'ils portèrent un dragon dans leurs étendards, sous le maréchal de Brissac, qui institua ce corps dans les guerres du Piémont. » (VOLT., *Fontenoy*.)

(3) *Ma mie*, de *ma amie*, *m'amie*. V. le *Misanthrope*, A. I, sc. II.
Chrysale ne pouvait faire un aveu plus ingénu de sa poltronnerie en face de sa femme.

(4) Ariste met le doigt sur la plaie. Un mari trembleur enhardit une femme altière.

(5) *Nigaud, aude*, sot et niais. (Ac.)

ACTE II, SCÈNE IX

CHRYSALE.

Oui, vous avez raison, et je vois que j'ai tort;
Allons, il faut enfin montrer un cœur plus fort,
Mon frère.

ARISTE.

C'est bien dit.

CHRYSALE.

C'est une chose infâme
Que d'être si soumis au pouvoir d'une femme.

ARISTE.

Fort bien!

CHRYSALE.

De ma douceur elle a trop profité.

ARISTE.

Il est vrai.

CHRYSALE.

Trop joui de ma facilité.

ARISTE.

Sans doute.

CHRYSALE.

Et je lui veux faire aujourd'hui connaître
Que ma fille est ma fille, et que j'en suis le maître,
Pour lui prendre un mari qui soit selon mes vœux (1)

ARISTE.

Vous voilà raisonnable, et comme je vous veux.

CHRYSALE.

Vous êtes pour Clitandre, et savez sa demeure;
Faites-le-moi venir, mon frère, tout à l'heure.

ARISTE.

J'y cours tout de ce pas.

CHRYSALE.

C'est souffrir trop longtemps,
Et je m'en vais être homme à la barbe des gens (2).

(1) Les reproches d'Ariste ont fait rougir Chrysale de sa lâcheté. Il essaie de se relever, mais cette belle bravoure n'est qu'à la surface; nous le verrons bientôt.

(2) Fig. et fam., *faire qqch. à la barbe de qq.*, faire qqch. en sa présence, et comme en dépit de lui. (Ac.)

A la barbe des gens; il s'agit ici de Philaminte; l'expression est piquante.

Cette rodomontade comique termine l'acte d'une manière très heureuse. Bien que le spectateur ne croie guère à la fermeté du héros, il attend avec curiosité la suite de ces magnifiques promesses.

QUESTIONS SUR LE IIᵉ ACTE.

Par quel entretien commence le IIᵉ acte ?
Que vient proposer Ariste ?
Pourquoi Bélise intervient-elle dans la conversation ? Quel est le but de Molière ?
Exposez la scène du renvoi de Martine. Quels rôles y jouent Chrysale, Philaminte, Bélise et Martine ?
Comment Chrysale se venge-t-il de sa défaite ?
Quelle est sa théorie sur l'instruction des femmes ?
Quel tableau trace-t-il de sa maison depuis qu'elle est envahie par la science ?
Comment Chrysale aborde-t-il la question du mariage d'Henriette ?
Quelle est la réponse de Philaminte ?
Comment Ariste relève-t-il le courage de son frère ?
Quelle est la résolution de Chrysale à la fin du IIᵉ acte ?

ACTE TROISIÈME

s deux pédants.

SCÈNE I
PHILAMINTE, ARMANDE, BÉLISE, TRISSOTIN, LÉPINE.

PHILAMINTE.
Ah! mettons-nous ici pour écouter à l'aise
Ces vers, que, mot à mot, il est besoin qu'on pèse.

ARMANDE.
Je brûle de les voir.

BELISE.
Et l'on s'en meurt chez nous (1).

PHILAMINTE, à Trissotin.
Ce sont charmes pour moi que ce qui part de vous...

ARMANDE.
Ce m'est une douceur à nulle autre pareille (2).

BÉLISE.
Ce sont repas friands qu'on donne à mon oreille.

PHILAMINTE.
Ne faites point languir de si pressants désirs.

ARMANDE.
Dépêchez (3)!

BELISE.
Faites tôt, et hâtez nos plaisirs.

PHILAMINTE.
A notre impatience offrez votre épigramme.

---

(1) Dans les romans du XVIIe siècle, comme dans les ruelles des précieuses, c'était à qui *mourrait* le plus vite et le plus souvent, ou de plaisir, ou d'ennui, ou de désespoir. Ces ridicules invocations de la mort ont pénétré jusque dans les tragédies de Racine, témoin *Bérénice*.

(2) Voir plus haut, p. 285, la note 4 sur cette expression.

(3) *Dépêcher*, v. a., expédier, faire promptement, hâter : *il faut dépêcher cet ouvrage*. Absolument, *dépêchez, dépêchons*. Il est familier. (Ac.)

TRISSOTIN, *à Philaminte.*

Hélas! c'est un enfant tout nouveau-né, Madame (1).

BÉLISE.

Qu'il a d'esprit!

SCÈNE II

HENRIETTE, PHILAMINTE, BÉLISE, ARMANDE, TRISSOTIN, LÉPINE.

PHILAMINTE, *à Henriette qui veut se retirer.*
Holà! Pourquoi donc fuyez-vous?

HENRIETTE.
C'est de peur de troubler un entretien si doux.

PHILAMINTE.
Approchez, et venez, de toutes vos oreilles
Prendre part au plaisir d'entendre des merveilles.

HENRIETTE.
Je sais peu les beautés de tout ce qu'on écrit,
Et ce n'est pas mon fait que les choses d'esprit (2).

PHILAMINTE.
Il n'importe. Aussi bien ai-je à vous dire ensuite
Un secret dont il faut que vous soyez instruite (3).

TRISSOTIN, *à Henriette.*
Les sciences n'ont rien qui vous puisse enflammer,
Et vous ne vous piquez que de savoir charmer.

HENRIETTE.
Aussi peu l'un que l'autre; et je n'ai nulle envie...

BÉLISE.
Ah! songeons à l'enfant nouveau-né, je vous prie (4).

PHILAMINTE, *à Lépine.*
Allons, petit garçon, vite, de quoi s'asseoir.
(Lépine se laisse tomber.)
Voyez l'impertinent! Est-ce que l'on doit choir,
Après avoir appris l'équilibre des choses?

---

(1) Voilà, dès le début, de charmants échantillons du langage des précieuses et du bel esprit des pédants. Molière ouvre fort bien un acte consacré tout entier à démolir les uns et les autres par le ridicule.

(2) *Ce n'est pas mon fait*, mon affaire, mon goût :
  L'ami du genre humain n'est point du tout mon fait. (*Mis.*, I, I)

(3) Son projet de la marier à Trissotin.

(4) L'épigramme, ainsi appelée tout à l'heure par son ridicule auteur,

ACTE III, SCÈNE II

BÉLISE.

De ta chute, ignorant, ne vois-tu pas les causes,
Et qu'elle vient d'avoir du point fixe écarté
Ce que nous appelons centre de gravité (1)?

LÉPINE.

Je m'en suis aperçu, Madame, étant par terre.

PHILAMINTE, *à Lépine qui sort.*

Le lourdaud!

TRISSOTIN.

Bien lui prend de n'être pas de verre.

ARMANDE.

Ah! de l'esprit partout!

BÉLISE.

Cela ne tarit pas. *(Ils s'asseyent.)*

PHILAMINTE.

Servez-nous promptement votre aimable repas.

TRISSOTIN.

Pour cette grande faim qu'à mes yeux on expose,
Un plat seul de huit vers me semble peu de chose,
Et je pense qu'ici je ne ferai pas mal
De joindre à l'épigramme, ou bien au madrigal (2),
Le ragoût d'un sonnet qui chez une princesse (3)
A passé pour avoir quelque délicatesse.
Il est de sel attique assaisonné partout (4),
Et vous le trouverez, je crois, d'assez bon goût.

ARMANDE.

Ah! je n'en doute point.

PHILAMINTE.

Donnons vite audience.

---

(1) Philaminte et Bélise cultivent la physique non moins que la grammaire.

(2) *Épigramme*, s. f., petite pièce de poésie qui se termine ordinairement par un trait piquant ou par un bon mot. (Ac.)
Madrigal, pièce de poésie qui renferme, dans un petit nombre de vers, une pensée ingénieuse et galante. (Ac.)

(3) *Sonnet*, ouvrage de poésie, composé de quatorze vers distribués en deux quatrains et en deux tercets : les quatrains sont sur deux rimes seulement. (Ac.)

(4) *Sel attique*, la manière fine et délicate de penser et de s'exprimer qui était ordinaire aux Athéniens et à leurs écrivains. On applique souvent cette expression aux auteurs des autres nations qui ont écrit dans le même goût. (Ac.)

BÉLISE, *interrompant Trissotin chaque fois qu'il se dispose à lire.*

Je sens d'aise mon cœur tressaillir par avance.
J'aime la poésie avec entêtement,
Et surtout quand les vers sont tournés galamment (1).

PHILAMINTE.

Si nous parlons toujours, il ne pourra rien dire.

TRISSOTIN.

So...

BÉLISE, *à Henriette.*

Silence, ma nièce (2)!

ARMANDE.

Ah! laissez-le donc lire (3).

TRISSOTIN.

Sonnet à la princesse Uranie sur sa fièvre (4).

Votre prudence est endormie,
De traiter magnifiquement,
Et de loger superbement
Votre plus cruelle ennemie (5).

---

(1) Cette scène est le digne pendant de la scène du sonnet du *Misanthrope*. Le fond est le même dans les deux, mais la manière est différente à cause de la différence du but.

Dans le *Misanthrope*, Molière mettait en face d'un auteur ridicule un homme de bon sens, mais bourru, pour mettre en relief sa franchise brutale. La satire du bel esprit était l'accessoire; ici, c'est le premier but et la partie principale. Aussi Molière cherche-t-il surtout à stigmatiser le mauvais goût du poète, le langage affecté des savantes, et leurs sottes admirations. C'est le persiflage le plus fin du genre maniéré que nous ayons dans notre langue.

(2) Dans le *Misanthrope*, c'est Oronte qui s'interrompt lui-même avant de lire son sonnet, pour mieux le recommander à l'admiration de ses auditeurs. L'enthousiasme extravagant de Bélise remplace ici l'infatuation de l'auteur bel esprit.

(3) Cet hémistiche a été introduit dans l'édition de 1734.

Molière ne se souciait pas de la régularité des vers, quand il coupait le dialogue par une lecture. Voir quelques vers plus loin ; de même dans le *Misanthrope*, A. V, sc. IV.

(4) *Uranie*, la Muse des sciences, spécialement de l'astronomie. Étym. : οὐρανός, ciel. — La galanterie du xviie siècle avait mis à la mode les noms de la mythologie grecque.

Le sonnet de Trissotin est réellement de l'abbé Cotin; il se trouve dans ses *Œuvres* (1663), sous ce titre : *Sonnet à M*^{lle} *de Longueville, à présent duchesse de Nemours, sur sa fièvre quarte.*

C'était la fille de la fameuse duchesse de Longueville, sœur du grand Condé et du prince de Conti, qui avait épousé Henri d'Orléans, duc de Longueville. Marie d'Orléans, leur fille unique, épousa, en 1657, Henri de Savoie, duc de Nemours, dont elle resta veuve en 1659.

(5) La fièvre.

ACTE III, SCENE II

BÉLISE.

Ah! le joli début!

ARMANDE.

Qu'il a le tour galant!

PHILAMINTE.

Lui seul des vers aisés possède le talent.

ARMANDE.

A *prudence endormie* il faut rendre les armes.

BÉLISE.

Loger son ennemie est pour moi plein de charmes.

PHILAMINTE.

J'aime *superbement* et *magnifiquement;*
Ces deux adverbes joints font admirablement (1).

BÉLISE.

Prêtons l'oreille au reste (2).

TRISSOTIN.

Votre prudence est endormie,
De traiter magnifiquement,
Et de loger superbement
Votre plus cruelle ennemie.

ARMANDE.

Prudence endormie!

BÉLISE.

Loger son ennemie!

PHILAMINTE.

Superbement et *magnifiquement.*

TRISSOTIN.

Faites-la sortir, quoi qu'on die (3),
De votre riche appartement,
Où cette ingrate insolemment
Attaque votre belle vie.

---

(1) Ces grands et interminables adverbes étaient en grande faveur auprès des précieuses. Voir plus haut, p. 290, n. 7.

(2) Cet hémistiche n'a pas son complément.

(3) *Die*, archaïsme, pour *dise*. Cette forme avait commencé à vieillir. Molière la tourna en ridicule, à cause de l'affectation que les précieuses y mettaient. On la trouve cependant encore dans l'*Iphigénie* de Racine (1674):

Ah! que vous auriez vu, sans que je vous le *die*.... (A. III, sc. VI.)

BÉLISE.

Ah! tout doux, laissez-moi, de grâce, respirer (1).

ARMANDE.

Donnez-nous, s'il vous plaît, le loisir d'admirer.

PHILAMINTE.

On se sent, à ces vers, jusques au fond de l'âme
Couler je ne sais quoi qui fait que l'on se pâme (2).

ARMANDE.

Faites-la sortir, quoi qu'on die,
De votre riche appartement.

Que *riche appartement* est là joliment dit !
Et que la métaphore est mise avec esprit (3) !

PHILAMINTE.

Faites-la sortir, quoi qu'on die.

Ah ! que ce *quoi qu'on die* est d'un goût admirable !
C'est, à mon sentiment, un endroit impayable (4).

ARMANDE.

De *quoi qu'on die* aussi mon cœur est amoureux.

BÉLISE.

Je suis de votre avis : *quoi qu'on die* est heureux.

ARMANDE.

Je voudrais l'avoir fait.

BÉLISE.

Il vaut toute une pièce.

PHILAMINTE.

Mais en comprend-on bien, comme moi, la finesse ?

(1) « Un auteur qui a trop d'esprit, et qui en veut toujours avoir, lasse et épuise le mien : je n'en veux point avoir tant. S'il en montrait moins, il me laisserait respirer et me ferait plus de plaisir. » (Fénelon, *Lettre à l'Acad.*)

(2) *Je ne sais quoi*, expression fort à la mode au xviie siècle : *Un je ne sais quoi* (Boss.), *ces je ne sais quoi* (Corn.).

Pâmer, v. n., ou *se pâmer*, tomber en défaillance.

(3) « Ce que Cotin avait le plus souhaité, l'admiration des précieuses, Molière l'en écrase ; il en fait sa punition, son supplice. » (Aimé Martin.)

Comparez à cette scène celle de l'impromptu de Mascarille dans les *Précieuses ridicules*.

(4) *Impayable*, qui ne se peut trop payer : voilà un tableau *impayable*, un ouvrier *impayable*. Il se dit, fig. et fam., de ce qui est extraordinaire, très bizarre, très plaisant. (Ac.)

ACTE III, SCÈNE II

ARMANDE *et* BÉLISE.

Oh! oh!

PHILAMINTE.

Faites-la sortir, quoi qu'on die.
Que de la fièvre on prenne ici les intérêts ;
N'ayez aucun égard, moquez-vous des caquets,
Faites-la sortir, quoi qu'on die,
Quoi qu'on die, quoi qu'on die.

Ce *quoi qu'on die* en dit beaucoup plus qu'il ne semble.
Je ne sais pas, pour moi, si chacun me ressemble ;
Mais j'entends là-dessous un million de mots.

BÉLISE.

Il est vrai qu'il dit plus de choses qu'il n'est gros.

PHILAMINTE, *à Trissotin.*

Mais, quand vous avez fait ce charmant *quoi qu'on die*,
Avez-vous compris, vous, toute son énergie ?
Songiez-vous bien vous-même à tout ce qu'il nous dit,
Et pensiez-vous alors y mettre tant d'esprit (1) ?

TRISSOTIN.

Hai! hai!

ARMANDE.

J'ai fort aussi *l'ingrate* dans la tête,
Cette ingrate de fièvre, injuste, malhonnête (2),
Qui traite mal les gens qui la logent chez eux.

PHILAMINTE.

Enfin les quatrains sont admirables tous deux (3).
Venons-en promptement aux tiercets, je vous prie (4).

ARMANDE.

Ah! s'il vous plaît, encore une fois *quoi qu'on die.*

TRISSOTIN.

Faites-la sortir, quoi qu'on die...

---

(1) Il est impossible de faire une charge plus comique contre les pédantes, et de mieux peindre leurs sottes extases devant des niaiseries.

(2) Cette ingrate *de* fièvre, *de* explétif. (*Gr. fr. hist.*, 527.)

(3) *Quatrain*, petite pièce de poésie contenant quatre vers ; il signifie quelquefois quatre vers qui font partie d'un sonnet, d'une stance. (Ac.)

(4) On dit aujourd'hui *tercet* : couplet ou stance de trois vers. (Ac.)

PHILAMINTE, ARMANDE et BÉLISE.

Quoi qu'on die!

TRISSOTIN.

De votre riche appartement.

PHILAMINTE, ARMANDE et BÉLISE.

Riche appartement!

TRISSOTIN.

Où cette ingrate insolemment...

PHILAMINTE, ARMANDE et BÉLISE.

Cette *ingrate* de fièvre.

TRISSOTIN.

Attaque votre belle vie.

PHILAMINTE.

Votre belle vie!

ARMANDE et BÉLISE.

Ah!

TRISSOTIN.

Quoi! sans respecter votre rang,
Elle se prend à votre sang.

PHILAMINTE, ARMANDE et BÉLISE.

Ah!

TRISSOTIN.

Et nuit et jour vous fait outrage!
Si vous la conduisez aux bains,
Sans la marchander davantage,
Noyez-la de vos propres mains (2).

PHILAMINTE.

On n'en peut plus.

BÉLISE.

On pâme.

ARMANDE.

On se meurt de plaisir.

(1) Tout le trio s'exclame à la fois. Henriette seule reste muette, protestant par sa dédaigneuse indifférence contre un si fol engouement.

(2) Il s'agit toujours de la fièvre; c'est la fièvre qui est condamnée à être *noyée* dans les bains, *des propres mains* de celle qui l'y a *conduite*.
Il ne se peut rien de plus sot.

ACTE III, SCÈNE II

PHILAMINTE.

De mille doux frissons vous vous sentez saisir.

ARMANDE.

Si vous la conduisez aux bains..

BÉLISE.

Sans la marchander davantage...

PHILAMINTE.

Noyez-la de vos propres mains.
De vos propres mains, là, noyez-la dans les bains (1).

ARMANDE.

Chaque pas dans vos vers rencontre un trait charmant.

BÉLISE.

Partout on s'y promène avec ravissement.

PHILAMINTE.

On n'y saurait marcher que sur de belles choses.

ARMANDE.

Ce sont petits chemins tout parsemés de roses.

TRISSOTIN.

Le sonnet donc vous semble?...

PHILAMINTE.

Admirable, nouveau;
Et personne jamais n'a rien fait de si beau.

BÉLISE, *à Henriette.*

Quoi! sans émotion pendant cette lecture!
Vous faites là, ma nièce, une étrange figure.

HENRIETTE.

Chacun fait ici-bas la figure qu'il peut,
Ma tante : et bel esprit, il ne l'est pas qui veut (2).

TRISSOTIN.

Peut-être que mes vers importunent Madame.

HENRIETTE.

Point. Je n'écoute pas (3).

(1) Les rimes féminines manquent, comme un peu plus bas les rimes masculines. Voir p. 304, n. 3, à propos de l'hémistiche omis par Molière.
(2) On supprime aujourd'hui *il* dans ces sortes de sentences. La Flèche, dans *l'Avare* (A. I, sc. III), a employé un tour semblable, où maintenant nous supprimons aussi le pronom *il :* « Qui se sent morveux, *qu'il* se mouche.»
(3) Henriette ne se montre guère aimable : la politesse demandait plus d'égards pour un étranger.

PHILAMINTE.

Ah! voyons l'épigramme (1).

TRISSOTIN.

Sur un carrosse de couleur amarante donné à une dame de ses amies (2).

PHILAMINTE.

Ses titres ont toujours quelque chose de rare.

ARMANDE.

A cent beaux traits d'esprit leur nouveauté prépare.

TRISSOTIN.

L'amour si chèrement m'a vendu son lien...

PHILAMINTE, ARMANDE *et* BÉLISE.

Ah!

TRISSOTIN.

Qu'il m'en coûte déjà la moitié de mon bien ;
Et quand tu vois ce beau carrosse,
Où tant d'or se relève en bosse (3),
Qu'il étonne tout le pays
Et fait pompeusement triompher ma Laïs (4)...

PHILAMINTE.

Ah! *ma Laïs!* Voilà de l'érudition.

BÉLISE.

L'enveloppe (5) est jolie et vaut un million.

TRISSOTIN.

Et quand tu vois ce beau carrosse,
Où tant d'or se relève en bosse,
Qu'il étonne tout le pays
Et fait pompeusement triompher ma Laïs,

(1) L'épigramme qui va suivre se trouve aussi dans les *Œuvres* de l'abbé Cotin, mais sous le nom de madrigal.

(2) *Amarante*, s. f., fleur d'automne, qui est ordinairement d'un rouge de pourpre velouté. *Amarante* est aussi adjectif des deux genres, et il se dit des choses qui sont de la couleur de l'amarante : un velours, de la soie, un carrosse amarante. (Ac.)

(3) *Bosse* se dit pour relief en termes de sculpture, de dessin et de peinture ; de même en termes d'art : *relever en bosse*, donner un relief et quelque convexité à certaines parties d'un ouvrage : *de la vaisselle relevée en bosse*, ou simplement *de la vaisselle en bosse*. (Ac.)

(4) Nom d'une femme grecque de Corinthe, célèbre par son esprit, au ve siècle av. J.-C.

(5) C.-à-d. l'allusion historique.

ACTE III, SCÈNE II

    Ne dis plus qu'il est amarante,
    Dis plutôt qu'il est de ma rente (1) !

ARMANDE.

Oh, oh, oh! celui-là ne s'attend pas du tout (2).

PHILAMINTE.

On n'a que lui qui puisse écrire de ce goût.

BÉLISE.

    Ne dis plus qu'il est amarante,
    Dis plutôt qu'il est de ma rente.

Voilà qui se décline, *ma rente, de ma rente, à ma rente* (3).

PHILAMINTE.

Je ne sais, du moment que je vous ai connu,
Si sur votre sujet j'ai l'esprit prévenu;
Mais j'admire partout vos vers et votre prose.

TRISSOTIN, *à Philaminte.*

Si vous vouliez de vous nous montrer quelque chose,
A notre tour aussi nous pourrions admirer.

PHILAMINTE.

Je n'ai rien fait en vers; mais j'ai lieu d'espérer
Que je pourrai bientôt vous montrer en amie
Huit chapitres du plan de notre académie.
Platon s'est au projet simplement arrêté (4),
Quand de sa République il a fait le traité;
Mais à l'effet entier je veux pousser l'idée
Que j'ai sur le papier en prose accommodée.
Car enfin je me sens un étrange dépit
Du tort que l'on nous fait du côté de l'esprit,
Et je veux nous venger, toutes tant que nous sommes
De cette indigne classe où nous rangent les hommes
De borner nos talents à des futilités,
Et nous fermer la porte aux sublimes clartés (5).

(1) Jeu de mots froid et puéril.
(2) *Celui-là*, c.-à-d. ce jeu de mots.
(3) Le vers est encore une fois suspendu à cause de la citation. — *Décliner,* c'est faire passer un nom par tous ses cas : *ma rente* répond au nominatif; *de ma rente,* au génitif; *à ma rente,* au datif.
(4) Platon, célèbre philosophe grec; né à Athènes l'an 430 av. J.-C., il y mourut en 348. Disciple de Socrate, il fut lui-même chef d'une école qui s'appela l'Académie, du nom du jardin où elle se tenait, et qu'avait possédé Académus, près des murs d'Athènes.
Le traité de la *République* est un de ses principaux dialogues.
(5) L'ambition féminine transporte Philaminte; elle ne se propose rien

ARMANDE.

C'est faire à notre sexe une trop grande offense
De n'étendre l'effort de notre intelligence
Qu'à juger d'une jupe ou de l'air d'un manteau (1),
Ou des beautés d'un point ou d'un brocart nouveau (2).

BÉLISE.

Il faut se relever de ce honteux partage,
Et mettre hautement notre esprit hors de page (3).

TRISSOTIN.

Pour les dames on sait mon respect en tous lieux :
Et si je rends hommage au brillant de leurs yeux,
De leur esprit aussi j'honore les lumières.

PHILAMINTE.

Le sexe aussi vous rend justice en ces matières;
Mais nous voulons montrer à de certains esprits,
Dont l'orgueilleux savoir nous traite avec mépris,
Que de science aussi les femmes sont meublées,
Qu'on peut faire comme eux de doctes assemblées,
Conduites en cela par des ordres meilleurs;
Qu'on y veut réunir ce qu'on sépare ailleurs (4),

moins que de venger et de réhabiliter la moitié du genre humain. Malheureusement ces folies deviennent parfois des réalités. Chaque siècle, ou peu s'en faut, a ses Philamintes, philosophes ou politiques.

(1) C'est la thèse exagérée de Chrysale (A. II, sc. VII). Tel n'a jamais été le langage des gens sensés. La raison s'est déjà fait entendre au Ier acte par la bouche de Clitandre (sc. III). Voir aussi l'Appendice.

(2) *Point* se dit aussi de certains ouvrages de broderie ou de tapisserie à l'aiguille, ou de certaines dentelles de fil, faites à l'aiguille, qui prennent diverses dénominations, selon la matière dont ces sortes de broderies ou ces dentelles sont faites, selon le pays d'où elles viennent. *Le point de cette tapisserie est beau,* le travail est beau. (Ac.)

Brocart, étoffe de soie brochée d'or ou d'argent. — *Brocher,* c'est passer l'or, la soie, etc., en différents sens dans une étoffe, en figurant un dessin. (Ac.)

— Étym. : *broche,* petite verge de fer qu'on adapte aux métiers à filer, et sur laquelle le fil se roule à mesure qu'il est filé. (Ac.) Du lat. *broccus,* dent saillante; de là, pointe, crochet.

(3) *Être sorti de page, être hors de page,* se disait, du temps de la chevalerie, du jeune gentilhomme qui avait accompli le temps de son service dans les pages. (Ac.) Il y entrait d'ordinaire à sept ans, et en sortait à quatorze, pour devenir écuyer.

De là, fig. et fam., *hors de page,* hors de la puissance, hors de la dépendance d'autrui. (Ac.)

(4) Colbert avait fait établir deux Académies nouvelles en dehors de l'Académie française, l'Académie des Inscriptions et Belles-Lettres en 1663, et

Mêler le beau langage et les hautes sciences,
Découvrir la nature en mille expériences,
Et sur les questions qu'on pourra proposer,
Faire entrer chaque secte et n'en point épouser (1).

TRISSOTIN.

Je m'attache pour l'ordre au péripatétisme (2).

PHILAMINTE.

Pour les abstractions, j'aime le platonisme (3).

ARMANDE.

Épicure me plaît, et ses dogmes sont forts (4).

BÉLISE.

Je m'accommode assez, pour moi, des petits corps;
Mais le vide à souffrir me semble difficile,
Et je goûte bien mieux la matière subtile (5).

l'Académie des Sciences en 1666. L'Académie de Peinture et de Sculpture existait depuis 1648 ; celle d'Architecture fut fondée en 1671.

La Convention supprima toutes ces Académies en 1793, puis les rétablit en 1795 par la création de l'Institut, qui comprend aujourd'hui cinq Académies : l'Académie française, l'Académie des Inscriptions et Belles-Lettres, l'Académie des Sciences, l'Académie des Beaux-Arts, l'Académie des Sciences morales et politiques (1832).

Philaminte, on le voit, rêvait un Institut. L'idée, du reste, n'était pas si nouvelle. On était au siècle des Académies. L'abbé d'Aubignac avait demandé au roi des lettres patentes pour une Académie des Belles-Lettres qu'il voulait opposer à l'Académie française. Il était question d'y admettre des femmes. Les lettres patentes furent refusées.

(1) C'est la théorie de la neutralité philosophique et scientifique.

(2) Le péripatétisme est la doctrine d'Aristote, un des philosophes les plus célèbres de la Grèce (384-322 av. J.-C.). Le nom de péripatétisme vient de l'habitude qu'avait Aristote d'enseigner *en se promenant* (περιπατῶν).

(3) Le platonisme ou philosophie de Platon, le plus illustre des disciples de Socrate, et le maître d'Aristote (430-347 av. J.-C.).

(4) Épicure, philosophe grec, né dans l'Attique en 341 av. J.-C., mort en 270. Sa physique reposait sur la théorie des *atomes* (petits corps ou molécules indivisibles, proprement insécables, ἄ-τομος). La philosophie d'Épicure fut reprise au XVIIe siècle par Gassendi, le maître de Molière et l'adversaire de Descartes qui tenait pour la matière subtile.

(5) « Dans cet étalage de science que font nos trois pédantes et leur héros d'esprit, il n'y a pourtant pas un mot qui porte à faux.... L'*ordre* ou l'enchaînement des propositions distingue en effet le péripatétisme, et les *abstractions* du platonisme sont célèbres. Quant à Épicure, on sait que les *petits corps* ou atomes étaient le principe de sa physique, et qu'il admettait le vide... Enfin personne n'ignore que la *matière subtile*, les *tourbillons* et les *mondes tombants* appartiennent au système du monde imaginé par Descartes, et que ce grand homme a cru expliquer les propriétés de l'*aimant* par un certain mouvement de la matière subtile à travers la matière cannelée. » (AUGER.)

TRISSOTIN.

Descartes, pour l'aimant, tombe fort dans mon sens (1).

ARMANDE.

J'aime ses tourbillons (2).

PHILAMINTE.

Moi, ses mondes tombants (3).

ARMANDE.

Il me tarde de voir notre assemblée ouverte,
Et de nous signaler par quelque découverte.

TRISSOTIN.

On en attend beaucoup de vos vives clartés,
Et pour vous la nature a peu d'obscurités.

PHILAMINTE.

Pour moi, sans me flatter, j'en ai déjà fait une,
Et j'ai vu clairement des hommes dans la lune.

BÉLISE.

Je n'ai point encor vu d'hommes, comme je crois (4) :
Mais j'ai vu des clochers tout comme je vous vois.

ARMANDE.

Nous approfondirons, ainsi que la physique,
Grammaire, histoire, vers, morale et politique.

PHILAMINTE.

La morale a des traits dont mon cœur est épris,
Et c'était autrefois l'amour des grands esprits;

(1) Descartes, célèbre philosophe français du XVIIe siècle (1596-1650). Pour expliquer le monde physique, il a soutenu l'hypothèse des *tourbillons* de matière subtile, au sein desquels circuleraient les planètes ; le soleil et les étoiles en seraient le centre. Cette hypothèse ne tarda pas à disparaître devant le système de l'*attraction* universelle inventé par Newton.

(2) *Tourbillon*, nom que les cartésiens donnaient à la révolution d'une planète ou d'un astre autour de son centre, et au mouvement de la matière environnante qui les suit. (LITTRÉ.)

« Descartes imagina des tourbillons de matière subtile, au centre desquels il plaça les corps (célestes); les tourbillons des planètes entraînaient les satellites, et le tourbillon du soleil entraînait les planètes, les satellites et leurs tourbillons. » (LAPLACE, *Exp.*, V, 5.)

(3) *Monde* se dit aussi en général des corps célestes, des planètes, des étoiles, des comètes.

Voir plus loin, A. IV, sc. III : Un monde près de nous...

(4) *Comme je crois*, à ce que je crois.

Mais aux stoïciens je donne l'avantage (1),
Et je ne trouve rien de si beau que leur sage (2).

ARMANDE.

Pour la langue, on verra dans peu nos règlements,
Et nous y prétendons faire des remûments (3).
Par une antipathie ou juste ou naturelle,
Nous avons pris chacune une haine mortelle
Pour un nombre de mots, soit ou verbes ou noms (4),
Que mutuellement nous nous abandonnons :
Contre eux nous préparons de mortelles sentences,
Et nous devons ouvrir nos doctes conférences
Par les proscriptions de tous ces mots divers
Dont nous voulons purger et la prose et les vers (5).

PHILAMINTE.

Mais le plus beau projet de notre académie,
Une entreprise noble et dont je suis ravie,
Un dessein plein de gloire et qui sera vanté
Chez tous les beaux esprits de la postérité,
C'est le retranchement de ces syllabes sales
Qui dans les plus beaux mots produisent des scandales,
Ces jouets éternels des sots de tous les temps,
Ces fades lieux communs de nos méchants plaisants,
Ces sources d'un amas d'équivoques infâmes
Dont on vient faire insulte à la pudeur des femmes.

(1) Les stoïciens, secte philosophique fondée par Zénon de Cittium (358-260 av. J.-C.). Zénon donnait ses leçons à Athènes au *Portique* (Στοά), ancien lieu de réunion des poètes, au N.-O. de l'Agora. Les partisans les plus célèbres du stoïcisme furent, chez les Romains, Sénèque, Épictète, Marc-Aurèle.

(2) Le sage du stoïcisme est un homme idéal, sans passions, insensible, imperturbable. Sa vertu froide et inflexible procède de l'orgueil, et ne tient aucun compte de la nature de l'homme.

(3) *Remuement* ou *remûment*, action de ce qui remue ; au fig., changement.

(4) *Soit ou... ou ;* on dit aujourd'hui *soit... soit,* ou bien *ou... ou.*

(5) Ce travail d'épuration de la langue était devenu depuis Malherbe la préoccupation et presque la manie de tous les gens de lettres, de tous les cercles littéraires. L'Hôtel de Rambouillet se distingua entre tous ; son purisme devint même fatal à la langue qu'il appauvrit sous prétexte de la polir. Fénelon et la Bruyère ont déploré ces excès. Voir la *Lettre à l'Ac.*, III ; et les *Caractères*, XIV.

« Quelques femmes de la ville ont la délicatesse de ne pas savoir ou de n'oser dire le nom des rues, des places et de quelques endroits publics, qu'elles ne croient pas assez nobles pour être connus. Elles disent le *Louvre*, la *Place Royale* ; mais elles usent de tours et de phrases plutôt que de prononcer de certains noms ; et s'ils leur échappent, c'est du moins avec quelque altération du mot, et après quelques façons qui les rassurent ; en cela moins naturelles que les femmes de la cour, qui, ayant besoin, dans le discours, des *Halles*,

TRISSOTIN.

Voilà certainement d'admirables projets !

BÉLISE.

Vous verrez nos statuts quand ils seront tous faits.

TRISSOTIN.

Ils ne sauraient manquer d'être tous beaux et sages.

ARMANDE.

Nous serons par nos lois les juges des ouvrages :
Par nos lois, prose et vers, tout nous sera soumis :
Nul n'aura de l'esprit hors nous et nos amis (1).
Nous chercherons partout à trouver à redire,
Et ne verrons que nous qui sache (2) bien écrire (3).

SCÈNE III

PHILAMINTE, BÉLISE, ARMANDE, HENRIETTE,
TRISSOTIN, LÉPINE.

LÉPINE, *à Trissotin.*

Monsieur, un homme est là qui veut parler à vous (4),
Il est vêtu de noir, et parle d'un ton doux (5).

(*Ils se lèvent.*)

TRISSOTIN.

C'est cet ami savant qui m'a fait tant d'instance
De lui donner l'honneur de votre connaissance.

du *Châtelet,* ou de choses semblables, disent les *Halles,* le *Châtelet.* » (LA
BRUYÈRE, *de la Société...*)

Corneille avait osé dire la *gueule* d'un dragon ; la délicatesse des précieuses
s'en offensa ; il dut mettre la *gorge* d'un dragon.

(1) Vers devenu proverbe ; épigramme à l'adresse des coteries des gens de
lettres et des savants.

(2) *Qui sache* s'accorde avec le pronom *personne,* ou *aucun* autre sous-
entendu : et ne verrons *personne* que nous *qui sache* bien écrire. Ce tour,
assez fréquent au XVII° siècle, n'est plus en usage. (*Gr. fr. hist.,* 643.)

(3) « La scène de Trissotin avec les femmes savantes est fort longue, et
languit un peu vers la fin, surtout lorsque, après la lecture du sonnet et du
madrigal, les trois femmes se jettent sur leurs systèmes philosophiques et sur
les projets de leur académie. Il y a dans leur dialogue une foule de plaisanteries admirables qui ne ressortent pas assez au théâtre : elles font plus d'effet
à la lecture. » (GEOFFROY.)

(4) Qui veut parler *à vous,* tour emprunté au langage populaire.

(5) Préparation malicieuse à la scène violente qui va suivre.

PHILAMINTE.
Pour le faire venir vous avez tout crédit.
(*Trissotin va au-devant de Vadius.*)

SCÈNE IV
PHILAMINTE, BÉLISE, ARMANDE, HENRIETTE.

PHILAMINTE, *à Armande et à Bélise.*
Faisons bien les honneurs au moins de notre esprit.
(*A Henriette qui veut sortir.*)
Holà! je vous ai dit en paroles bien claires
Que j'ai besoin de vous.

HENRIETTE.
Mais pour quelles affaires?

PHILAMINTE.
Venez : on va dans peu vous les faire savoir.

SCÈNE V
TRISSOTIN, VADIUS, PHILAMINTE, BÉLISE, ARMANDE, HENRIETTE.

TRISSOTIN, *présentant Vadius* (1).
Voici l'homme qui meurt du désir de vous voir;
En vous le produisant, je ne crains point de blâme
D'avoir admis chez vous un profane, Madame;
Il peut tenir son coin parmi de beaux esprits (2).

PHILAMINTE.
La main qui le présente en dit assez le prix.

TRISSOTIN.
Il a des vieux auteurs la pleine intelligence,
Et sait du grec, Madame, autant qu'homme de France.

PHILAMINTE, *à Bélise.*
Du grec! ô ciel, du grec! Il sait du grec, ma sœur (3)!

---

(1) Ceux qui ont voulu voir Ménage dans le personnage de Vadius, se fondent à la fois sur son érudition pédantesque, et sur son humeur satirique qui lui attira plusieurs querelles fâcheuses et l'empêcha d'arriver à l'Académie. Sous ce rapport, la brouille que Molière fait éclater entre Vadius et Trissotin répondait assez à la réputation que Ménage s'était faite par son caractère vaniteux et difficile.

(2) Fig. et fam., *tenir bien son coin dans une compagnie*, s'y faire estimer, s'y faire remarquer. (Ac.)

(3) L'étude du grec était peu commune au XVIIe siècle; elle semblait réservée aux esprits d'élite. Ménage était de ces érudits; il savait le grec, et le citait peut-être trop souvent dans la conversation.

BÉLISE, *à Armande.*

Ah ! ma nièce, du grec !

ARMANDE.

Du grec ! quelle douceur !

PHILAMINTE.

Quoi ! Monsieur sait du grec ! Ah ! permettez, de grâce,
Que, pour l'amour du grec, Monsieur, on vous embrasse (1).
(*Vadius embrasse aussi Bélise et Armande.*)

HENRIETTE, *à Vadius qui veut aussi l'embrasser.*

Excusez-moi, Monsieur ; je n'entends pas le grec.
(*Ils s'asseyent.*)

PHILAMINTE.

J'ai pour les livres grecs un merveilleux respect.

VADIUS.

Je crains d'être fâcheux par l'ardeur qui m'engage
A vous rendre aujourd'hui, Madame, mon hommage ;
Et j'aurai pu troubler quelque docte entretien.

PHILAMINTE.

Monsieur, avec du grec on ne peut gâter rien.

TRISSOTIN.

Au reste, il fait merveille en vers ainsi qu'en prose :
Il pourrait, s'il voulait, vous montrer quelque chose.

VADIUS.

Le défaut des auteurs dans leurs productions,
C'est d'en tyranniser les conversations,
D'être au Palais, au Cours, aux ruelles, aux tables (2),
De leurs vers fatigants lecteurs infatigables.
Pour moi, je ne vois rien de plus sot, à mon sens,
Qu'un auteur qui partout va gueuser des encens (3),
Qui, des premiers venus saisissant les oreilles,
En fait le plus souvent les martyrs de ses veilles (4).

(1) Vers célèbre, où le naturel de la critique s'allie à merveille avec le grossissement théâtral.

(2) Le *Cours-la-Reine*, partie des Champs-Élysées, à Paris.
Les *ruelles*, se disait particulièrement, sous Louis XIV, des chambres à coucher; des alcôves de certaines dames de qualité qui servaient de salles de conversation : *un poète de ruelles*. (Ac.) La *ruelle* du lit, l'espace qu'on laisse entre un des côtés du lit et la muraille. (Ac.)

(3) *Gueuser*, neutre et qqf. actif, mendier. Familier. — Étym. : *gueux*, mendiant; autre forme de *queux*, cuisinier (lat. *coquus*). Ce mot a passé, par dénigrement, des marmitons aux mendiants, aux mauvais sujets. (LITTRÉ.)

(4) Il suffit de comparer cette belle tirade à celle de Boileau sur le même

On ne m'a jamais vu ce fol entêtement :
Et d'un Grec là-dessus je suis le sentiment,
Qui, par un dogme exprès, défend à tous ses sages (1)
L'indigne empressement de lire leurs ouvrages.
Voici de petits vers pour de jeunes amants (2),
Sur quoi je voudrais bien avoir vos sentiments (3).

TRISSOTIN.

Vos vers ont des beautés que n'ont point tous les autres.

VADIUS.

Les Grâces et Vénus règnent dans tous les vôtres (4).

TRISSOTIN.

Vous avez le tour libre et le beau choix des mots.

VADIUS.

On voit partout chez vous l'*ithos* et le *pathos* (5).

sujet (*Art poét.*, ch. IV), pour voir combien le vers de Molière l'emporte en vivacité, en mordant, en pittoresque.

Horace, dans son *Art poétique*, a tracé en trois vers un portrait achevé du poète qui fatigue les gens de ses lectures :

Indoctum doctumque fugat recitator acerbus.
Quem vero arripuit, tenet occiditque legendo,
Non missura cutem, nisi plena cruoris, hirudo.

« Sa fureur de lire ses vers met en fuite le savant et l'ignorant. Malheur à celui qu'il a saisi ! il ne le lâche pas, il l'assassine de ses vers : c'est une sangsue qui ne quittera prise que quand elle sera gonflée de sang. »

(1) *Dogme*, point de doctrine établi ou regardé comme une vérité incontestable. (Ac.)

(2) « Vadius, après avoir parlé comme un sage sur la manie de lire ses vers, met grossièrement la main à la poche, en tire le cahier qui probablement ne le quitte jamais : *Voici de petits vers*. C'est un de ces endroits où l'acclamation est universelle. J'ai vu des spectateurs saisis d'une surprise réelle ; ils avaient pris Vadius pour le sage de la pièce. » (LA HARPE, *Cours de Litt.*, **II.**)

(3) *Sur quoi*; il faudrait aujourd'hui *sur lesquels*. Cet emploi de *quoi* est assez fréquent au XVIIe siècle.

(4) *Grâces*, au pl., se dit en mythologie de trois déesses qui étaient les compagnes de Vénus, et dont le pouvoir s'étendait à tout ce qui fait l'agrément, le charme de la vie : *Les trois Grâces sont Aglaé, Euphrosine et Thalie.* (Ac.)

(5) *Ithos* (en grec ἦθος), ancien terme de rhétorique ; il désigne la partie de la rhétorique qui traite des mœurs, ou en général, les mœurs (oratoires) ; il est opposé à *pathos*.

Pathos, mot grec (πάθος) qui signifie *passion*; nous l'employons en mauvaise part pour signifier une chaleur, une emphase affectée et déplacée dans un discours, dans un ouvrage littéraire. Il est familier. Les rhéteurs donnent ce nom aux mouvements, aux figures propres à toucher fortement l'âme des auditeurs. (Ac.)

TRISSOTIN.
Nous avons vu de vous des églogues d'un style (1)
Qui passe en doux attraits Théocrite et Virgile (2).

VADIUS.
Vos odes ont un air noble, galant et doux,
Qui laisse de bien loin votre Horace après vous (3).

TRISSOTIN.
Est-il rien d'amoureux comme vos chansonnettes?

VADIUS.
Peut-on rien voir d'égal aux sonnets que vous faites?

TRISSOTIN.
Rien qui soit plus charmant que vos petits rondeaux (4)?

VADIUS.
Rien de si plein d'esprit que tous vos madrigaux (5)?

TRISSOTIN.
Aux ballades surtout vous êtes admirable (6).

VADIUS.
Et dans les bouts-rimés je vous trouve adorable (7).

TRISSOTIN.
Si la France pouvait connaître votre prix!

VADIUS.
Si le siècle rendait justice aux beaux esprits (8)!

(1) Ménage avait fait des églogues.
(2) Théocrite, poète grec, né à Syracuse (IIIe siècle av. J.-C.), auteur d'idylles; Virgile l'a imité dans ses églogues.
(3) Horace, poète latin du siècle d'Auguste, célèbre surtout par ses odes.
(4) *Rondeau*, petite pièce de poésie particulière aux Français, composée de treize vers sur deux rimes, avec une pause au cinquième et une au huitième, et dont le premier mot, ou les premiers mots, se répètent après le huitième vers et après le dernier, sans faire partie des vers. (Ac.)
(5) Sonnet, voir p. 303, n. 3; madrigal, voir p. 303, n. 2.
(6) *Ballade*, espèce d'ancienne poésie française, composée de couplets faits sur les mêmes rimes, et se terminant tous par le même vers. (Ac.)
(7) *Bouts-rimés*, s. m. pl. Rimes souvent très bizarres, données pour faire des vers dont le sujet est ordinairement à volonté. On appelle par extension *bout-rimé*, au sing., une pièce de vers composée sur des rimes données. (Ac.)
(8) « Rien au monde n'est si plaisant que de voir des ânes s'entregratter, soit par des vers, soit par des éloges qu'ils s'adressent sans pudeur. Vous surpassez Alcée, dit l'un. — Et vous, Callimaque, dit l'autre. — Vous éclipsez l'orateur romain. — Et vous, vous effacez le divin Platon. » (ÉRASME, *Éloge de la Folie*).

ACTE III, SCÈNE V

TRISSOTIN.

En carrosse doré vous iriez par les rues (1).

VADIUS.

On verrait le public vous dresser des statues.
(A *Trissotin*.)
Hom ! C'est une ballade, et je veux que tout net
Vous m'en... (2)

TRISSOTIN, à *Vadius*.

Avez-vous vu certain petit sonnet
Sur la fièvre qui tient la princesse Uranie ?

VADIUS.

Oui. Hier il me fut lu dans une compagnie.

TRISSOTIN.

Vous en savez l'auteur ?

VADIUS.

Non ; mais je sais fort bien
Qu'à ne le point flatter son sonnet ne vaut rien.

TRISSOTIN.

Beaucoup de gens pourtant le trouvent admirable.

VADIUS.

Cela n'empêche pas qu'il ne soit misérable ;
Et si vous l'avez vu, vous serez de mon goût.

TRISSOTIN.

Je sais que là-dessus je n'en suis point du tout,
Et que d'un tel sonnet peu de gens sont capables.

VADIUS.

Me préserve le ciel d'en faire de semblables !

TRISSOTIN.

Je soutiens qu'on ne peut en faire de meilleur ;
Et ma grande raison, c'est que j'en suis l'auteur (3).

(1) Les carrosses dorés étaient alors fort à la mode ; on y mettait beaucoup de luxe et de faste, comme on peut le voir encore au musée de Cluny.

(2) Vous m'en... *disiez votre avis*; Trissotin est pressé de lire ses vers.

(3) D'après le *Mercure galant* (année 1672, t. I), Cotin, après avoir fait son sonnet sur la fièvre de Madame de Nemours, avait couru chez *Mademoiselle* (fille de Gaston de France), pour le lui lire. Pendant que *Mademoiselle* entendait une seconde lecture du sonnet, Ménage entra, et la princesse le lui fit lire sans nommer l'auteur. Ménage trouva les vers détestables ; Cotin se fâcha, et ils eurent une dispute dans laquelle ils se dirent leurs vérités à peu près de la même manière que Trissotin et Vadius dans cette scène. Boileau, instruit de l'aventure, la rapporta à Molière qui en tira ce passage si divertissant.

VADIUS.

Vous?

TRISSOTIN.

Moi.

VADIUS.

Je ne sais donc comment se fit l'affaire.

TRISSOTIN.

C'est qu'on fut malheureux de ne pouvoir vous plaire.

VADIUS.

Il faut qu'en écoutant j'aie eu l'esprit distrait,
Ou bien que le lecteur m'ait gâté le sonnet.
Mais laissons ce discours, et voyons ma ballade.

TRISSOTIN.

La ballade, à mon goût, est une chose fade;
Ce n'en est plus la mode; elle sent son vieux temps (1).

VADIUS.

La ballade pourtant charme beaucoup de gens.

TRISSOTIN.

Cela n'empêche pas qu'elle ne me déplaise.

VADIUS.

Elle n'en reste pas pour cela plus mauvaise.

TRISSOTIN.

Elle a pour les pédants de merveilleux appas (2).

VADIUS.

Cependant nous voyons qu'elle ne vous plaît pas.

TRISSOTIN.

Vous donnez sottement vos qualités aux autres.

(*Ils se lèvent tous.*)

VADIUS

Fort impertinemment vous me jetez les vôtres.

TRISSOTIN.

Allez, petit grimaud, barbouilleur de papier (3).

VADIUS.

Allez, rimeur de balle, opprobre du métier (4).

(1) *Sentir* signifie, au figuré, avoir les qualités, l'air, les manières, l'apparence de : *il sent l'enfant de bonne maison, il sent son homme de qualité.* (Ac.)

(2) Pour *appas*, v. p. 262, n. 2.

(3) *Grimaud*. On appelait ainsi, par mépris, dans les collèges, les écoliers des basses classes. Il se dit quelquefois des mauvais écrivains. (Ac.) — *Grimaud* est un dérivé de *grime*, mauvais écolier.

(4) *Un rimeur de balle, un juge de balle*, un mauvais poète, un juge

ACTE III, SCÈNE V

TRISSOTIN.

Allez, fripier d'écrits, impudent plagiaire (1).

VADIUS.

Allez, cuistre (2)...

PHILAMINTE.

Hé ! Messieurs, que prétendez-vous faire ?

TRISSOTIN, à Vadius.

Va, va restituer tous les honteux larcins
Que réclament sur toi les Grecs et les Latins.

VADIUS.

Va, va-t'en faire amende honorable au Parnasse (3)
D'avoir fait à tes vers estropier Horace.

TRISSOTIN.

Souviens-toi de ton livre et de son peu de bruit.

VADIUS.

Et toi, de ton libraire à l'hôpital réduit.

TRISSOTIN.

Ma gloire est établie; en vain tu la déchires.

VADIUS.

Oui, oui, je te renvoie à l'auteur des *Satires* (4).

TRISSOTIN.

Je t'y renvoie aussi.

VADIUS.

J'ai le contentement
Qu'on voit qu'il m'a traité plus honorablement.

---

ignorant. Ces locutions vieillissent. (Ac.) — Elles viennent de l'expression *marchandises de balle*, celles que vendent les marchands forains appelés porte-balles, et qui sont ordinairement inférieures en qualité à celles que vendent les marchands établis dans les villes. (Ac.)

(1) *Fripier*, celui qui fait métier d'acheter, de raccommoder et de revendre de vieux habits et de vieux meubles. Fig. et fam., *fripier d'écrits*, plagiaire, compilateur maladroit et sans goût. (Ac.)
Plagiaire, qui s'approprie ce qu'il a pillé dans les ouvrages d'autrui. (Ac.) Du lat. *plagiarius*, qui débauche et recèle les esclaves d'autrui. (LITTRÉ.)

(2) *Cuistre*, nom que l'on donnait autrefois par injure aux valets de collège ; il se dit encore aujourd'hui d'un homme pédant et grossier. (Ac.) — C'est, très probablement, une autre prononciation de *coustre*, sacristain (du lat. *custos*, gardien, d'où *custode*, all. *küster*) ; le sens aura facilement passé de serviteur d'église à serviteur de collège. (LITTRÉ.)

(3) Le Parnasse, montagne de la Phocide, consacrée à Apollon et aux Muses.

(4) A Boileau, qui dans ses *Satires* n'avait pas ménagé Cotin. Voir plus haut, p. 259, n. 2. Ce vers montre la grande notoriété de Boileau et l'autorité de ses jugements.

Il me donne en passant une atteinte légère (1),
Parmi plusieurs auteurs qu'au Palais on révère :
Mais jamais dans ses vers il ne te laisse en paix,
Et l'on t'y voit partout être en butte à ses traits.

TRISSOTIN.

C'est par là que j'y tiens un rang plus honorable.
Il te met dans la foule, ainsi qu'un misérable ;
Il croit que c'est assez d'un coup pour t'accabler,
Et ne t'a jamais fait l'honneur de redoubler ;
Mais il m'attaque à part, comme un noble adversaire
Sur qui tout son effort lui semble nécessaire ;
Et ses coups, contre moi redoublés en tous lieux,
Montrent qu'il ne se croit jamais victorieux.

VADIUS.

Ma plume t'apprendra quel homme je puis être.

TRISSOTIN.

Et la mienne saura te faire voir ton maître.

VADIUS.

Je te défie en vers, prose, grec et latin.

TRISSOTIN.

Eh bien! nous nous verrons seul à seul chez Barbin (2).

SCÈNE VI

TRISSOTIN, PHILAMINTE, ARMANDE, BÉLISE, HENRIETTE.

TRISSOTIN.

A mon emportement ne donnez aucun blâme :
C'est votre jugement que je défends, Madame,
Dans le sonnet qu'il a l'audace d'attaquer.

PHILAMINTE.

A vous remettre bien je me veux appliquer.
Mais parlons d'autre affaire. Approchez, Henriette.
Depuis assez longtemps mon âme s'inquiète
De ce qu'aucun esprit en vous ne se fait voir :
Mais je trouve un moyen de vous en faire avoir.

HENRIETTE.

C'est prendre un soin pour moi qui n'est pas nécessaire
Les doctes entretiens ne sont point mon affaire.

---

(1) Si Vadius répond au nom de Ménage, le fait est vrai. Le nom de Ménage ne paraît qu'une fois dans les *Satires* (satire IV), d'une manière assez innocente. Celui de Cotin, au contraire, figure jusqu'à neuf fois dans la satire IX.

(2) *Barbin* avait sa librairie au Palais, sur un des perrons de la Ste-Chapelle.

ACTE III, SCÈNE VI

J'aime à vivre aisément, et dans tout ce qu'on dit 1),
Il faut se trop peiner pour avoir de l'esprit :
C'est une ambition que je n'ai point en tête.
Je me trouve fort bien, ma mère, d'être bête (2);
Et j'aime mieux n'avoir que de communs propos
Que de me tourmenter pour dire de beaux mots.

PHILAMINTE.

Oui; mais j'y suis blessée, et ce n'est pas mon compte (3)
De souffrir dans mon sang une pareille honte.
La beauté du visage est un frêle ornement,
Une fleur passagère, un éclat d'un moment,
Et qui n'est attaché qu'à la simple épiderme (4);
Mais celle de l'esprit est inhérente et ferme.
J'ai donc cherché longtemps un biais de vous donner (5)
La beauté que les ans ne peuvent moissonner,
De faire entrer chez vous le désir des sciences,
De vous insinuer les belles connaissances (6) :
Et la pensée enfin où mes vœux ont souscrit,
C'est d'attacher à vous un homme plein d'esprit.

(Montrant Trissotin.)

Et cet homme est Monsieur, que je vous détermine (7)
À voir comme l'époux que mon choix vous destine.

HENRIETTE.

Moi ! ma mère ?

PHILAMINTE.

Oui, vous. Faites la sotte un peu.

BÉLISE, à *Trissotin*.

Je vous entends. Vos yeux demandent mon aveu
Pour engager ailleurs un cœur que je possède.
Allez, je le veux bien. A ce nœud je vous cède;
C'est un hymen qui fait votre établissement.

---

(1) *Aisément*, commodément, sans peine, sans fatigue.
(2) Ce n'est pas le langage d'une fille parlant à sa mère. Henriette n'a ni tact ni respect.
(3) J'y suis blessée, c.-à-d. en cela. On dirait aujourd'hui, j'*en* suis blessée.
(4) *Épiderme*, membrane légère et transparente qui couvre la peau et en fait partie. (Ac.) — Ce mot est aujourd'hui du masculin.
(5) Un biais *de vous donner*, pour vous donner. *Biais* s'employait au XVIIe siècle pour *moyen*.
(6) Ce langage à la fois scientifique et poétique convient à merveille à la prétentieuse fondatrice d'académie.
(7) Je vous *détermine à*, c.-à-d. je vous ordonne. *Déterminer* ne s'emploie plus dans ce sens.

TRISSOTIN, *à Henriette.*

Je ne sais que vous dire en mon ravissement,
Madame; et cet hymen dont je vois qu'on m'honore,
Me met...

HENRIETTE.

Tout beau, Monsieur; il n'est pas fait encore :
Ne vous pressez pas tant.

PHILAMINTE.

Comme vous répondez :
Savez-vous bien que si... Suffit. Vous m'entendez?
(*A Trissotin.*)
Elle se rendra sage. Allons, laissons-la faire.

SCÈNE VII

HENRIETTE, ARMANDE.

ARMANDE.

On voit briller pour vous les soins de notre mère :
Et son choix ne pouvait d'un plus illustre époux...

HENRIETTE.

Si le choix est si beau, que ne le prenez-vous?

ARMANDE.

C'est à vous, non à moi, que sa main est donnée.

HENRIETTE.

Je vous le cède tout, comme à ma sœur aînée.

ARMANDE.

Si l'hymen, comme à vous, me paraissait charmant,
J'accepterais votre offre avec ravissement.

HENRIETTE.

Si j'avais, comme vous, les pédants dans la tête,
Je pourrais le trouver un parti fort honnête.

ARMANDE.

Cependant, bien qu'ici nos goûts soient différents,
Nous devons obéir, ma sœur, à nos parents.
Une mère a sur nous une entière puissance (1) :
Et vous croyez en vain, par votre résistance...

---

(1) Armande triomphe trop tôt de la mésaventure d'Henriette : les rôles vont être renversés, au grand contentement du spectateur.

SCÈNE VIII

CHRYSALE, ARISTE, CLITANDRE, HENRIETTE, ARMANDE.

CHRYSALE, *à Henriette lui présentant Clitandre.*

Allons, ma fille, il faut approuver mon dessein.
Ôtez ce gant. Touchez à Monsieur dans la main,
Et le considérez désormais dans votre âme
En homme dont je veux que vous soyez la femme (1).

ARMANDE

De ce côté, ma sœur, vos penchants sont fort grands.

ENRIETTE.

Il nous faut obéir, ma sœur, à nos parents
Un père a sur nos vœux une entière puissance (2).

ARMANDE.

Une mère a sa part à notre obéissance.

CHRYSALE.

Qu'est-ce à dire ?

ARMANDE.

Je dis que j'appréhende fort
Qu'ici ma mère et vous ne soyez pas d'accord;
Et c'est un autre époux...

CHRYSALE.

Taisez-vous, péronnelle (3):
Allez philosopher tout le soûl avec elle (4),
Et de mes actions ne vous mêlez en rien.
Dites-lui ma pensée, et l'avertissez bien
Qu'elle ne vienne pas m'échauffer les oreilles.
Allons vite.

(1) Cette entrée imprévue de Chrysale amenant Clitandre est un petit coup de théâtre qui produit le plus agréable effet.

(2) Henriette retourne ironiquement contre sa sœur le trait que celle-ci lui lançait tout à l'heure.

(3) *Péronnelle*, terme de dénigrement : jeune femme sotte et babillarde. — Étym. : *Peronelle* était un nom propre (XIVe siècle, Peronelle Porée), analogue à Perette, et devenu un nom commun. (LITTRÉ.)

(4) *Tout le soûl*, autant que vous voudrez. — *Soûl, soule*, adj., pleinement repu ; plus ordinairement, ivre. Il s'emploie comme substantif avec les pronoms possessifs et quelquefois avec l'article. (Ac.) — Étym. : lat. *satullus*, diminutif de *satur*, rassasié.

SCÈNE IX

CHRYSALE, ARISTE, HENRIETTE, CLITANDRE.

ARISTE.
Fort bien, vous faites des merveilles.
CLITANDRE.
Quel transport ! quelle joie ! Ah ! que mon sort est doux !
CHRYSALE, à Clitandre.
Allons, prenez sa main, et passez devant nous (1).

QUESTIONS SUR LE IIIᵉ ACTE.

Comment se fait l'entrée de Trissotin ?
Quel incident permet aux savantes de montrer leurs connaissances en physique ?
De combien de parties se compose la grande scène de Trissotin et des savantes ? Analysez la première partie qui se rapporte au sonnet.
De qui était ce sonnet ? Quelle en est la valeur ? Comment est-il apprécié par Philaminte et Bélise ?
Comparez cette critique littéraire avec celle du *Misanthrope*.
Quelle est l'attitude d'Henriette pendant cette lecture ?
2ᵉ partie : sujet, défauts de l'épigramme.
De quoi est-il question dans la 3ᵉ partie de la scène ?
Quelle est l'ambition de Philaminte ? Quels sont ses projets et ses idées en philosophie, en physique, en grammaire, en littérature ?
Par qui et comment Vadius est-il présenté aux savantes ?
Par quelle science se recommande-t-il surtout ?
Quel est, d'après lui, le grand défaut des auteurs ? En est-il exempt ?
Quels sont les éloges que les deux pédants se donnent d'abord ?
A quelle occasion se prennent-ils de querelle ?
Quelles sont les injures et les menaces qu'ils se lancent ?
Quel est le but de Philaminte en mariant Henriette à Trissotin ? Comment Henriette reçoit-elle cette communication ?
Quel sentiment en éprouve Armande ?
Quel coup de théâtre termine l'acte ?
Quelle est l'importance de ce IIIᵉ acte ?

(1) Le IIIᵉ acte est le plus important de la pièce. L'action, il est vrai, n'y avance guère que d'un pas, vers la fin. Mais la peinture des savantes et des pédants y est parfaite. Les deux grandes scènes de Trissotin et de Vadius sont des modèles achevés du plus fin comique, et de la meilleure critique littéraire. On y trouve de plus des vers et une variété de dialogue qui rappellent Corneille.

ACTE QUATRIÈME

Rivalité de Trissotin et de Clitandre.

SCÈNE I
PHILAMINTE, ARMANDE.

ARMANDE.

Oui, rien n'a retenu son esprit en balance (1) :
Elle a fait vanité de son obéissance ;
Son cœur, pour se livrer, à peine devant moi
S'est-il donné le temps d'en recevoir la loi,
Et semblait suivre moins les volontés d'un père
Qu'affecter de braver les ordres d'une mère.

PHILAMINTE.

Je lui montrerai bien aux lois de qui des deux
Les droits de la raison soumettent tous ses vœux,
Et qui doit gouverner ou sa mère ou son père,
Ou l'esprit ou le corps, la forme ou la matière (2).

ARMANDE.

On vous en devait bien, au moins, un compliment,
Et ce petit monsieur en use étrangement
De vouloir, malgré vous, devenir votre gendre.

PHILAMINTE.

Il n'en est pas encore où son cœur peut prétendre.
Je le trouvais bien fait, et j'aimais vos amours ;
Mais dans ses procédés il m'a déplu toujours.

---

(1) *Son esprit :* il s'agit d'Henriette. Manière vive d'entrer en scène : Philaminte et Armande arrivent indignées l'une et l'autre de voir leurs projets déconcertés. Armande cherche à exciter sa mère contre Henriette dans l'espoir de défaire à son profit le mariage de sa sœur avec Clitandre.

(2) C'est toujours la même lutte entre l'âme et le corps, entre l'esprit et la matière, entre Descartes et Gassendi.

La *forme*, ce qui détermine la matière à être telle ou telle chose. (Ac.)

La *matière*, la substance étendue, susceptible de toute sorte de formes (Ac.); dans un sens plus général, ce qui est déterminé par la forme à être telle chose.

Philaminte, naturellement, représente l'élément supérieur ; elle prétend dominer sur son époux au nom des droits de l'esprit sur le corps.

Il sait que, Dieu merci, je me mêle d'écrire (1),
Et jamais il ne m'a prié de lui rien lire (2).

SCÈNE II
CLITANDRE, *entrant doucement et écoutant sans se montrer;*
ARMANDE, PHILAMINTE.

ARMANDE.

Je ne souffrirais point, si j'étais que de vous (3),
Que jamais d'Henriette il pût être l'époux.
On me ferait grand tort d'avoir quelque pensée
Que là-dessus je parle en fille intéressée,
Et que le lâche tour que l'on voit qu'il me fait,
Jette au fond de mon cœur quelque dépit secret.
Contre de pareils coups l'âme se fortifie
Du solide secours de la philosophie (4),
Et par elle on se peut mettre au-dessus de tout.
Mais vous traiter ainsi, c'est vous pousser à bout.
Il est de votre honneur d'être à ses vœux contraire,
Et c'est un homme enfin qui ne doit point vous plaire.
Jamais je n'ai connu, discourant entre nous,
Qu'il eût au fond du cœur de l'estime pour vous.

PHILAMINTE.

Petit sot !

ARMANDE.

Quelque bruit que votre gloire fasse,
Toujours à vous louer il a paru de glace.

PHILAMINTE.

Le brutal !

ARMANDE.

Et vingt fois, comme ouvrages nouveaux,
J'ai lu des vers de vous qu'il n'a point trouvés beaux.

(1) *Dieu merci*, adverb., grâce à Dieu; c.-à-d. par la merci, la grâce de Dieu. (LITTRÉ.)

(2) Grief impardonnable ; c'est l'offense la plus cruelle pour la vanité d'un auteur.
La règle veut aujourd'hui l'accord du participe *il m'a priée* ; elle était moins rigoureuse du temps de Molière. (*Gr. fr. hist.*, 798.)

(3) Si j'étais *que de vous*, si j'étais *de vous*, fam., si j'étais à votre place. (AC.)

(4) La philosophie, hélas ! lui est d'un faible secours ; elle ne la guérit ni de sa jalousie, ni de son dépit secret. Sous ce calme superbe, on voit une âme froissée et malheureuse.

PHILAMINTE.

L'impertinent (1) !

ARMANDE.

Souvent nous en étions aux prises ;
Et vous ne croiriez point de combien de sottises...

CLITANDRE, à Armande.

Hé ! doucement, de grâce. Un peu de charité,
Madame, ou, tout au moins, un peu d'honnêteté.
Quel mal vous ai-je fait et quelle est mon offense,
Pour armer contre moi toute votre éloquence ?
Pour vouloir me détruire, et prendre tant de soin (2)
De me rendre odieux aux gens dont j'ai besoin ?
Parlez, dites, d'où vient ce courroux effroyable ?
Je veux bien que Madame en soit juge équitable.

ARMANDE.

Si j'avais le courroux dont on veut m'accuser,
Je trouverais assez de quoi l'autoriser ;
Vous en seriez trop digne, et les premières flammes
S'établissent des droits si sacrés sur les âmes,
Qu'il faut perdre fortune et renoncer au jour
Plutôt que de brûler des feux d'un autre amour (3).
Au changement de vœux nulle horreur ne s'égale,
Et tout cœur infidèle est un monstre en morale.

CLITANDRE.

Appelez-vous, Madame, une infidélité
Ce que m'a de votre âme ordonné la fierté ?
Je ne fais qu'obéir aux lois qu'elle m'impose ;
Et si je vous offense, elle seule en est cause.
Vos charmes ont d'abord possédé tout mon cœur ;
Il a brûlé deux ans d'une constante ardeur ;
Il n'est soins empressés, devoirs, respects, services,
Dont il ne vous ait fait d'amoureux sacrifices.
Tous mes feux, tous mes soins ne peuvent rien sur vous ;
Je vous trouve contraire à mes vœux les plus doux :
Ce que vous refusez, je l'offre au choix d'une autre.
Voyez : est-ce, Madame, ou ma faute, ou la vôtre ?

---

(1) Clitandre entend toutes ces belles épithètes lancées à son adresse : ce jeu de scène divertit fort le spectateur.
Comparez dans le *Misanthrope*, A. V, sc. II ; dans *Nicomède*, A. I, sc. II.

(2) *Me détruire*, c.-à-d. ruiner mon crédit, me perdre.

(3) Ce couplet est tiré de la comédie trop tragique et vite tombée de *Don Garcie de Navarre* (1661).

Mon cœur court-il au change, ou si vous l'y poussez (1) ?
Est-ce moi qui vous quitte ou vous qui me chassez ?

ARMANDE.

Appelez-vous, Monsieur, être à vos vœux contraire
Que de leur arracher ce qu'ils ont de vulgaire,
Et vouloir les réduire à cette pureté
Où du parfait amour consiste la beauté ?
Ah! quel étrange amour! et que les belles âmes
Sont bien loin de brûler de ces terrestres flammes!
Les sens n'ont point de part à toutes leurs ardeurs,
Et ce beau feu ne veut marier que les cœurs (2).

CLITANDRE.

Pour moi, par un malheur, je m'aperçois, Madame (3),
Que j'ai, ne vous déplaise, un corps tout comme une âme;
Je sens qu'il y tient trop pour le laisser à part.
De ces détachements je ne connais point l'art :
Le ciel m'a dénié cette philosophie,
Et mon âme et mon corps marchent de compagnie.
Il n'est rien de plus beau, comme vous avez dit,
Que ces vœux épurés qui ne vont qu'à l'esprit,
Ces unions de cœurs et ces tendres pensées
Du commerce des sens si bien débarrassées.
Mais ces amours pour moi sont trop subtilisés :
Je suis un peu grossier, comme vous m'accusez.
Je vois que dans le monde on suit fort ma méthode,
Et que le mariage est assez à la mode,
Passe pour un lien assez honnête et doux,
Pour avoir désiré de me voir votre époux,
Sans que la liberté d'une telle pensée
Ait dû vous donner lieu d'en paraître offensée.

ARMANDE.

Si ma mère le veut, je résous mon esprit
A consentir pour vous à ce dont il s'agit.

CLITANDRE.

Il n'est plus temps, Madame; une autre a pris la place;
Et par un tel retour j'aurais mauvaise grâce

(1) Tournure assez fréquente au XVIIe siècle : *ou si vous l'y poussez*, c.-à-d.
ou *n'est-ce pas vous qui l'y poussez?*

Justes cieux! me trompé-je encore à l'apparence,
Ou si je vois enfin mon unique espérance. (*Cid,* III, V.)

(2) C'est la thèse déjà soutenue au premier acte (sc. I) par Armande contre
Henriette.

(3) On dit aujourd'hui, *par malheur.* Voir *le Misanthrope,* A. I, sc. I.

De maltraiter l'asile et blesser les bontés
Où je me suis sauvé de toutes vos fiertés.

PHILAMINTE.

Mais enfin, comptez-vous, Monsieur, sur mon suffrage,
Quand vous vous promettez cet autre mariage?
Et dans vos visions, savez-vous, s'il vous plaît,
Que j'ai pour Henriette un autre époux tout prêt?

CLITANDRE.

Eh, Madame! voyez votre choix, je vous prie;
Exposez-moi, de grâce, à moins d'ignominie,
Et ne me rangez pas à l'indigne destin
De me voir le rival de monsieur Trissotin.
L'amour des beaux esprits, qui chez vous m'est contraire,
Ne pouvait m'opposer un moins noble adversaire.
Il en est, et plusieurs, que, pour le bel esprit,
Le mauvais goût du siècle a su mettre en crédit;
Mais monsieur Trissotin n'a pu duper personne,
Et chacun rend justice aux écrits qu'il nous donne.
Hors céans, on le prise en tous lieux ce qu'il vaut (1);
Et ce qui m'a vingt fois fait tomber de mon haut,
C'est de vous voir au ciel élever des sornettes (2)
Que vous désavoueriez si vous les aviez faites.

PHILAMINTE.

Si vous jugez de lui tout autrement que nous,
C'est que nous le voyons par d'autres yeux que vous.

SCÈNE III

TRISSOTIN, PHILAMINTE, ARMANDE, CLITANDRE.

TRISSOTIN, *à Philaminte*.

Je viens vous annoncer une grande nouvelle.
Nous l'avons en dormant, Madame, échappé belle (3).
Un monde près de nous a passé tout du long,
Est chu tout au travers de notre tourbillon (4)!

---

(1) *Céans*, voir *l'Avare*, A. II, sc. II, p. 176, n. 1.

(2) *Sornette*, discours frivole, bagatelle. Ce mot est familier, et son plus grand usage est au pluriel. (Ac.)

(3) « Molière a écrit : Nous l'avons *échappé* belle, et c'est ainsi qu'on écrit maintenant; mais ce n'en est pas moins une irrégularité, et, dans le XVIe siècle, on écrivait : il l'a *échappée* belle. » (LITTRÉ.) Sous-ent. catastrophe.

(4) *Chu*, participe de *choir* (*Gr. fr. hist.*, 433). — Pour le système des *tourbillons*, v. p. 314, n. 2.

Et s'il eût en chemin rencontré notre terre,
Elle eût été brisée en morceaux, comme verre (1).

PHILAMINTE.

Remettons ce discours pour une autre saison :
Monsieur n'y trouverait ni rime ni raison;
Il fait profession de chérir l'ignorance,
Et de haïr surtout l'esprit et la science (2).

CLITANDRE.

Cette vérité veut quelque adoucissement.
Je m'explique, Madame; et je hais seulement
La science et l'esprit qui gâtent les personnes.
Ce sont choses, de soi, qui sont belles et bonnes;
Mais j'aimerais mieux être au rang des ignorants
Que de me voir savant comme certaines gens.

TRISSOTIN.

Pour moi, je ne tiens pas, quelque effet qu'on suppose,
Que la science soit pour gâter quelque chose.

CLITANDRE.

Et c'est mon sentiment, qu'en faits, comme en propos,
La science est sujette à faire de grands sots.

(1) Cotin avait fait une longue dissertation sur une comète qui avait paru en décembre 1664.
Cette entrée brusque de Trissotin, son air mystérieux et triomphant, son langage emphatique, comme s'il apportait la nouvelle d'une grande victoire ou d'une révolution dans le gouvernement, produisent un effet des plus comiques.
La satire était nécessaire : aussi bien l'astronomie avait envahi tous les salons. Voiture entrait un jour à l'Hôtel de Rambouillet. Comme on s'entretenait des taches nouvellement découvertes dans le soleil, Mlle de Rambouillet lui dit : « Eh bien, Monsieur, quelle nouvelle? — Mademoiselle, dit Voiture, il court de mauvais bruits du soleil. »
« Trissotin, en dépit de la théorie des comètes, n'est pas moins ridicule de venir ainsi sonner l'alarme : il l'est encore davantage par le précieux et la recherche de son style. Descartes faisait alors tourner toutes les têtes : les femmes se passionnaient pour ce sublime visionnaire. La fille de Mme de Sévigné, aussi pédante que sa mère était aimable, était une intrépide cartésienne. » (GEOFFROY.)

(2) « Philaminte, qui se trouve auprès de Clitandre, est fort mal à son aise, et n'ose se livrer à son enthousiasme scientifique devant un si cruel railleur. » Quand elle dit de Clitandre : *Il fait profession...*, « elle est l'écho de tous les novateurs, de tous les intrigants, de tous les enthousiastes qui ne peuvent répondre aux sages qu'en les calomniant. Ceux qui s'élèvent contre l'abus des sciences et le charlatanisme des faux savants, ne font point profession de chérir l'ignorance ; mais ils sont persuadés que l'ignorance vaut mieux que le faux savoir, qu'une demi-instruction, que des systèmes nuisibles à la tranquillité et aux mœurs. Clitandre rend justice à la science et à l'esprit: *Ce sont choses de soi...* » (GEOFFROY.)

TRISSOTIN.

Le paradoxe est fort (1).

CLITANDRE.

Sans être fort habile,
La preuve m'en serait, je pense, assez facile.
Si les raisons manquaient, je suis sûr qu'en tout cas
Les exemples fameux ne me manqueraient pas.

TRISSOTIN.

Vous en pourriez citer qui ne concluraient guère.

CLITANDRE.

Je n'irais pas bien loin pour trouver mon affaire.

TRISSOTIN.

Pour moi, je ne vois pas ces exemples fameux.

CLITANDRE.

Moi, je les vois si bien, qu'ils me crèvent les yeux (2).

TRISSOTIN.

J'ai cru jusques ici que c'était l'ignorance
Qui faisait les grands sots, et non pas la science.

CLITANDRE.

Vous avez cru fort mal, et je vous suis garant
Qu'un sot savant est sot plus qu'un sot ignorant.

TRISSOTIN.

Le sentiment commun est contre vos maximes,
Puisque ignorant et sot sont termes synonymes.

CLITANDRE.

Si vous le voulez prendre aux usages du mot,
L'alliance est plus forte entre pédant et sot (3).

(1) *Paradoxe*, opinion contraire à l'opinion commune. Étym. : παρά, à côté, δόξα, opinion.

(2) *Crever les yeux*, se dit des choses qu'on a sous les yeux, et que cependant on ne voit pas. (Ac.)

(3) Cette discussion sur le bon sens et la sotte science est extrêmement curieuse par la finesse et la justesse des répliques de Clitandre. Il soutient admirablement la partie de la raison contre les sophismes du pédant. Toute cette querelle revient, au fond, à cette maxime populaire : Mieux vaut un ignorant qu'un faux savant.

L'ignorant est modeste, se tient à sa place, entend facilement raison, et se laisse guider par de plus habiles que lui. Le faux savant, tout plein de lui-même, tout bouffi de vanité, se montre prétentieux, fat, impertinent, devient la risée et le fléau du monde où il se pavane.

TRISSOTIN.

La sottise, dans l'un, se fait voir toute pure.

CLITANDRE.

Et l'étude, dans l'autre, ajoute à la nature.

TRISSOTIN.

Le savoir garde en soi son mérite éminent.

CLITANDRE.

Le savoir, dans un fat, devient impertinent (1).

TRISSOTIN.

Il faut que l'ignorance ait pour vous de grands charmes,
Puisque pour elle ainsi vous prenez tant les armes.

CLITANDRE.

Si pour moi l'ignorance a des charmes bien grands,
C'est depuis qu'à mes yeux s'offrent certains savants.

TRISSOTIN.

Ces certains savants-là peuvent, à les connaître,
Valoir certaines gens que nous voyons paraître.

CLITANDRE.

Oui, si l'on s'en rapporte à ces certains savants ;
Mais on n'en convient pas chez ces certaines gens.

PHILAMINTE, *à Clitandre*.

Il me semble, Monsieur (2)...

CLITANDRE.

Eh, Madame, de grâce !
Monsieur est assez fort, sans qu'à son aide on passe.
Je n'ai déjà que trop d'un si rude assaillant ;
Et si je me défends, ce n'est qu'en reculant.

ARMANDE.

Mais l'offensante aigreur de chaque repartie
Dont vous...

CLITANDRE.

Autre second ! Je quitte la partie (3).

---

(1) « Rien de plus serré, de plus piquant, de plus vigoureux que ce dialogue. » (GEOFFROY.)

(2) Philaminte intervient fort à propos pour soutenir son pauvre héros. La querelle s'en allait aux personnalités ; Trissotin n'en serait pas sorti sain et sauf.

(3) *Second*, substantif, se disait de celui qui accompagnait un homme dans un duel et se battait contre l'homme amené par l'adversaire. On dit aujourd'hui, *les témoins*, lesquels ordinairement ne se battent pas. (AC.) — *Second*, s., se dit aussi figurément de quelqu'un qui en aide un autre dans une affaire, dans un emploi. (AC.)

PHILAMINTE.

On souffre aux entretiens ces sortes de combats,
Pourvu qu'à la personne on ne s'attaque pas.

CLITANDRE.

Eh, mon Dieu! tout cela n'a rien dont il s'offense;
Il entend raillerie autant qu'homme de France;
Et de bien d'autres traits il s'est senti piquer,
Sans que jamais sa gloire ait fait que s'en moquer (1).

TRISSOTIN.

Je ne m'étonne pas, au combat que j'essuie,
De voir prendre à Monsieur la thèse qu'il appuie;
Il est fort enfoncé dans la cour, c'est tout dit (2).
La cour, comme l'on sait, ne tient pas pour l'esprit.
Elle a quelque intérêt d'appuyer l'ignorance,
Et c'est en courtisan qu'il en prend la défense.

CLITANDRE.

Vous en voulez beaucoup à cette pauvre cour (3);
Et son malheur est grand, de voir que, chaque jour,
Vous autres beaux esprits, vous déclamiez contre elle;
Que de tous vos chagrins vous lui fassiez querelle,
Et sur son méchant goût lui faisant son procès,
N'accusiez que lui seul de vos méchants succès.
Permettez-moi, Monsieur Trissotin, de vous dire,
Avec tout le respect que votre nom m'inspire,
Que vous feriez fort bien, vos confrères et vous,
De parler de la cour d'un ton un peu plus doux :
Qu'à le bien prendre, au fond, elle n'est pas si bête
Que, vous autres Messieurs, vous vous mettez en tête;

(1) Trait d'ironie à l'adresse de Cotin, qui avait répondu aux critiques de Boileau par un libelle assez violent.
Ait fait que s'en moquer, s.-e. autre chose — que...
(2) *S'enfoncer* signifie aussi figurément, se donner tout entier à qqch. : *s'enfoncer dans l'étude*. (Ac.) — *C'est tout dit*; le participe est remplacé aujourd'hui par l'infinitif : *c'est tout dire*.
(3) « Enfin, Trissotin, forcé dans ses retranchements, s'avise de faire diversion en se jetant sur la cour : la cour de Louis XIV n'était pas favorable aux pédants; elle savait estimer et récompenser le vrai mérite. Clitandre justifie la cour et tombe avec une force nouvelle sur les auteurs et les savants. » (Geoffroy.)
Molière est encore ici le vengeur du bon sens et du bon ordre, en dénonçant ces pédants
Inhabiles à tout, vides de sens commun,
qui néanmoins se croient dans l'État d'importants personnages, et prétendent conduire les affaires publiques pour le grand malheur des peuples. « Si j'avais une province à châtier, disait fort bien Frédéric II, je la donnerais à gouverner aux philosophes. »

Qu'elle a du sens commun pour se connaître à tout ;
Que chez elle on se peut former quelque bon goût,
Et que l'esprit du monde y vaut, sans flatterie,
Tout le savoir obscur de la pédanterie (1).

TRISSOTIN.

De son bon goût, Monsieur, nous voyons des effets.

CLITANDRE.

Où voyez-vous, Monsieur, qu'elle l'ait si mauvais ?

TRISSOTIN.

Ce que je vois, Monsieur, c'est que pour la science
Rasius et Baldus font honneur à la France (2),
Et que tout leur mérite, exposé fort au jour,
N'attire point les yeux et les dons de la cour.

CLITANDRE.

Je vois votre chagrin, et que (3), par modestie,
Vous ne vous mettez point, Monsieur, de la partie.
Et pour ne vous point mettre aussi dans le propos,
Que font-ils pour l'État vos habiles héros ?
Qu'est-ce que leurs écrits lui rendent de service,
Pour accuser la cour d'une horrible injustice,
Et se plaindre en tous lieux que sur leurs doctes noms
Elle manque à verser la faveur de ses dons ?
Leur savoir à la France est beaucoup nécessaire !
Et des livres qu'ils font la cour a bien affaire !
Il semble à trois gredins, dans leur petit cerveau (4),
Que, pour être imprimés et reliés en veau,
Les voilà dans l'État d'importantes personnes ;
Qu'avec leur plume ils font les destins des couronnes ;
Qu'au moindre petit bruit de leurs productions,
Ils doivent voir chez eux voler les pensions ;
Que sur eux l'univers a la vue attachée ;
Que partout de leur nom la gloire est épanchée,

(1) *Pédanterie*, érudition pédante ; il signifie aussi, comme *pédantisme*, air pédant. (Ac.)

(2) Rasius et Baldus sont des noms de fantaisie, terminés en *us* comme des noms de savants. La mode de ces noms empruntés au latin et au grec, après avoir fait fureur au xvie siècle, était tombée universellement dans le ridicule. On en a les derniers échantillons dans Molière.

(3) Pour ce changement de régime, voir *Gr. fr. hist.*, 868.

(4) *Gredin, -ine*, s., mendiant, gueux de profession. Dans ce sens, il est vieux. Il se dit figurément d'une personne malhonnête, méprisable. (Ac.) Ce mot est d'origine germanique.

Et qu'en science ils sont des prodiges fameux ;
Pour savoir ce qu'ont dit les autres avant eux,
Pour avoir eu trente ans des yeux et des oreilles,
Pour avoir employé neuf ou dix mille veilles
A se bien barbouiller de grec et de latin,
Et se charger l'esprit d'un ténébreux butin
De tous les vieux fatras qui traînent dans les livres
Gens qui de leur savoir paraissent toujours ivres ;
Riches, pour tout mérite, en babil importun ;
Inhabiles à tout, vides de sens commun ;
Et pleins d'un ridicule et d'une impertinence
A décrier partout l'esprit et la science (1).

PHILAMINTE.

Votre chaleur est grande, et cet emportement
De la nature en vous marque le mouvement.
C'est le nom de rival qui dans votre âme excite...

SCÈNE IV

TRISSOTIN, PHILAMINTE, CLITANDRE, ARMANDE, JULIEN.

JULIEN.

Le savant qui tantôt vous a rendu visite (2),
Et de qui j'ai l'honneur d'être l'humble valet,
Madame, vous exhorte à lire ce billet.

PHILAMINTE.

Quelque important que soit ce qu'on veut que je lise,
Apprenez, mon ami, que c'est une sottise
De se venir jeter au travers d'un discours ;
Et qu'aux gens d'un logis il faut avoir recours,
Afin de s'introduire en valet qui sait vivre.

JULIEN.

Je noterai cela, Madame, dans mon livre (3).

PHILAMINTE.

« Trissotin s'est vanté, Madame, qu'il épouserait votre fille.
» Je vous donne avis que sa philosophie n'en veut qu'à vos

---

(1) Tirade superbe de verve et de bon sens ; elle n'est pas moins remarquable par la vigueur étincelante du style.
Colbert avait fait dresser la liste des gens de lettres dignes d'être pensionnés par le roi. A côté du petit nombre des élus, la foule des mécontents devait être grande et bruyante : c'est à leurs clabauderies que s'adressait la virulente sortie du poète.
(2) Vadius.
(3) Les valets de Molière sont trop impertinents.

» richesses, et que vous ferez bien de ne point conclure ce ma-
» riage que vous n'ayez vu le poème que je compose contre lui.
» En attendant cette peinture, où je prétends vous le dépeindre
» de toutes ses couleurs, je vous envoie Horace, Virgile, Térence
» et Catulle (1), où vous verrez, notés en marge, tous les
» endroits qu'il a pillés (2). »
Voilà sur cet hymen que je me suis promis,
Un mérite attaqué de beaucoup d'ennemis ;
Et ce déchaînement aujourd'hui me convie
A faire une action qui confonde l'envie,
Qui lui fasse sentir que l'effort qu'elle fait
De ce qu'elle veut rompre aura pressé l'effet.
  (*A Julien.*)
Reportez tout cela sur l'heure à votre maître,
Et lui dites qu'afin de lui faire connaître
Quel grand état je fais de ses nobles avis,
Et comme je les crois dignes d'être suivis,
      (*Montrant Trissotin.*)
Dès ce soir à Monsieur je marierai ma fille (3).

SCÈNE V

PHILAMINTE, ARMANDE, CLITANDRE.

PHILAMINTE, *à Clitandre.*

Vous, Monsieur, comme ami de toute la famille,
A signer leur contrat vous pourrez assister (4) :
Et je vous y veux bien de ma part inviter (5).
Armande, prenez soin d'envoyer au notaire,
Et d'aller avertir votre sœur de l'affaire.

ARMANDE.

Pour avertir ma sœur, il n'en est pas besoin,
Et Monsieur que voilà saura prendre le soin
De courir lui porter bientôt cette nouvelle
Et disposer son cœur à vous être rebelle.

---

(1) Térence, poète latin comique (194-159), v. p. 10; Catulle, poète latin élégiaque (86-40 av. J.-C.). Pour Virgile et Horace, v. p. 320, n. 2 et 3.

(2) La vengeance de Vadius est odieuse ; elle est dramatique, en ce qu'elle tend à ébranler le crédit de Trissotin.

(3) Cette résolution est digne de l'orgueil et de l'entêtement de Philaminte.

(4) *Assister à signer*, pour *assister à la signature;* tournure archaïque.

(5) L'ironie est cruelle ; la fille sur ce point ne le cède pas à la mère.

PHILAMINTE.

Nous verrons qui sur elle aura plus de pouvoir,
Et si je la saurai réduire à son devoir.

(*Elle s'en va.*)

SCÈNE VI
ARMANDE, CLITANDRE.

ARMANDE.

J'ai grand regret, Monsieur, de voir qu'à vos visées
Les choses ne soient pas tout à fait disposées.

CLITANDRE.

Je m'en vais travailler, Madame, avec ardeur,
A ne vous point laisser ce grand regret au cœur.

ARMANDE.

J'ai peur que votre effort n'ait pas trop bonne issue.

CLITANDRE.

Peut-être verrez-vous votre crainte déçue.

ARMANDE.

Je le souhaite ainsi.

CLITANDRE.

J'en suis persuadé,
Et que de votre appui je serai secondé.

ARMANDE.

Oui, je vais vous servir de toute ma puissance.

CLITANDRE.

Et ce service est sûr de ma reconnaissance (1).

SCÈNE VII
CHRYSALE, ARISTE, HENRIETTE, CLITANDRE.

CLITANDRE.

Sans votre appui, Monsieur, je serai malheureux ;
Madame votre femme a rejeté mes vœux,
Et son cœur prévenu veut Trissotin pour gendre.

CHRYSALE.

Mais quelle fantaisie a-t-elle donc pu prendre ?
Pourquoi diantre vouloir ce monsieur Trissotin (2) ?

---

(1) Ces scènes, que l'ironie rend si piquantes, rappellent les grandes scènes de *Nicomède*, la tragédie de l'ironie, comme on l'a justement appelée. Voir le *Théâtre choisi de Corneille*, II, p. 199.

(2) *Diantre*, employé pour *diable*. Voir p. 52, n. 3.

ARISTE.

C'est par l'honneur qu'il a de rimer à latin (1)
Qu'il a sur son rival emporté l'avantage.

CLITANDRE.

Elle veut dès ce soir faire ce mariage.

CHRYSALE.

Dès ce soir?

CLITANDRE.

Dès ce soir.

CHRYSALE.

Et dès ce soir je veux,
Pour la contrecarrer, vous marier vous deux (2).

CLITANDRE.

Pour dresser le contrat elle envoie au notaire.

CHRYSALE.

Et je vais le quérir pour celui qu'il doit faire.

CLITANDRE, *montrant Henriette.*

Et Madame doit être instruite par sa sœur
De l'hymen où l'on veut qu'elle apprête son cœur.

CHRYSALE.

Et moi, je lui commande avec pleine puissance
De préparer sa main à cette autre alliance.
Ah! je leur ferai voir si, pour donner la loi,
Il est dans ma maison d'autre maître que moi (3).

(A *Henriette.*)

Nous allons revenir, songez à nous attendre.
Allons, suivez mes pas, mon frère, et vous, mon gendre.

HENRIETTE, *à Ariste.*

Hélas! dans cette humeur conservez-le toujours.

ARISTE.

J'emploierai toute chose à servir vos amours.

(1) On dit aujourd'hui *rimer avec* : *Trissotin* rime avec *latin* ; la remarque, pour être puérile, n'en est que plus caustique.

(2) *Contrecarrer,* s'opposer en face, directement à qq. — Étym. : *contre,* et *carre* qui signifie face carrée ; *contrecarrer* est donc mettre qqch. de carré contre qq. (LITTRÉ.)

(3) L'action a repris avec une soudaineté et une vivacité qui surprennent et piquent extrêmement la curiosité. Le bonhomme Chrysale part pour la guerre avec une chaleur qui ne doute de rien et semble sûre de la victoire. Le spectateur qui connaît l'humeur altière de Philaminte, se promet d'assister à un choc des plus comiques ; il ne sera pas frustré dans son attente.

Cette préparation dramatique du Ve acte est un des passages les plus heureux de la pièce.

SCÈNE VIII
HENRIETTE, CLITANDRE.

CLITANDRE.

Quelque secours puissant qu'on promette à ma flamme,
Mon plus solide espoir, c'est votre cœur, Madame (1).

HENRIETTE.

Pour mon cœur, vous pouvez vous assurer de lui.

CLITANDRE.

Je ne puis qu'être heureux, quand j'aurai son appui.

HENRIETTE.

Vous voyez à quels nœuds on prétend le contraindre.

CLITANDRE.

Tant qu'il sera pour moi, je ne vois rien à craindre.

HENRIETTE.

Je vais tout essayer pour nos vœux les plus doux,
Et si tous mes efforts ne me donnent à vous,
Il est une retraite où notre âme se donne (2),
Qui m'empêchera d'être à toute autre personne.

CLITANDRE.

Veuille le juste ciel me garder en ce jour
De recevoir de vous cette preuve d'amour (3)!

QUESTIONS SUR LE IVᵉ ACTE.

Avec quels sentiments Armande et Philaminte reviennent-elles sur la scène ?
Que répond Clitandre à leurs accusations ?
Quelle nouvelle apporte Trissotin ?
Quelle discussion s'élève entre Trissotin et Clitandre ?
Comment Philaminte répond-elle au message de Vadius ?
Quels ordres Philaminte donne-t-elle à Armande ?
Quels sont les ordres de Chrysale ?
Comment se prépare la crise du Vᵉ acte ?

(1) Cette scène est inutile à l'action ; aussi les acteurs la suppriment quelquefois. L'acte se termine mieux sur le départ belliqueux de Chrysale.
(2) La profession religieuse.
(3) L'action, qui avait langui au IIIᵉ acte, s'est ranimée au IVᵉ. Les deux prétendants se sont trouvés en face l'un de l'autre. Trissotin, battu par Clitandre, et démasqué par Vadius, ne se soutient plus que par Philaminte. Clitandre malheureusement n'a pour lui que le frêle appui de Chrysale. Le dénouement approche, sans qu'on puisse le prévoir absolument. La conduite dramatique est ici parfaite.

ACTE CINQUIÈME

Le contrat. — Dénouement.

SCÈNE I
HENRIETTE, TRISSOTIN.

HENRIETTE.

C'est sur le mariage où ma mère s'apprête (1),
Que j'ai voulu, Monsieur, vous parler tête à tête ;
Et j'ai cru, dans le trouble où je vois la maison,
Que je pourrais vous faire écouter la raison (2).
Je sais qu'avec mes vœux vous me jugez capable
De vous porter en dot un bien considérable ;
Mais l'argent dont on voit tant de gens faire cas,
Pour un vrai philosophe a d'indignes appas ;
Et le mépris du bien et des grandeurs frivoles
Ne doit point éclater dans vos seules paroles.

TRISSOTIN.

Aussi n'est-ce point là ce qui me charme en vous ;
Et vos brillants attraits, vos yeux perçants et doux,
Votre grâce et votre air, sont les biens, les richesses,
Qui vous ont attiré mes vœux et mes tendresses ;
C'est de ces seuls trésors que je suis amoureux.

HENRIETTE.

Je suis fort redevable à vos feux généreux ;
Cet obligeant amour a de quoi me confondre,
Et j'ai regret, Monsieur, de n'y pouvoir répondre.
Je vous estime autant qu'on saurait estimer ;
Mais je trouve un obstacle à vous pouvoir aimer.

(1) *Où*, pour *auquel* (*Gr. fr. hist.*, 850).
(2) Une démarche aussi délicate que celle d'Henriette auprès du prétendant qu'on veut lui imposer et qu'elle repousse, n'entre guère dans les mœurs d'une jeune fille. Mais Henriette est du groupe de ces jeunes filles en qui les allures du théâtre ont remplacé trop tôt la réserve et les habitudes de la famille.
Henriette, il est vrai, est abandonnée ou plutôt sacrifiée par sa mère ; Trissotin, de son côté, malgré le trouble qu'il jette dans la famille, continue ses poursuites avec une indélicatesse odieuse. Néanmoins, il eût été plus convenable que la jeune fille chargeât de sa commission ou Chrysale son père, ou son oncle Ariste.

Un cœur, vous le savez, à deux ne saurait être ;
Et je sens que du mien Clitandre s'est fait maître.
Je sais qu'il a bien moins de mérite que vous,
Que j'ai de méchants yeux pour le choix d'un époux ;
Que par cent beaux talents vous devriez me plaire ;
Je vois bien que j'ai tort, mais je n'y puis que faire ;
Et tout ce que sur moi peut le raisonnement,
C'est de me vouloir mal d'un tel aveuglement.

TRISSOTIN.

Le don de votre main, où l'on me fait prétendre,
Me livrera ce cœur que possède Clitandre ;
Et par mille doux soins j'ai lieu de présumer
Que je pourrai trouver l'art de me faire aimer.

HENRIETTE.

Non ; à ses premiers vœux mon âme est attachée,
Et ne peut de vos soins, Monsieur, être touchée.
Avec vous librement j'ose ici m'expliquer,
Et mon aveu n'a rien qui vous doive choquer.
Si l'on aimait, Monsieur, par choix et par sagesse,
Vous auriez tout mon cœur et toute ma tendresse.
Mais on voit que l'amour se gouverne autrement.
Laissez-moi, je vous prie, à mon aveuglement ;
Et ne vous servez point de cette violence
Que pour vous on veut faire à mon obéissance.
Quand on est honnête homme, on ne veut rien devoir
A ce que des parents ont sur nous de pouvoir ;
On répugne à se faire immoler ce qu'on aime,
Et l'on veut n'obtenir un cœur que de lui-même.
Ne poussez point ma mère à vouloir, par son choix,
Exercer sur mes vœux la rigueur de ses droits.
Otez-moi votre amour, et portez à quelque autre
Les hommages d'un cœur aussi cher que le vôtre.

TRISSOTIN.

Le moyen que ce cœur puisse vous contenter ?
Imposez-lui des lois qu'il puisse exécuter.
De ne vous point aimer peut-il être capable,
A moins que vous cessiez, Madame, d'être aimable,
Et d'étaler aux yeux les célestes appas ?...

HENRIETTE.

Eh, Monsieur ! laissons là ce galimatias (1).

(1) Pour *galimatias*, v. *l'Avare*, A. V, sc. V, p. 241, n. 2.

Vous avez tant d'Iris, de Philis, d'Amarantes (1),
Que partout dans vos vers vous peignez si charmantes,
Et pour qui vous jurez tant d'amoureuse ardeur...

TRISSOTIN.

C'est mon esprit qui parle, et ce n'est pas mon cœur (2).
D'elles on ne me voit amoureux qu'en poète ;
Mais j'aime tout de bon l'adorable Henriette.

HENRIETTE.

Hé! de grâce, Monsieur...

TRISSOTIN.

Si c'est vous offenser,
Mon offense envers vous n'est pas prête à cesser (3).
Cette ardeur, jusqu'ici de vos yeux ignorée,
Vous consacre des vœux d'éternelle durée.
Rien n'en peut arrêter les aimables transports ;
Et bien que vos beautés condamnent mes efforts,
Je ne puis refuser le secours d'une mère
Qui prétend couronner une flamme si chère ;
Et pourvu que j'obtienne un bonheur si charmant,
Pourvu que je vous aie, il n'importe comment (4).

HENRIETTE.

Mais savez-vous qu'on risque un peu plus qu'on ne pense
A vouloir sur un cœur user de violence ?

TRISSOTIN.

Un tel discours n'a rien dont je sois altéré (5) ;
A tous événements le sage est préparé.
Guéri par la raison des faiblesses vulgaires,
Il se met au-dessus de ces sortes d'affaires,
Et n'a garde de prendre aucune ombre d'ennui
De tout ce qui n'est pas pour dépendre de lui (6).

HENRIETTE.

En vérité, Monsieur, je suis de vous ravie,
Et je ne pensais pas que la philosophie

(1) Noms de pastorales, sous lesquels Cotin et bien d'autres comme lui célébraient alors dans leurs vers les dames de la cour.

(2) Définition juste et piquante de la galanterie poétique de cette époque. Comparez Boileau, *Satire* IX, v. 261.

(3) On disait alors dans le même sens *prêt à* et *près de*.

(4) Le mot est brutal et révoltant : Trissotin se rend de plus en plus odieux.

(5) *Altéré*, c.-à-d. troublé.

(6) Affectation pure et vertu de parade ; nous le verrons dans un instant.

ACTE V, SCÈNE II

Fût, si belle qu'elle est, d'instruire ainsi les gens (1)
A porter constamment de pareils accidents.
Cette fermeté d'âme, à vous si singulière,
Mérite qu'on lui donne une illustre matière,
Est digne de trouver qui prenne avec amour
Les soins continuels de la mettre en son jour;
Et comme, à dire vrai, je n'oserais me croire
Bien propre à lui donner tout l'éclat de sa gloire,
Je le laisse à quelque autre, et vous jure, entre nous,
Que je renonce au bien de vous voir mon époux (2).

TRISSOTIN, *en sortant.*

Nous allons voir bientôt comment ira l'affaire,
Et l'on a là-dedans fait venir le notaire.

SCÈNE II

CHRYSALE, CLITANDRE, HENRIETTE, MARTINE.

CHRYSALE.

Ah! ma fille, je suis bien aise de vous voir :
Allons, venez-vous-en faire votre devoir,
Et soumettre vos vœux aux volontés d'un père.
Je veux, je veux apprendre à vivre à votre mère (3) :
Et pour la mieux braver, voilà, malgré ses dents,
Martine que j'amène et rétablis céans.

HENRIETTE.

Vos resolutions sont dignes de louange :
Gardez que cette humeur, mon père, ne vous change;
Soyez ferme à vouloir ce que vous souhaitez,
Et ne vous laissez point séduire à vos bontés (4).
Ne vous relâchez pas, et faites bien en sorte
D'empêcher que sur vous ma mère ne l'emporte.

CHRYSALE.

Comment! me prenez-vous ici pour un benêt (5)?

(1) *Fût... d'instruire*, eût pour objet, pour but d'instruire.

(2) Désespérant de convaincre le misérable prétendant, Henriette riposte non sans ironie par un coup ferme et décisif.

(3) Chrysale n'apprend guère à sa fille à respecter sa mère. Henriette, heureusement, se garde de le suivre dans cette voie.

(4) *A* pour *par*, assez fréquent alors avec le verbe *laisser :*
Je me laissai conduire à cet aimable guide (Rac., *Iph.*, II, I.).

(5) Pour *benêt*, voir p. 270, n. 4; pour *fat*, quelques vers plus loin, voir p. 35, n. 2; *je me voi*, v. p. 141, n. 3 et 265, n. 3; *si fait*, v. p. 286, n. 2.

HENRIETTE.

M'en préserve le ciel!

CHRYSALE.

Suis-je un fat, s'il vous plaît?

HENRIETTE.

Je ne dis pas cela.

CHRYSALE.

Me croit-on incapable
Des fermes sentiments d'un homme raisonnable (1)?

HENRIETTE.

Non, mon père.

CHRYSALE.

Est-ce donc qu'à l'âge où je me voi,
Je n'aurais pas l'esprit d'être maître chez moi?

HENRIETTE.

Si fait.

CHRYSALE.

Et que j'aurais cette faiblesse d'âme
De me laisser mener par le nez à ma femme (2)?

HENRIETTE.

Eh! non, mon père.

CHRYSALE.

Ouais! Qu'est-ce donc que ceci?
Je vous trouve plaisante à me parler ainsi.

HENRIETTE.

Si je vous ai choqué, ce n'est pas mon envie.

CHRYSALE.

Ma volonté céans doit être en tout suivie.

HENRIETTE.

Fort bien, mon père.

CHRYSALE.

Aucun, hors moi, dans la maison
N'a droit de commander.

HENRIETTE.

Oui, vous avez raison.

---

(1) Le bonhomme prend feu, parce qu'on a osé mettre en doute sa fermeté. Rien de plus comique que cet emportement contre une fille respectueuse et soumise, qui approuve toutes ses paroles. Il n'en sera pas de même en face de Philaminte.

(2) *A ma femme*, pour *par ma femme*; comme, p. 347, *laisser séduire à*.

CHRYSALE.

C'est moi qui tiens le rang de chef de la famille.

HENRIETTE.

D'accord.

CHRYSALE.

C'est moi qui dois disposer de ma fille.

HENRIETTE.

Eh! oui.

CHRYSALE.

Le ciel me donne un plein pouvoir sur vous.

HENRIETTE.

Qui vous dit le contraire?

CHRYSALE.

Et, pour prendre un époux,
Je vous ferai bien voir que c'est à votre père
Qu'il vous faut obéir, non pas à votre mère.

HENRIETTE.

Hélas! vous flattez là les plus doux de mes vœux :
Veuillez être obéi, c'est tout ce que je veux.

CHRYSALE.

Nous verrons si ma femme à mes désirs rebelle...

CLITANDRE.

La voici qui conduit le notaire avec elle.

CHRYSALE.

Secondez-moi bien tous (1).

MARTINE.

Laissez-moi, j'aurai soin
De vous encourager, s'il en est de besoin (2).

SCÈNE III

PHILAMINTE, BÉLISE, ARMANDE, TRISSOTIN, UN NOTAIRE,
CHRYSALE, CLITANDRE, HENRIETTE, MARTINE.

PHILAMINTE, *au notaire*.

Vous ne sauriez changer votre style sauvage,
Et nous faire un contrat qui soit en beau langage (3)?

---

(1) La seule vue de l'ennemi abat la forfanterie de Chrysale : il tremble et réclame le secours *de tous*.

(2) *S'il en est de besoin*, archaïsme pour s'il en est besoin.

(3) Philaminte, en entrant, continue son dialogue avec le notaire qu'elle a déjà instruit de toutes les conditions du contrat. Le style de notaire ne peut plaire à la précieuse; Bélise se récrie comme elle.

LE NOTAIRE.

Notre style est très bon, et je serais un sot,
Madame, de vouloir y changer un seul mot.

BÉLISE.

Ah! quelle barbarie au milieu de la France!
Mais au moins, en faveur, Monsieur, de la science,
Veuillez, au lieu d'écus, de livres et de francs,
Nous exprimer la dot en mines et talents (1),
Et dater par les mots d'ides et de calendes (2).

LE NOTAIRE.

Moi? Si j'allais, Madame, accorder vos demandes,
Je me ferais siffler de tous mes compagnons (3).

PHILAMINTE.

De cette barbarie en vain nous nous plaignons.
Allons, Monsieur, prenez la table pour écrire.
       (Apercevant Martine.)
Ah! ah! cette impudente ose encor se produire (4)!
Pourquoi donc, s'il vous plaît, la ramener chez moi

CHRYSALE.

Tantôt avec loisir on vous dira pourquoi.
Nous avons maintenant autre chose à conclure.

LE NOTAIRE.

Procédons au contrat. Où donc est la future (5)?

PHILAMINTE.

Celle que je marie est la cadette.

(1) La *mine*, monnaie grecque d'argent contenant en poids 69 francs. — Le *talent*, valeur de compte chez les Grecs. Le talent d'argent de 19.440 grammes valait 4.140 francs, et celui de 27.000 grammes valait 5.750 francs. Le talent d'or valait environ seize fois autant que le talent d'argent, rapport qui diminua, l'or étant devenu plus commun. (LITTRÉ.)
Pour l'écu, la livre, le franc, voir *l'Avare*, p. 157, 170, 172.

(2) Les *calendes*, s. f. pl., premier jour de chaque mois chez les Romains. — Les *ides*, s. f. pl., le 15e jour des mois de mars, de mai, de juillet et d'octobre dans le calendrier des anciens Romains; et le 13e des autres mois.
S'il faut en croire Balzac, dans sa Satire du *Barbon*, Bélise n'était pas la première à compter à la grecque et à la romaine : « Je vous laisse à penser si un homme de cette humeur date ses lettres du premier et du vingtième du mois, ou bien des calendes et des ides... Il compte son âge par lustres et quelquefois par olympiades. »

(3) On dirait aujourd'hui *collègues*.

(4) *Se produire*, se montrer.

(5) *Le futur, la future*, en style de notaire, les deux personnes qui contractent ensemble pour se marier ensuite. (AC.)

ACTE V, SCÈNE III

LE NOTAIRE.
Bon.

CHRYSALE, *montrant Henriette*
Oui, la voilà, Monsieur; Henriette est son nom

LE NOTAIRE.
Fort bien. Et le futur?

PHILAMINTE, *montrant Trissotin.*
L'époux que je lui donne
Est Monsieur.

CHRYSALE, *montrant Clitandre.*
Et celui, moi, qu'en propre personne
Je prétends qu'elle épouse, est Monsieur.

LE NOTAIRE.
Deux époux!
C'est trop pour la coutume (1).

PHILAMINTE, *au notaire.*
Où vous arrêtez-vous?
Mettez, mettez, Monsieur, Trissotin pour mon gendre.

CHRYSALE.
Pour mon gendre, mettez, mettez, Monsieur, Clitandre (2).

LE NOTAIRE.
Mettez-vous donc d'accord, et d'un jugement mûr
Voyez à convenir entre vous du futur.

PHILAMINTE.
Suivez, suivez, Monsieur, le choix où je m'arrête

CHRYSALE.
Faites, faites, Monsieur, les choses à ma tête.

LE NOTAIRE.
Dites-moi donc à qui j'obéirai des deux.

PHILAMINTE, *à Chrysale.*
Quoi donc? vous combattrez les choses que je veux (3)!

CHRYSALE.
Je ne saurais souffrir qu'on ne cherche ma fille
Que pour l'amour du bien qu'on voit dans ma famille

---

(1) La *coutume*, l'usage et le droit qui en découle.

(2) Les deux adversaires se débattent chacun avec le notaire, sans encore s'attaquer directement. Le jeu est gradué.

(3) Philaminte, comme de juste, commence l'attaque, et d'un ton qui fait bien vite reculer Chrysale.

PHILAMINTE.

Vraiment, à votre bien on songe bien ici!
Et c'est là, pour un sage, un fort digne souci!

CHRYSALE.

Enfin, pour son époux j'ai fait choix de Clitandre.

PHILAMINTE, *montrant Trissotin.*

Et moi, pour son époux, voici qui je veux prendre.
Mon choix sera suivi, c'est un point résolu.

CHRYSALE.

Ouais! vous le prenez là d'un ton bien absolu.

MARTINE.

Ce n'est point à la femme à prescrire, et je sommes
Pour céder le dessus en toute chose aux hommes (1).

CHRYSALE.

C'est bien dit.

MARTINE.

Mon congé cent fois me fût-il hoc (2).
La poule ne doit point chanter devant le coq (3).

CHRYSALE.

Sans doute.

MARTINE.

Et nous voyons que d'un homme on se gausse (4),
Quand sa femme chez lui porte le haut-de-chausse (5).

(1) Martine, suivant sa promesse, intervient fort à propos; son bon sens va tenir en échec les prétentions despotiques de sa maîtresse. A l'homme de commander, à la femme d'obéir : c'est toute sa sagesse. Elle va revêtir cette maxime si simple des formes les plus pittoresques du langage populaire. Chrysale n'aura qu'à approuver ses paroles.

Pour *je sommes*, voir p. 288, n. 7.

(2) *Me fût-il hoc*, c.-à-d. assuré. — Étym. : latin *hoc*, cela, c'est cela. Le *hoc* est une sorte de jeu de cartes. Au hoc, les quatre rois, la dame de pique, le valet de carreau, et toutes les cartes au-dessus desquelles il ne s'en trouve point d'autres, comme les six, quand tous les sept sont joués, sont hoc; et en les jouant, on dit hoc, parce qu'elles sont assurées au joueur. (LITTRÉ.)

La Fontaine a aussi employé cette expression :

Ah! que n'es-tu mouton, car tu me serais hoc. (*Fables*, V, 8.)

(3) Vieux proverbe, qu'on peut voir déjà dans ces vers du *Roman de la Rose* (XIII-XIVe siècle) :

C'est chose qui moult me déplaist,
Quand poule parle et coq se taist.

(4) *Se gausser*, se moquer, railler. Il est populaire. (Ac.) — Étym. incertaine; peut-être de *gavisum*, supin de *gaudere*, se réjouir. (LITTRÉ.)

(5) Fig. et fam., *cette femme porte la culotte*, elle est plus maîtresse dans sa maison que son mari. (Ac.)

ACTE V, SCÈNE III

CHRYSALE.

Il est vrai.

MARTINE.

Si j'avais un mari, je le dis,
Je voudrais qu'il se fît le maître du logis.
Je ne l'aimerais point s'il faisait le jocrisse (1);
Et si je contestais contre lui par caprice,
Si je parlais trop haut, je trouverais fort bon
Qu'avec quelques soufflets il rabaissât mon ton.

CHRYSALE.

C'est parler comme il faut.

MARTINE.

Monsieur est raisonnable
De vouloir pour sa fille un mari convenable.

CHRYSALE.

Oui.

MARTINE.

Par quelle raison, jeune et bien fait qu'il est,
Lui refuser Clitandre? et pourquoi, s'il vous plaît,
Lui bailler un savant qui sans cesse épilogue (2)?
Il lui faut un mari, non pas un pédagogue (3);
Et ne voulant savoir le grais, ni le latin (4),
Elle n'a pas besoin de monsieur Trissotin.

CHRYSALE.

Fort bien.

PHILAMINTE.

Il faut souffrir qu'elle jase à son aise.

MARTINE.

Les savants ne sont bons que pour prêcher en chaise (5),

(1) *Jocrisse*, s. m., terme de moquerie. Il se dit d'un benêt qui se laisse gouverner ou qui s'occupe des soins les plus bas du ménage. Il est populaire. Il se dit aussi d'un valet niais et maladroit. (Ac.) — Étym. inconnue.

(2) *Épiloguer*, censurer, trouver à redire. — Étym. : ἐπί, sur; λέγειν, parler.

(3) *Pédagogue*, celui qui enseigne les enfants; il se dit plus ordinairement de celui qui, sans en avoir le droit, censure les actions et les discours des autres. (Ac.) — Étym. : παῖς, enfant, ἄγειν, conduire.

(4) *Grais*, écrit suivant l'ancienne prononciation; *grec* se prononçait *grè* comme on prononce encore aujourd'hui *legs* (lè). — Marot, au XVIe siècle, faisait rimer *Grez* avec *regrets* (LITTRÉ à *grec*) :

Faisant regrets,
Semblent Troyens de nuict surprins des Grez..

En chaise, c.-à-d. en chaire. — *Chaise* est une prononciation vicieuse

Et pour mon mari, moi, mille fois je l'ai dit,
Je ne voudrais jamais prendre un homme d'esprit.
L'esprit n'est point du tout ce qu'il faut en ménage.
Les livres cadrent mal avec le mariage ;
Et je veux, si jamais on engage ma foi,
Un mari qui n'ait point d'autre livre que moi,
Qui ne sache A ne B, n'en déplaise à Madame (1),
Et ne soit, en un mot, docteur que pour sa femme (2).

PHILAMINTE, *à Chrysale.*

Est-ce fait ? et sans trouble ai-je assez écouté
Votre digne interprète ?

CHRYSALE.

Elle a dit vérité.

PHILAMINTE.

Et moi, pour trancher court toute cette dispute,
Il faut qu'absolument mon désir s'exécute.
(Montrant Trissotin.)
Henriette et Monsieur seront joints de ce pas :
Je l'ai dit, je le veux, ne me répliquez pas (3) ;
Et si votre parole à Clitandre est donnée,
Offrez-lui le parti d'épouser son aînée.

CHRYSALE.

Voilà dans cette affaire un accommodement.
(A Henriette et à Clitandre.)
Voyez : y donnez-vous votre consentement (4)?

HENRIETTE.

Hé ! mon père !...

du mot *chaire* (du lat. *cathedra*, grec καθέδρα, d'où primitivement *chaere*). Dans le XVIe et le XVIIe siècle, le peuple de Paris, en beaucoup de mots, remplaçait le son de l'*r* par celui du *z*, et cette faute, acceptée par l'usage, a fini par faire deux mots de *chaire* et *chaise*, avec une acception différente. Mais pendant longtemps l'usage ne les a pas séparés. Molière a dit *chaise* pour *chaire* (*Fem. sav.*), et Regnier (*Sat.* X) a dit *chaire* pour *chaise*. (LITTRÉ.)

(1) *A ne B.* — *Ne*, du latin *nec*, est la première forme de *ni*, seule en usage jusqu'au XVe siècle, puis concurremment avec *ni* jusqu'au XVIIe, proscrite enfin comme archaïsme depuis le XVIIIe. Voir *Gr. fr. hist.*, 470.

A ne B, c.-à-d. l'alphabet. Le proverbe date des Romains :
   Hoc discunt omnes ante *alpha* et *beta* puellæ. (JUVÉNAL.)

(2) Martine, comme toutes les personnes qui se laissent emporter au feu de la discussion, exagère et force la note, pour mieux rendre sa pensée.

(3) Ce langage bref, sec, impérieux, rappelle le vers de Juvénal (*Sat.* VI) :
   Sic volo, sic jubeo : sit pro ratione voluntas.
   « Je le veux, je l'ordonne ; que ma volonté serve de raison. »

(4) Chrysale est l'homme des concessions ; la peur le fait reculer.

CLITANDRE, *à Chrysale.*
Hé! Monsieur!...

BÉLISE.
On pourrait bien lui faire
Des propositions qui pourraient mieux lui plaire (1) :
Mais nous établissons une espèce d'amour
Qui doit être épuré comme l'astre du jour;
La substance qui pense y peut être reçue,
Mais nous en bannissons la substance étendue (2).

SCÈNE IV

ARISTE, CHRYSALE, PHILAMINTE, BÉLISE, HENRIETTE,
ARMANDE, TRISSOTIN, LE NOTAIRE, CLITANDRE, MARTINE.

ARISTE.
J'ai regret de troubler un mystère joyeux (3)
Par le chagrin qu'il faut que j'apporte en ces lieux.
Ces deux lettres me font porteur de deux nouvelles
Dont j'ai senti pour vous les atteintes cruelles.
(*A Philaminte.*)
L'une, pour vous, me vient de votre procureur (4);
(*A Chrysale.*)
L'autre, pour vous, me vient de Lyon.

PHILAMINTE.
Quel malheur
Digne de nous troubler pourrait-on nous écrire?

ARISTE.
Cette lettre en contient un que vous pouvez lire.

PHILAMINTE.
« Madame, j'ai prié Monsieur votre frère de vous rendre cette
» lettre, qui vous dira ce que je n'ai osé vous aller dire. La

---

(1) Bélise revient à son idée fixe. On peut y voir, comme La Harpe, un trait de folie ; mais cette folie amuse, et l'interruption de Bélise ne manque pas d'exciter un éclat de rire.

(2) Souvenirs de la philosophie cartésienne. D'après Descartes, la substance qui pense, c'est l'esprit ; la substance étendue, c'est la matière, le corps.

(3) *Mystère joyeux*, le contrat de mariage, prélude de la fête. Expression empruntée au vocabulaire ecclésiastique.

(4) *Procureur* se disait plus particulièrement d'un officier établi pour agir en justice au nom de ceux qui plaident. La qualification de procureur a été remplacée par celle d'avoué. (A.c.)

» grande négligence que vous avez pour vos affaires, a été cause
» que le clerc de votre rapporteur (1) ne m'a point averti, et
» vous avez perdu absolument votre procès, que vous deviez
» gagner. »

CHRYSALE, à *Philaminte.*

Votre procès perdu!

PHILAMINTE, à *Chrysale.*

Vous vous troublez beaucoup :
Mon cœur n'est point du tout ébranlé de ce coup.
Faites, faites paraître une âme moins commune
A braver, comme moi, les traits de la fortune (2).

« Le peu de soin que vous avez, vous coûte quarante mille
» écus, et c'est à payer cette somme avec les dépens que vous
» êtes condamnée par arrêt de la cour (3). »

Condamnée! Ah! ce mot est choquant, et n'est fait
Que pour les criminels.

ARISTE.

Il a tort en effet ;
Et vous vous êtes là justement récriée.
Il devrait avoir mis que vous êtes priée,
Par arrêt de la cour, de payer au plus tôt
Quarante mille écus, et les dépens qu'il faut.

PHILAMINTE.

Voyons l'autre.

CHRYSALE.

« Monsieur, l'amitié qui me lie à Monsieur votre frère, me fait
» prendre intérêt à tout ce qui vous touche. Je sais que vous
» avez mis votre bien entre les mains d'Argante et de Damon, et
» je vous donne avis qu'en même jour ils ont fait tous deux ban-
» queroute (4). »

Oh! ciel! tout à la fois perdre ainsi tout mon bien!

(1) *Rapporteur*, en termes de palais, celui qui fait le rapport d'un procès, d'une affaire. — *Clerc*, signifie ordinairement celui qui travaille dans l'étude d'un notaire, ou d'un avoué, ou d'un huissier. Il se disait anciennement de tout homme gradué ou du moins lettré. Il signifie proprement celui qui est entré dans l'état ecclésiastique en recevant la tonsure. (Ac.) — Étym. : lat. *clericus*, qui appartient au clergé.

(2) Cette constance et ce sang-froid conviennent bien à une stoïcienne de profession. Nous l'avons entendue dire (A. III, sc. II) :

   Mais aux stoïciens je donne l'avantage,
   Et je ne trouve rien de si beau que leur sage.

(3) Philaminte était trop occupée de son projet d'académie pour suivre son procès. La leçon du procureur venait fort à propos.

(4) *Banqueroute*, cessation de payement et de commerce de la part d'un

PHILAMINTE, *à Chrysale.*

Ah! quel honteux transport! Fi! tout cela n'est rien.
Il n'est pour le vrai sage aucun revers funeste,
Et perdant toute chose, à soi-même il se reste (1).
Achevons notre affaire, et quittez votre ennui.
    (Montrant Trissotin.)
Son bien nous peut suffire et pour nous et pour lui (2).

TRISSOTIN.

Non, Madame, cessez de presser cette affaire.
Je vois qu'à cet hymen tout le monde est contraire,
Et mon dessein n'est point de contraindre les gens.

PHILAMINTE.

Cette réflexion vous vient en peu de temps;
Elle suit de bien près, Monsieur, notre disgrâce.

TRISSOTIN.

De tant de résistance à la fin je me lasse.
J'aime mieux renoncer à tout cet embarras,
Et ne veux point d'un cœur qui ne se donne pas.

PHILAMINTE.

Je vois, je vois de vous, non pas pour votre gloire,
Ce que jusques ici j'ai refusé de croire.

TRISSOTIN.

Vous pouvez voir de moi tout ce que vous voudrez,
Et je regarde peu comment vous le prendrez :
Mais je ne suis point homme à souffrir l'infamie
Des refus offensants qu'il faut qu'ici j'essuie.
Je veux bien que de moi l'on fasse plus de cas,
Et je baise les mains à qui ne me veut pas (3).

---

négociant, pour cause d'insolvabilité réelle ou feinte. (Ac.) — Étym. : ital. *banca rotta*, banque rompue (*rotta*, de *rupta*); mot à mot, banc rompu, à cause qu'on rompait le banc qu'avait le commerçant sur les marchés. (LITTRÉ.)

(1) Maximes d'une fierté digne de Caton et d'Épictète. Le contraste des deux caractères, de Chrysale et de Philaminte, ne saurait être plus marqué.

(2) Philaminte était au moins sincère dans son attachement.

(3) Le pédant dévoile enfin sa fausseté, son égoïsme et son impudence. Ce que les instances franches et loyales d'Henriette n'avaient pu faire, la nouvelle de la ruine de Chrysale l'opère en un instant; la dot qu'il convoitait lui échappe : c'était tout le secret de son amour. Trissotin n'est qu'un vil intrigant. Sous ces traits, on ne pouvait plus reconnaître l'abbé Cotin.
Je baise les mains..., voir *l'Avare*, A. IV, sc. V, p. 223.

SCÈNE V

ARISTE, CHRYSALE, PHILAMINTE, BÉLISE, ARMANDE, HENRIETTE, CLITANDRE, LE NOTAIRE, MARTINE.

PHILAMINTE.

Qu'il a bien découvert son âme mercenaire !
Et que peu philosophe est ce qu'il vient de faire (1) !

CLITANDRE.

Je ne me vante point de l'être ; mais enfin
Je m'attache, Madame, à tout votre destin :
Et j'ose vous offrir, avecque ma personne (2),
Ce qu'on sait que de bien la fortune me donne (3).

PHILAMINTE.

Vous me charmez, Monsieur, par ce trait généreux,
Et je veux couronner vos désirs amoureux.
Oui, j'accorde Henriette à l'ardeur empressée...

HENRIETTE.

Non, ma mère : je change à présent de pensée.
Souffrez que je résiste à votre volonté.

CLITANDRE.

Quoi ! vous vous opposez à ma félicité !
Et lorsqu'à mon amour je vois chacun se rendre...

HENRIETTE.

Je sais le peu de bien que vous avez, Clitandre :
Et je vous ai toujours souhaité pour époux,
Lorsqu'en satisfaisant à mes vœux les plus doux,
J'ai vu que mon hymen ajustait vos affaires ;
Mais lorsque nous avons les destins si contraires,
Je vous chéris assez, dans cette extrémité,
Pour ne vous charger point de notre adversité (4).

CLITANDRE.

Tout destin avec vous me peut être agréable,
Tout destin me serait sans vous insupportable.

---

(1) *Philosophe* est ici adjectif, comme dans le *Misanthrope* (A. I, sc. I, p. 37 et 40) : ce chagrin *philosophe*, mon flegme est *philosophe*.

(2) Pour *avecque*, voir le *Misanthrope*, A. I, sc. II, p. 48.

(3) La générosité de Clitandre fait un heureux contraste avec la vilenie de Trissotin ; elle gagne le cœur de Philaminte qui reprend ses sentiments de mère, et oublie ses préjugés de savante.

(4) Cette touchante lutte de générosité entre Henriette et Clitandre rappelle de loin les assauts d'héroïsme si fréquents entre les héros de Corneille.

ACTE V, SCÈNE V

HENRIETTE.

L'amour dans son transport parle toujours ainsi ;
Des retours importuns évitons le souci.
Rien n'use tant l'ardeur de ce nœud qui nous lie
Que les fâcheux besoins des choses de la vie :
Et l'on en vient souvent à s'accuser tous deux
De tous les noirs chagrins qui suivent de tels feux.

ARISTE, à Henriette.

N'est-ce que le motif que nous venons d'entendre,
Qui vous fait résister à l'hymen de Clitandre ?

HENRIETTE.

Sans cela vous verriez tout mon cœur y courir,
Et je ne fuis sa main que pour le trop chérir.

ARISTE.

Laissez-vous donc lier par des chaînes si belles
Je ne vous ai porté que de fausses nouvelles ;
Et c'est un stratagème, un surprenant secours,
Que j'ai voulu tenter pour servir vos amours,
Pour détromper ma sœur et lui faire connaître
Ce que son philosophe à l'essai pouvait être (1).

CHRYSALE.

Le ciel en soit loué !

PHILAMINTE.

     J'en ai la joie au cœur
Par le chagrin qu'aura ce lâche déserteur.
Voilà le châtiment de sa basse avarice,
De voir qu'avec éclat cet hymen s'accomplisse.

CHRYSALE, à Clitandre.

Je le savais bien, moi, que vous l'épouseriez

ARMANDE, à Philaminte.

Ainsi donc à leurs vœux vous me sacrifiez ?

---

(1) L'éclaircissement donné par Ariste est amené avec un art parfait. La surprise ne saurait être plus agréable pour le spectateur. Le stratagème d'Ariste est arrivé à point nommé pour déjouer les calculs de Trissotin, et pour ouvrir les yeux de sa pauvre dupe de Philaminte ; il a duré assez longtemps pour permettre aux nobles sentiments de Clitandre et d'Henriette de se faire jour. Enfin le voile se déchire, et la pièce finit par un dénouement aussi satisfaisant qu'il a été rapide et inattendu. Il est vrai qu'Ariste est un peu le *deus ex machina ;* mais l'heureuse conclusion du drame fait pardonner facilement au poète ce recours à un événement du dehors, indépendant de l'action et de la volonté des personnages.

PHILAMINTE.

Ce ne sera point vous que je leur sacrifie;
Et vous avez l'appui de la philosophie,
Pour voir d'un œil content couronner leur ardeur.

BÉLISE.

Qu'il prenne garde au moins que je suis dans son cœur.
Par un prompt désespoir souvent on se marie,
Qu'on s'en repent après tout le temps de sa vie (1).

CHRYSALE, *au notaire.*

Allons, Monsieur, suivez l'ordre que j'ai prescrit,
Et faites le contrat ainsi que je l'ai dit (2).

QUESTIONS SUR LE Ve ACTE.

Que se passe-t-il au Ve acte?
Quel est le but de la démarche d'Henriette auprès de Trissotin? Cette démarche est-elle convenable?
Comment Chrysale se prépare-t-il à la lutte suprême?
Quels reproches Philaminte et Bélise adressent-elles au notaire?
Analysez la scène du contrat. Quels rôles y jouent Philaminte, Chrysale, Martine, Bélise?
Comment la situation se dénoue-t-elle par l'intervention d'Ariste?
Comment Philaminte et Chrysale accueillent-ils la nouvelle de leur ruine?
Quelle est la conduite de Trissotin dans ce désastre? celle de Clitandre et d'Henriette?
Comment Ariste met-il fin aux hésitations d'Henriette?
Comment la pièce se termine-t-elle?
Le dénouement est-il parfaitement conforme aux règles?

(1) *Qu'on s'en repent,* c.-à-d. *si bien qu'*on s'en repent.

(2) Armande, Bélise, Chrysale, restent dans leur caractère. Chrysale, ne voyant plus d'ennemi devant lui, est triomphant, comme s'il avait décidé à lui seul la victoire.

APPENDICE

I. Sentiment de Fénelon
sur l'instruction des femmes.

Pour les filles, dit-on, il ne faut pas qu'elles soient savantes, la curiosité les rend vaines et précieuses; il suffit qu'elles sachent un jour gouverner leurs ménages, et obéir à leurs maris sans raisonner. On ne manque pas de se servir de l'expérience qu'on a de beaucoup de femmes que la science a rendues ridicules...

Il est vrai qu'il faut craindre de faire des savantes ridicules. Les femmes ont d'ordinaire l'esprit encore plus faible et plus curieux que les hommes; aussi n'est-il point à propos de les engager dans des études dont elles pourraient s'entêter. Elles ne doivent ni gouverner l'État, ni faire la guerre, ni entrer dans le ministère des choses sacrées; ainsi elles peuvent se passer de certaines connaissances étendues, qui appartiennent à la politique, à l'art militaire, à la jurisprudence, à la philosophie et à la théologie. La plupart même des arts mécaniques ne leur conviennent pas : elles sont faites pour des exercices modérés.

Venons au détail des choses dont une femme doit être instruite. Quels sont ses emplois? Elle est chargée de l'éducation de ses enfants, de la conduite des domestiques, de leurs mœurs, de leur service; du détail de la dépense, des moyens de faire tout avec économie et honorablement.

Mais une femme curieuse trouvera que c'est donner des bornes bien étroites à sa curiosité : elle se trompe; c'est qu'elle ne connaît pas l'importance et l'étendue des choses dont je lui propose de s'instruire.

Quel discernement lui faut-il pour connaître le naturel et le génie de chacun de ses enfants, pour trouver la manière de se conduire avec eux la plus propre à découvrir leur humeur, leur pente, leur talent, à prévenir les passions naissantes, à leur persuader les bonnes maximes, et à guérir leurs erreurs! Quelle prudence doit-elle avoir pour acquérir et conserver sur eux l'autorité, sans perdre l'amitié et la confiance! Mais n'a-t-elle pas besoin d'observer et de connaître à fond les gens qu'elle met auprès d'eux? Sans doute. Une mère de famille doit donc être pleinement instruite de la religion, et avoir un esprit mûr, ferme, appliqué, et expérimenté pour le gouvernement. (*Éducation des filles*, chap. I et XI.)

Lettre de Fénelon à une mère de famille.

Comme mademoiselle votre fille montre un esprit assez avancé, avec beaucoup d'ouverture, de facilité et de pénétration, je crains pour elle le goût du bel esprit, et un excès de curiosité vaine et dangereuse.

Une femme curieuse et qui se pique de savoir beaucoup, se flatte d'être un génie supérieur ; elle se sait bon gré de mépriser les amusements et les vanités des autres femmes ; elle se croit solide en tout, et rien ne la guérit de son entêtement. Elle ne peut d'ordinaire rien savoir qu'à demi ; elle est plus éblouie qu'éclairée par ce qu'elle sait ; elle se flatte de savoir tout ; elle décide ; elle se passionne pour un parti contre un autre dans toutes les disputes qui la surpassent, même en matière de religion : de là vient que toutes les sectes naissantes ont eu tant de progrès par des femmes qui les ont insinuées et soutenues.

Il est donc capital de ramener sans cesse mademoiselle votre fille à une judicieuse simplicité. Elle doit avoir horreur de lire les livres défendus, sans vouloir examiner ce qui les fait défendre. Qu'elle apprenne à se défier d'elle-même, et à craindre les pièges de la curiosité et de la présomption : qu'elle s'applique à prier Dieu en toute humilité, à se recueillir souvent, à obéir sans relâche, à se laisser corriger par les personnes sages et affectionnées, jusque dans ses jugements les plus arrêtés, et à se taire, laissant parler les autres. J'aime bien mieux qu'elle soit instruite des comptes de votre maître d'hôtel, que des disputes des théologiens sur la grâce. Occupez-la d'un ouvrage de tapisserie qui sera utile dans votre maison, et qui l'accoutumera à se passer du commerce dangereux du monde ; mais ne la laissez point raisonner sur la théologie au grand péril de sa foi. Tout est perdu, si elle s'entête du bel esprit, et si elle se dégoûte des soins domestiques. La femme forte file, se renferme dans son ménage, se tait, croit et obéit ; elle ne dispute point contre l'Église. (*Œuvres*, T. V.

II. Lettres du comte J. de Maistre à sa fille.

(Lettres et opuscules, I.)

A Mademoiselle Constance de Maistre.

Saint-Pétersbourg, 1808.

Tu me demandes, ma chère enfant, après avoir lu mon sermon sur la science des femmes, d'où vient qu'elles sont condamnées à la médiocrité? Tu me demandes en cela la raison d'une chose qui n'existe pas et que je n'ai jamais dite. Les femmes ne sont nullement condamnées à la médiocrité; elles peuvent même prétendre au sublime, mais au sublime *féminin*. Chaque être doit se tenir à sa place, et ne pas affecter d'autres perfections que celles qui lui appartiennent. Je possède ici un chien nommé Biribi, qui fait notre joie; si la fantaisie lui prenait de se faire seller et brider pour me porter à la campagne, je serais aussi peu content de lui que je le serais du cheval anglais de ton frère, s'il imaginait de sauter sur mes genoux ou de prendre le café avec moi. L'erreur de certaines femmes est d'imaginer que, pour être distinguées, elles doivent l'être à la manière des hommes. Il n'y a rien de plus faux. C'est le chien et le cheval.

Le mérite de la femme est de régler sa maison, de rendre son mari heureux, de le consoler, de l'encourager et d'élever ses enfants. Au reste, ma chère enfant, il ne faut rien exagérer : je crois que les femmes, en général, ne doivent point se livrer à des connaissances qui contrarient leurs devoirs; mais je suis fort éloigné de croire qu'elles doivent être parfaitement ignorantes. Je ne veux pas qu'elles croient que Pékin est en France, ni qu'Alexandre le Grand demanda en mariage une fille de Louis XIV. La belle littérature, les moralistes, les grands orateurs, etc., suffisent pour donner aux femmes toute la culture dont elles ont besoin.

Le 5 nov. 1808.

Voltaire a dit, à ce que tu me dis (car, pour moi, je n'en sais rien : jamais je ne l'ai tout lu, et il y a trente ans que je n'en ai pas lu une ligne), que *les femmes sont capables de faire tout ce que font les hommes, etc.*; c'est un compliment fait à quelque jolie femme, ou bien c'est une des cent mille et mille sottises qu'il a dites dans sa vie. La vérité est précisément le contraire. *Les femmes n'ont fait aucun chef-d'œuvre dans aucun genre.* Elles n'ont fait ni l'*Iliade*, ni l'*Énéide*, ni la *Jérusalem délivrée*, ni *Athalie*, ni *Rodogune*, ni le *Misanthrope*, ni le *Joueur*, ni le Panthéon, ni l'église Saint-Pierre, ni l'Apollon du Belvédère, ni le Persée, ni le livre des *Principes* (1), ni le *Discours sur l'histoire universelle*, ni *Télémaque*. Elles n'ont inventé ni l'algèbre, ni les télescopes, ni les lunettes achromatiques, ni la pompe à feu, ni le métier à bas, etc.; mais elles font quelque chose de plus grand que tout cela : c'est sur leurs genoux que se forme ce qu'il y a de plus excellent dans le monde : *un honnête homme et une honnête femme.*

Quant à la science, c'est une chose très dangereuse pour les femmes. On ne connaît presque pas de femmes savantes qui n'aient été ou malheureuses ou ridicules par la science. Elle les expose habituellement au *petit* danger de déplaire aux hommes et aux femmes (pas davantage); aux hommes qui ne veulent pas être égalés par les femmes; et aux femmes, qui ne veulent pas être surpassées. La science, de sa nature, aime à paraître; car nous sommes tous orgueilleux. Or, voilà le danger; car la femme ne peut être savante impunément qu'à la charge de cacher ce qu'elle sait. Sur ce point, mon cher enfant, je ne te crois pas forte; ta tête est vive, ton caractère décidé : je ne te crois pas capable de te mordre les lèvres, lorsque tu es tentée de faire une petite parade littéraire. Tu ne saurais croire combien je me suis fait d'ennemis jadis pour avoir voulu en savoir plus que mes bons Allobroges. Juge ce qu'il en est d'une petite demoiselle qui s'avise de monter sur le trépied pour rendre des oracles!

Le 11 août 1809.

J'ai vu, par ta dernière lettre, ma chère enfant, que tu es toujours un peu en colère contre mon impertinente diatribe sur les femmes savantes; il faudra cependant bien que nous fassions la paix au moins avant Pâques; et la chose me paraît d'autant plus aisée, qu'il me paraît certain que tu ne m'as pas bien compris.

(1) Un des principaux ouvrages d'Origène.

J'ai dit seulement, et je ne m'en dédis pas, que *les femmes qui veulent faire les hommes ne sont que des singes* : or, c'est vouloir faire l'homme que de vouloir être savante. Je trouve que l'Esprit-Saint a montré beaucoup d'esprit dans ce portrait, qui te semble, comme le mien, un peu triste. J'honore beaucoup cette demoiselle dont tu me parles, qui a entrepris un poème épique; mais Dieu me préserve d'être son mari!

III. Les Libres-penseuses et la Femme forte.

Article de Louis Veuillot
à l'occasion des cours publics de jeunes filles
ouverts en 1867.

M. Duruy (1), peut-être, n'a pas bien calculé qu'il a contre lui le gaulois comme le chrétien. Ce sont deux grands adversaires à combattre que Molière et Bossuet!

Si ses journalistes n'avaient parlé que de la femme lettrée et instruite, il n'y aurait eu qu'à discuter sur le degré, la nature et la qualité de l'instruction, et là-dessus il aurait quelquefois pour lui le chrétien contre le gaulois, Bossuet contre Molière. Tant s'en faut que l'Église soit ennemie de l'instruction des femmes! Bossuet ne repousse même pas la femme savante, dont Molière se moque implacablement... Mais il s'agit de faire des libres-penseuses, et le chrétien veut encore moins de la libre-penseuse que le gaulois du *bas-bleu.*

La femme esprit-fort est essentiellement ce que l'on appelle la « faible femme. »

M. Duruy et ses conseillers ne sont pas assez instruits du christianisme, même au seul point de vue littéraire; ils n'en ont pas assez lu les livres saints, ni les grands écrivains qui en ont commenté la morale. Ils sauraient qu'on ne les a pas attendus pour s'occuper de l'éducation de la femme, et que l'Église, à cet égard, ne s'est pas montrée plus négligente envers ses filles qu'envers ses fils.

Ont-ils ouï parler du portrait de la *Femme forte,* tracé dans les livres de Salomon (2)? Ce document, qui ne date pas d'hier, est le

---

(1) Alors ministre de l'Instruction publique.
(2) Livre des Proverbes, ch. XXXI.

programme de l'éducation de la femme chrétienne. Il n'a pas cessé d'être médité, commenté, appliqué depuis les premiers jours du christianisme. Il a enfanté des milliers de volumes, il en produit encore de nos jours qui ne sont pas au-dessous des anciens, ni par le mérite ni par le succès.

Voici en abrégé le portrait de la femme forte et la matière de ces livres. C'est assez d'y jeter les yeux pour connaître si l'ignorance en forme le principal caractère, comme M. Duruy se l'est faussement persuadé.

« La femme forte est d'un prix inestimable et le bien le plus précieux qui soit sur la terre. Le cœur de son époux se repose en elle ; par elle il verra l'abondance dans sa maison, et elle lui rendra le bien et non le mal durant tous les jours de sa vie. Elle l'honore, et il est considéré dans les assemblées publiques ; il siège avec dignité parmi les juges du peuple.

» Elle a cherché la laine et le lin ; ses doigts ont pris le fuseau, elle travaille avec des mains sages et ingénieuses ; elle est comme le vaisseau d'un marchand qui apporte son pain de loin. Sa lampe ne s'est pas éteinte pendant la nuit ; elle se lève avant le jour, elle a préparé les besognes et la nourriture de ses serviteurs, et elle ne craint pas le froid ni la neige, parce que tous ceux qui la servent ont double vêtement.

» Elle a considéré un champ et l'a acheté, elle a planté une vigne ; elle a affermi son bras, elle a ceint ses reins pour agir avec plus de vaillance. Sa main, qui se porte à des choses fortes, elle l'a ouverte à l'indigent, elle a étendu son bras vers le pauvre.

» Elle s'est fait des meubles de tapisserie, elle se revêt de lin et de pourpre ; elle a considéré les besoins de sa maison et elle ne mange pas son pain dans l'oisiveté.

» Elle a parlé et commandé sagement, et la loi de la clémence est sur ses lèvres. Elle est revêtue de force, de douceur et de beauté ; d'une âme sereine, elle rira devant le jour à venir.

» Ses enfants se sont levés et l'ont dite bienheureuse ; son mari s'est levé et l'a louée. Beaucoup de filles ont amassé la richesse des vertus : toi, tu les as toutes surpassées !

» Trompeuse est la grâce, vaine est la beauté. La femme qui craint Dieu, c'est celle-là qui sera louée.

» Donnez-lui sa récompense, louez-la des fruits de son travail,

Que ses propres œuvres la louent dans l'assemblée des juges, que ses œuvres parlent pour elle au tribunal de Dieu ! »

Telle est la femme forte, celle qui craint Dieu, et qui seule sera louée de Dieu et des hommes : *Mulier timens Dominum ipsa laudabitur*. Mais l'Écriture trace un autre portrait qui n'est pas moins digne des méditations du ministre de l'Instruction publique ! C'est celui de la femme *étrangère*, c'est-à-dire qui ne connaît pas ou qui ne connaît plus Dieu. Nous abrégeons encore et nous adoucissons :

« Craignez la femme étrangère, la belle diseuse au langage flatteur. Elle abandonne celui qu'elle avait épousé en sa jeunesse, elle oublie l'alliance qu'elle avait faite avec son Dieu. Elle est bavarde et coureuse, inquiète ; ses pieds n'ont point d'arrêt, elle ne peut tenir au logis. Sa maison penche vers la mort, ses sentiers mènent aux enfers.

» Elle est sotte, querelleuse, brillante de fard ; elle discourt hardiment et ne sait rien du tout... Sa méchante langue est à un homme paisible ce qu'est une montagne sablonneuse aux pieds d'un vieillard ; toute malice est légère au prix de sa malice ; qu'elle soit le sort du pécheur (1) ! »

Nous n'ajouterons qu'un mot : En français, la femme chrétienne instruite s'appelle *Sévigné* ; la libre-penseuse instruite s'appelle *Ninon*. (27 nov. 1867, *Mélanges*, 3ᵉ série, t. II.)

(1) Livre des Proverbes, ch. VII.

LE TARTUFFE

COMÉDIE

1664 — 1667 — 1669

Le texte est celui de l'édition des *Grands Écrivains de la France*.

NOTICE HISTORIQUE

Premières représentations.

Les trois premiers actes de cette comédie ont été représentés à Versailles, pour le Roi, le 12ᵉ jour du mois de mai 1664.

Les mêmes trois premiers actes de cette comédie, ont été représentés, la deuxième fois, à Villers-Cotterets, pour S. A. R. Monsieur, frère unique du Roi, qui régalait Leurs Majestés et toute la Cour, le 25ᵉ septembre de la même année 1664.

Cette comédie, parfaite, entière et achevée en cinq actes, a été représentée, la première et la seconde fois, au château de Raincy, près Paris, pour S. A. S. Monseigneur le Prince (de Condé), les 29ᵉ novembre 1664 et 8ᵉ novembre 1665, et depuis encore au château de Chantilly, le 20ᵉ septembre 1668.

La première représentation en a été donnée au public, dans la salle du Palais-Royal, le 5ᵉ août 1667; et le lendemain 6ᵉ, elle fut défendue par Monsieur le premier président du Parlement, jusques à nouvel ordre de Sa Majesté.

La permission de représenter cette comédie en public sans interruption, a été accordée le 5ᵉ février 1669, et dès ce même jour, la pièce fut représentée par la troupe du Roi (1).

De 1664 à 1667.

Ce fut l'avant-dernier jour des fêtes décrites dans la relation des *Plaisirs de l'Ile enchantée*, que Molière offrit au Roi une partie de son *Tartuffe*. Pourquoi n'en donna-t-il que les trois premiers actes? La pièce n'était-elle pas terminée encore? ou bien était-ce un artifice de l'auteur pour faire désirer la fin, ou pour ne la risquer qu'après un premier succès, sur les ordres de Louis XIV? On en est réduit aux conjectures.

Dans le premier placet, qu'il adressa à Louis XIV pour la défense de sa pièce (2), Molière lui rappelait qu'il avait eu « la

---

(1) Cette petite notice a été donnée en tête de l'édition de 1682.

(2) « Ce premier placet, où Molière porte plainte contre le livre du curé de Saint-Barthélemy (qui avait dénoncé le scandale du *Tartuffe*), doit être, comme ce livre, du mois d'août 1664. » (*Les Grands Écrivains...*)

bonté de déclarer qu'il ne trouvait rien à dire » dans la pièce. Le Roi, cependant, ne tarda pas de défendre de la produire en public : la Reine mère n'avait point caché son mécontentement ; Mgr de Péréfixe, archevêque de Paris, et le premier président de Lamoignon, avaient aussi fait entendre leurs plaintes. Jusqu'en 1667, Molière dut se contenter de lectures ou de représentations privées ; il y en eut trois en particulier chez le prince de Condé, qui, à cette époque, prenait volontiers sous sa protection les hardiessses des esprits forts.

De 1667 à 1669.

Le 5 août 1667, Molière s'autorisa de quelques paroles encourageantes du Roi, pour hasarder une représentation publique du *Tartuffe*. Mais, comme il n'y avait aucune permission écrite, le président de Lamoignon, qui avait la police de Paris en l'absence du Roi, alors à Lille, et du chancelier qui se trouvait avec le Conseil à Compiègne, fit défendre la seconde représentation annoncée pour le lendemain (1). C'est alors que Molière envoya en Flandre deux comédiens de sa troupe, avec un second placet au Roi. Louis XIV promit de soumettre la pièce à un nouvel examen. Sur ces entrefaites, six jours après l'interdiction du premier président, parut l'ordonnance de l'archevêque, « défendant sous peine d'excommunication, de représenter, de lire ou d'entendre réciter » le *Tartuffe* (2).

Le poète, cependant, y avait fait des modifications. Ainsi le nom de *Tartuffe* avait été remplacé par celui de *Panulphe* ; le titre était devenu l'*Imposteur* ; le costume était plus riche, et certains passages satiriques avaient disparu (3). Mais ces changements insignifiants laissaient subsister tout le scandale du fond.

(1) Voir plus loin, p. 383, le sentiment du président sur le *Tartuffe*.
(2) On trouvera cette ordonnance plus loin, p. 383.
(3) Molière indique lui-même ses concessions dans son second placet au Roi : « Ma comédie, Sire, n'a pu jouir ici des bontés de Votre Majesté. En vain je l'ai produite sous ce titre de *l'Imposteur*, et déguisé le personnage sous l'ajustement d'un homme du monde ; j'ai eu beau lui donner un petit chapeau, de grands cheveux, un grand collet, une épée, et des dentelles sur tout l'habit, mettre en plusieurs endroits des adoucissements, et retrancher avec soin tout ce que j'ai jugé capable de fournir l'ombre d'un prétexte aux célèbres originaux du portrait que je voulais faire : tout cela n'a de rien servi. » Tartuffe, en 1664, était vêtu pauvrement ; sa mise simple et mo-

Molière dut attendre pendant dix-huit mois l'autorisation royale qui lui fut enfin octroyée le 5 février 1669. En publiant son *Tartuffe,* il le fit précéder d'une longue préface, où il s'attacha avec un faux air de sincérité qui ne pouvait tromper que les sots, à prouver que « ses intentions, dans cette comédie, étaient partout innocentes, et qu'elle ne tendait nullement à jouer les choses que l'on doit révérer ; qu'il l'avait traitée avec toutes les précautions que lui demandait la délicatesse de la matière, et qu'il avait mis tout l'art et tous les soins qu'il lui a été possible pour bien distinguer le personnage de l'hypocrite d'avec celui du vrai dévot. »

Molière, en parlant ainsi, se moquait une fois de plus des honnêtes gens (1).

deste devait rappeler celle de ces laïques austères qui, comme les solitaires de Port-Royal, portaient dans le monde les livrées de la mortification chrétienne.

(1) « Oui, Molière a voulu ridiculiser les dévots ; il l'a fait non sans génie, avec un hypocrite respect pour une piété illusoire. Dans cette affaire, le *Tartuffe,* c'est *Molière.* » (CHARAUX, *Molière.*)

M. Despois, mort en libre penseur, ne croyait pas non plus à la sincérité du poète : « Il n'est pas contestable, dit-il, quelles que fussent les intentions de Molière (*et je doute qu'elles soient à l'abri de tout soupçon*), qu'en raillant la fausse dévotion il ne fournit des armes contre la dévotion véritable. »

LE TARTUFFE

COMÉDIE

PERSONNAGES

Mme PERNELLE, mère d'Orgon.
ORGON, mari d'Elmire.
ELMIRE, femme d'Orgon.
DAMIS, fils d'Orgon.
MARIANE, fille d'Orgon.
VALÈRE, amant de Mariane.
CLÉANTE, beau-frère d'Orgon.
TARTUFFE, faux dévot (1).
DORINE, suivante de Mariane.
M. LOYAL, sergent.
UN EXEMPT (2)
FLIPOTE, servante de Mme Pernelle (3).

La scène est à Paris.

---

(1) *Tartufe*, s. m., faux dévot, hypocrite, dont le nom est emprunté à la comédie de Molière. (AC.) — « Molière, qui écrit *Tartuffe*, a emprunté ce mot à l'italien ; *Tartufo* se trouve dans le *Malmantile* de Lippi (avant 1664) avec le sens d'homme à esprit méchant. *Tartufo* est la contraction de *tartufolo*, une truffe. L'ancienne langue avait *truffe* ou *trufle* au sens de tromperie. » (LITTRÉ.)
La Fontaine a écrit *Tartuf* par licence poétique (l. IX, p. 14) :
C'étaient deux vrais *tartufs*, deux archipatelins.
Dans la représentation de 1667, le nom de *Tartuffe* était remplacé par celui de *Panulphe*. La Bruyère donne à son faux dévot le nom d'*Onuphre*.
« *Tartuffe, Onuphre, Panulphe*, ou encore *Montufar* chez Scarron, tous ces noms nous présentent la même idée dans une onomatopée confuse, quelque chose en dessous et de fourré. » (SAINTE-BEUVE.)

(2) *Exempt* se disait, dans certaines compagnies de gardes, d'un officier qui commandait en l'absence du capitaine et des lieutenants. *Exempts de police*, officiers de police. (AC.)

(3) Il y avait en 1664 dans la troupe de Molière une gagiste du nom de *Phlipote* (abréviation du nom rustique de *Philippote*, comme *Phlipot* de *Philippot*).

ANALYSE GÉNÉRALE DE LA PIÈCE.

Faits d'avant-scène.

Orgon, riche bourgeois de Paris, est marié en secondes noces à Elmire. Il a de son premier mariage un fils nommé Damis, et une fille appelée Mariane, dont il a promis la main à Valère. Ce projet d'union va être traversé par l'influence néfaste de Tartuffe, faux dévot auquel Orgon a donné toute sa confiance.

Acte I. — Exposition; la maison d'Orgon.

La scène s'ouvre par une dispute très vive entre Mme Pernelle et toute la maison de son fils : sa femme, son beau-frère, ses enfants, sa servante; elle leur reproche à tous un train de vie trop mondain, contraire aux conseils de Tartuffe, dont elle est coiffée, non moins que son fils.

Peu après le départ de Mme Pernelle, Orgon rentre de voyage, et s'informe avec le plus vif intérêt de la santé de son hôte. Cléante cherche en vain à faire revenir son frère de sa sotte admiration pour Tartuffe; il ne reçoit de lui que des paroles évasives au sujet du mariage de Mariane avec Valère.

Acte II. — Le mariage de Mariane.

Orgon annonce à sa fille son projet de la marier à Tartuffe. Mariane a beau se récrier; Orgon résiste à ses plaintes, ainsi qu'aux remontrances de Dorine. Stimulée par sa suivante, Mariane reprend un peu courage; mais les reproches de Valère qui se croit abandonné, la blessent au point de tout rompre; l'intervention de Dorine la réconcilie avec Valère.

Acte III. — L'hypocrisie de Tartuffe.

Tartuffe entre avec une affectation choquante d'austérité et de charité : Dorine ne s'y trompe pas. Elmire, qui a demandé à l'hypocrite un moment d'entretien pour lui parler du mariage de Mariane, n'est pas plus tôt arrivée, que Tartuffe lui fait une déclaration d'amour. Elmire maîtrise son indignation; pour prix de son silence, elle lui demande de favoriser l'union de sa fille avec Valère. Mais Damis, qui a tout entendu de la chambre voisine, on instruit Orgon. Celui-ci refuse de le croire, et attribuant à l'humilité l'hypocrite confession de Tartuffe, il prétend lui faire la donation de tous ses biens.

Acte IV. — Orgon détrompé.

Cléante, informé du dessein d'Orgon, vient presser Tartuffe de ne pas priver Damis de l'héritage paternel : ses instances sont inutiles. Orgon, de son côté, résiste aux prières de sa fille, de sa femme et de son frère; enfin, pressé par Elmire, il consent à se cacher sous une table pour se convaincre lui-même de la vérité. Tartuffe donne sottement dans le piège. Orgon, furieux, le somme de quitter sa demeure : le scélérat, se prévalant de la donation qui lui a été faite, menace, à son tour, de chasser ceux qui l'accusent.

Acte V. — Punition du scélérat; dénouement.

Orgon découvre à Cléante ses inquiétudes au sujet de papiers importants dont il avait livré le secret à Tartuffe : il craint que le misérable n'en abuse pour perdre un ami qui les lui avait confiés. Cependant Mme Pernelle vient défendre l'honneur de son Tartuffe : tandis qu'Orgon s'efforce de la détromper, un huissier, M. Loyal, entre et somme Orgon de partir sans retard. Au même instant arrive Valère, annonçant que Tartuffe a livré au roi la cassette compromettante, et que le roi a chargé le traître d'arrêter Orgon. Tartuffe arrive en effet, et commande à l'exempt qui l'accompagne, d'exécuter les ordres du prince. Mais le coupable que l'officier doit arrêter, est Tartuffe lui-même, dont le roi a reconnu la fourberie.

Tartuffe est conduit en prison, et Orgon, au comble de la joie, assure la main de Mariane à Valère.

APPRÉCIATION.

Immoralité du Tartuffe.

Le *Tartuffe*, quelle que soit la portée philosophique que certains auteurs lui trouvent, est, en fait, une œuvre immorale, parce que l'impression qu'il produit, tourne fatalement contre la piété et contre la vertu.

L'expérience du théâtre le prouve, ainsi que l'histoire. Le

Tartuffe a toujours été une arme de guerre entre les mains des impies : ainsi ont fait les libertins du xvii⁰ siècle, et les philosophes du xviii⁰ ; ainsi font encore les libres penseurs de nos jours (1).

La raison de cette influence désastreuse du *Tartuffe*, c'est la grande ressemblance qu'il y a entre la piété véritable et l'hypocrisie religieuse qui en est le masque ; ce qui fait qu'il est très difficile de frapper le masque sans atteindre du même coup la piété elle-même.

Aussi, pour flétrir sans danger le vice odieux de l'hypocrisie, faut-il toute la gravité et toute la prudence de la parole sacerdotale, qui a mission et grâce d'état pour préserver ou guérir les âmes.

Le théâtre n'a ni cette mission ni cette grâce (2). C'est pour cela qu'il n'y a pas seulement une grande indécence, mais un extrême danger à y exposer, même dans le but de décrier les hypocrites, la parodie des maximes et des pratiques de la religion. Plus le masque de la piété est peint de couleurs vives, naturelles et odieuses, plus le spectateur ignorant est exposé au danger d'étendre à la vraie piété l'horreur qu'il éprouve pour la fausse. D'autre part, l'impie, trop enclin par le penchant de son cœur perverti à se moquer d'une religion qui le gêne, se prévaut contre elle de cette affectation sacrilège, pour la couvrir du même ridicule et l'envelopper dans le même mépris.

Voilà pourquoi Bourdaloue et les autres personnages considé-

---

(1) « Toutes les fois que, pour une raison ou pour une autre, les libres penseurs ont pu ameuter l'opinion contre l'Église, aussitôt, à Paris et dans les provinces, *le Tartufe* reparait. » (L. VEUILLOT.)

(2) Molière, dans sa Préface, revendique vivement ce droit. Pour les raisons données ci-dessus, nous pensons, comme Bourdaloue, que l'hypocrisie religieuse ne peut être du ressort d'un théâtre profane. En étendant son domaine sur ce sujet, il usurpe la juridiction de l'Église, et favorise l'impiété sous prétexte de la détruire. Voir plus loin, p. 381, le jugement de Bourdaloue.

Sainte-Beuve ne fait aucune difficulté de reconnaître la légitimité des protestations de l'Église : « Qu'en son temps le grand comique ait excité le scandale et l'alarme parmi les âmes sincèrement chrétiennes, qui donc pourrait s'en étonner ? » (*Port-Royal*, t. III.) M. Despois, dans son impartiale sincérité, écrivait de son côté : « Libertins et dévots savent fort bien que rien n'est plus aisé, *quoi qu'en dise Molière*, que de confondre le masque et la personne. La malignité n'y regardera jamais de bien près, et il est assez naturel que les dévots ne se soucient pas de lui fournir des armes. » (V. *les Grands Écrivains*.)

rables qui condamnèrent le *Tartuffe* dès son apparition, déniaient au théâtre le droit de traiter une matière aussi délicate. Voilà pourquoi cette entreprise, très dangereuse par elle-même, est devenue, entre les mains de Molière, si fatale à la religion et aux âmes.

Molière peut-être n'a pas voulu ce triste résultat; mais il ne pouvait pas ne pas le prévoir. En tout cas, il en avait été averti par la réprobation des esprits les plus honnêtes et les plus clairvoyants. En livrant le *Tartuffe* au public, après avoir arraché au roi une autorisation longtemps refusée par sa conscience, il a fait une mauvaise action (1).

Qualités et défauts du Tartuffe.

Pour les qualités du style et de la composition, le *Tartuffe* peut être rangé parmi les pièces les plus remarquables de Molière. On y trouve l'esprit, la verve, le naturel, le mouvement du dialogue, la vivacité des couleurs et la vigueur du trait dans la peinture des caractères.

Mais considéré comme œuvre comique, le *Tartuffe* est loin d'avoir atteint l'idéal de l'art; il en a même manqué, ou à peu près, le but principal et premier, celui d'égayer le spectateur.

Comme l'*Avare*, et plus encore que l'*Avare*, le *Tartuffe*, dans son ensemble, est d'un effet sombre et poignant. A partir du troisième acte, la pièce tourne au tragique : elle ne fait plus rire, elle inspire le dégoût, la haine, l'horreur. Ce n'est plus un travers ridicule que le poète nous présente, c'est un vice odieux. Tartuffe est un scélérat trop méchant, trop hideux pour qu'on puisse s'amuser de ses grimaces; sa sinistre figure provoque la colère et les huées du mépris.

Outre ce défaut capital, on peut relever plus d'une faute de détail; par exemple, la faiblesse et l'invraisemblance du dénouement, l'exagération de plusieurs caractères, l'inconvenance de certaines situations risquées, et bien des expressions grossières où l'on ne reconnaît plus l'homme de bonne société.

(1) « Le *Tartuffe* reste une mauvaise action, tranchons le mot, un crime. Ce mot résume la pensée de tout homme qui met l'intérêt des âmes au-dessus des opinions établies et des idolâtries littéraires. » (P. LONGHAYE, *Études rel.*, nov. 1877.)

Sujet, action, intrigue, nœud, dénouement.

Le *sujet* du *Tartuffe* est la peinture de l'hypocrisie religieuse, et la satire des faux dévots.

L'*action* apparente du drame consiste dans le projet de mariage de Mariane avec Valère; l'*action* réelle, ce sont les menées hypocrites et les entreprises criminelles de Tartuffe.

Le *ressort* de la pièce, c'est l'engouement d'Orgon pour Tartuffe.

Le *nœud* est formé dès la fin du premier acte, quand Orgon prend la résolution de marier sa fille à Tartuffe.

L'*intrigue* consiste dans la lutte qu'Orgon soutient d'abord contre les siens pour établir Tartuffe dans sa maison, puis contre Tartuffe lui-même pour l'en chasser.

Le *dénouement* est amené par un coup de théâtre qui surprend tout le monde : l'officier envoyé par le roi, a reçu l'ordre d'arrêter Tartuffe au lieu d'Orgon.

Le scélérat est puni comme il le mérite. Orgon, désabusé et rétabli dans ses biens, peut donner sa fille en mariage à Valère.

Les *trois unités* sont observées.

Personnages.

Les personnages se divisent en deux groupes :
1° Tartuffe et ses dupes, Orgon et Mme Pernelle;
2° Les adversaires de l'hypocrite : Elmire, Cléante, Damis, Mariane, et à la tête de tous, Dorine.

Tartuffe, Orgon, Mme Pernelle.

Tartuffe. — C'est l'hypocrite qui affecte la dévotion pour mieux arriver à ses fins criminelles. Molière en a fait un scélérat fourbe et rusé. Modeste et doucereux, tant qu'il s'agit de capter la bienveillance de ses dupes, Tartuffe est audacieux et cruel, quand il se voit démasqué, pour accabler ses accusateurs (1).

(1) Dans le *Tartuffe*, comme dans la plupart des pièces de Molière, on voulut voir sous le masque des acteurs des personnages vivants : « Cette pièce, dit Charles Perrault (*Hommes ill.*, 1696), lui fit des affaires, parce qu'on en faisait des applications à des personnes de grande considération. » On désignait plus spécialement l'abbé Roquette (nommé en 1667 à l'évêché d'Autun), comme ayant fourni plus d'un trait au type de l'hypocrite. D'autre part, comme la

Ce rôle odieux et quelque peu niais est plutôt une charge de théâtre qu'un portrait fidèle de l'hypocrite ; le type de l'hypocrisie est mieux peint dans l'*Onuphre* de la Bruyère (1).

Orgon pousse la crédulité jusqu'à la sottise, la dévotion jusqu'à l'extravagance, l'entêtement jusqu'à la cruauté. Pour plaire à son Tartuffe, il se fait le tyran des siens ; il sacrifie sa fille et déshérite son fils. Détrompé, il passe à l'excès opposé, en jurant *une haine effroyable à tous les gens de bien*.

M*me* **Pernelle** est une vieille folle entêtée, acariâtre, ridicule par sa piété exagérée et par son engouement pour Tartuffe.

Les adversaires de Tartuffe.

Dorine est l'héroïne de ce groupe par son franc parler, par sa verve gauloise, par son attitude fière et indépendante. Soubrette *forte en gueule*, elle tient tête tour à tour à M*me* Pernelle, à Orgon, à Tartuffe, à Mariane, à Valère. Il est regrettable que son langage soit souvent grossier et indécent.

Cléante est l'homme honnête et sage que Molière a prétendu opposer à Tartuffe, pour soutenir les droits de la religion et de la

---

lutte était vive alors entre les jansénistes et les jésuites, on ne manqua pas d'appliquer tantôt aux uns, tantôt aux autres, la satire de Molière. On avait dit aux jansénistes, au rapport de Racine, « que les jésuites étaient joués dans cette comédie ; les jésuites, au contraire, se flattaient, dit-il, qu'on en voulait aux jansénistes. »

D'après Brossette, Molière aurait visé les jansénistes : « Le Roi, dit-il, haïssait les jansénistes, qu'il regardait la plupart comme les vrais objets de la comédie de Molière. » Joly, plus tard, constatait aussi qu'au dire de « quelques personnes, Molière avait eu en vue Port-Royal, et en particulier M. Arnauld d'Andilly. » (*Remarques sur le Dict. de Bayle.*)

(1) « Onuphre ne dit point : *Ma haire ci ma discipline;* au contraire, il passerait pour ce qu'il est, pour un hypocrite, et il veut passer pour ce qu'il n'est pas, pour un homme dévot : il est vrai qu'il fait en sorte qu'on le croie, sans qu'il le dise, qu'il porte une haire et qu'il se donne la discipline. Onuphre n'est point dévot, mais il veut être cru tel, et par une parfaite, quoique fausse imitation de la piété, ménager sourdement ses intérêts : aussi ne se joue-t-il pas à la ligne directe, et il ne s'insinue jamais dans une famille où se trouvent tout à la fois une fille à pourvoir et un fils à établir ; il y a là des droits trop forts et trop inviolables ; on ne les traverse point sans faire de l'éclat, et il l'appréhende, sans qu'une pareille entreprise vienne aux oreilles du prince, à qui il dérobe sa marche, par la crainte qu'il a d'être découvert et de paraître ce qu'il est. Il en veut à la ligne collatérale. » (Ch. XIII, *de la Mode.*)

La Bruyère, en traçant ce portrait en 1691, semble avoir voulu corriger quelques-uns des traits ou faux ou exagérés du Tartuffe de Molière.

morale. Mais Cléante est philosophe, il n'a rien du chrétien. Sa morale de lieux communs ressemble beaucoup à celle de Philinte dans le *Misanthrope* : beau discoureur, qui joue un rôle exigé par les convenances théâtrales; mais on ne voit en lui ni conviction vraie, ni zèle sincère, ni argumentation solide.

Elmire est une femme honnête selon le monde, mais non selon l'Évangile. La femme chrétienne a plus de retenue, plus de circonspection, plus de délicatesse et de conscience.

Damis est un jeune homme franc, ardent et fougueux.

Mariane, sa sœur, est simple, bonne, craintive.

Les plus belles scènes.

Ce sont les suivantes :
  Acte I, sc. I : Exposition; dispute de Mme Pernelle.
  — sc. V : Scène du *pauvre homme*.
  Acte II, sc. II : Dispute d'Orgon et de Dorine.
  Acte III, sc. VI : L'hypocrite confession de Tartuffe.
  Acte V, sc. IV : L'huissier.

Jugement de Bourdaloue.

« Je distingue dans le christianisme trois sortes de personnes qui, sans être hypocrites ni le vouloir être, se font de l'hypocrisie d'autrui un obstacle essentiel à leur salut. Remarquez-en bien les divers caractères. Les premiers, ce sont les mondains et les libertins du siècle, qui, déclarés contre Dieu et contre son culte, se prévalent ou veulent se prévaloir de l'hypocrisie d'autrui pour autoriser leur libertinage et s'élever contre la vraie piété. Les seconds, ce sont les chrétiens lâches à qui l'hypocrisie d'autrui est une occasion de scandale et de trouble, jusqu'à les dégoûter et à les rebuter de la vraie piété. Et les derniers, ce sont les ignorants et les simples, qui, ne consultant ni leur foi ni leur raison, se laissent séduire par l'hypocrisie d'autrui, et la prennent pour la vraie piété.

» Comme l'impie est déterminé à être impie, et que la passion à laquelle il s'abandonne l'engage à vivre dans une déplorable corruption de mœurs, il voudrait qu'en cela même tout le reste des hommes lui ressemblât; et quoiqu'il se reconnaisse pécheur et qu'il fasse profession de l'être, sa joie serait de se pouvoir flatter qu'il est aussi homme de bien que tous les autres, ou plutôt que tous les autres ne sont pas meilleurs que lui. Ce sentiment est bizarre, et néanmoins très naturel. Quoi qu'il en soit de ce sentiment bizarre, il se forme une opinion et se convainc peu à

peu que la chose est en effet de la manière qu'il se la figure, et qu'il
souhaiterait qu'elle fût; et parce que l'exemple des hypocrites et des
faux dévots appuie son erreur et lui donne quelque couleur de vraisemblance, il s'arrête à cette vraisemblance, au préjudice de toutes les raisons contraires. Parce qu'il y a des dévots hypocrites, il conclut d'abord
que tous le peuvent être; et de là passant plus loin, il s'assure que la
plupart et même communément tous le sont... Que s'il est après tout
forcé de convenir que toute piété n'est pas fausse, du moins prétend-il
qu'elle est suspecte, et qu'il y a toujours lieu de s'en défier. Or cela lui
suffit : car il n'y a point de piété qu'il ne rende par là méprisable, en la
rendant douteuse; et tandis qu'on la méprisera, qu'on la soupçonnera,
elle sera faible et impuissante contre lui. C'est ce qu'il croit gagner en
faisant de ses entretiens et de ses discours autant de satires de l'hypocrisie et de la fausse dévotion : *car comme la fausse dévotion tient en
beaucoup de choses de la vraie, comme la fausse et la vraie ont je
ne sais combien d'actions qui leur sont communes; comme les dehors
de l'une et de l'autre sont presque tout semblables, il est non seulement aisé, mais d'une suite presque nécessaire, que la même raillerie
qui attaque l'une intéresse l'autre, et que les traits dont on peint
celle-ci, défigurent celle-là, à moins qu'on n'y apporte toutes les
précautions d'une charité prudente, exacte et bien intentionnée; ce
que le libertinage n'est pas en disposition de faire. Et voilà, chrétiens, ce qui est arrivé, lorsque des esprits profanes, et bien éloignés
de vouloir entrer dans les intérêts de Dieu, ont entrepris de censurer l'hypocrisie, non point pour en réformer l'abus, ce qui n'est
pas de leur ressort, mais pour faire une espèce de diversion dont le
libertinage pût profiter, en concevant et faisant concevoir d'injustes
soupçons de la vraie piété, par de malignes représentations de la
fausse. Voilà ce qu'ils ont prétendu, exposant sur le théâtre et à la
risée publique un hypocrite imaginaire, ou même, si vous voulez,
un hypocrite réel, et tournant dans sa personne les choses les plus
saintes en ridicule, la crainte des jugements de Dieu, l'horreur du
péché, les pratiques les plus louables en elles-mêmes et les plus
chrétiennes.* Voilà ce qu'ils ont affecté, mettant dans la bouche de cet
hypocrite des maximes de religion faiblement soutenues, au même temps
qu'ils les supposaient fortement attaquées; lui faisant blâmer les scandales du siècle d'une manière extravagante; le représentant consciencieux jusqu'à la délicatesse et au scrupule sur des points moins importants, où toutefois il le faut être, pendant qu'il se portait d'ailleurs aux
crimes les plus énormes; le montrant sous un visage de pénitent, qui
ne servait qu'à couvrir ses infamies; lui donnant, selon leur caprice, un
caractère de piété la plus austère, ce semble, et la plus exemplaire,
mais dans le fond, la plus mercenaire et la plus lâche.

» *Damnables inventions pour humilier les gens de bien, pour les* rendre tous suspects, pour leur ôter la liberté de se déclarer en faveur de la vertu, tandis que le vice et le libertinage triomphaient : car ce sont là, chrétiens, les stratagèmes et les ruses dont le démon s'est prévalu, et tout cela fondé sur le prétexte de l'hypocrisie. » (*Sermon sur l'Hypocrisie*, VII° Dim. après la Pentecôte.)

Sentiment du président de Lamoignon.

Brossette raconte ce qui suit :

« J'ai demandé à M. Despréaux, s'il était vrai, comme on le disait, que Molière, voyant les défenses de M. le premier président, avait dit dans le compliment qu'il fit au public qui était venu pour voir sa pièce : « Messieurs, nous aurions eu l'honneur de vous donner une représentation du *Tartuffe* sans les défenses qui nous ont été faites ; mais M. le premier président ne veut pas qu'on *le* joue. » (L'équivoque, dit Brossette dans une note marginale, est dans ce mot *le* qui peut se rapporter à M. le Président aussi bien qu'au *Tartuffe*.)

» M. Despréaux m'a dit que cela n'était point véritable, et qu'il savait le contraire par lui même, et voici ce qu'il m'a raconté : « Toutes choses seraient demeurées dans l'état que je viens de vous dire, si Molière n'avait pas eu une forte envie de jouer sa pièce. Il me pria, m'a dit M. Despréaux, d'en parler à Monsieur le premier président. Je lui conseillai de lui en parler lui-même, et je m'offris de le présenter. Un matin nous allâmes trouver M. de Lamoignon, à qui Molière expliqua le sujet de sa visite. Monsieur le premier président lui répondit en ces termes : « Monsieur, je fais beaucoup de cas de votre mérite ; je sais que vous êtes non seulement un acteur excellent, mais encore un très habile homme qui faites honneur à votre profession et à la France. Cependant avec toute la bonne volonté que j'ai pour vous, je ne saurais vous permettre de jouer votre comédie. Je suis persuadé qu'elle est fort belle et fort instructive ; mais il ne convient pas à des comédiens d'instruire les hommes sur les matières de la morale chrétienne et de la religion : ce n'est pas au théâtre de se mêler de prêcher l'Évangile. Quand le Roi sera de retour, il vous permettra, s'il le trouve à propos, de représenter le *Tartuffe* ; mais pour moi, je croirais abuser de l'autorité que le Roi m'a fait l'honneur de me confier pendant son absence, si je vous accordais la permission que vous me demandez. »

» Molière, qui ne s'attendait pas à ce discours, demeura entièrement déconcerté, de sorte qu'il lui fut impossible de répondre à Monsieur le premier président. »

Ordonnance de Mgr Hardouin de Péréfixe, archevêque de Paris.

« Sur ce qui nous a été démontré par notre promoteur que, le vendredi cinquième de ce mois, on représenta, sur l'un des théâtres de cette ville, sous le nouveau nom de l'*Imposteur*, une comédie très dangereuse, et qui est d'autant plus capable de nuire à la religion, que, sous prétexte de condamner l'hypocrisie ou la fausse dévotion, elle donne lieu d'en accuser indifféremment tous ceux qui font profession de la plus solide piété, et les expose par ce moyen aux railleries et aux calomnies continuelles des libertins : de sorte que pour arrêter le cours d'un si grand mal, qui pourrait séduire les âmes faibles et les détourner du chemin de la vertu, notre dit promoteur nous aurait requis de faire défenses à toutes personnes de notre diocèse de représenter, sous quelque nom que ce soit, la susdite comédie, de la lire ou entendre réciter, soit en public soit en particulier, sous peine d'excommunication.

» Nous, sachant combien il serait en effet dangereux de souffrir que la véritable piété fût blessée par une représentation si scandaleuse et que le Roi même avait ci-devant très expressément défendue ; avons fait et faisons très expresses inhibitions et défenses à toutes personnes de notre diocèse de représenter, lire ou entendre réciter la susdite comédie, soit publiquement, soit en particulier, sous quelque nom et quelque prétexte que ce soit, et ce sous peine d'excommunication. » (Le 11 août 1667.)

Jugements de Bossuet, de Fénelon, de Massillon.

Dans sa lettre au P. Caffaro (1694) contre les spectacles, Bossuet disait en visant spécialement le *Tartuffe* : « Songez si vous oserez soutenir à la face du ciel des pièces où la vertu et la *piété* sont toujours ridicules (1). »

Fénelon s'exprimait de même en 1713 (*Lettre à l'Acad.*) : « Un autre défaut de Molière, est qu'il a donné un tour gracieux au vice, avec une austérité ridicule et odieuse à la vertu. Je comprends que ses défenseurs ne manqueront pas de dire qu'il a traité avec honneur la vraie probité, qu'il n'a attaqué qu'une vertu chagrine et qu'une *hypocrisie* détestable ; mais sans entrer dans cette longue discussion, je soutiens que Platon et les autres législateurs de l'antiquité païenne n'auraient jamais admis dans leurs républiques un tel jeu sur les mœurs (2). »

Massillon a tenu aussi à flétrir l'œuvre de Molière. Dans son sermon *sur l'Injustice du monde,* il se plaignait de ce « qu'un théâtre profane avait eu tort de ne donner que du ridicule à un caractère abominable, si

(1) Voir, en tête du *Misanthrope*, p. 9, le jugement complet de Bossuet.

(2) Napoléon Ier, moins religieux que Louis XIV, était certainement plus clairvoyant en cette matière. Il s'étonnait, d'après le *Mémorial de Sainte-Hélène,* de la condescendance du grand Roi pour le poète qui l'amusait ; et il ajoutait : « Je n'hésite pas à dire que, si la pièce eût été faite de mon temps, je n'en aurais pas permis la représentation. »

honteux et si affligeant pour l'Église, et qui doit plutôt exciter les larmes et l'indignation que la risée des fidèles (1). »

Jugement de Geoffroy (1803).

« Si nous envisageons du côté moral cette admirable production du génie, elle a été plus nuisible qu'utile à la société.

» Il y a une si grande affinité entre la religion et l'abus qu'on en peut faire, que le *Tartuffe* a dû réjouir les impies beaucoup plus qu'il n'affligeait les hypocrites. La honte de l'hypocrisie rejaillit directement sur la religion, et lui est en quelque sorte plus personnelle que l'infamie des autres vices : c'est une flétrissure pour une grande famille que la bassesse et l'opprobre de quelques-uns de ses membres. Jadis, quand un homme distingué par sa naissance s'était souillé par une action infâme, la cour permettait quelquefois que la punition en fût secrète, pour ne pas déshonorer une illustre maison, et le sang des héros défenseurs de la patrie. Malgré l'espèce de protection accordée au *Tartuffe* par un roi jeune et victorieux qui aimait les spectacles, et qui ne sentait pas combien il est aisé de confondre avec l'abus la chose dont on abuse, Bourdaloue osa tonner dans la chaire contre le danger d'une pareille comédie ; et dans ses réflexions sur le *Tartuffe*, l'orateur chrétien se montra, non pas dévot et fanatique, mais grand philosophe et grand homme d'État. »

Jugement de L. Veuillot.

« Ce pesant public des dimanches, composé de demi-bourgeois, gens de petite rente et de petit négoce, dont aucun peut-être n'avait rencontré jamais ni vrai ni faux dévot, où ces gens-là trouvaient-ils de quoi tant rire ?

» Grâce à la complicité de toute la littérature et de tout l'art qui se brassent pour eux, par l'effort combiné du journal, de la chanson, du roman, de la caricature, Tartuffe est devenu un symbole. A leurs yeux ce personnage quasi fantastique, maintenant introuvable sous l'habit dont Molière l'a affublé, et qui a complètement changé de style, de masque et de peau, ce n'est pas l'imposteur, c'est le chrétien ; c'est l'homme qui croit en Dieu et qui prie ; l'homme qui, s'étant donné les règles sévères de la justice, a cessé d'être ou n'a jamais été des leurs, et qui par cela même les gêne... Comment ne serait-on pas heureux de se venger d'un tel homme ? Qui n'aimerait pas à prouver que sa fatigante probité n'est que fard et grimace, et son crédit le fruit de la fraude ?

(1) Devant ces jugements si graves des représentants les plus autorisés de l'Église, les éloges de Boileau, de Voltaire, Sainte-Beuve et autres gens de lettres de toute nuance, ne sauraient émouvoir quiconque a le moindre souci de la morale et de la religion.

» Tel est le genre de contentement que la comédie de Molière procure à ces cœurs simples. C'est tout ce qu'il faut pour ruiner auprès d'eux, et souvent sans retour, tous les efforts de la religion. Voilà pourquoi les impies, les incrédules, les sectaires éclairés, sont plus chauds encore sur la haute moralité de cette pièce que sur son mérite littéraire ; tandis que les chrétiens, qui devraient être les premiers à la célébrer, si véritablement elle faisait justice de l'hypocrisie, la détestent comme une odieuse diffamation et l'un des plus pervers déguisements de cette hypocrisie même qu'elle prétend démasquer. » (*Molière et Bourdaloue*, p. 166.)

QUESTIONS GÉNÉRALES.

Historique du *Tartuffe*.
Quand parut-il pour la première fois ? Devant qui et dans quelles conditions ?
Quelles difficultés rencontra-t-il ?
Quand fut-il donné au public d'une manière définitive ?
D'où vient le nom de *Tartuffe* ?
Donnez l'analyse générale de la pièce ?
Le *Tartuffe* est-il une pièce morale ? Quel en est l'effet sur le théâtre ?
Quelles sont les qualités du *Tartuffe* ? Quels en sont les défauts ?
Quel est le sujet du *Tartuffe* ?
En quoi consiste l'action ? Quel en est le ressort ?
Quand se forme le nœud ? En quoi consiste l'intrigue ?
Comment est amené le dénouement ?
Comment se divisent les personnages ?
Quel est le caractère de Tartuffe ?
Est-ce que Molière visait des personnages contemporains ?
Quel est le caractère d'Orgon ? — de Mme Pernelle ?
Quels sont, dans la pièce, les adversaires de Tartuffe ?
Quel est le caractère de Dorine ? — de Cléante ? — d'Elmire ? — de Damis ? — de Mariane ?
Quelles sont les plus belles scènes ?
Résumez les jugements de Bourdaloue, du président de Lamoignon, de l'archevêque de Paris, de Bossuet, de Fénelon, de Massillon, de Geoffroy, de L. Veuillot.

ACTE PREMIER

Exposition. — La maison d'Orgon.

SCÈNE I (1)
MADAME PERNELLE ET FLIPOTE SA SERVANTE, ELMIRE, MARIANE, DORINE, DAMIS, CLÉANTE

MADAME PERNELLE.
Allons, Flipote, allons, que d'eux je me délivre.

ELMIRE.
Vous marchez d'un tel pas qu'on a peine à vous suivre.

MADAME PERNELLE.
Laissez, ma bru, laissez, ne venez pas plus loin :
Ce sont toutes façons dont je n'ai pas besoin.

ELMIRE.
De ce que l'on vous doit envers vous on s'acquitte.
Mais, ma mère, d'où vient que vous sortez si vite ?

MADAME PERNELLE.
C'est que je ne puis voir tout ce ménage-ci (2),
Et que de me complaire on ne prend nul souci.
Oui, je sors de chez vous fort mal édifiée :
Dans toutes mes leçons j'y suis contrariée,
On n'y respecte rien, chacun y parle haut,
Et c'est tout justement la cour du roi Pétaud (3).

(1) L'exposition du *Tartuffe* est une des plus belles de Molière : « L'ouverture de la scène vous transporte sur-le-champ dans l'intérieur d'un ménage où la mauvaise humeur et le babil grondeur d'une vieille femme, la contrariété des avis, et la marche du dialogue, font ressortir naturellement tous les personnages que le spectateur doit connaître, sans que le poète ait l'air de les lui montrer... Cette scène est à la fois une exposition, un tableau, une situation. » (LA HARPE.)

(2) *Ménage*, au fig., signifie sage manière de conduire, de faire les choses; ironiquement, comme ici, désordre, ruine.

(3) *Pétaud*, s. m., usité dans cette locution : la cour du roi Pétaud, un lieu de désordre et de confusion, et où tout le monde est le maître. Leroux, dans son *Dict. comique*, écrit *Peto*, et ajoute que ce proverbe se dit de l'assemblée des gueux, et que *peto* signifie ici *je demande*. Cette étymologie paraît peu probable à Littré. — Le roi Pétaud était le chef que se nommait autrefois la corporation des mendiants, qui ne le respectaient guère.

DORINE.

Si...

MADAME PERNELLE.

Vous êtes, ma mie (1), une fille suivante
Un peu trop forte en gueule (2), et trop impertinente.
Vous vous mêlez sur tout de dire votre avis.

DAMIS.

Mais...

MADAME PERNELLE.

Vous êtes un sot en trois lettres (3), mon fils ;
C'est moi qui vous le dis, qui suis votre grand'mère ;
Et j'ai prédit cent fois à mon fils, votre père,
Que vous prendriez tout l'air d'un méchant garnement,
Et ne lui donneriez jamais que du tourment.

MARIANE.

Je crois...

MADAME PERNELLE.

Mon Dieu, sa sœur, vous faites la discrette (4),
Et vous n'y touchez pas, tant vous semblez doucette ;
Mais il n'est, comme on dit, pire eau que l'eau qui dort,
Et vous menez sous chape un train que je hais fort (5).

ELMIRE.

Mais, ma mère...

MADAME PERNELLE.

Ma bru, qu'il ne vous en déplaise,
Votre conduite en tout est tout à fait mauvaise ;
Vous devriez leur mettre un bon exemple aux yeux,
Et leur défunte mère en usait beaucoup mieux.

(1) *Ma mie*, voir *le Misanthrope*, p. 53, et *Gr. fr. hist.*, 330.

(2) Prov. et pop., *être fort en gueule*, parler beaucoup, avoir la repartie prompte et peu mesurée. (Ac.)

(3) *Un sot en trois lettres*, fig. et prov., extrêmement sot. (Ac.) — La locution est empruntée au latin ; on lit dans l'*Aululaire* de Plaute (A. II, sc. IV) :

Tun', *trium litterarum* homo,
Me vituperas ? *fur !* etiam fur ! trifurcifer !

(4) *Discret* fait maintenant *discrète* au féminin.

(5) Les éditeurs de 1734 ont mis *sous cape*, comme on dit encore aujourd'hui : en dessous, à la dérobée, en cachette, à la sourdine.
La *chape*, anciennement comme la *cape* (picard), manteau à capuchon autrefois fort en usage ; étym. : bas-lat. *capa, quia quasi totum capiat* hominem, dans Isidore. (LITTRÉ.)

Vous êtes dépensière ; et cet état me blesse (1),
Que vous alliez vêtue ainsi qu'une princesse.
Quiconque à son mari veut plaire seulement,
Ma bru, n'a pas besoin de tant d'ajustement.

CLÉANTE.

Mais, Madame, après tout...

MADAME PERNELLE.

Pour vous, Monsieur son frère,
Je vous estime fort, vous aime, et vous révère ;
Mais enfin, si j'étais de mon fils son époux (2),
Je vous prierais bien fort de n'entrer point chez nous.
Sans cesse vous prêchez des maximes de vivre
Qui par d'honnêtes gens ne se doivent point suivre (3).
Je vous parle un peu franc ; mais c'est là mon humeur,
Et je ne mâche point ce que j'ai sur le cœur (4).

DAMIS.

Votre monsieur Tartuffe est bien heureux sans doute (5)...

MADAME PERNELLE.

C'est un homme de bien, qu'il faut que l'on écoute ;
Et je ne puis souffrir sans me mettre en courroux
De le voir querellé par un fou tel que vous.

DAMIS.

Quoi ? je souffrirai, moi, qu'un cagot (6) de critique
Vienne usurper céans un pouvoir tyrannique (7),
Et que nous ne puissions à rien nous divertir,
Si ce beau Monsieur-là n'y daigne consentir ?

DORINE.

S'il le faut écouter et croire à ses maximes,
On ne peut faire rien qu'on ne fasse des crimes ;
Car il contrôle tout, ce critique zélé.

(1) *Cet état*, cette manière de vivre, de se vêtir. Voir *l'Avare*, A. I, sc. V.
(2) *Si j'étais de vous, si j'étais que de vous*, fam., si j'étais à votre place. (Ac.)
(3) *Ne se doivent point suivre*, ne doivent point être suivies. (V. *Gr. fr. hist.*, 685.)
(4) Mme Pernelle se connaît bien et se définit parfaitement. Du reste, les algarades qu'elle fait à quiconque ose lui adresser la parole, sont la meilleure peinture de son caractère.
(5) Il y a dans ce *votre* à la fois de l'ironie et du mépris. (*Gr. fr. hist.*, 592.)
(6) *Cagot*, homme d'une dévotion fausse ou mal entendue. (Ac.) — Étym. : bas-lat. *cagoti*, de *canes Gothi*, chiens de Goths, nom injurieux donné au moyen âge aux Goths et aux Arabes réfugiés au pied des Pyrénées. (LITTRÉ.)
Pour *céans*, voir *l'Avare*, A. II, sc. II, p. 176.

MADAME PERNELLE.

Et tout ce qu'il contrôle est fort bien contrôlé.
C'est au chemin du ciel qu'il prétend vous conduire,
Et mon fils à l'aimer vous devrait tous induire.

DAMIS.

Non, voyez-vous, ma mère, il n'est père ni rien
Qui me puisse obliger à lui vouloir du bien :
Je trahirais mon cœur de parler d'autre sorte;
Sur ses façons de faire à tous coups je m'emporte;
J'en prévois une suite, et qu'avec ce pied plat (1)
Il faudra que j'en vienne à quelque grand éclat.

DORINE.

Certes, c'est une chose aussi qui scandalise,
De voir qu'un inconnu céans s'impatronise (2),
Qu'un gueux qui, quand il vint, n'avait pas de souliers (3),
Et dont l'habit entier valait bien six deniers,
En vienne jusque-là que de se méconnaître,
De contrarier tout, et de faire le maître.

MADAME PERNELLE.

Hé! merci de ma vie! il en irait bien mieux (4),
Si tout se gouvernait par ses ordres pieux.

DORINE.

Il passe pour un saint dans votre fantaisie (5) :
Tout son fait, croyez-moi, n'est rien qu'hypocrisie (6).

MADAME PERNELLE.

Voyez la langue!

DORINE.

    A lui, non plus qu'à son Laurent,
Je ne me fierais, moi, que sur un bon garant.

---

(1) Pour *pied plat*, voir *le Misanthrope*, A. I, sc. I, p. 39.

(2) *S'impatroniser*, acquérir tant d'influence dans une maison qu'on y gouverne tout. Il est fam., et se prend ordinairement en mauvaise part. (Ac.) — Étym. : s'établir *en patron*.

(3) Pour *gueux*, voir *les Femmes sav.*, A. III, sc. V, p. 318; *denier*, voir *l'Avare*, A. 1, sc. V, p. 157.

(4) *Merci de ma vie!* Exclamation populaire qui annonce l'impatience, la colère. (Ac.) — *Il en irait bien mieux*, dans le sens impersonnel; on dirait aujourd'hui : *tout en irait mieux*.

(5) *Dans votre fantaisie*, dans votre esprit; sens primitif, imagination. — Quelques-uns écrivent *phantaisie*. (Ac.) — Du grec φαντασία.

(6) On a dans ce vers tout le sujet de la pièce, et le caractère du personnage principal.

MADAME PERNELLE.

J'ignore ce qu'au fond le serviteur peut être ;
Mais pour homme de bien, je garantis le maître.
Vous ne lui voulez mal et ne le rebutez (1)
Qu'à cause qu'il vous dit à tous vos vérités.
C'est contre le péché que son cœur se courrouce,
Et l'intérêt du ciel est tout ce qui le pousse.

DORINE.

Oui ; mais pourquoi, surtout depuis un certain temps,
Ne saurait il souffrir qu'aucun hante céans (2) ?
En quoi blesse le ciel une visite honnête,
Pour en faire un vacarme à nous rompre la tête ?
Veut-on que là-dessus je m'explique entre nous ?
Je crois que de Madame il est, ma foi, jaloux.

MADAME PERNELLE.

Taisez-vous, et songez aux choses que vous dites.
Ce n'est pas lui tout seul qui blâme ces visites.
Tout ce tracas qui suit les gens que vous hantez,
Ces carrosses sans cesse à la porte plantés,
Et de tant de laquais le bruyant assemblage
Font un éclat fâcheux dans tout le voisinage.
Je veux croire qu'au fond il ne se passe rien ;
Mais enfin on en parle, et cela n'est pas bien.

CLÉANTE.

Hé ! voulez-vous, Madame, empêcher qu'on ne cause ?
Ce serait dans la vie une fâcheuse chose,
Si pour les sots discours où l'on peut être mis,
Il fallait renoncer à ses meilleurs amis.
Et quand même on pourrait se résoudre à le faire,
Croiriez-vous obliger tout le monde à se taire ?
Contre la médisance il n'est point de rempart ;
A tous les sots caquets n'ayons donc nul égard (4)
Efforçons-nous de vivre avec toute innocence,
Et laissons aux causeurs une pleine licence.

DORINE.

Daphné, notre voisine, et son petit époux
Ne seraient-ils point ceux qui parlent mal de nous ?

(1) *Vouloir mal à qq.*, se plaindre de lui ; *vouloir du mal à qq.*, avoir de a haine pour lui. (Ac.)

(2) *Hanter*, v. a., fréquenter, s'emploie aussi neutralement.

(3) *Caquet*, babil. Au plur., discours futiles, propos malins sur le compte d'autrui. Il est familier. (Ac.)

Ceux de qui la conduite offre le plus à rire,
Sont toujours sur autrui les premiers à médire;
Ils ne manquent jamais de saisir promptement
L'apparente lueur du moindre attachement,
D'en semer la nouvelle avec beaucoup de joie,
Et d'y donner le tour qu'ils veulent qu'on y croie :
Des actions d'autrui, teintes de leurs couleurs,
Ils pensent dans le monde autoriser les leurs,
Et sous le faux espoir de quelque ressemblance,
Aux intrigues qu'ils ont donner de l'innocence,
Ou faire ailleurs tomber quelques traits partagés
De ce blâme public dont ils sont trop chargés.

MADAME PERNELLE.

Tous ces raisonnements ne font rien à l'affaire.
On sait qu'Orante mène une vie exemplaire :
Tous ses soins vont au ciel; et j'ai su par des gens
Qu'elle condamne fort le train qui vient céans (1).

DORINE.

L'exemple est admirable, et cette dame est bonne !
Il est vrai qu'elle vit en austère personne ;
Mais l'âge dans son âme a mis ce zèle ardent,
Et l'on sait qu'elle est prude à son corps défendant (2).
Tant qu'elle a pu des cœurs attirer les hommages,
Elle a fort bien joui de tous ses avantages ;
Mais, voyant de ses yeux tous les brillants baisser (3),
Au monde, qui la quitte, elle veut renoncer,
Et du voile pompeux d'une haute sagesse
De ses attraits usés déguiser la faiblesse.
Ce sont là les retours des coquettes du temps.
Il leur est dur de voir déserter les galants.
Dans un tel abandon, leur sombre inquiétude
Ne voit d'autre recours que le métier de prude (4);

(1) *Le train*, grande suite de gens, de valets.

(2) *A son corps défendant*, en repoussant une attaque : *il a tué l'agresseur à son corps défendant*. On l'emploie plus communément au figuré, dans le langage familier; et alors il signifie *malgré soi, à regret, avec répugnance*. (Ac.)

(3) *Les brillants*, c.-à-d. l'éclat. Le pluriel ne s'emploie plus qu'en parlant de diamants taillés à facettes. — Au fig., *faux brillants*, pensées ingénieuses qui ont quelque éclat, mais qui sont dépourvues de justesse, de solidité. (Ac.)

(4) Cette sortie contre la pruderie aura plus tard un complément plus dramatique dans le personnage d'Arsinoé, opposé à la coquette du *Misanthrope*. Molière semble éprouver un malin plaisir à censurer les prudes : la manière

Et la sévérité de ces femmes de bien
Censure toute chose et ne pardonne à rien ;
Hautement d'un chacun elles blâment la vie (1),
Non point par charité, mais par un trait d'envie,
Qui ne saurait souffrir qu'un autre ait les plaisirs
Dont le penchant de l'âge a sevré leurs désirs (2).

MADAME PERNELLE.

Voilà les contes bleus qu'il vous faut pour vous plaire (3).
Ma bru, l'on est chez vous contrainte de se taire,
Car Madame à jaser tient le dé tout le jour (4).
Mais enfin je prétends discourir à mon tour :
Je vous dis que mon fils n'a rien fait de plus sage
Qu'en recueillant chez soi ce dévot personnage (5) ;
Que le ciel au besoin l'a céans envoyé
Pour redresser à tous votre esprit fourvoyé ;
Que pour votre salut vous le devez entendre,
Et qu'il ne reprend rien qui ne soit à reprendre.
Ces visites, ces bals, ces conversations
Sont du malin esprit toutes inventions.
Là jamais on n'entend de pieuses paroles :
Ce sont propos oisifs, chansons et fariboles (6) ;
Bien souvent le prochain en a sa bonne part,
Et l'on y sait médire et du tiers et du quart (7).
Enfin les gens sensés ont leurs têtes troublées
De la confusion de telles assemblées :
Mille caquets divers s'y font en moins de rien ;
Et comme l'autre jour un docteur dit fort bien,

dont il en parle indique autre chose que la louable intention de les corriger ; ses déclamations renferment trop d'insinuations perfides contre la vraie piété et la vertu.

(1) *Un chacun,* toute personne, qui que ce soit; ce tour a vieilli.

(2) *Penchant,* pente; au fig. déclin : *le penchant de l'âge.* (Ac.)

(3) *Contes bleus,* contes de fées, et autres récits de ce genre, ainsi dits parce qu'ils étaient d'ordinaire couverts d'un papier bleu; et par extension, récits imaginaires, raisons sans fondement, billevesées. (Littré.)

(4) Fig. et fam., tenir le dé dans la conversation, se rendre maître de la conversation. (Ac.)

(5) Aujourd'hui on n'emploie généralement *soi* que quand le sujet est indéterminé. (*Gr. fr. hist.*, 624.)

(6) *Faribole,* chose frivole et vaine. Familier. — Étym. inconnue.

7) *Le tiers et le quart,* fam., toutes sortes de personnes indifféremment et sans choix. (Ac.) — *Le tiers,* comme on dit *la tierce personne,* la troisième personne (*tertia persona*) ; de même pour *le quart.*

C'est véritablement la tour de Babylone (1),
Car chacun y babille, et tout du long de l'aune (2);
Et pour conter l'histoire où ce point l'engagea...
Voilà-t-il pas Monsieur qui ricane déjà (3)!
Allez chercher vos fous qui vous donnent à rire,
Et sans... (4) Adieu, ma bru : je ne veux plus rien dire.
Sachez que pour céans j'en rabats de moitié,
Et qu'il fera beau temps quand j'y mettrai le pied.

(Donnant un soufflet à Flipote.)

Allons, vous, vous rêvez, et bayez aux corneilles (5).
Jour de Dieu! je saurai vous frotter les oreilles.
Marchons, gaupe, marchons (6).

SCÈNE II

CLÉANTE, DORINE.

CLÉANTE.

Je n'y veux point aller,
De peur qu'elle ne vînt encor me quereller.
Que cette bonne femme (7)...

DORINE.

Ah! certes, c'est dommage
Qu'elle ne vous ouît tenir un tel langage :

---

(1) Mme Pernelle confond *Babel* avec *Babylone*; ce qui l'entraîne à faire un jeu de mots avec *babille* : la vivacité et la mauvaise humeur expliquent fort bien cette petite licence.

(2) *Tout du long de l'aune*, prov. et fig., beaucoup, exclusivement. (Ac.)

(3) *Ricaner*, rire à demi, soit par sottise, soit par malice. (Ac.) — Étym. douteuse, d'après Littré.

(4) Belle suspension, naturelle et dramatique. Le soufflet, qui nous fait descendre jusqu'à la farce, a du moins le mérite d'achever par un trait de vivacité vulgaire ce portrait de vieille maniaque si bien esquissé par Molière.

Il importe cependant de remarquer qu'en mettant dans la bouche d'une femme aussi extravagante la censure exagérée des travers et des vices du monde, le poète jette indirectement le ridicule sur les maximes de l'Évangile dont Mme Pernelle s'autorise pour faire son réquisitoire.

(5) *Bayer*, tenir la bouche ouverte en regardant longtemps quelque chose; fig., *bayer aux corneilles*, s'amuser à regarder en l'air niaisement. (Ac.) — Étym. incertaine. (Littré.)

Il ne faut pas confondre *bayer* avec *bâiller*, écarter les mâchoires en soupirant, ni avec *bailler*, donner.

(6) *Gaupe*, terme d'injure et de mépris, qui se dit d'une femme malpropre et désagréable. Il est très familier. (Ac.)

(7) *Bonne femme* signifiait souvent au xviie siècle *vieille femme*, comme l'indique du reste la réponse de Dorine. Voir *l'Avare*, A. I, sc. II, p. 145.

Elle vous dirait bien qu'elle vous trouve bon,
Et qu'elle n'est point d'âge à lui donner ce nom.

CLÉANTE.

Comme elle s'est pour rien contre nous échauffée!
Et que de son Tartuffe elle paraît coiffée (1)!

DORINE.

Oh! vraiment tout cela n'est rien au prix du fils,
Et si vous l'aviez vu, vous diriez : « C'est bien pis! »
Nos troubles l'avaient mis sur le pied d'homme sage (2),
Et pour servir son prince il montra du courage ;
Mais il est devenu comme un homme hébété,
Depuis que de Tartuffe on le voit entêté ;
Il l'appelle son frère, et l'aime dans son âme
Cent fois plus qu'il ne fait mère, fils, fille, et femme (3).
A table, au plus haut bout il veut qu'il soit assis (4) ;
Avec joie il l'y voit manger autant que six ;
Les bons morceaux de tout, il faut qu'on les lui cède ;
Et s'il vient à roter (5), il lui dit : « Dieu vous aide! »
 (C'est une servante qui parle.)
Enfin il en est fou ; c'est son tout, son héros ;
Il l'admire à tous coups, le cite à tout propos ;
Ses moindres actions lui semblent des miracles,
Et tous les mots qu'il dit sont pour lui des oracles.
Lui, qui connaît sa dupe et qui veut en jouir,
Par cent dehors fardés a l'art de l'éblouir ;
Son cagotisme en tire à toute heure des sommes,
Et prend droit de gloser sur tous tant que nous sommes.
Il n'est pas jusqu'au fat qui lui sert de garçon (6)
Qui ne se mêle aussi de nous faire leçon ;
Il vient nous sermonner avec des yeux farouches,
Et jeter nos rubans, notre rouge et nos mouches (7).

(1) *Se coiffer de qq.*, fig. et fam., s'engouer, s'entêter de qq. (Ac.)

(2) *Nos troubles*, allusion à la Fronde. — *Sur le pied de*, fig., en réputation de, dans la condition, dans l'état de...

(3) *Qu'il ne fait*, pour *qu'il n'aime*. Voir *Gr. fr. hist.*, 771.

(4) *Le haut bout*, la place qui est regardée comme la plus honorable. (Ac.)

(5) Ce mot est bas, et l'on évite de s'en servir. (Ac.)

(6) *Fat*, adj. et subst., sot, niais. — Il s'agit de Laurent.

(7) *Notre rouge*, espèce de fard rouge dont les femmes usaient beaucoup autrefois, et qui n'est plus guère employé qu'au théâtre. (Ac.)

Mouche se dit aussi d'un petit morceau de taffetas noir préparé, que les femmes se mettaient autrefois sur le visage, ou pour cacher quelques élevures, ou pour faire paraître leur teint plus blanc. (Ac.)

Le traître, l'autre jour, nous rompit de ses mains
Un mouchoir qu'il trouva dans une *Fleur des Saints* (1),
Disant que nous mêlions, par un crime effroyable,
Avec la sainteté les parures du diable (2).

SCÈNE III
ELMIRE, MARIANE, DAMIS, CLÉANTE, DORINE.

ELMIRE.

Vous êtes bien heureux de n'être point venu
Au discours qu'à la porte elle nous a tenu.
Mais j'ai vu mon mari : comme il ne m'a point vue,
Je veux aller là-haut attendre sa venue (3).

CLÉANTE.

Moi, je l'attends ici pour moins d'amusement (4),
Et je vais lui donner le bonjour seulement.

DAMIS.

De l'hymen de ma sœur touchez-lui quelque chose.
J'ai soupçon que Tartuffe à son effet s'oppose,
Qu'il oblige mon père à des détours si grands ;
Et vous n'ignorez pas quel intérêt j'y prends.
Si même ardeur enflamme et ma sœur et Valère,
La sœur de cet ami, vous le savez, m'est chère ;
Et s'il fallait...

DORINE.

Il entre.

SCÈNE IV
ORGON, CLÉANTE, DORINE.

ORGON.

Ah ! mon frère, bonjour.

---

(1) *Les Fleurs des Saints*, ouvrage célèbre du jésuite espagnol Ribadeneira (né à Tolède, en 1527, mort à Madrid en 1611). Des traductions en furent faites, dès son apparition, dans presque toutes les langues de l'Europe. Les éditions françaises du xviie siècle formaient deux gros volumes in-folio, comme le Plutarque d'Amyot, qui servait aux rabats de Chrysale (*Femmes sav.*, A. II, sc. VII, p. 292).

(2) Cette diatribe de Dorine, remarquable comme peinture de l'hypocrite, produit le même effet que les déclamations de Mme Pernelle : l'exagération comique des principes de Tartuffe fait prendre en dégoût la piété elle-même.

(3 On ne s'explique point ce départ d'Elmire.

(4) C.-à-d. *pour moins de retard*, sens alors assez fréquent.

CLÉANTE.

Je sortais, et j'ai joie à vous voir de retour (1).
La campagne à présent n'est pas beaucoup fleurie.

ORGON.

Dorine... Mon beau-frère, attendez, je vous prie :
Vous voulez bien souffrir, pour m'ôter de souci,
Que je m'informe un peu des nouvelles d'ici.
Tout s'est-il, ces deux jours, passé de bonne sorte ?
Qu'est-ce qu'on fait céans ? comme est-ce qu'on s'y porte (2) ?

DORINE.

Madame eut avant-hier la fièvre jusqu'au soir,
Avec un mal de tête étrange à concevoir.

ORGON.

Et Tartuffe ?

DORINE.

Tartuffe ? Il se porte à merveille,
Gros et gras, le teint frais, et la bouche vermeille (3).

ORGON.

Le pauvre homme (4) !

DORINE.

Le soir, elle eut un grand dégoût,
Et ne put au souper toucher à rien du tout,
Tant sa douleur de tête était encor cruelle !

ORGON.

Et Tartuffe ?

DORINE.

Il soupa, lui tout seul, devant elle,
Et fort dévotement il mangea deux perdrix,
Avec une moitié de gigot en hachis.

(1) *J'ai joie à vous voir*, tournure vieillie.
(2) On dirait aujourd'hui *comment* ? (*Gr. fr. hist.*, 462.)
(3) Du Croisy, qui créa le rôle de Tartuffe, était, d'après la note d'un contemporain, « gros, bel homme. »
(4) Ce mot, dont Molière a tiré un si heureux parti, est, dit-on, de Louis XIV. Son ancien précepteur, Hardouin de Péréfixe, évêque de Rodez, plus tard archevêque de Paris, l'accompagnait dans un voyage de Lorraine. Un jour que le roi l'invitait à sa table, c'était la vigile de saint Laurent, le prélat s'en excusa, disant qu'il ne pouvait faire qu'une collation à cause du jeûne alors prescrit en France. Un des courtisans, ayant appris le fait, s'en amusa devant Louis XIV, en lui énumérant les mets délicats qu'on avait servis sur la table de l'évêque. A chacun des plats le roi s'écriait : *Le pauvre homme !* en variant son ton d'une façon fort plaisante. Cette anecdote, qu'on trouve partout, n'est pas d'une authenticité bien établie.

ORGON.

Le pauvre homme!

DORINE.

La nuit se passa tout entière,
Sans qu'elle pût fermer un moment la paupière (1);
Des chaleurs l'empêchaient de pouvoir sommeiller,
Et jusqu'au jour près d'elle il nous fallut veiller.

ORGON.

Et Tartuffe?

DORINE.

Pressé d'un sommeil agréable,
Il passa dans sa chambre au sortir de la table,
Et dans son lit bien chaud il se mit tout soudain,
Où sans trouble il dormit jusques au lendemain.

ORGON.

Le pauvre homme!

DORINE.

À la fin, par nos raisons gagnée,
Elle se résolut à souffrir la saignée,
Et le soulagement suivit tout aussitôt.

ORGON.

Et Tartuffe?

DORINE.

Il reprit courage comme il faut,
Et contre tous les maux fortifiant son âme,
Pour réparer le sang qu'avait perdu Madame,
But à son déjeuner quatre grands coups de vin.

ORGON.

Le pauvre homme!

DORINE.

Tous deux se portent bien enfin;
Et je vais à Madame annoncer par avance
La part que vous prenez à sa convalescence.

SCÈNE V

ORGON, CLÉANTE.

CLÉANTE.

A votre nez, mon frère, elle se rit de vous;
Et sans avoir dessein de vous mettre en courroux,

---

(1) Dorine ne cesse d'opposer Elmire à Tartuffe : le contraste ne saurait être plus comique.

ACTE I, SCÈNE V

Je vous dirai tout franc que c'est avec justice.
A-t-on jamais parlé d'un semblable caprice ?
Et se peut-il qu'un homme ait un charme aujourd'hui (1)
A vous faire oublier toutes choses pour lui,
Qu'après avoir chez vous réparé sa misère,
Vous en veniez au point... ?

ORGON.

Halte-là, mon beau-frère (2),
Vous ne connaissez pas celui dont vous parlez.

CLÉANTE.

Je ne le connais pas, puisque vous le voulez ;
Mais enfin, pour savoir quel homme ce peut être...

ORGON.

Mon frère, vous seriez charmé de le connaître,
Et vos ravissements ne prendraient point de fin.
C'est un homme... qui... ha !... un homme... un homme enfin (3).
Qui suit bien ses leçons goûte une paix profonde,
Et comme du fumier regarde tout le monde (4).
Oui, je deviens tout autre avec son entretien ;
Il m'enseigne à n'avoir affection pour rien,
De toutes amitiés il détache mon âme ;
Et je verrais mourir frère, enfants, mère et femme (5),

(1) *Un charme*, un enchantement, sens du primitif latin *carmen*. Voir *Corneille choisi*, p. 203 (*Horace*, a. III, sc. II).
Un charme à faire oublier, c.-à-d. capable de faire oublier.
(2) Toutes les éditions jusqu'en 1773 portent *alte-là*. L'orthographe adoptée par l'Académie, *halte-là*, est plus conforme à l'étymologie allemande : *halten*, s'arrêter ; *halt*, halte, station. (LITTRÉ.)
(3) Si l'on s'en rapporte à l'auteur de la *Lettre sur la comédie de l'Imposteur*, ces mots, *un homme... un homme enfin*, loin d'être dits avec fermeté par Molière qui jouait Orgon, devaient être prononcés avec une sorte de béatitude niaise et en même temps d'embarras. (Voir les *Grands Écrivains*.)
(4) Parodie indigne de la parole sublime de saint Paul : « Je regarde toutes choses comme du fumier, afin de gagner Jésus-Christ. » (PHILIPP. III.)
(5) Autre parodie non moins indécente des paroles de Notre-Seigneur : « Si quelqu'un ne hait son père, sa mère, sa femme, ses enfants, ses frères et ses sœurs, et même sa vie, ne peut être mon disciple (S. LUC. XIV, 26) ; » c.-à-d. suivant le texte parallèle de saint Matthieu (XIII, 37) : « Celui qui aime son père, sa mère..., plus que moi, » plus que Dieu, au point de leur sacrifier la loi divine et le salut de son âme.
Molière travestit l'enseignement de Notre-Seigneur au point de le rendre odieux : la morale chrétienne, loin d'*enseigner à n'avoir d'affection pour rien*, fait une obligation de l'amour du prochain ; seulement elle le subordonne, comme la raison même le demande, à l'amour de Dieu. Corneille a exposé le précepte de la charité avec une exactitude parfaite dans *Polyeucte* (A. I, sc. I) :
POL.   Pour se donner à Dieu, faut-il n'aimer personne ?

Que je m'en soucierais autant que de cela (1).

CLÉANTE.

Les sentiments humains, mon frère, que voilà!

ORGON.

Ha! si vous aviez vu comme j'en fis rencontre.
Vous auriez pris pour lui l'amitié que je montre.
Chaque jour à l'église il venait, d'un air doux,
Tout vis-à-vis de moi se mettre à deux genoux.
Il attirait les yeux de l'assemblée entière
Par l'ardeur dont au ciel il poussait sa prière (2);
Il faisait des soupirs, de grands élancements,
Et baisait humblement la terre à tous moments;
Et lorsque je sortais, il me devançait vite,
Pour m'aller à la porte offrir de l'eau bénite.
Instruit par son garçon, qui dans tout l'imitait,
Et de son indigence, et de ce qu'il était,
Je lui faisais des dons; mais avec modestie (3)
Il me voulait toujours en rendre une partie.
« C'est trop, me disait-il, c'est trop de la moitié;
Je ne mérite pas de vous faire pitié; »
Et quand je refusais de le vouloir reprendre,
Aux pauvres, à mes yeux, il allait le répandre.
Enfin le ciel chez moi me le fit retirer,
Et depuis ce temps-là tout semble y prospérer.
Mais vous ne croiriez point jusqu'où monte son zèle :
Il s'impute à péché la moindre bagatelle;
Un rien presque suffit pour le scandaliser;
Jusque-là qu'il se vint l'autre jour accuser
D'avoir pris une puce en faisant sa prière,
Et de l'avoir tuée avec trop de colère (4).

NÉARQUE. Nous pouvons tout aimer : il le souffre, il l'ordonne;
Mais, à vous dire vrai, ce Seigneur des seigneurs
Veut le premier amour et les premiers honneurs.
Comme rien n'est égal à sa grandeur suprême,
Il faut ne rien aimer qu'après lui, qu'en lui-même,
Négliger, pour lui plaire, et femme, et biens et rang,
Exposer pour sa gloire et verser tout son sang.

(1) *Que de cela*; le mot est expliqué par le geste traditionnel de l'acteur c'est l'imperceptible bruit de l'ongle du pouce un moment appuyé sous l'extrémité des dents d'en haut. (Éd. des *Grands Écrivains*.)

(2) Le verbe *pousser* se trouve souvent sous la plume des grands auteurs du XVIIe siècle, à cause de sa grande énergie; les précieuses en abusaient.

(3) Le portrait du faux dévot est habilement fait; mais le stupide personnage d'Orgon est-il vraisemblable?

(4) C'est le lieu de rappeler la protestation indignée de Bourdaloue contre

ACTE I, SCÈNE V

CLÉANTE.

Parbleu! vous êtes fou, mon frère, que je croi (1).
Avec de tels discours, vous moquez-vous de moi?
Et que prétendez-vous de tout ce badinage...?

ORGON.

Mon frère, ce discours sent le libertinage (2).
Vous en êtes un peu dans votre âme entiché (3),
Et comme je vous l'ai plus de dix fois prêché,
Vous vous attirerez quelque méchante affaire.

CLÉANTE.

Voilà de vos pareils le discours ordinaire ;
Ils veulent que chacun soit aveugle comme eux.
C'est être libertin que d'avoir de bons yeux,
Et qui n'adore pas de vaines simagrées (4),
N'a ni respect ni loi pour les choses sacrées.
Allez, tous vos discours ne me font point de peur :
Je sais comme je parle, et le ciel voit mon cœur.
De tous vos façonniers on n'est point les esclaves (5).
Il est de faux dévots ainsi que de faux braves ;
Et comme on ne voit pas qu'où l'honneur les conduit,
Les vrais braves soient ceux qui font beaucoup de bruit,
Les bons et vrais dévots, qu'on doit suivre à la trace,
Ne sont pas ceux aussi qui font tant de grimace (6).

cette peinture de l'hypocrite représenté comme un homme « consciencieux jusqu'à la délicatesse et au scrupule sur des points moins importants, où toutefois il le faut être, pendant qu'il se portait d'ailleurs aux crimes les plus énormes. » Voir plus haut, p. 382.

(1) *Je croi*, v. *le Misanthrope*, p. 46, n. 3, et *Gr. fr. hist.*, 426.

(2) *Libertinage*, qui signifie aujourd'hui dérèglement dans les mœurs, signifiait au XVIIᵉ siècle licence des opinions en matière de religion. Les *libertins* étaient les incrédules, les sceptiques, les esprits forts. Voir le dernier chapitre de la Bruyère.

(3) *Entiché*, au propre, qui commence à se gâter, s'emploie ordinairement au fig. en parlant de mauvaises opinions ; il se dit encore, au fig., en parlant d'une prévention excessive en faveur d'une personne ou d'une chose. (Ac.) — Étym. : c'est le même mot que *en-tacher*. (LITTRÉ.)

(4) *Simagrées*, se dit de certaines manières affectées, de certaines minauderies. — Étym. inconnue ; peut-être de *simulacrée*, ou de *simius* (singe), ou de *si m'agrée*, ou du berrichon *chimer, simer*, pleurnicher. (LITTRÉ.)

(5) *Façonnier*, qui fait trop de façons. — Pour l'emploi de *on* avec un attribut pluriel, v. *Gr. fr. hist.*, 656.

(6) *Grimace*, contorsion du visage faite souvent à dessein ; au fig., feinte, dissimulation. (Ac.) — *Grimace*, paraît tenir de l'italien *grimo*, ridé, et signifierait proprement grosse ride, vilaine ride. (LITTRÉ.)

Hé quoi ? vous ne ferez nulle distinction
Entre l'hypocrisie et la dévotion?
Vous les voulez traiter d'un semblable langage,
Et rendre même honneur au masque qu'au visage,
Égaler l'artifice à la sincérité,
Confondre l'apparence avec la vérité,
Estimer le fantôme autant que la personne,
Et la fausse monnaie à l'égal de la bonne ?
Les hommes la plupart sont étrangement faits !
Dans la juste nature on ne les voit jamais ;
La raison a pour eux des bornes trop petites ;
En chaque caractère ils passent ses limites ;
Et la plus noble chose, ils la gâtent souvent
Pour la vouloir outrer et pousser trop avant.
Que cela vous soit dit en passant, mon beau-frère.

ORGON.

Oui, vous êtes sans doute un docteur qu'on révère ;
Tout le savoir du monde est chez vous retiré ;
Vous êtes le seul sage et le seul éclairé,
Un oracle, un Caton dans le siècle où nous sommes (1);
Et près de vous ce sont des sots que tous les hommes.

CLÉANTE.

Je ne suis point, mon frère, un docteur révéré,
Et le savoir chez moi n'est pas tout retiré.
Mais, en un mot, je sais, pour toute ma science,
Du faux avec le vrai faire la différence ;
Et comme je ne vois nul genre de héros
Qui soient plus à priser que les parfaits dévots (2),
Aucune chose au monde et plus noble et plus belle
Que la sainte ferveur d'un véritable zèle,

(1) Caton, nom d'un Romain célèbre par l'austérité de ses mœurs. On l'emploie figurément et familièrement, en parlant d'un homme très sage, ou qui affecte de l'être. (Ac.)

(2) Saint François de Sales définit parfaitement la vraie dévotion : « La vraie et vivante dévotion, dit-il, présuppose l'amour de Dieu... Quand cet amour est parvenu à ce degré de perfection auquel il ne nous fait pas seulement bien faire, mais nous fait opérer soigneusement, fréquemment et promptement, alors il s'appelle *dévotion*... Bref, la dévotion n'est autre chose qu'une agilité et vivacité spirituelle, par le moyen de laquelle la charité fait ses actions en nous, ou nous par elle, promptement et affectionnément... C'est pourquoi celui qui n'observe pas les commandements de Dieu ne peut être estimé ni bon ni dévot... En outre, la dévotion nous provoque à faire promptement et affectionnément le plus de bonnes œuvres que nous pouvons, encore qu'elles ne soient aucunement commandées, mais seulement conseillées ou inspirées. » (*Introd. à la vie dévote*, 1re partie, ch. I.)

Aussi ne vois-je rien qui soit plus odieux
Que le dehors plâtré d'un zèle spécieux (1),
Que ces francs charlatans, que ces dévots de place (2),
De qui la sacrilège et trompeuse grimace
Abuse impunément et se joue à leur gré
De ce qu'ont les mortels de plus saint et sacré,
Ces gens qui, par une âme à l'intérêt soumise,
Font de dévotion métier et marchandise (3),
Et veulent acheter crédit et dignités
A prix de faux clins d'yeux et d'élans affectés (4),
Ces gens, dis-je, qu'on voit d'une ardeur non commune
Par le chemin du ciel courir à leur fortune,
Qui, brûlants et priants, demandent chaque jour (5),
Et prêchent la retraite au milieu de la cour,
Qui savent ajuster leur zèle avec leurs vices,
Sont prompts, vindicatifs, sans foi, pleins d'artifices
Et pour perdre quelqu'un couvrent insolemment
De l'intérêt du ciel leur fier ressentiment (6),
D'autant plus dangereux dans leur âpre colère,
Qu'ils prennent contre nous des armes qu'on révère,
Et que leur passion, dont on leur sait bon gré,
Veut nous assassiner avec un fer sacré.
De ce faux caractère on en voit trop paraître (7) ;

(1) *Plâtrer*, au fig. et fam., signifie couvrir, cacher quelque chose de mauvais sous des apparences qui ne peuvent subsister longtemps. (Ac.)

(2) *Dévots de place*, qui s'affichent à tous les regards, comme on disait au xvii° siècle les *valets de place*, qui stationnaient sur les places publiques pour offrir leurs services ; comme on dit encore aujourd'hui les *voitures de place*.

(3) *Faire métier et marchandise d'une chose*, fig., être accoutumé à la faire. (Ac.)

(4) *Élan* se dit particulièrement des mouvements subits auxquels l'âme s'abandonne, quand elle est pénétrée d'une vive affection, remplie d'un grand enthousiasme, ou saisie d'une extrême douleur : un élan de zèle, des élans de douleur. (Ac.)

(5) *Demandent*, font des demandes, sollicitent des faveurs, des places, des honneurs. — *Priants*; l'usage permettait encore de faire accorder le participe présent ; l'Académie ne reçut qu'en 1679 la règle contraire, que nous suivons aujourd'hui. Voir *Gr. fr. hist.*, 778.

(6) *Fier*, c.-à-d. féroce, farouche, implacable ; sens du latin *ferus*.

(7) Molière a mis tout son art, toute l'énergie caustique de son style à donner au portrait du faux dévot ses plus hideuses couleurs. On dirait, à l'entendre, que l'Église et l'État étaient envahis par la lèpre de l'hypocrisie. Avec des yeux moins prévenus et moins passionnés, il aurait vu que le grand danger d'alors était moins l'hypocrisie religieuse que le libertinage d'esprit qui commençait à miner la foi, et qui devait bientôt s'étaler effrontément dans les orgies de la Régence, dans les entreprises antichrétiennes du philoso-

Mais les dévots de cœur sont aisés à connaître.
Notre siècle, mon frère, en expose à nos yeux
Qui peuvent nous servir d'exemples glorieux :
Regardez Ariston, regardez Périandre,
Oronte, Alcidamas, Polydore, Clitandre (1) ;
Ce titre par aucun ne leur est débattu (2) ;
Ce ne sont point du tout fanfarons de vertu ;
On ne voit point en eux ce faste insupportable,
Et leur dévotion est humaine, est traitable ;
Ils ne censurent point toutes nos actions :
Ils trouvent trop d'orgueil dans ces corrections ;
Et laissant la fierté des paroles aux autres,
C'est par leurs actions qu'ils reprennent les nôtres.
L'apparence du mal a chez eux peu d'appui (3),
Et leur âme est portée à juger bien d'autrui.
Point de cabale en eux, point d'intrigues à suivre ;
On les voit, pour tous soins, se mêler de bien vivre ;
Jamais contre un pécheur ils n'ont d'acharnement ;
Ils attachent leur haine au péché seulement,
Et ne veulent point prendre, avec un zèle extrême,
Les intérêts du ciel plus qu'il ne veut lui-même.
Voilà mes gens, voilà comme il en faut user,
Voilà l'exemple enfin qu'il se faut proposer (4).

phisme, pour aboutir enfin aux saturnales impies de la Révolution. Vingt ans à peine s'étaient écoulés après *le Tartuffe*, que Fénelon poussait ce cri de douleur dans son sermon pour la fête de l'Épiphanie (1687) : « On voit les mystères de Jésus-Christ ébranlés jusqu'aux fondements. Des hommes profanes et téméraires ont franchi les bornes, et ont appris à douter de tout. C'est ce que nous entendons tous les jours : *un bruit sourd d'impiété* vient frapper nos oreilles, et nous en avons le cœur déchiré. » Quelle part revenait au poète railleur dans ce dépérissement de la foi ? Dieu seul pourrait nous le dire.

(1) « J'ai beau regarder, dit fort justement L. Veuillot ; où donc sont-ils dans la pièce les *dévots de cœur*, les vrais gens de bien dont le contraste serait indispensable, si Molière, sincèrement, n'avait voulu décrier que l'imposture ? Ni Périandre, ni Polydore, ni aucun de ces parangons de vertu ne se montrent ; ils restent dans la coulisse ; Orgon tout seul avec Mme Pernelle, aussi folle que lui, demeure pour soutenir l'honneur du nom chrétien. »

Toute cette tirade, ajoutée en 1669 pour atténuer la mauvaise impression de la pièce, n'est guère propre à en corriger l'effet.

(2) *Débattu*, c.-à-d. contesté.

(3) *A chez eux peu d'appui*, est peu appuyée, est négligée par eux.

(4) Cet honnête Cléante, qui fait si bien la leçon à son beau-frère, ne peut tracer le portrait du chrétien sincère, sans donner à chaque trait un nouveau coup de griffe aux faux dévots. Du reste, comme le fait bien remarquer Sainte-Beuve, « le vrai dévot, si bien tenu à part et en réserve, n'est plus guère là que pour la forme, pour l'honneur. Le faux dévot, au contraire,

Votre homme, à dire vrai, n'est pas de ce modèle :
C'est de fort bonne foi que vous vantez son zèle ;
Mais par un faux éclat je vous crois ébloui.

ORGON.

Monsieur mon cher beau-frère, avez-vous tout dit?

CLÉANTE.

Oui.

ORGON.

Je suis votre valet. (*Il veut s'en aller.*)

CLÉANTE.

De grâce, un mot, mon frère.
Laissons là ce discours. Vous savez que Valère
Pour être votre gendre a parole de vous ?

ORGON.

Oui.

CLÉANTE.

Vous aviez pris jour pour un lien si doux.

ORGON.

Il est vrai.

CLÉANTE.

Pourquoi donc en différer la fête ?

ORGON.

Je ne sais.

CLÉANTE.

Auriez-vous autre pensée en tête?

ORGON.

Peut-être.

CLÉANTE.

Vous voulez manquer à votre foi ?

ORGON.

Je ne dis pas cela.

CLÉANTE.

Nul obstacle, je croi,
Ne peut vous empêcher d'accomplir vos promesses.

---

est tout à fait dégagé, mis en saillie. » Le même critique, peu suspect en pareille matière, comprenait parfaitement son homme, quand il posait, en note, « la petite question indiscrète que voici : « Ce Cléante fait-il encore ses Pâques ? » et qu'il répondait : « Je le crois. Certainement, cinquante ans plus tard, il ne les fera plus. » (*Port-Royal*, III.) Et voilà le vengeur de la religion que Molière opposait à Tartuffe !

ORGON.

Selon (1).

CLÉANTE.

Pour dire un mot, faut-il tant de finesses ?
Valère sur ce point me fait vous visiter.

ORGON.

Le ciel en soit loué !

CLÉANTE.

Mais que lui reporter ?

ORGON.

Tout ce qu'il vous plaira.

CLÉANTE.

Mais il est nécessaire
De savoir vos desseins. Quels sont-ils donc ?

ORGON.

De faire
Ce que le ciel voudra (2).

CLÉANTE.

Mais parlons tout de bon.
Valère a votre foi : la tiendrez-vous, ou non ?

ORGON.

Adieu.

CLÉANTE.

Pour son amour je crains une disgrâce,
Et je dois l'avertir de tout ce qui se passe.

(1) *Selon*, dans la conversation, s'emploie quelquefois absolument pour dire, selon les occurrences, et alors il ne s'emploie guère que pour marquer quelque doute à quelqu'un qui nous interroge. (Ac.)

(2) Orgon a toujours le mot de *ciel* à la bouche ; il l'emploie dans les réponses les plus insignifiantes ; manière indirecte de se moquer de la Providence et de ceux qui ont foi en elle.

(3) Le silence obstiné d'Orgon fait pressentir un changement d'avis sur le mariage de sa fille ; c'est une préparation du IIe acte.

QUESTIONS SUR LE Ier ACTE.

Comment s'ouvre le Ier acte ?
Par quoi se distingue l'exposition ?
Comment s'y dessinent les différents caractères ?
Sur quels sujets roule la dispute ?
Comment Dorine trace-t-elle le portrait de Tartuffe ?
Dans quel but Damis demande-t-il l'intervention de Cléante ?
Quelle est la grande préoccupation d'Orgon à son retour ? Comment la témoigne-t-il ?
Analysez la scène du *pauvre homme*.
Comment Orgon montre-t-il son engouement pour l'hypocrite ?
Comment Cléante cherche-t-il à le détromper ?
Analysez le parallèle qu'il établit entre le faux dévot et le vrai.
Que répond Orgon aux questions de Cléante touchant le mariage de Mariane ?

ACTE SECOND

Le mariage de Mariane.

SCÈNE I
ORGON, MARIANE.

ORGON.

Mariane.

MARIANE.

Mon père.

ORGON.

Approchez, j'ai de quoi
Vous parler en secret.

MARIANE.

Que cherchez-vous ?

ORGON. (*Il regarde dans un petit cabinet.*)

Je voi
Si quelqu'un n'est point là qui pourrait nous entendre ;
Car ce petit endroit est propre pour surprendre (1).
Or sus, nous voilà bien (2). J'ai, Mariane, en vous
Reconnu de tout temps un esprit assez doux,
Et de tout temps aussi vous m'avez été chère.

MARIANE.

Je suis fort redevable à cet amour de père.

ORGON.

C'est fort bien dit, ma fille ; et pour le mériter,
Vous devez n'avoir soin que de me contenter.

MARIANE.

C'est où je mets aussi ma gloire la plus haute.

(1) *Propre pour,* convenable ; on dit aujourd'hui *propre à.*

(2) *Or sus,* interjection familière dont on se sert pour exhorter, pour exciter. (Ac.)

ORGON.

Fort bien. Que dites-vous de Tartuffe notre hôte?

MARIANE.

Qui, moi?

ORGON.

Vous. Voyez bien comme vous répondrez.

MARIANE.

Hélas! j'en dirai, moi, tout ce que vous voudrez.

ORGON.

C'est parler sagement (1). Dites-moi donc, ma fille,
Qu'en toute sa personne un haut mérite brille,
Qu'il touche votre cœur, et qu'il vous serait doux
De le voir par mon choix devenir votre époux.
Eh?

(*Mariane se recule avec surprise.*)

MARIANE

Eh?

ORGON.

Qu'est-ce?

MARIANE.

Plaît-il?

ORGON.

Quoi?

MARIANE.

Me suis-je méprise?

ORGON.

Comment?

MARIANE.

Qui voulez-vous, mon père, que je dise
Qui (2) me touche le cœur, et qu'il me serait doux
De voir par votre choix devenir mon époux?

(1) Éd. 1734 : Dorine, entrant doucement et se tenant derrière Orgon, sans être vue.

(2) Construction embarrassée qui répond assez à l'embarras de Mariane. C'est comme s'il y avait : qui voulez-vous que je dise *être celui* qui me touche... On trouve dans le *Misanthrope*, A. 1, sc. I, p. 42, une tournure semblable :

Mais *qui* voulez-vous donc *qui* pour vous sollicite?

LE TARTUFFE

ORGON.

Tartuffe.

MARIANE.

Il n'en est rien, mon père, je vous jure.
Pourquoi me faire dire une telle imposture ?

ORGON.

Mais je veux que cela soit une vérité ;
Et c'est assez pour vous que je l'aie arrêté.

MARIANE.

Quoi ? vous voulez, mon père... ?

ORGON.

Oui, je prétends, ma fille,
Unir par votre hymen Tartuffe à ma famille.
Il sera votre époux, j'ai résolu cela ;
Et comme sur vos vœux je... (1).

SCÈNE II

DORINE, ORGON, MARIANE.

ORGON.

Que faites-vous là (2) ?
La curiosité qui vous presse est bien forte,
Ma mie, à nous venir écouter de la sorte.

DORINE.

Vraiment, je ne sais pas si c'est un bruit qui part
De quelque conjecture, ou d'un coup de hasard ;
Mais de ce mariage on m'a dit la nouvelle,
Et j'ai traité cela de pure bagatelle.

ORGON.

Quoi donc ? la chose est-elle incroyable ?

DORINE.

A tel point,
Que vous-même, Monsieur, je ne vous en crois point.

---

(1) Orgon veut imposer Tartuffe à Mariane : c'est l'histoire d'Harpagon qui destine le seigneur Anselme à sa fille, et de Philaminte qui veut forcer Henriette à épouser Trissotin. C'est un thème rebattu dans le théâtre de Molière, où l'autorité paternelle se présente trop souvent sous l'aspect d'une odieuse tyrannie.

(2) Orgon vient d'apercevoir Dorine qui écoutait la conversation.

ORGON.

Je sais bien le moyen de vous le faire croire.

DORINE.

Oui, oui, vous nous contez une plaisante histoire.

ORGON.

Je conte justement ce qu'on verra dans peu.

DORINE.

Chansons !

ORGON.

Ce que je dis, ma fille, n'est point jeu.

DORINE.

Allez, ne croyez point à Monsieur votre père :
Il raille.

ORGON.

Je vous dis...

DORINE.

Non, vous avez beau faire,
On ne vous croira point.

ORGON.

A la fin mon courroux...

DORINE.

Hé bien ! on vous croit donc, et c'est tant pis pour vous.
Quoi ? se peut-il, Monsieur, qu'avec l'air d'homme sage,
Et cette large barbe au milieu du visage,
Vous soyez assez fou pour vouloir... ?

ORGON.

Écoutez :
Vous avez pris céans certaines privautés (1)
Qui ne me plaisent point ; je vous le dis, ma mie.

DORINE.

Parlons sans nous fâcher, Monsieur, je vous supplie.
Vous moquez-vous des gens d'avoir fait ce complot ?
Votre fille n'est point l'affaire d'un bigot (2) :

---

(1) *Privauté*, familiarité extrême. (Ac.)

(2) *Bigot*, dévot outré et superstitieux. (Ac.) — Étym. : bas-lat. *biguti*, probablement de *visigothi*, visigoths, employé comme terme de mépris. (LITTRÉ.)

Il a d'autres emplois auxquels il faut qu'il pense.
Et puis, que vous apporte une telle alliance?
A quel sujet aller, avec tout votre bien,
Choisir un gendre gueux?...

ORGON.

Taisez-vous. S'il n'a rien,
Sachez que c'est par là qu'il faut qu'on le révère.
Sa misère est sans doute une honnête misère;
Au-dessus des grandeurs elle doit l'élever,
Puisque enfin de son bien il s'est laissé priver
Par son trop peu de soin des choses temporelles,
Et sa puissante attache aux choses éternelles (1).
Mais mon secours pourra lui donner les moyens
De sortir d'embarras et rentrer dans ses biens :
Ce sont fiefs qu'à bon titre au pays on renomme (2);
Et tel que l'on le voit, il est bien gentilhomme (3).

DORINE.

Oui, c'est lui qui le dit; et cette vanité,
Monsieur, ne sied pas bien avec la piété.
Qui d'une sainte vie embrasse l'innocence,
Ne doit point tant prôner son nom et sa naissance (4),
Et l'humble procédé de la dévotion
Souffre mal les éclats de cette ambition.
A quoi bon cet orgueil?... Mais ce discours vous blesse :
Parlons de sa personne, et laissons sa noblesse.
Ferez-vous possesseur, sans quelque peu d'ennui,
D'une fille comme elle un homme comme lui?
Et ne devez-vous pas songer aux bienséances,
Et de cette union prévoir les conséquences ?
Vous n'en feriez que mieux de suivre mes leçons.

ORGON.

Ne nous amusons point, ma fille, à ces chansons :

---

(1) *Attache*, attachement, comme dans *Athalie* (A. III, sc. III) :
    D'ailleurs pour cet enfant leur *attache* est visible.

(2) *Fief*, domaine noble dont le possesseur, appelé vassal, doit l'hommage au seigneur d'un autre domaine. (Ac.)

(3) *Gentilhomme*, celui qui est noble de race. (Ac.) — Étym. : *homme*, et *gentil*, qui est de race; lat. *gentilis*, qui est de bonne race, de *gens*, race. (Littré.)

(4) *Prôner*, au fig., vanter, louer avec exagération. (Ac.) Étym. : *prône*, de *præconium*, publication, de *præco*, crieur public; de là *præconium*, éloge public. (Littré.)

Je sais ce qu'il vous faut, et je suis votre père.
J'avais donné pour vous ma parole à Valère ;
Mais outre qu'à jouer on dit qu'il est enclin (1),
Je le soupçonne encor d'être un peu libertin (2) :
Je ne remarque point qu'il hante les églises.

DORINE.

Voulez-vous qu'il y coure à vos heures précises,
Comme ceux qui n'y vont que pour être aperçus ?

ORGON.

Je ne demande pas votre avis là-dessus.
Enfin avec le ciel l'autre est le mieux du monde,
Et c'est une richesse à nulle autre seconde (3).
Cet hymen de tous biens comblera vos désirs ;
Il sera tout confit en douceurs et plaisirs.
Ensemble vous vivrez, dans vos ardeurs fidèles,
Comme deux vrais enfants, comme deux tourterelles ;
A nul fâcheux débat jamais vous n'en viendrez,
Et vous ferez de lui tout ce que vous voudrez.

DORINE.

Elle ? elle n'en fera qu'un fat, je vous assure.

ORGON.

Ouais ! quels discours !

DORINE.

Je dis qu'il en a l'encolure (4),
Et que son ascendant, Monsieur, l'emportera (5)
Sur toute la vertu que votre fille aura.

(1) Sur la passion du jeu, voir *l'Avare*, A. II, sc. VI, p. 183.

(2) Voir plus haut *libertinage*, p. 401, note 2.

(3) *A nulle autre seconde.* Sur cette expression, que Boileau a si bien tournée en ridicule, voir *les Femmes sav.*, A. II, sc. VI, p. 285.

(4) *Encolure*, la partie du cheval qui s'étend depuis la tête jusqu'aux épaules et au poitrail. Il se dit fig. et fam. en parlant des personnes, pour désigner l'air, l'apparence, et il se prend ordinairement en mauvaise part. (Ac.)

(5) *Son ascendant*, son étoile. « *Ascendant*, adj., qui va en montant (du latin *ascendens*) ; il se disait autrefois, en astrologie, et se dit encore, en astronomie, des astres qui montent sur l'horizon : les astrologues prétendaient que le point ascendant avait beaucoup d'influence sur la vie des hommes. » (Ac.)

ORGON

Cessez de m'interrompre, et songez à vous taire,
Sans mettre votre nez où vous n'avez que faire.

DORINE.

Je n'en parle, Monsieur, que pour votre intérêt.
(*Elle l'interrompt toujours au moment qu'il se retourne pour parler à sa fille.*)

ORGON.

C'est prendre trop de soin : taisez-vous, s'il vous plaît.

DORINE.

Si l'on ne vous aimait...

ORGON.

Je ne veux pas qu'on m'aime.

DORINE.

Et je veux vous aimer, Monsieur, malgré vous-même.

ORGON.

Ah!

DORINE.

Votre honneur m'est cher, et je ne puis souffrir
Qu'aux brocards d'un chacun vous alliez vous offrir (1).

ORGON.

Vous ne vous tairez point ?

DORINE.

C'est une conscience (2)
Que de vous laisser faire une telle alliance.

ORGON.

Te tairas-tu, serpent, dont les traits effrontés... ?

DORINE.

Ah! vous êtes dévot, et vous vous emportez ?

ORGON.

Oui, ma bile s'échauffe à toutes ces fadaises,
Et tout résolûment je veux que tu te taises.

---

(1) *Brocard,* parole de moquerie, raillerie piquante. (Ac.) Étym. : bas-lat. *brocarda,* compilation de sentences de droit, faite dans le xie siècle par *Burchard* (ou Brocard), évêque de Worms. (Littré.)

D'un chacun, voir plus haut, p. 393, n. 1.

(2) On dit aujourd'hui : *c'est conscience de...*, c.-à-d. c'est un point qui intéresse la conscience, parce qu'on croit que c'est contre la raison, la justice, etc. (Ac.)

ACTE II, SCÈNE II

DORINE.

Soit. Mais, ne disant mot, je n'en pense pas moins.

ORGON.

Pense, si tu le veux ; mais applique tes soins
(*Se retournant vers sa fille.*)
A ne m'en point parler, ou... : suffit. Comme sage (1),
J'ai pesé mûrement toutes choses.

DORINE.

J'enrage
De ne pouvoir parler. (*Elle se tait lorsqu'il tourne la tête.*

ORGON.

Sans être damoiseau (2),
Tartuffe est fait de sorte...

DORINE.

Oui, c'est un beau museau (3).

ORGON.

Que quand tu n'aurais même aucune sympathie
Pour tous les autres dons...
(*Il se tourne devant elle, et la regarde les bras croisés.*)

DORINE.

La voilà bien lotie (4) !

ORGON.

Donc, de ce que je dis on ne fera nul cas ?

DORINE.

De quoi vous plaignez-vous ? Je ne vous parle pas (5).

ORGON.

Qu'est-ce que tu fais donc ?

DORINE.

Je me parle à moi-même.

---

(1) *Comme sage*, en homme sage.

(2) *Damoiseau*, fam. et par ironie, jeune homme élégant. Voir l'*Avare*, A. I, sc. VI, p. 160.

(3) *Museau* se dit qqf., populairement, en parlant des personnes, mais seulement par mépris ou par plaisanterie. (Ac.)

(4) *Bien loti*, bien partagé, fam. et ironique. — Du verbe *lotir*, faire des lots.

(5) Dorine pousse l'insolence, et Orgon la sottise au delà des limites du vraisemblable. Quel maître s'accommoderait d'une telle servante ?

ORGON.

Fort bien. Pour châtier son insolence extrême,
Il faut que je lui donne un revers de ma main (1).
(*Il se met en posture de lui donner un soufflet, et Dorine, à chaque coup d'œil qu'il jette, se tient droite sans parler.*)
Ma fille, vous devez approuver mon dessein...
Croire que le mari... que j'ai su vous élire...
Que ne te parles-tu ?

DORINE.

Je n'ai rien à me dire

ORGON.

Encore un petit mot.

DORINE.

Il ne me plaît pas, moi (2).

ORGON.

Certes, je t'y guettais.

DORINE.

Quelque sotte, ma foi !...

ORGON.

Enfin, ma fille, il faut payer d'obéissance (3),
Et montrer pour mon choix entière déférence.

DORINE, *en s'enfuyant.*

Je me moquerais fort de prendre un tel époux (4).
(*Il lui veut donner un soufflet et la manque.*)

ORGON.

Vous avez là, ma fille, une peste avec vous,
Avec qui sans péché je ne saurais plus vivre.
Je me sens hors d'état maintenant de poursuivre :
Ses discours insolents m'ont mis l'esprit en feu,
Et je vais prendre l'air pour me rasseoir un peu (5).

(1) La scène tourne à la farce, pour exciter le gros rire du parterre.
(2) *Moi*, quant à moi. Voir *le Misanthrope*, p. 103, n. 1.
(3) *Payer d'obéissance*, faire acte d'obéissance, comme on dit *payer d'audace*, *payer d'effronterie*, etc.
(4) *Je me moquerais fort de...*, je me garderais bien de... Voir *l'Avare*, A. I, sc. VII, p. 163, n. 2.
(5) On retrouve toute cette scène dans le *Malade imaginaire*, A. I, sc. V, entre Argan, sa fille Angélique, et sa servante Toinette; les noms seuls sont changés avec quelques détails.

SCÈNE III

DORINE, MARIANE.

DORINE.

Avez-vous donc perdu, dites-moi, la parole,
Et faut-il qu'en ceci je fasse votre rôle ?
Souffrir qu'on vous propose un projet insensé,
Sans que du moindre mot vous l'ayez repoussé !

MARIANE.

Contre un père absolu que veux-tu que je fasse ?

DORINE.

Ce qu'il faut pour parer une telle menace.

MARIANE.

Quoi ?

DORINE.

Lui dire qu'un cœur n'aime point par autrui,
Que vous vous mariez pour vous, non pas pour lui,
Qu'étant celle pour qui se fait toute l'affaire,
C'est à vous, non à lui, que le mari doit plaire,
Et que si son Tartuffe est pour lui si charmant,
Il le peut épouser sans nul empêchement.

MARIANE.

Un père, je l'avoue, a sur nous tant d'empire,
Que je n'ai jamais eu la force de rien dire (1).

DORINE.

Mais raisonnons. Valère a fait pour vous des pas :
L'aimez-vous, je vous prie, ou ne l'aimez-vous pas

MARIANE.

Ah ! qu'envers mon amour ton injustice est grande,
Dorine ! me dois-tu faire cette demande ?
T'ai-je pas là-dessus ouvert cent fois mon cœur (2),
Et sais-tu pas pour lui jusqu'où va mon ardeur ?

DORINE.

Sur cette autre union quelle est donc votre attente ?

---

(1) L'obéissance due aux parents ne défend pas les observations respectueusses, quand il s'agit de choses aussi graves que le choix d'un état de vie. — *Rien* signifie ici *quelque chose*, d'après son étymologie, *rem*, une chose. V. *Gr. fr. hist.*, 365.

(2) *T'ai-je pas*, pour *ne t'ai-je pas*. Voir *Gr. fr. hist.*, 858.

MARIANE.

De me donner la mort si l'on me violente (1).

DORINE.

Fort bien : c'est un recours où je ne songeais pas (2),
Vous n'avez qu'à mourir pour sortir d'embarras;
Le remède sans doute est merveilleux. J'enrage,
Lorsque j'entends tenir ces sortes de langage.

MARIANE.

Mon Dieu! de quelle humeur, Dorine, tu te rends (3)!
Tu ne compatis point aux déplaisirs des gens.

DORINE.

Je ne compatis point à qui dit des sornettes (4)
Et dans l'occasion mollit comme vous faites.

MARIANE.

Mais que veux-tu? si j'ai de la timidité.

DORINE.

Mais l'amour dans un cœur veut de la fermeté.

MARIANE.

Mais n'en gardé-je pas pour les feux de Valère ?
Et n'est-ce pas à lui de m'obtenir d'un père ?

DORINE.

Mais quoi? si votre père est un bourru fieffé (5),
Qui s'est de son Tartuffe entièrement coiffé
Et manque à l'union qu'il avait arrêtée,
La faute à votre amant doit-elle être imputée?

MARIANE.

Mais par un haut refus et d'éclatants mépris

(1) Mariane ne pense à rien moins qu'au suicide. Quel modèle de vertu !
(2) *Où*, pour *auquel*. (*Gr. fr. hist.*, 850.)
(3) *Tu te rends*, tu deviens.
(4) *Sornettes*. Voir les *Femmes sav.*, A. IV, sc. III, p. 333.
(5) *Bourru* signifie aujourd'hui qui est d'une humeur brusque et chagrine ; en 1694, l'Académie le définissait fantasque, bizarre, extravagant.
Fieffé, part. p. de *fieffer*, donner en fief, se disait anciennement de celui qui tenait qqch. en fief. Il s'emploie souvent encore, fig. et fam., avec des substantifs qui marquent un vice, un défaut, et il signifie que ce vice, que ce défaut est au suprême degré. (Ac.) — *Un bourru fieffé* est donc un homme qui a pour ainsi dire reçu le caractère de bourru en fief, en apanage; qui l'a complètement, au suprême degré.

Ferai-je dans mon choix voir un cœur trop épris?
Sortirai-je pour lui, quelque éclat dont il brille,
De la pudeur du sexe et du devoir de fille?
Et veux-tu que mes feux par le monde étalés...?

DORINE.

Non, non, je ne veux rien. Je vois que vous voulez
Être à Monsieur Tartuffe; et j'aurais, quand j'y pense,
Tort de vous détourner d'une telle alliance.
Quelle raison aurais-je à combattre vos vœux?
Le parti de soi-même est fort avantageux.
Monsieur Tartuffe! oh! oh! n'est-ce rien qu'on propose?
Certes, Monsieur Tartuffe, à bien prendre la chose,
N'est pas un homme, non, qui se mouche du pié (1),
Et ce n'est pas peu d'heur que d'être sa moitié (2);
Tout le monde déjà de gloire le couronne;
Il est noble chez lui, bien fait de sa personne;
Il a l'oreille rouge et le teint bien fleuri :
Vous vivrez trop contente avec un tel mari (3).

MARIANE.

Mon Dieu!...

DORINE.

Quelle allégresse aurez-vous dans votre âme,
Quand d'un époux si beau vous vous verrez la femme!

MARIANE.

Ha! cesse, je te prie, un semblable discours,
Et contre cet hymen ouvre-moi du secours.
C'en est fait, je me rends, et suis prête à tout faire.

DORINE.

Non, il faut qu'une fille obéisse à son père,
Voulût-il lui donner un singe pour époux (4).
Votre sort est fort beau : de quoi vous plaignez-vous?

(1) *Il ne se mouche pas du pied*, c'est un homme habile, intelligent, résolu. Littré explique ainsi l'origine de ce proverbe : « Un des tours d'agilité familiers aux anciens saltimbanques consistait à saisir le pied à deux mains, et à se le passer vivement sous le nez. De là cette façon de parler triviale, pour dire un homme grave, digne, considérable : C'est un homme qui ne se mouche pas du pied. » — C'est par licence poétique que Molière a écrit *pié* pour *pied*.
(2) *Heur*, bonne fortune. Mot vieilli. Voir *le Cid*, A. III, sc. VI, p. 106.
(3) Toute cette tirade est un modèle d'ironie fine et piquante. Ce qui suit n'est pas moins plaisant.
(4) Inutile d'insister sur l'inconvenance de cette raillerie.

Vous irez par le coche en sa petite ville,
Qu'en oncles et cousins vous trouverez fertile,
Et vous vous plairez fort à les entretenir.
D'abord chez le beau monde on vous fera venir;
Vous irez visiter, pour votre bienvenue,
Madame la baillive et Madame l'élue (1),
Qui d'un siège pliant vous feront honorer (2).
Là, dans le carnaval, vous pourrez espérer
Le bal et la grand'bande (3), à savoir, deux musettes,
Et parfois Fagotin (4) et les marionnettes,
Si pourtant votre époux...

MARIANE.

Ah! tu me fais mourir.
De tes conseils plutôt songe à me secourir.

DORINE.

Je suis votre servante.

MARIANE.

Eh! Dorine, de grâce...

DORINE.

Il faut, pour vous punir, que cette affaire passe.

MARIANE.

Ma pauvre fille!

DORINE.

Non.

MARIANE.

Si mes vœux déclarés...

DORINE.

Point : Tartuffe est votre homme, et vous en tâterez.

(1) *La baillive*, la femme d'un bailli. On écrivait autrefois *baillif*. Le bailli était un officier royal, au nom duquel la justice se rendait ou qui la rendait lui-même dans l'étendue d'un certain ressort. (Ac.)
Élu se disait autrefois des officiers d'une élection (tribunal pour les aides et les gabelles); sa principale fonction était de juger en première instance. On appelait *élue* la femme d'un élu. (Ac.)
(2) *Siège pliant*, et substantivement *pliant*, siège qui se plie en deux et qui n'a ni bras ni dossier. (Ac.)
(3) *La grand'bande* ou *la grande bande* des vingt-quatre violons du roi, se disait des violons de la chambre du roi. (Littré.) — Pour *grand'bande*, voir *Gr. fr. hist.*, 306.
(4) *Fagotin*, singe habillé que les opérateurs, les charlatans ont avec eux sur leur théâtre. (Ac.) — Étym. : par assimilation à un petit fagot. (Littré,)

ACTE II, SCÈNE IV

MARIANE.

Tu sais qu'à toi toujours je me suis confiée :
Fais-moi...

DORINE.

Non, vous serez, ma foi! tartuffiée (1).

MARIANE.

Hé bien! puisque mon sort ne saurait t'émouvoir,
Laisse-moi désormais toute à mon désespoir :
C'est de lui que mon cœur empruntera de l'aide,
Et je sais de mes maux l'infaillible remède.

(*Elle veut s'en aller.*)

DORINE.

Hé! là, là, revenez. Je quitte mon courroux.
Il faut, nonobstant tout, avoir pitié de vous (2).

MARIANE.

Vois-tu, si l'on m'expose à ce cruel martyre,
Je te le dis, Dorine, il faudra que j'expire.

DORINE.

Ne vous tourmentez point. On peut adroitement
Empêcher... Mais voici Valère, votre amant.

SCÈNE IV

VALÈRE, MARIANE, DORINE.

VALÈRE.

On vient de débiter, Madame, une nouvelle
Que je ne savais pas, et qui sans doute est belle.

MARIANE.

Quoi?

VALÈRE.

Que vous épousez Tartuffe.

MARIANE.

Il est certain
Que mon père s'est mis en tête ce dessein.

---

(1) Mot expressif et pittoresque, formé par Molière.
(2) *Nonobstant*, voir *Gr. fr. hist.*, 440.

VALÈRE.

Votre père, Madame (1)...

MARIANE.

A changé de visée (2)
La chose vient par lui de m'être proposée.

VALÈRE.

Quoi? sérieusement?

MARIANE.

Oui, sérieusement.
Il s'est pour cet hymen déclaré hautement (3).

VALÈRE.

Et quel est le dessein où votre âme s'arrête (4),
Madame ?

MARIANE.

Je ne sais.

VALÈRE.

La réponse est honnête.

Vous ne savez?

MARIANE.

Non.

VALÈRE.

Non ?

MARIANE.

Que me conseillez-vous ?

VALÈRE.

Je vous conseille, moi, de prendre cet époux (5).

MARIANE.

Vous me le conseillez?

VALÈRE.

Oui.

(1) Pour cette appellation, voir *l'Avare*, A. III, sc. X, p. 203.

(2) *Visée*, direction de la vue à un but pour y atteindre (du lat. *visum*, de *videre*, voir). — Au fig., dessein, intention. (Ac.)

(3) *Hymen*, *hyménée*, synonymes poétiques de mariage.

(4) *Où*, pour *auquel*. Voir plus haut, p. 418, n. 2.

(5) Réponse ironique que Mariane prend au sérieux; de là la brouille qui va suivre.

ACTE II, SCÈNE IV

MARIANE.

Tout de bon?

VALÈRE.

Sans doute :
Le choix est glorieux, et vaut bien qu'on l'écoute.

MARIANE.

Hé bien! c'est un conseil, Monsieur, que je reçois.

VALÈRE.

Vous n'aurez pas grand'peine à le suivre, je crois.

MARIANE.

Pas plus qu'à le donner en a souffert votre âme.

VALÈRE.

Moi, je vous l'ai donné pour vous plaire, Madame.

MARIANE.

Et moi, je le suivrai pour vous faire plaisir.

DORINE.

Voyons ce qui pourra de ceci réussir (1).

VALÈRE.

C'est donc ainsi qu'on aime? Et c'était tromperie
Quand vous...

MARIANE.

Ne parlons point de cela, je vous prie.
Vous m'avez dit tout franc que je dois accepter (2)
Celui que pour époux on me veut présenter;
Et je déclare, moi, que je prétends le faire,
Puisque vous m'en donnez le conseil salutaire.

VALÈRE.

Ne vous excusez point sur mes intentions.
Vous aviez pris déjà vos résolutions;
Et vous vous saisissez d'un prétexte frivole
Pour vous autoriser à manquer de parole.

---

(1) *Réussir*, c.-à-d. sortir, sens primitif ; étym. : *re, uscire*, italien, sortir, dérivant comme le vieux français *issir* (d'où *issu*) du lat. *ex-ire*, sortir.

(2) *Tout franc*, adv., tout franchement, ouvertement. — *Franc*, adj., signifie libre, exempt de ; il se dit aussi de ce qui est loyal, sincère. « Le nom des Francs, après la conquête des Gaules, devint une qualification indiquant la bonne origine et la liberté. » (LITTRÉ.)

MARIANE.

Il est vrai, c'est bien dit

VALÈRE.

Sans doute ; et votre cœur
N'a jamais eu pour moi de véritable ardeur.

MARIANE.

Hélas ! permis à vous d'avoir cette pensée.

VALÈRE.

Oui, oui, permis à moi ; mais mon âme offensée
Vous préviendra peut-être en un pareil dessein ;
Et je sais où porter et mes vœux et ma main.

MARIANE.

Ah ! je n'en doute point ; et les ardeurs qu'excite
Le mérite...

VALÈRE.

Mon Dieu, laissons là le mérite (1) :
J'en ai fort peu sans doute, et vous en faites foi ;
Mais j'espère aux bontés qu'une autre aura pour moi,
Et j'en sais de qui l'âme, à ma retraite ouverte,
Consentira sans honte à réparer ma perte.

MARIANE.

La perte n'est pas grande ; et de ce changement
Vous vous consolerez assez facilement.

VALÈRE.

J'y ferai mon possible, et vous le pouvez croire.
Un cœur qui nous oublie engage notre gloire ;
Il faut à l'oublier mettre aussi tous nos soins :
Si l'on n'en vient à bout, on le doit feindre au moins
Et cette lâcheté jamais ne se pardonne,
De montrer de l'amour pour qui nous abandonne.

MARIANE.

Ce sentiment, sans doute, est noble et relevé.

VALÈRE.

Fort bien ; et d'un chacun il doit être approuvé.
Hé quoi ? vous voudriez qu'à jamais dans mon âme
Je gardasse pour vous les ardeurs de ma flamme,

---

(1) Cet hémistiche se retrouve dans *le Misanthrope*, A. III, sc. V, p. 89.

Et vous visse, à mes yeux, passer en d'autres bras,
Sans mettre ailleurs un cœur dont vous ne voulez pas?

MARIANE.

Au contraire : pour moi, c'est ce que je souhaite,
Et je voudrais déjà que la chose fût faite.

VALÈRE.

Vous le voudriez?

MARIANE.

Oui.

VALÈRE.

C'est assez m'insulter,
Madame; et de ce pas je vais vous contenter.
(*Il fait un pas pour s'en aller et revient toujours.*)

MARIANE.

Fort bien.

VALÈRE.

Souvenez-vous au moins que c'est vous-même
Qui contraignez mon cœur à cet effort extrême.

MARIANE.

Oui.

VALÈRE.

Et que le dessein que mon âme conçoit
N'est rien qu'à votre exemple.

MARIANE.

A mon exemple, soit.

VALÈRE.

Suffît : vous allez être à point nommé servie (1).

MARIANE.

Tant mieux.

VALÈRE.

Vous me voyez, c'est pour toute ma vie.

MARIANE.

A la bonne heure.

---

(1) *A point nommé*, loc. adv., précisément, au temps qu'il faut, fort à propos. (Ac.) — « A point nommé, en nommant le point de dés ou de cartes, en le désignant d'avance. » (LITTRÉ.)

VALÈRE.

Euh?
(*Il s'en va; et lorsqu'il est vers la porte, il se retourne.*)

MARIANE.

Quoi?

VALÈRE.

Ne m'appelez-vous pas?

MARIANE.

Moi? Vous rêvez.

VALÈRE.

Hé bien! je poursuis donc mes pas.
Adieu, Madame.

MARIANE.

Adieu, Monsieur.

DORINE.

Pour moi, je pense
Que vous perdez l'esprit par cette extravagance;
Et je vous ai laissé tout du long quereller (1),
Pour voir où tout cela pourrait enfin aller.
Holà! seigneur Valère.
(*Elle va l'arrêter par le bras, et lui, fait mine de grande résistance.*)

VALÈRE.

Hé! que veux-tu, Dorine?

DORINE.

Venez ici.

VALÈRE.

Non, non. le dépit me domine.
Ne me détourne point de ce qu'elle a voulu.

DORINE.

Arrêtez.

VALÈRE.

Non, vois-tu? c'est un point résolu.

DORINE.

Ah!

(1) Il faudrait aujourd'hui l'accord : *je vous ai laissés.* V. *Gr. fr. hist.*, 798.

ACTE II, SCÈNE IV

MARIANE.

Il souffre à me voir, ma présence le chasse,
Et je ferai bien mieux de lui quitter la place.

DORINE. (*Elle quitte Valère et court à Mariane.*)

A l'autre. Où courez-vous?

MARIANE.

Laisse.

DORINE.

Il faut revenir.

MARIANE.

Non, non, Dorine; en vain tu veux me retenir.

VALÈRE.

Je vois bien que ma vue est pour elle un supplice,
Et sans doute il vaut mieux que je l'en affranchisse.

DORINE. (*Elle quitte Mariane et court à Valère.*)

Encor? Diantre soit fait de vous si je le veux (1)!
Cessez ce badinage, et venez çà tous deux.
                    (*Elle les tire l'un et l'autre.*)

VALÈRE.

Mais quel est ton dessein?

MARIANE.

Qu'est-ce que tu veux faire (2)?

DORINE.

Vous bien remettre ensemble, et vous tirer d'affaire.
Êtes-vous fou d'avoir un pareil démêlé?

VALÈRE.

N'as-tu pas entendu comme elle m'a parlé?

DORINE.

Êtes-vous folle, vous, de vous être emportée?

MARIANE.

N'as-tu pas vu la chose, et comme il m'a traitée?

---

(1) *Diantre*, euphémisme pour *diable*.

(2) L'un et l'autre ne demandent pas mieux que d'être raccommodés. Cette scène de brouille ressemble beaucoup à celle du *Dépit amoureux* (A. IV, sc. III). *Le Bourgeois gentilhomme* renferme une scène du même genre (A. III, sc. X).

DORINE.

Sottise des deux parts. Elle n'a d'autre soin
Que de se conserver à vous, j'en suis témoin.
Il n'aime que vous seule, et n'a point d'autre envie
Que d'être votre époux; j'en réponds sur ma vie.

MARIANE.

Pourquoi donc me donner un semblable conseil?

VALÈRE.

Pourquoi m'en demander sur un sujet pareil?

DORINE.

Vous êtes fous tous deux. Çà, la main l'un et l'autre.
Allons, vous.

VALÈRE, *en donnant sa main à Dorine.*

A quoi bon ma main?

DORINE.

Ah! Çà la vôtre.

MARIANE, *en donnant aussi sa main.*

De quoi sert tout cela?

DORINE.

Mon Dieu! vite, avancez.
Vous vous aimez tous deux plus que vous ne pensez.

VALÈRE.

Mais ne faites donc point les choses avec peine,
Et regardez un peu les gens sans nulle haine (1).

(*Mariane tourne l'œil sur Valère et fait un petit souris.*)

DORINE.

A vous dire le vrai, les amants sont bien fous!

VALÈRE.

Ho! çà, n'ai-je pas lieu de me plaindre de vous?
Et pour ne point mentir, n'êtes-vous pas méchante
De vous plaire à me dire une chose affligeante?

MARIANE.

Mais vous, n'êtes-vous pas l'homme le plus ingrat...?

---

(1) Litote semblable à celle du *Cid* : « Va, je ne te hais point. » (A. III, sc. IV.)

DORINE.

Pour une autre saison laissons tout ce débat,
Et songeons à parer ce fâcheux mariage.

MARIANE.

Dis-nous donc quels ressorts il faut mettre en usage.

DORINE.

Nous en ferons agir de toutes les façons.
Votre père se moque, et ce sont des chansons ;
Mais pour vous, il vaut mieux qu'à son extravagance
D'un doux consentement vous prêtiez l'apparence,
Afin qu'en cas d'alarme il vous soit plus aisé
De tirer en longueur cet hymen proposé.
En attrapant du temps, à tout on remédie.
Tantôt vous payerez de quelque maladie (1)
Qui viendra tout à coup et voudra des délais (2);
Tantôt vous payerez de présages mauvais :
Vous aurez fait d'un mort la rencontre fâcheuse,
Cassé quelque miroir, ou songé d'eau bourbeuse (3).
Enfin le bon de tout, c'est qu'à d'autres qu'à lui (4)
On ne peut vous lier, que vous ne disiez « oui. »
Mais pour mieux réussir, il est bon, ce me semble,
Qu'on ne vous trouve point tous deux parlant ensemble.
Sortez, et sans tarder employez vos amis,
Pour vous faire tenir ce qu'on vous a promis.
Nous allons réveiller les efforts de son frère,
Et dans notre parti jeter la belle-mère.
Adieu.

VALÈRE, à Mariane.

Quelques efforts que nous préparions tous,
Ma plus grande espérance, à vrai dire, est en vous.

MARIANE, à Valère.

Je ne vous réponds pas des volontés d'un père ;
Mais je ne serai point à d'autre qu'à Valère.

---

(1) *Payerez,* en trois syllabes ; de même dans l'*Étourdi* (III, IV).

(2) Valère donne les mêmes conseils à Élise dans *l'Avare* (A. II, sc. VIII).

(3) Ces croyances superstitieuses étaient assez répandues dans le peuple au XVIIe siècle. Dans deux autres de ses pièces, Molière parle des mauvais présages que l'on tirait des rêves extravagants : « J'ai songé cette nuit de perles défilées et d'œufs cassés,... de poisson mort. » (*Dépit am., Amants magn.*)

(4) *Bon,* pris substantivement, signifie aussi ce qu'il y a d'avantageux, d'important, de principal en qqch. (Ac.)

VALÈRE.

Que vous me comblez d'aise ! Et quoi que puisse oser...

DORINE.

Ah! jamais les amants ne sont las de jaser.
Sortez, vous dis-je.

VALÈRE. (*Il fait un pas et revient.*)
Enfin...

DORINE.

Quel caquet est le vôtre !
Tirez de cette part ; et vous, tirez de l'autre (1).
(*Les poussant chacun par l'épaule.*)

QUESTIONS SUR LE IIe ACTE.

Quel est le sujet du IIe acte ?
Quel est le projet d'Orgon ?
Comment Mariane accueille-t-elle la proposition de son père ?
Quel rôle joue Dorine entre Orgon et sa fille ?
Pourquoi Orgon se retire-t-il ?
Quel langage Dorine tient-elle à Mariane ?
Quelle est la cause de la brouille qui s'élève entre Mariane et Valère ?
Comment Dorine les apaise-t-elle l'un et l'autre ?
Quels conseils leur donne-t-elle en finissant ?

(1) *Tirez*, terme dont on se servait autrefois pour chasser un chien. Voir *les Plaideurs*, A. III, sc. III.
Le second acte est bien inférieur au premier. Il renferme des scènes assez piquantes par le développement heureux de quelques caractères ; la dernière en particulier offre une belle étude de psychologie ; mais l'action manque ; le rôle de Dorine est trop considérable ; enfin la IIIe scène est longue et languissante.

ACTE TROISIÈME

L'hypocrisie de Tartuffe.

SCÈNE I
DAMIS, DORINE.

DAMIS.

Que la foudre sur l'heure achève mes destins,
Qu'on me traite partout du plus grand des faquins (1),
S'il est aucun respect ni pouvoir qui m'arrête,
Et si je ne fais pas quelque coup de ma tête (2)!

DORINE.

De grâce, modérez un tel emportement :
Votre père n'a fait qu'en parler simplement.
On n'exécute pas tout ce qui se propose,
Et le chemin est long du projet à la chose.

DAMIS.

Il faut que de ce fat j'arrête les complots,
Et qu'à l'oreille un peu je lui dise deux mots.

DORINE.

Ha! tout doux! Envers lui, comme envers votre père,
Laissez agir les soins de votre belle-mère.
Enfin votre intérêt l'oblige à le mander :
Sur l'hymen qui vous trouble elle veut le sonder,
Savoir ses sentiments, et lui faire connaître
Quels fâcheux démêlés il pourra faire naître,
S'il faut qu'à ce dessein il prête quelque espoir (3).
Son valet dit qu'il prie, et je n'ai pu le voir ;
Mais ce valet m'a dit qu'il s'en allait descendre.
Sortez donc, je vous prie, et me laissez l'attendre.

DAMIS.

Je puis être présent à tout cet entretien.

(1) *Faquins.* Voir *le Misanthrope*, A. I, sc. I, p. 35.
(2) Ce couplet violent annonce un caractère fougueux.
(3) C.-à-d. s'il se prête à ce dessein avec l'espoir de le réaliser.

DORINE.

Point. Il faut qu'ils soient seuls.

DAMIS.

Je ne lui dirai rien.

DORINE.

Vous vous moquez : on sait vos transports ordinaires,
Et c'est le vrai moyen de gâter les affaires.
Sortez.

DAMIS.

Non : je veux voir, sans me mettre en courroux.

DORINE.

Que vous êtes fâcheux (1) ! Il vient. Retirez-vous (2).

SCÈNE II

TARTUFFE, LAURENT, DORINE.

TARTUFFE, *apercevant Dorine* (3).

Laurent, serrez ma haire avec ma discipline (4),
Et priez que toujours le ciel vous illumine.

(1) *Fâcheux*, incommode, importun : *la comédie des Fâcheux.* (Ac.) C'est une comédie de Molière.
(2) Damis va se cacher dans un cabinet qui est au fond du théâtre. (Éd. 1734.)
(3) Molière disait dans sa Préface : « J'ai mis tout l'art et tous les soins qu'il m'a été possible pour bien distinguer le personnage de l'hypocrite d'avec celui du vrai dévot. J'ai employé pour cela deux actes entiers à préparer la venue de mon scélérat. Il ne tient pas un seul moment l'auditeur en balance, on le connaît d'abord aux marques que je lui donne. »
L'arrivée du scélérat est, en effet, bien préparée, mais dans un but tout autre que celui qu'indiquait le poète. Molière voulait, avant de le faire paraître, en donner une peinture telle que les spectateurs ne pussent l'apercevoir sans l'accueillir avec la rumeur sourde de la haine et du dégoût. C'est ce qui arrive à la représentation. Malheureusement cette indignation et les ricanements que provoquent les premières paroles de l'hypocrite, retombent, par un contrecoup inévitable, sur les vrais dévots dont il travestit le langage.
Sainte-Beuve s'extasie sur cette *entrée* de Tartuffe, et y voit un trait de génie. Ce trait de génie n'est, en réalité, qu'une parodie odieuse de la mortification chrétienne. Voilà le grand effet dramatique qui plaît surtout aux libres penseurs. Ils avouent, avec la Bruyère (v. p. 380), que le langage de Tartuffe est *invraisemblable*; ce qui ne les empêche pas de s'écrier : quelle vérité !
(4) La *haire*, petite chemise de crin ; la *discipline*, fouet de cordelettes ou de petites chaînes. (Ac.) Ces instruments de pénitence ont été de tout temps en usage dans l'Église. Les saints de tous les siècles y ont eu recours pour mieux tenir le corps sous l'empire de l'esprit. Saint François de Sales, si renommé pour sa douceur, n'hésitait pas à conseiller les pénitences corporelles aux chrétiens du monde, et se flagellait souvent lui-même jusqu'au sang.

Si l'on vient pour me voir, je vais aux prisonniers
Des aumônes que j'ai, partager les deniers (1).

DORINE.

Que d'affectation!

TARTUFFE.

Un peu de modestie,
Ou je vais sur-le-champ vous quitter la partie.

DORINE.

Non, non, c'est moi qui vais vous laisser en repos,
Et je n'ai seulement qu'à vous dire deux mots.
Madame va venir dans cette salle basse,
Et d'un mot d'entretien vous demande la grâce.

TARTUFFE.

Hélas! très volontiers.

DORINE, *en soi-même*.

Comme il se radoucit!
Ma foi, je suis toujours pour ce que j'en ai dit.

TARTUFFE.

Viendra-t-elle bientôt?

DORINE.

Je l'entends, ce me semble.
Oui, c'est elle en personne, et je vous laisse ensemble.

SCÈNE III

ELMIRE, TARTUFFE.

TARTUFFE.

Que le ciel à jamais par sa toute bonté
Et de l'âme et du corps vous donne la santé,
Et bénisse vos jours autant que le désire
Le plus humble de ceux que son amour inspire.

ELMIRE.

Je suis fort obligée à ce souhait pieux.
Mais prenons une chaise, afin d'être un peu mieux.

TARTUFFE.

Comment de votre mal vous sentez-vous remise?

(1) La visite des prisonniers est une des œuvres de miséricorde recommandées par Notre-Seigneur, et pratiquée encore au XVIIe siècle.

ELMIRE.

Fort bien; et cette fièvre a bientôt quitté prise.

TARTUFFE.

Mes prières n'ont pas le mérite qu'il faut
Pour avoir attiré cette grâce d'en haut;
Mais je n'ai fait au ciel nulle dévote instance
Qui n'ait eu pour objet votre convalescence.

ELMIRE.

Votre zèle pour moi s'est trop inquiété.

TARTUFFE.

On ne peut trop chérir votre chère santé,
Et pour la rétablir j'aurais donné la mienne.

ELMIRE.

C'est pousser bien avant la charité chrétienne,
Et je vous dois beaucoup pour toutes ces bontés.

TARTUFFE.

Je fais bien moins pour vous que vous ne méritez.

ELMIRE.

J'ai voulu vous parler en secret d'une affaire,
Et suis bien aise ici qu'aucun ne nous éclaire (1).
On tient que mon mari veut dégager sa foi (2),
Et vous donner sa fille. Est-il vrai, dites-moi?

TARTUFFE.

Il m'en a dit deux mots; mais, Madame, à vrai dire,
Ce n'est pas le bonheur après quoi je soupire (3);
Et je vois autre part les merveilleux attraits
De la félicité qui fait tous mes souhaits.
Ce m'est, je le confesse, une audace bien grande
Que d'oser de ce cœur vous adresser l'offrande;
Mais j'attends en mes vœux tout de votre bonté,
Et rien des vains efforts de mon infirmité.

ELMIRE.

La déclaration est tout à fait galante,

(1) *Ne nous éclaire*, c.-à-d. surveille. « *Éclairer* signifie aussi surveiller, épier, observer : cet homme est suspect, on éclaire toutes ses actions. » (Ac.) De là *éclaireurs*.
(2) *Tenir* signifie aussi réputer, estimer, croire. (Ac.)
(3) On dirait aujourd'hui, *après lequel*. (Gr. fr. hist., 652.)

ACTE III, SCÈNE IV

Mais elle est, à vrai dire, un peu bien surprenante.
Vous deviez, ce me semble, armer mieux votre sein,
Et raisonner un peu sur un pareil dessein.
D'autres prendraient cela d'autre façon peut-être ;
Mais ma discrétion se veut faire paraître (1).
Je ne redirai point l'affaire à mon époux ;
Mais je veux en revanche une chose de vous :
C'est de presser tout franc et sans nulle chicane,
L'union de Valère avecque Mariane (2),
De renoncer vous-même à l'injuste pouvoir
Qui veut du bien d'un autre enrichir votre espoir,
Et...

SCÈNE IV

DAMIS, ELMIRE, TARTUFFE.

DAMIS, *sortant du petit cabinet où il s'était retiré*

Non, Madame, non : ceci doit se répandre.
J'étais en cet endroit, d'où j'ai pu tout entendre ;
Et la bonté du ciel m'y semble avoir conduit
Pour confondre l'orgueil d'un traître qui me nuit,
Pour m'ouvrir une voie à prendre la vengeance (3)
De son hypocrisie et de son insolence,
A détromper mon père, et lui mettre en plein jour
L'âme d'un scélérat qui vous parle d'amour.

ELMIRE.

Non, Damis : il suffit qu'il se rende plus sage,
Et tâche à mériter la grâce où je m'engage (4).
Puisque je l'ai promis, ne m'en dédites pas (5).
Ce n'est point mon humeur de faire des éclats
Une femme se rit de sottises pareilles,
Et jamais d'un mari n'en trouble les oreilles.

DAMIS.

Vous avez vos raisons pour en user ainsi,
Et pour faire autrement j'ai les miennes aussi.

---

(1) Les premières éditions portaient *parestre*, forme primitive, plus semblable pour la rime à *peut-estre*. Voir *le Misanthrope*, A. I, sc. I, p. 33.

(2) Pour *avecque*, voir *le Misanthrope*, A. I, sc. II, p. 48.

(3) *Tirer vengeance, prendre vengeance*, se venger. (Ac.) On n'emploie plus l'article aujourd'hui. — *Une voie à...*, une voie *pour*.

(4) Pour *tâcher à*, voir *le Misanthrope*, A. I, sc. I, p. 41.

(5) La forme *dédisez* a prévalu depuis.

Le vouloir épargner est une raillerie ;
Et l'insolent orgueil de sa cagoterie
N'a triomphé que trop de mon juste courroux,
Et que trop excité de désordre chez nous.
Le fourbe trop longtemps a gouverné mon père,
Et desservi mes feux avec ceux de Valère.
Il faut que du perfide il soit désabusé,
Et le ciel pour cela m'offre un moyen aisé.
De cette occasion je lui suis redevable,
Et pour la négliger, elle est trop favorable (1) :
Ce serait mériter qu'il me la vînt ravir,
Que de l'avoir en main, et ne m'en pas servir.

ELMIRE.

Damis...

DAMIS.

Non, s'il vous plaît, il faut que je me croie (2).
Mon âme est maintenant au comble de sa joie ;
Et vos discours en vain prétendent m'obliger
A quitter le plaisir de me pouvoir venger.
Sans aller plus avant, je vais vider d'affaire (3),
Et voici justement de quoi me satisfaire.

SCÈNE V

ORGON, DAMIS, TARTUFFE, ELMIRE.

DAMIS.

Nous allons régaler, mon père, votre abord
D'un incident tout frais qui vous surprendra fort.
Vous êtes bien payé de toutes vos caresses,
Et Monsieur d'un beau prix reconnaît vos tendresses.
Son grand zèle pour vous vient de se déclarer :
Il ne va pas à moins qu'à vous déshonorer ;
Et je l'ai surpris là qui faisait à Madame
L'injurieux aveu d'une coupable flamme.
Elle est d'une humeur douce, et son cœur trop discret
Voulait à toute force en garder le secret ;
Mais je ne puis flatter une telle impudence,
Et crois que vous la taire est vous faire une offense.

(1) Tour vif; au lieu de *pour que je la néglige*.
(2) *Se croire*, faire à sa tête, obéir à un sentiment intime.
(3) *Vider d'affaire*, sortir d'affaire, en finir. Cette locution est tombée. — On dit encore : *vider une affaire, un différend, des procès*, les terminer, les finir par jugement, par accommodement, ou d'une autre manière. (AC.)

ELMIRE.

Oui, je tiens que jamais de tous ces vains propos
On ne doit d'un mari traverser le repos (1),
Que ce n'est point de là que l'honneur peut dépendre,
Et qu'il suffit pour nous de savoir nous défendre.
Ce sont mes sentiments; et vous n'auriez rien dit,
Damis, si j'avais eu sur vous quelque crédit.

SCÈNE VI

ORGON, DAMIS, TARTUFFE.

ORGON.

Ce que je viens d'entendre, ô ciel! est-il croyable?

TARTUFFE.

Oui, mon frère, je suis un méchant, un coupable,
Un malheureux pécheur tout plein d'iniquité,
Le plus grand scélérat qui jamais ait été;
Chaque instant de ma vie est chargé de souillures;
Elle n'est qu'un amas de crimes et d'ordures;
Et je vois que le ciel, pour ma punition,
Me veut mortifier en cette occasion.
De quelque grand forfait qu'on me puisse reprendre,
Je n'ai garde d'avoir l'orgueil de m'en défendre.
Croyez ce qu'on vous dit, armez votre courroux,
Et comme un criminel chassez-moi de chez vous :
Je ne saurais avoir tant de honte en partage,
Que je n'en aie encor mérité davantage (2).

ORGON, *à son fils.*

Ah! traître, oses-tu bien par cette fausseté
Vouloir de sa vertu ternir la pureté?

DAMIS.

Quoi? la feinte douceur de cette âme hypocrite
Vous fera démentir...?

---

(1) *Traverser,* troubler, en suscitant des obstacles.

(2) Pour que cette hypocrite confession sauve le misérable, il faut de la part d'Orgon une dose peu commune de sottise et d'aveuglement. Le langage de Tartuffe porte si visiblement le cachet de l'exagération et de la fausseté, qu'un homme de bon sens ne peut s'y laisser prendre : « L'homme vraiment humble, dit fort bien saint François de Sales, aimerait mieux qu'un autre dit de lui qu'il est misérable, qu'il n'est rien, qu'il ne vaut rien, que non pas de le dire lui-même. » (*Introd. à la vie dévote*, l. III, ch. V.)

ORGON.

Tais-toi, peste maudite.

TARTUFFE.

Ah! laissez-le parler : vous l'accusez à tort,
Et vous ferez bien mieux de croire à son rapport (1).
Pourquoi sur un tel fait m'être si favorable?
Savez-vous, après tout, de quoi je suis capable?
Vous fiez-vous, mon frère, à mon extérieur?
Et pour tout ce qu'on voit, me croyez-vous meilleur (2)?
Non, non : vous vous laissez tromper à l'apparence.
Et je ne suis rien moins, hélas! que ce qu'on pense;
Tout le monde me prend pour un homme de bien;
Mais la vérité pure est que je ne vaux rien.
(S'adressant à Damis.)
Oui, mon cher fils, parlez : traitez-moi de perfide,
D'infâme, de perdu (3), de voleur, d'homicide;
Accablez-moi de noms encor plus détestés :
Je n'y contredis point, je les ai mérités;
Et j'en veux à genoux souffrir l'ignominie,
Comme une honte due aux crimes de ma vie.

ORGON.
(A Tartuffe.) (A son fils.)
Mon frère, c'en est trop. Ton cœur ne se rend point,
Traître?

DAMIS.

Quoi? ses discours vous séduiront au point...

ORGON.

Tais-toi, pendard. Mon frère, eh! levez-vous, de grâce!
Infâme!

DAMIS.

Il peut...

ORGON.

Tais-toi.

(1) Un chrétien ne fait pas si bon marché de sa réputation. L'Évangile nous prescrit de prendre soin de notre renommée; et l'accusation dont on charge l'hypocrite, est de telle nature qu'il ne peut la négliger sans scandale pour le prochain. Si c'était une calomnie, son devoir serait de s'en laver au plus tôt, avec la tranquillité et la modération que demande la douceur chrétienne.

(2) *Pour* signifie ici *à cause de.*

(3) *De perdu,* un homme perdu de mœurs, de réputation.

ACTE III, SCÈNE VI

DAMIS.

J'enrage! Quoi? je passe...

ORGON.

Si tu dis un seul mot, je te romprai les bras.

TARTUFFE.

Mon frère, au nom de Dieu, ne vous emportez pas.
J'aimerais mieux souffrir la peine la plus dure,
Qu'il eût reçu pour moi la moindre égratignure (1).

ORGON.

Ingrat!

TARTUFFE.

Laissez-le en paix (2). S'il faut, à deux genoux,
Vous demander sa grâce...

ORGON, à Tartuffe.

Hélas! vous moquez-vous (3)?
Coquin! vois sa bonté.

DAMIS.

Donc...

ORGON.

Paix.

DAMIS.

Quoi? je...

ORGON.

Paix, dis-je..

Je sais bien quel motif à l'attaquer t'oblige :
Vous le haïssez tous; et je vois aujourd'hui
Femme, enfants et valets déchaînés contre lui;
On met impudemment toute chose en usage,
Pour ôter de chez moi ce dévot personnage.
Mais plus on fait d'effort afin de l'en bannir,

---

(1) *Que* dépend de *plutôt* sous-entendu. Ce tour elliptique n'est plus en usage. Il y a une construction du même genre dans *Polyeucte* (**A. III**, sc. V):
  Mais que *plutôt* le ciel à tes yeux me foudroie,
  Qu'à des pensers si bas je puisse consentir!

(2) Cette élision de *le* est assez fréquente chez Molière; Racine l'a employée une fois dans *la Thébaïde*, et une autre fois dans *les Plaideurs*.

(3) Orgon, se jetant à genoux et embrassant Tartuffe. (Éd. 1734.)

Plus j'en veux employer à l'y mieux retenir;
Et je vais me hâter de lui donner ma fille,
Pour confondre l'orgueil de toute ma famille (1).

DAMIS.

A recevoir sa main on pense l'obliger?

ORGON.

Oui, traître, et dès ce soir, pour vous faire enrager.
Ah! je vous brave tous, et vous ferai connaître
Qu'il faut qu'on m'obéisse et que je suis le maître.
Allons, qu'on se rétracte, et qu'à l'instant, fripon,
On se jette à ses pieds pour demander pardon.

DAMIS.

Qui, moi? de ce coquin, qui, par ses impostures...

ORGON.

Ah! tu résistes, gueux, et lui dis des injures?
(A *Tartuffe*.)
Un bâton! un bâton! Ne me retenez pas.
Sus, que de ma maison on sorte de ce pas,
Et que d'y revenir on n'ait jamais l'audace.

DAMIS.

Oui, je sortirai; mais...

ORGON.

Vite quittons la place.
Je te prive, pendard, de ma succession,
Et te donne de plus ma malédiction (2).

---

(1) Philaminte répondra de même à l'avertissement de Vadius (*Femmes sav.*, A. IV, sc. IV) :
Et ce déchaînement aujourd'hui me convie
A faire une action qui confonde l'envie...
Dès ce soir à Monsieur je marierai ma fille.

(2) Harpagon tiendra bientôt le même langage : « Je te déshérite..., et je te donne ma malédiction. » (*L'Avare*, A. IV, sc. V, p. 225.) Damis sort sans répondre; en 1668, pour montrer le progrès de la morale du théâtre, Cléante répliquera par l'insolente moquerie que l'on sait.
Comme Molière jette le ridicule et l'odieux sur l'autorité paternelle, à force de la représenter idiote, emportée, tyrannique! Orgon, Harpagon, Chrysale, trois rôles de pères aussi sots, aussi méprisables l'un que l'autre.

SCÈNE VII
ORGON, TARTUFFE.

ORGON.

Offenser de la sorte une sainte personne!

TARTUFFE.

O ciel, pardonne-lui la douleur qu'il me donne (1).
(*A Orgon.*)
Si vous pouviez savoir avec quel déplaisir
Je vois qu'envers mon frère on tâche à me noircir (2)...

ORGON.

Hélas!

TARTUFFE.

Le seul penser de cette ingratitude (3)
Fait souffrir à mon âme un supplice si rude...
L'horreur que j'en conçois... J'ai le cœur si serré,
Que je ne puis parler, et crois que j'en mourrai.

ORGON.

(*Il court tout en larmes à la porte par où il a chassé son fils.*)
Coquin! je me repens que ma main t'ait fait grâce,
Et ne t'ait pas d'abord assommé sur la place.
Remettez-vous, mon frère, et ne vous fâchez pas.

TARTUFFE.

Rompons, rompons le cours de ces fâcheux débats.
Je regarde céans quels grands troubles j'apporte,
Et crois qu'il est besoin, mon frère, que j'en sorte.

ORGON.

Comment? vous moquez-vous?

TARTUFFE.

On m'y hait, et je voi
Qu'on cherche à vous donner des soupçons de ma foi.

---

(1) D'après une tradition rapportée par les éditeurs de 1734, Molière avait mis d'abord :
O ciel, pardonne-lui comme je lui pardonne.
Ce vers avait tout l'air d'une parodie de la cinquième demande du *Pater*; le changement parut en 1669.

(2) *On tâche à*, voir ci-dessus, p. 435, n. 4.

(3) *Le penser,* poétique pour la pensée. V. *Le Cid,* A. I, sc. VI, p. 73.

ORGON.

Qu'importe? Voyez-vous que mon cœur les écoute?

TARTUFFE.

On ne manquera pas de poursuivre, sans doute;
Et ces mêmes rapports qu'ici vous rejetez
Peut-être une autre fois seront-ils écoutés.

ORGON.

Non, mon frère, jamais.

TARTUFFE.

Ah! mon frère, une femme
Aisément d'un mari peut bien surprendre l'âme.

ORGON.

Non, non.

TARTUFFE.

Laissez-moi vite, en m'éloignant d'ici,
Leur ôter tout sujet de m'attaquer ainsi.

ORGON.

Non, vous demeurerez : il y va de ma vie.

TARTUFFE.

Hé bien! il faudra donc que je me mortifie.
Pourtant, si vous vouliez...

ORGON.

Ah!

TARTUFFE.

Soit : n'en parlons plus,
Mais je sais comme il faut en user là-dessus.
L'honneur est délicat, et l'amitié m'engage
A prévenir les bruits et les sujets d'ombrage,
Je fuirai votre epouse, et vous ne me verrez...

ORGON.

Non, en dépit de tous vous la fréquenterez.
Faire enrager le monde est ma plus grande joie,
Et je veux qu'à toute heure avec elle on vous voie.
Ce n'est pas tout encor : pour les mieux braver tous,
Je ne veux point avoir d'autre héritier que vous,
Et je vais de ce pas, en fort bonne manière,
Vous faire de mon bien donation entière.

Un bon et franc ami, que pour gendre je prends,
M'est bien plus cher que fils, que femme et que parents.
N'accepterez-vous pas ce que je vous propose ?

TARTUFFE.

La volonté du ciel soit faite en toute chose.

ORGON.

Le pauvre homme ! Allons vite en dresser un écrit,
Et que puisse l'envie en crever de dépit (1) !

QUESTIONS SUR LE IIIᵉ ACTE.

Quels sont les faits qui remplissent le IIIᵉ acte ?
Par quelle scène s'ouvre-t-il ?
Comment se fait l'entrée de Tartuffe ? Est-elle naturelle ?
Pourquoi tant d'affectation ? Quel en est l'effet sur le spectateur ?
Comment Elmire répond-elle à la galanterie de Tartuffe ?
Que prétend Damis ? Comment sa dénonciation est-elle reçue par Orgon ?
Comment l'hypocrite y répond-il ?
A quel parti s'arrête Orgon ?

(1) « La scène la plus admirée, dit L. Veuillot, est celle du IIIᵉ acte dans laquelle Orgon répond (à l'accusation portée contre son hôte), en faisant à Tartuffe une donation de tous ses biens. Les commentateurs s'extasient sur cette scène *étonnante*. Étonnante en effet ! non seulement par la crédulité d'Orgon, qui tient du prodige, mais par cette fureur de dupe qui le porte à dépouiller ses enfants. Il n'est pas possible de forcer plus outrageusement la nature, et Orgon devient une sorte de monstre plus rebutant que Tartuffe lui-même. Après lui avoir ôté l'esprit, Molière lui ôte ici le cœur ; en quoi il pèche deux fois contre la plus indispensable vraisemblance, ce trait d'Orgon n'étant ni d'un père, ni d'un chrétien qui observe sa religion. Il n'y a point de dévot, pour absurde et mauvais chrétien qu'on le suppose, qui ne sache qu'une part au moins de son bien appartient à ses enfants. » (*Molière et Bourdaloue.*)

Ce n'est pas le seul défaut : les dernières scènes nous ont jetés de la comédie dans la tragédie, ou plutôt dans le drame : « On cherche en vain dans cette satire indignée, dans ce drame sombre, le sourire accoutumé de la muse comique. Elle a perdu cette sérénité dont Boileau faisait son premier caractère, lorsqu'il disait :

La comédie apprit à rire sans aigreur. » (TIVIER, *Hist. de la litt. fr.*)

ACTE QUATRIÈME

Orgon détrompé.

SCÈNE I
CLÉANTE, TARTUFFE.

CLÉANTE.

Oui, tout le monde en parle, et vous m'en pouvez croire.
L'éclat que fait ce bruit n'est point à votre gloire ;
Et je vous ai trouvé, Monsieur, fort à propos,
Pour vous en dire net ma pensée en deux mots (1).
Je n'examine point à fond ce qu'on expose ;
Je passe là-dessus, et prends au pis la chose (2).
Supposons que Damis n'en ait pas bien usé,
Et que ce soit à tort qu'on vous ait accusé :
N'est-il pas d'un chrétien de pardonner l'offense,
Et d'éteindre en son cœur tout désir de vengeance ?
Et devez-vous souffrir, pour votre démêlé,
Que du logis d'un père un fils soit exilé ?
Je vous le dis encore, et parle avec franchise :
Il n'est petit ni grand qui ne s'en scandalise ;
Et si vous m'en croyez, vous pacifierez tout,
Et ne pousserez point les affaires à bout.
Sacrifiez à Dieu toute votre colère,
Et remettez le fils en grâce avec le père.

TARTUFFE.

Hélas ! je le voudrais, quant à moi, de bon cœur :
Je ne garde pour lui, Monsieur, aucune aigreur ;
Je lui pardonne tout, de rien je ne le blâme,
Et voudrais le servir du meilleur de mon âme.
Mais l'intérêt du ciel n'y saurait consentir (3),

---

(1) Cette scène ressemble beaucoup à la première du Ve acte des *Femmes savantes*, où Henriette, promise à Trissotin par sa mère, cherche à le faire changer de sentiment.

(2) *Prendre, mettre les choses au pis*, les envisager dans le pire état où elles puissent être. (Ac.) — Étym. : *pis*, du compar. lat. *pejus*, plus mal.

(3) L'hypocrite poursuit son rôle : il invoque l'intérêt du ciel pour mieux couvrir son égoïsme et son injustice.

Et s'il rentre céans, c'est à moi d'en sortir.
Après son action, qui n'eut jamais d'égale,
Le commerce entre nous porterait du scandale :
Dieu sait ce que d'abord tout le monde en croirait!
A pure politique on me l'imputerait (1);
Et l'on dirait partout que, me sentant coupable,
Je feins pour qui m'accuse un zèle charitable (2),
Que mon cœur l'appréhende et veut le ménager,
Pour le pouvoir sous main au silence engager.

CLÉANTE.

Vous nous payez ici d'excuses colorées (3),
Et toutes vos raisons, Monsieur, sont trop tirées (4)
Des intérêts du ciel pourquoi vous chargez-vous (5)
Pour punir le coupable a-t-il besoin de nous (6)?
Laissez-lui, laissez-lui le soin de ses vengeances;
Ne songez qu'au pardon qu'il prescrit des offenses;
Et ne regardez point aux jugements humains,
Quand vous suivez du ciel les ordres souverains.
Quoi? le faible intérêt de ce qu'on pourra croire
D'une bonne action empêchera la gloire?
Non, non : faisons toujours ce que le ciel prescrit,
Et d'aucun autre soin ne nous brouillons l'esprit.

---

(1) *Imputer à* crime, à faute, à blâme, à déshonneur..., trouver dans une action qui paraît indifférente ou même louable, de quoi blâmer celui qui l'a faite...; *imputer à* négligence, à oubli, etc..., attribuer à négligence... (Ac.) — Tour imité du latin : *vertere* ou *tribuere crimini*...
Politique signifie ici habileté, manœuvre adroite pour parvenir à sa fin, pour étouffer l'affaire.

(2) *Pour qui m'accuse*, pour celui qui m'accuse; tour plus vif.

(3) *Colorer*, au fig., signifie donner une belle apparence à quelque chose de mauvais : *colorer une injustice*. (Ac.)

(4) *Trop tirées*, trop forcées.

(5) Prises en général, et abstraction faite du cas particulier de Tartuffe, les maximes de Cléante sont aussi fausses que dangereuses. Le chrétien ne saurait être indifférent aux intérêts du ciel. Dieu est notre Père, notre Maître, notre Créateur, notre Sauveur : comment pourrions-nous rester froids et insensibles, quand il s'agit de son honneur et de son service? Ce serait un crime, et la plus noire ingratitude.

(6) Dieu, sans doute, a toujours la foudre à sa disposition pour frapper les coupables; il n'en est pas moins vrai que, selon l'ordre établi par la Providence, le mal qui se produit en public doit être réprimé par ceux qu'il a chargés de son autorité : « Pourquoi commandent les hommes, disait Bossuet, si ce n'est pour faire que Dieu soit obéi? » (*Or. fun. de la Reine d'Angl.*) C'est la doctrine formelle de saint Paul : « Le prince est le ministre de Dieu, et son vengeur sur qui fait le mal. » (ROM., XIII, 4.)

TARTUFFE.

Je vous ai déjà dit que mon cœur lui pardonne,
Et c'est faire, Monsieur, ce que le ciel ordonne;
Mais après le scandale et l'affront d'aujourd'hui,
Le ciel n'ordonne pas que je vive avec lui.

CLÉANTE.

Et vous ordonne-t-il, Monsieur, d'ouvrir l'oreille
A ce qu'un pur caprice à son père conseille,
Et d'accepter le don qui vous est fait d'un bien
Où le droit vous oblige à ne prétendre rien (1)?

TARTUFFE.

Ceux qui me connaîtront, n'auront pas la pensée
Que ce soit un effet d'une âme intéressée.
Tous les biens de ce monde ont pour moi peu d'appas (2).
De leur éclat trompeur je ne m'éblouis pas;
Et si je me résous à recevoir du père
Cette donation qu'il a voulu me faire,
Ce n'est, à dire vrai, que parce que je crains
Que tout ce bien ne tombe en de méchantes mains,
Qu'il ne trouve des gens qui, l'ayant en partage,
En fassent dans le monde un criminel usage,
Et ne s'en servent pas, ainsi que j'ai dessein,
Pour la gloire du ciel et le bien du prochain (3).

CLÉANTE.

Hé, Monsieur, n'ayez point ces délicates craintes,
Qui d'un juste héritier peuvent causer les plaintes.
Souffrez, sans vous vouloir embarrasser de rien,
Qu'il soit à ses périls possesseur de son bien;
Et songez qu'il vaut mieux encor qu'il en mésuse (4),

(1) Ce vers explique bien l'indigne conduite de Tartuffe : le droit certain du fils défendait à l'hypocrite de prétendre à un bien que le père ne pouvait lui donner sans crime.

(2) *Appas;* voir *les Femmes sav.*, A. I, sc. I, p. 262.

(3) Nulle intention ne peut justifier une action mauvaise. Il a fallu un calomniateur de génie comme Pascal, pour faire croire aux esprits légers ou prévenus que les casuistes catholiques visés par les *Provinciales* ont jamais pu enseigner le contraire. Avant de dire que Tartuffe « pratique ici cette grande méthode de *direction d'intention,* qui consiste à se proposer pour fin de ses actions équivoques un objet permis, » Sainte-Beuve et ceux qui l'ont copié, auraient dû avoir la probité d'étudier plus soigneusement la question, pour ne pas se faire les échos de la calomnie.

(4) *Mésuser,* mal user : « On *mésuse* de la chose qu'on emploie mal, on

Que si de l'en frustrer il faut qu'on vous accuse.
J'admire seulement que sans confusion (1)
Vous en ayez souffert la proposition ;
Car enfin le vrai zèle a-t-il quelque maxime
Qui montre à dépouiller l'héritier légitime ?
Et s'il faut que le ciel dans votre cœur ait mi
Un invincible obstacle à vivre avec Damis,
Ne vaudrait-il pas mieux qu'en personne discrète
Vous fissiez de céans une honnête retraite,
Que de souffrir ainsi, contre toute raison,
Qu'on en chasse pour vous le fils de la maison ?
Croyez-moi, c'est donner de votre prud'homie (2),
Monsieur...

TARTUFFE.

Il est, Monsieur, trois heures et demie.
Certain devoir pieux me demande là-haut,
Et vous m'excuserez de vous quitter sitôt (3).

CLÉANTE.

Ah'.

SCÈNE II

ELMIRE, MARIANE, DORINE, CLÉANTE.

DORINE.

De grâce, avec nous employez-vous pour elle,
Monsieur : son âme souffre une douleur mortelle ;
Et l'accord que son père a conclu pour ce soir (4)
La fait, à tous moments, entrer en désespoir.
Il va venir. Joignons nos efforts, je vous prie,
Et tâchons d'ébranler, de force ou d'industrie,
Ce malheureux dessein qui nous a tous troublés.

---

abuse de la chose qu'on emploie à faire mal. » (LITTRÉ.) — Le préfixe *més* est un péjoratif : *més*aventure, *mé*content. Voir *Gr. fr. hist.*, 497.

(1) *J'admire*, je m'étonne, comme en latin *miror*, *admiror*.

(2) *Prud'homie*, probité, sagesse dans la conduite. Il est vieux. (AC.)

(3) Tartuffe, à bout de raisons, ne pouvait se dérober aux instances de son adversaire que par un prétexte futile ; celui-ci est digne de son hypocrisie.

(4) *L'accord*, c'est-à-dire la convention pour le contrat de mariage. Orgon l'a déclaré à Damis en termes assez nets (A. III, sc. VI) :

Et je vais me hâter de lui donner ma fille.

SCÈNE III

ORGON, ELMIRE, MARIANE, CLÉANTE, DORINE.

ORGON.

Ha! je me réjouis de vous voir assemblés :
(A *Mariane*.)
Je porte en ce contrat de quoi vous faire rire (1),
Et vous savez déjà ce que cela veut dire.

MARIANE, *à genoux*.

Mon père, au nom du ciel, qui connaît ma douleur,
Et par tout ce qui peut émouvoir votre cœur,
Relâchez-vous un peu des droits de la naissance (2),
Et dispensez mes vœux de cette obéissance (3);
Ne me réduisez point par cette dure loi
Jusqu'à me plaindre au ciel de ce que je vous doi,
Et cette vie, hélas! que vous m'avez donnée,
Ne me la rendez pas, mon père, infortunée.
Si, contre un doux espoir que j'avais pu former,
Vous me défendez d'être à ce que j'ose aimer,
Au moins, par vos bontés, qu'à vos genoux j'implore,
Sauvez-moi du tourment d'être à ce que j'abhorre,
Et ne me portez point à quelque désespoir,
En vous servant sur moi de tout votre pouvoir (4).

ORGON, *se sentant attendrir*.

Allons, ferme, mon cœur, point de faiblesse humaine (5).

MARIANE.

Vos tendresses pour lui ne me font point de peine (6);
Faites-les éclater, donnez-lui votre bien,
Et si ce n'est assez, joignez-y tout le mien :

(1) Orgon tient en main le contrat de mariage que doit signer Mariane avec Tartuffe.

(2) *Relâcher*, neutre, signifie diminuer, rabattre de sa première exactitude, de sa première ardeur; il s'emploie aussi, dans cette acception, avec le pronom personnel, *se relâcher*. (Ac.)
Des droits de la naissance, que la naissance donne à un père sur sa fille.

(3) *Mes vœux*, mes désirs, mon cœur.

(4) Cette prière de Mariane est touchante; une émotion simple et vraie s'y allie au respect commandé par la piété filiale. Elle rappelle, de loin, la prière d'Iphigénie dans Racine (*Iphigénie*, A. IV, sc. IV).

(5) *Ferme*, adverbe. — Allons, *ferme*, poussez... (*Misanth.*, A. II, sc. V.)

(6) *Vos tendresses*, votre affection. Le pluriel signifie aujourd'hui caresses, témoignages d'affection.

J'y consens de bon cœur et je vous l'abandonne.
Mais au moins n'allez pas jusques à ma personne,
Et souffrez qu'un couvent dans les austérités (1)
Use les tristes jours que le ciel m'a comptés (2).

ORGON.

Ah! voilà justement de mes religieuses (3),
Lorsqu'un père combat leurs flammes amoureuses!
Debout! Plus votre cœur répugne à l'accepter,
Plus ce sera pour vous matière à mériter :
Mortifiez vos sens avec ce mariage,
Et ne me rompez pas la tête davantage.

DORINE.

Mais quoi?...

ORGON.

Taisez-vous, vous; parlez à votre écot (4) :
Je vous défends tout net d'oser dire un seul mot.

CLÉANTE.

Si par quelque conseil vous souffrez qu'on réponde...

ORGON.

Mon frère, vos conseils sont les meilleurs du monde :
Ils sont bien raisonnés, et j'en fais un grand cas;
Mais vous trouverez bon que je n'en use pas.

ELMIRE, *à son mari.*

A voir ce que je vois, je ne sais plus que dire (5),
Et votre aveuglement fait que je vous admire :
C'est être bien coiffé, bien prévenu de lui,
Que de nous démentir sur le fait d'aujourd'hui.

(1) Les anciennes éditions portaient convent, bien qu'on prononçât déjà couvent. Le mot vient du latin *conventus*, réunion, assemblée.

(2) La vocation religieuse a des motifs plus nobles, plus surnaturels. Le dépit n'en est ni le signe ni la garantie. Les épreuves du noviciat feraient vite évanouir des vocations aussi risquées.

(3) Orgon se moque avec raison de la résolution extrême de sa fille. Mais le poète est-il excusable de livrer encore à la risée du public, avec tant d'autres points de la piété chrétienne, la sainteté de la vie religieuse?

(4) *Écot*, s. m., quote-part que doit chaque personne pour un repas commun. Il se disait autrefois d'une compagnie de gens qui mangeaient ensemble dans une auberge. Prov. et fig., *parlez à votre écot*, se dit à une personne qui se mêle de parler à des gens qui ne lui adressent point la parole. (Ac.) C'est comme si l'on disait : Parlez aux gens de votre compagnie, de votre sorte.

(5) *A voir...*, en voyant. (*Gr. fr. hist.*, 753, 809.)

ORGON.

Je suis votre valet, et crois les apparences (1) :
Pour mon fripon de fils je sais vos complaisances
Et vous avez eu peur de le désavouer (2)
Du trait qu'à ce pauvre homme il a voulu jouer;
Vous étiez trop tranquille enfin pour être crue,
Et vous auriez paru d'autre manière émue (3).

ELMIRE.

Pour moi, de tels propos je me ris simplement,
Et l'éclat là-dessus ne me plaît nullement;
J'aime qu'avec douceur nous nous montrions sages,
Et ne suis point du tout pour ces prudes sauvages
Dont l'honneur est armé de griffes et de dents,
Et veut au moindre mot dévisager les gens.
Me préserve le ciel d'une telle sagesse!
Je veux une vertu qui ne soit point diablesse (4),
Et crois que d'un refus la discrète froideur
N'en est pas moins puissante à rebuter un cœur (5).

ORGON.

Enfin je sais l'affaire et ne prends point le change (6).

ELMIRE.

J'admire, encore un coup, cette faiblesse étrange.
Mais que me répondrait votre incrédulité,
Si je vous faisais voir qu'on vous dit vérité?

(1) Vers ironique, dans ses deux hémistiches.
(2) *Désavouer* signifie nier d'avoir dit ou fait quelque chose, ne vouloir pas reconnaître une chose pour sienne, rétracter. Il signifie encore déclarer qu'on n'avait point autorisé quelqu'un à faire ou à dire ce qu'il a fait ou dit; et quelquefois fig., désapprouver, condamner, réprouver. (Ac.)
(3) Voilà où ont abouti la mollesse et le calcul intéressé d'Elmire, alors que son devoir l'obligeait de dénoncer l'imposteur. Orgon en tire un argument contre elle.
(4) *Diablesse*, s. f., terme d'injure qui se dit ordinairement d'une femme méchante et acariâtre. (Ac.)
(5) La morale d'Elmire n'est pas celle de l'Évangile qui recommande plus de prudence et de fermeté, quand la vertu est en péril. Ce n'est pas en écoutant l'ennemi, qu'on le décourage: la suite même de cette odieuse histoire en fournira la preuve.
(6) *Change*, troc d'une chose contre une autre, banque, commerce du changeur. *Change* est encore un terme de vénerie : *la bête donne le change*, quand elle fait lever une autre bête, dont les chiens suivent la trace. De là fig., *donner le change à quelqu'un*, le détourner adroitement de son dessein, en lui donnant lieu de croire une chose pour une autre; *prendre le change*, se laisser tromper de cette manière. (Ac.)

ACTE IV, SCÈNE IV

ORGON.

Voir?

ELMIRE.

Oui.

ORGON.

Chansons.

ELMIRE.

Mais quoi? si je trouvais manière
De vous le faire voir avec pleine lumière?

ORGON.

Contes en l'air (1).

ELMIRE.

Quel homme! Au moins répondez-moi.
Je ne vous parle pas de nous ajouter foi;
Mais supposons ici que, d'un lieu qu'on peut prendre,
On vous fît clairement tout voir et tout entendre,
Que diriez-vous alors de votre homme de bien?

ORGON.

En ce cas, je dirais que... Je ne dirais rien,
Car cela ne se peut.

ELMIRE.

L'erreur trop longtemps dure,
Et c'est trop condamner ma bouche d'imposture (2).
Il faut que par plaisir, et sans aller plus loin (3),
De tout ce qu'on vous dit je vous fasse témoin.

ORGON.

Soit : je vous prends au mot. Nous verrons votre adresse,
Et comment vous pourrez remplir cette promesse?

ELMIRE.

Faites-le-moi venir.

DORINE.

Son esprit est rusé,
Et peut-être à surprendre il sera malaisé.

---

(1) *En l'air*, se dit fig. et au sens moral des choses qui sont sans réalité, sans vérité, sans fondement. (Ac.)

(2) *Condamner de*, tournure latine hors d'usage.

(3) *Sans aller plus loin*, sans tarder davantage.

ELMIRE.

Non : on est aisément dupé par ce qu'on aime,
Et l'amour-propre engage à se tromper soi-même.
(Parlant à Cléante et à Mariane.)
Faites-le-moi descendre. Et vous, retirez-vous.

SCÈNE IV

ELMIRE, ORGON.

ELMIRE.

Approchons cette table, et vous mettez dessous (1).

ORGON.

Comment?

ELMIRE.

Vous bien cacher est un point nécessaire.

ORGON.

Pourquoi sous cette table?

ELMIRE.

Ah, mon Dieu! laissez faire :
J'ai mon dessein en tête, et vous en jugerez.
Mettez-vous là, vous dis-je; et quand vous y serez,
Gardez qu'on ne vous voie et qu'on ne vous entende.

ORGON.

Je confesse qu'ici ma complaisance est grande;
Mais de votre entreprise il vous faut voir sortir.

ELMIRE.

Vous n'aurez, que je crois, rien à me repartir (2).
(A son mari qui est sous la table.)
Ce sont vos intérêts; vous en serez le maitre,
Et... L'on vient. Tenez-vous, et gardez de paraître (3).

(1) Quand deux impératifs se suivent, le second peut avoir son pronom complément devant lui ; c'était l'ordinaire au XVIIe siècle (*Gr. fr. hist.*, 612):
  Va, cours, vole et *nous* venge. (CORN.)

(2) *Que je crois*, pour *à ce que je crois*. — *Repartir*, répliquer, reprocher.

(3) Quelles que soient les intentions d'Elmire et les dispositions de son cœur, la morale réprouve son action. Le piège qu'elle dresse à l'hypocrite, lui devient une tentation, et la part qu'elle y prend, est trop directe et trop active, pour qu'elle n'encoure aucune responsabilité de sa chute. Elmire n'est pas une chrétienne, ce n'est plus même ici une honnête femme.

SCÈNE V

TARTUFFE, ELMIRE, ORGON.

TARTUFFE.

On m'a dit qu'en ce lieu vous me vouliez parler

ELMIRE.

Oui. L'on a des secrets à vous y révéler.
Mais tirez cette porte avant qu'on vous le dise,
Et regardez partout de crainte de surprise.
Une affaire pareille à celle de tantôt
N'est pas assurément ici ce qu'il nous faut.
Jamais il ne s'est vu de surprise de même (1);
Damis m'a fait pour vous une frayeur extrême,
Et vous avez bien vu que j'ai fait mes efforts
Pour rompre son dessein et calmer ses transports (2).
Mon trouble, il est bien vrai, m'a si fort possédée,
Que de le démentir je n'ai point eu l'idée ;
Mais par là, grâce au ciel, tout a bien mieux été,
Et les choses en sont dans plus de sûreté (3).
L'estime où l'on vous tient a dissipé l'orage,
Et mon mari de vous ne peut prendre d'ombrage.
Pour mieux braver l'éclat des mauvais jugements,
Il veut que nous soyons ensemble à tous moments

TARTUFFE.

Le bonheur de vous plaire est ma suprême étude,
Et mon cœur de vos vœux fait sa béatitude ;
Mais ce cœur vous demande ici la liberté
D'oser douter un peu de sa félicité.
Je puis vous dissiper les craintes ridicules,
Madame, et je sais l'art de lever les scrupules.
Le ciel défend, de vrai, certains contentements;

C'est un scélérat qui parle (4).

Mais on trouve avec lui des accommodements.
Selon divers besoins, il est une science
D'étendre les liens de notre conscience,
Et de rectifier le mal de l'action

---

(1) *De même*, semblable.
(2) Pour cet emploi de *rompre*, v. Corneille, *Cinna*, III, 1 (*Théâtre*, p. 303).
(3) *En plus de sûreté*. (Édit. de 1671 et de 1734.)
(4) Cette note du scrupuleux Molière n'empêche pas que ce langage abominable, sortant de la bouche de son faux dévot, ne soit un scandale.

Avec la pureté de notre intention (1).
Vous toussez fort, Madame.

ELMIRE.

Oui, je suis au supplice.

TARTUFFE.

Vous plaît-il un morceau de ce jus de réglisse?

ELMIRE.

C'est un rhume obstiné, sans doute; et je vois bien
Que tous les jus du monde ici ne feront rien.
Ouvrez un peu la porte, et voyez, je vous prie,
Si mon mari n'est point dans cette galerie.

TARTUFFE.

Qu'est-il besoin pour lui du soin que vous prenez?
C'est un homme, entre nous, à mener par le nez (2);
De tous nos entretiens il est pour faire gloire,
Et je l'ai mis au point de voir tout sans rien croire.

ELMIRE.

Il n'importe : sortez, je vous prie, un moment,
Et partout là dehors voyez exactement.

SCÈNE VI

ORGON, ELMIRE.

ORGON, *sortant de dessous la table.*

Voilà, je vous l'avoue, un abominable homme!
Je n'en puis revenir, et tout ceci m'assomme.
Non, rien de plus méchant n'est sorti de l'enfer.

ELMIRE.

Mon Dieu! l'on ne doit point croire trop de léger (3).

SCÈNE VII

TARTUFFE, ELMIRE, ORGON.

ORGON.

Non, c'est assez avant pousser le témoignage :
Je m'y tiens, et n'en veux, pour moi, pas davantage.

---

(1) Nouvel écho des *Provinciales*. Molière continue, sous une autre forme, l'odieuse campagne de Pascal. Voir plus haut, p. 446, n. 3.
(2) Voilà de quoi désabuser le pauvre Orgon.
(3) *De léger*, à la légère; locution vieillie.

ELMIRE, à *Tartuffe*.

C'est contre mon humeur que j'ai fait tout ceci :
Mais on m'a mise au point de vous traiter ainsi (1).

TARTUFFE.

Quoi? vous croyez...?

ORGON.

Allons, point de bruit, je vous prie.
Dénichons de céans, et sans cérémonie (2).

TARTUFFE.

Mon dessein...

ORGON.

Ces discours ne sont plus de saison :
Il faut, tout sur-le-champ, sortir de la maison.

TARTUFFE.

C'est à vous d'en sortir, vous qui parlez en maître (3) :
La maison m'appartient, je le ferai connaître,
Et vous montrerai bien qu'en vain on a recours,
Pour me chercher querelle, à ces lâches détours,
Qu'on n'est pas où l'on pense en me faisant injure,
Que j'ai de quoi confondre et punir l'imposture,
Venger le ciel qu'on blesse, et faire repentir
Ceux qui parlent ici de me faire sortir.

SCÈNE VIII

ELMIRE, ORGON.

ELMIRE.

Quel est donc ce langage? et qu'est-ce qu'il veut dire?

ORGON.

Ma foi, je suis confus, et n'ai pas lieu de rire.

ELMIRE.

Comment?

---

(1) Que signifient ces excuses? Et l'on trouve des commentateurs qui admirent ce caractère d'Elmire !

(2) Le mépris ne pouvait s'exprimer d'une manière plus énergique que par ce mot d'un familier si juste.

(3) Ce brusque changement de ton est un coup de théâtre. Le scélérat, se voyant démasqué, prend les choses de haut; et comme il connaît sa dupe, il se prévaut avec insolence de la donation que le crédule Orgon a eu la sottise de lui faire devant notaire.

ORGON.

Je vois ma faute aux choses qu'il me dit,
Et la donation m'embarrasse l'esprit.

ELMIRE.

La donation (1)...

ORGON.

Oui, c'est une affaire faite.
Mais j'ai quelque autre chose encor qui m'inquiète.

ELMIRE.

Et quoi?

ORGON.

Vous saurez tout. Mais voyons au plus tôt
Si certaine cassette est encore là-haut (2).

QUESTIONS SUR LE IVe ACTE.

Que se passe-t-il au IVe acte?
Que prétend Cléante dans son entrevue avec Tartuffe?
Quelles raisons fait-il valoir? Quelles réponses reçoit-il?
Orgon persiste-t-il dans ses projets?
Comment répond-il aux instances de sa fille et de sa femme?
Que lui propose Elmire?
Sur quelles maximes Tartuffe appuie-t-il sa scélératesse? Comment traite-t-il Orgon?
Quel ordre lui est intimé par Orgon?
Quelles sont les prétentions de Tartuffe?
Quelles sont les craintes d'Orgon?
Comment se termine le IVe acte, et quelle en est la couleur générale?

---

(1) La famille d'Orgon l'ignorait encore.
(2) L'acte finit de la manière la plus tragique. Dans toutes ces scènes, y a-t-il eu place pour le rire? Si c'est là une comédie, elle est d'étrange sorte.

ACTE CINQUIÈME

Punition du scélérat. — Dénouement.

SCÈNE I
ORGON, CLÉANTE.

CLÉANTE.

Où voulez-vous courir ?

ORGON.

Las (1) ! que sais-je ?

CLÉANTE.

Il me semble
Que l'on doit commencer par consulter ensemble (2)
Les choses qu'on peut faire en cet événement.

ORGON.

Cette cassette-là me trouble entièrement ;
Plus que le reste encore elle me désespère.

CLÉANTE.

Cette cassette est donc un important mystère (3) ?

ORGON.

C'est un dépôt qu'Argas, cet ami que je plains,
Lui-même, en grand secret, m'a mis entre les mains :
Pour cela, dans sa fuite, il me voulut élire ;
Et ce sont des papiers, à ce qu'il m'a pu dire,
Où sa vie et ses biens se trouvent attachés.

CLÉANTE.

Pourquoi donc les avoir en d'autres mains lâchés ?

---

(1) *Las!* comme *hélas!* qui en est formé. (*Gr. fr. hist.*, 482.)

(2) *Consulter les choses...* ; ce sens vieillit, dit l'Académie. On dit aujourd'hui *consulter sur*.

(3) *Un mystère*, un secret. — Étym. : du grec μυστήριον, secret religieux connu des seuls initiés.

ORGON.

Ce fut par un motif de cas de conscience :
J'allai droit à mon traître en faire confidence ;
Et son raisonnement me vint persuader
De lui donner plutôt la cassette à garder,
Afin que, pour nier, en cas de quelque enquête,
J'eusse d'un faux-fuyant la faveur toute prête (1),
Par où ma conscience eût pleine sûreté
A faire des serments contre la vérité (2).

CLÉANTE.

Vous voilà mal, au moins si j'en crois l'apparence ;
Et la donation, et cette confidence,
Sont, à vous en parler selon mon sentiment,
Des démarches par vous faites légèrement.
On peut vous mener loin avec de pareils gages ;
Et cet homme sur vous ayant ces avantages,
Le pousser est encor grande imprudence à vous,
Et vous deviez chercher quelque biais plus doux.

ORGON.

Quoi ? sous un beau semblant de ferveur si touchante
Cacher un cœur si double, une âme si méchante !
Et moi qui l'ai reçu gueusant et n'ayant rien... (3)
C'en est fait, je renonce à tous les gens de bien :
J'en aurai désormais une horreur effroyable,
Et m'en vais devenir pour eux pire qu'un diable (4).

CLÉANTE.

Hé bien ! ne voilà pas de vos emportements (5) !
Vous ne gardez en rien les doux tempéraments ;
Dans la droite raison jamais n'entre la vôtre,
Et toujours d'un excès vous vous jetez dans l'autre (6)

(1) *Faux-fuyant*, endroit détourné par où l'on peut s'en aller sans être vu. Au fig., une défaite (excuse artificieuse), une échappatoire. (Ac.)

(2) Allusion méchante aux *restrictions mentales,* si perfidement exposées par Pascal. Molière, dans la guerre qu'il a déclarée à la piété et à la religion, ne s'est pas fait faute de puiser ses armes dans l'arsenal des *Provinciales.*

(3) *Gueuser*, mendier; il est familier.

(4) Telle est la belle morale qui ressort de la pièce : ne voulant voir dans les gens de bien que d'infâmes Tartuffes, les libres penseurs prennent prétexte de tout pour légitimer leur haine et leurs attaques. Alceste n'allait pas si loin. Voilà comment le théâtre de Molière est une école de vertu.

(5) Tour elliptique pour *ne voilà-t-il pas.*

(6) Philinte parlera ainsi au misanthrope.

ACTE V, SCÈNE II

Vous voyez votre erreur, et vous avez connu
Que par un zèle feint vous étiez prévenu ;
Mais pour vous corriger, quelle raison demande
Que vous alliez passer dans une erreur plus grande,
Et qu'avecque le cœur d'un perfide vaurien (1)
Vous confondiez les cœurs de tous les gens de bien ?
Quoi ? parce qu'un fripon vous dupe avec audace
Sous le pompeux éclat d'une austère grimace,
Vous voulez que partout on soit fait comme lui,
Et qu'aucun vrai dévot ne se trouve aujourd'hui
Laissez aux libertins ces sottes conséquences (2),
Démêlez la vertu d'avec ses apparences,
Ne hasardez jamais votre estime trop tôt,
Et soyez pour cela dans le milieu qu'il faut.
Gardez-vous, s'il se peut, d'honorer l'imposture ;
Mais au vrai zèle aussi n'allez pas faire injure ;
Et s'il vous faut tomber dans une extrémité,
Péchez plutôt encor de cet autre côté (3).

SCÈNE II

DAMIS, ORGON, CLÉANTE.

DAMIS.

Quoi ? mon père, est-il vrai qu'un coquin vous menace ?
Qu'il n'est point de bienfait qu'en son âme il n'efface,
Et que son lâche orgueil, trop digne de courroux,
Se fait de vos bontés des armes contre vous ?

ORGON.

Oui, mon fils, et j'en sens des douleurs nonpareilles (4).

---

(1) *Vaurien*, homme qui ne *vaut rien*, qui est capable de mauvaises actions. — Pour *avecque*, voir *le Misanthrope*, A. I, sc. II, p. 48.

(2) C'est précisément un des grands arguments de Bourdaloue, pour prouver l'immoralité du *Tartuffe* et ses désastreux effets : « Le monde est plein de ces hypocrites, disait le libertin... Que savons-nous si toutes ces vertus qu'on élève si haut..., ne sont pas de ces hypocrisies colorées...? Ainsi raisonne-t-il encore tous les jours ; par où il prétend se défendre du témoignage que la piété rend contre lui, et pense avoir le droit de la récuser, puisque du moment qu'elle est suspecte, elle perd toute autorité. » (Voir plus haut, p. 381.)

Par malheur, il n'y a pas seulement les libres penseurs à se scandaliser d'un pareil spectacle ; les chrétiens ignorants, faibles et lâches en sont ébranlés aussi dans leur foi et découragés dans la pratique de la vertu.

(3) Quel peut être l'effet de ces froids raisonnements pour atténuer l'impression que produit un personnage vivant et agissant sous les yeux ?

(4) Au XVIIe siècle, on écrivait *nompareil*.

DAMIS.

Laissez-moi, je lui veux couper les deux oreilles :
Contre son insolence on ne doit pas gauchir (1);
C'est à moi, tout d'un coup, de vous en affranchir ;
Et pour sortir d'affaire, il faut que je l'assomme.

CLÉANTE.

Voilà tout justement parler en vrai jeune homme.
Modérez, s'il vous plaît, ces transports éclatants :
Nous vivons sous un règne et sommes dans un temps
Où par la violence on fait mal ses affaires (2).

SCÈNE III

MADAME PERNELLE, MARIANE, ELMIRE, DORINE, DAMIS, ORGON, CLÉANTE.

MADAME PERNELLE.

Qu'est-ce ? J'apprends ici de terribles mystères.

ORGON.

Ce sont des nouveautés dont mes yeux sont témoins,
Et vous voyez le prix dont sont payés mes soins.
Je recueille avec zèle un homme en sa misère,
Je le loge, et le tiens comme mon propre frère ;
De bienfaits chaque jour il est par moi chargé ;
Je lui donne ma fille et tout le bien que j'ai ;
Et dans le même temps, le perfide, l'infâme,
Tente le noir dessein de suborner ma femme.
Et non content encor de ces lâches essais,
Il m'ose menacer de mes propres bienfaits,
Et veut, à ma ruine, user des avantages
Dont le viennent d'armer mes bontés trop peu sages,
Me chasser de mes biens, où je l'ai transféré (3),
Et me réduire au point d'où je l'ai retiré.

---

(1) *Gauchir*, n., détourner tant soit peu le corps pour éviter quelque coup. Fig. et fam., ne pas agir ou ne pas parler avec franchise. (Ac.)

(2) Cet éloge de Louis XIV prépare le dénouement.

(3) *Où*, pour *dans lesquels*. Voir plus haut, p. 418, n. 2. — *Transférer*, au propre, transporter d'un lieu à un autre ; il se dit au fig., de la juridiction, de l'autorité, de la puissance, lorsque d'un tribunal, d'une ville, d'une nation, etc., elle vient à passer à un autre. (Ac.) — On ne l'emploie plus, au fig., avec un complément direct de personne.

ACTE V, SCÈNE III

DORINE.

Le pauvre homme !

MADAME PERNELLE.

Mon fils, je ne puis du tout croire
Qu'il ait voulu commettre une action si noire.

ORGON.

Comment ?

MADAME PERNELLE.

Les gens de bien sont enviés toujours.

ORGON.

Que voulez-vous donc dire avec votre discours,
Ma mère ?

MADAME PERNELLE.

Que chez vous on vit d'étrange sorte,
Et qu'on ne sait que trop la haine qu'on lui porte.

ORGON.

Qu'a cette haine à faire avec ce qu'on vous dit ?

MADAME PERNELLE.

Je vous l'ai dit cent fois quand vous étiez petit :
La vertu dans le monde est toujours poursuivie ;
Les envieux mourront, mais non jamais l'envie (1).

ORGON.

Mais que fait ce discours aux choses d'aujourd'hui ?

MADAME PERNELLE.

On vous aura forgé cent sots contes de lui.

ORGON.

Je vous ai dit déjà que j'ai vu tout moi-même.

MADAME PERNELLE.

Des esprits médisants la malice est extrême.

ORGON.

Vous me feriez damner, ma mère (2). Je vous di (3)
Que j'ai vu de mes yeux un crime si hardi.

(1) Proverbe. — *Non jamais*, archaïsme ; aujourd'hui on supprime *non*. L'expression vient du latin *non unquam, nonnunquam*.
(2) Fig. et par exagér., *cela me fait, me ferait damner*, se dit de ce qui cause beaucoup d'impatience, ou dont on est extrêmement tourmenté. (Ac.)
(3) *Je vous di*, ancienne orthographe (du lat. *dic-o*, sans *s*). Voir plus haut, *je croi*, p. 401, n. 1.

MADAME PERNELLE.

Les langues ont toujours du venin à répandre,
Et rien n'est ici-bas qui s'en puisse défendre.

ORGON.

C'est tenir un propos de sens bien dépourvu.
Je l'ai vu, dis-je, vu, de mes propres yeux vu,
Ce qu'on appelle vu (1) : faut-il vous le rabattre (2)
Aux oreilles cent fois, et crier comme quatre?

MADAME PERNELLE.

Mon Dieu, le plus souvent l'apparence déçoit :
Il ne faut pas toujours juger sur ce qu'on voit.

ORGON.

J'enrage.

MADAME PERNELLE.

Aux faux soupçons la nature est sujette,
Et c'est souvent à mal que le bien s'interprète.

DORINE.

Juste retour, Monsieur, des choses d'ici-bas ;
Vous ne vouliez point croire, et l'on ne vous croit pas.

CLÉANTE.

Nous perdons des moments en bagatelles pures,
Qu'il faudrait employer à prendre des mesures (3).
Aux menaces du fourbe on doit ne dormir point (4).

DAMIS.

Quoi? son effronterie irait jusqu'à ce point?

ELMIRE.

Pour moi, je ne crois pas cette instance possible (5),
Et son ingratitude est ici trop visible (6).

CLÉANTE.

Ne vous y fiez pas : il aura des ressorts
Pour donner contre vous raison à ses efforts ;

(1) Vers souvent cité pour la force singulière du pléonasme.
(2) *Rabattre*, fig. et fam., répéter inutilement et d'une manière ennuyeuse.
(3) *Que* est un peu trop loin de *moments*, qu'il représente.
(4) *Aux menaces*, en présence des menaces.
(5) *Cette instance*, la poursuite, le procès.
(6) C'est un argument qu'on pouvait faire valoir devant des juges équitables. Il n'aurait peut-être pas suffi en stricte justice.

Et sur moins que cela, le poids d'une cabale (1)
Embarrasse les gens dans un fâcheux dédale (2).
Je vous le dis encore : armé de ce qu'il a,
Vous ne deviez jamais le pousser jusque-là.

ORGON.

Il est vrai ; mais qu'y faire ? A l'orgueil de ce traître (3),
De mes ressentiments je n'ai pas été maître.

CLÉANTE.

Je voudrais, de bon cœur, qu'on pût entre vous deux
De quelque ombre de paix raccommoder les nœuds (4).

ELMIRE.

Si j'avais su qu'en main il a de telles armes,
Je n'aurais pas donné matière à tant d'alarmes,
Et mes...

ORGON.

Que veut cet homme ? Allez tôt le savoir (5).
Je suis bien en état que l'on me vienne voir !

SCÈNE IV

MONSIEUR LOYAL, MADAME PERNELLE, ORGON, DAMIS, MARIANE, DORINE, ELMIRE, CLÉANTE (6).

MONSIEUR LOYAL.

Bonjour, ma chère sœur (7) ; faites, je vous supplie,
Que je parle à Monsieur.

DORINE.

Il est en compagnie,
Et je doute qu'il puisse à présent voir quelqu'un.

---

(1) *Cabale*, tradition juive touchant l'interprétation de la Bible ; il signifie aussi science prétendue pour communiquer avec les êtres surnaturels. Au fig., menées secrètes de gens qui ont un même dessein. Étym. : hébreu *kabala*, tradition. (LITTRÉ.)

(2) *Dédale*, labyrinthe, lieu où l'on s'égare ; au fig., embarras dont il est très difficile de sortir. Étym. : Dédale, nom d'un artiste de la mythologie grecque, constructeur du labyrinthe de Crète.

(3) *A l'orgueil*, en présence de, à la vue de. Voir ci-dessus, p. 462, n. 4.

(4) Métaphore incohérente.

(5) Orgon s'adresse à Dorine.

(6) Molière a bien groupé les personnages pour le dénouement.

(7) C'est le style de Tartuffe et d'Orgon : Monsieur Loyal sait parler le langage de ses clients.

MONSIEUR LOYAL.

Je ne suis pas pour être en ces lieux importun (1).
Mon abord n'aura rien, je crois, qui lui déplaise ;
Et je viens pour un fait dont il sera bien aise.

DORINE.

Votre nom ?

MONSIEUR LOYAL.

Dites-lui seulement que je vien (2)
De la part de Monsieur Tartuffe, pour son bien (3).

DORINE.

C'est un homme qui vient, avec douce manière,
De la part de Monsieur Tartuffe, pour affaire
Dont vous serez, dit-il, bien aise.

CLÉANTE.

Il vous faut voir
Ce que c'est que cet homme, et ce qu'il peut vouloir.

ORGON.

Pour nous raccommoder il vient ici peut-être :
Quels sentiments aurai-je à lui faire paraître ?

CLÉANTE.

Votre ressentiment ne doit point éclater,
Et s'il parle d'accord (4), il le faut écouter.

MONSIEUR LOYAL.

Salut, Monsieur. Le ciel perde qui vous veut nuire,
Et vous soit favorable autant que je désire !

ORGON.

Ce doux début s'accorde avec mon jugement,
Et présage déjà quelque accommodement.

MONSIEUR LOYAL.

Toute votre maison m'a toujours été chère,
Et j'étais serviteur de Monsieur votre père.

(1) *Je ne suis pas pour être*, voir *le Misanthrope*, A. I, sc. I, p. 35, n. 7.
(2) Voir ci-dessus *je di*, p. 461, n. 3.
(3) Dans son intérêt.
(4) *D'accord,* d'accommodement.

ACTE V, SCÈNE IV

ORGON.

Monsieur, j'ai grande honte et demande pardon
D'être sans vous connaître ou savoir votre nom.

MONSIEUR LOYAL.

Je m'appelle Loyal, natif de Normandie,
Et suis huissier à verge, en dépit de l'envie (1).
J'ai depuis quarante ans, grâce au ciel, le bonheur
D'en exercer la charge avec beaucoup d'honneur;
Et je vous viens, Monsieur, avec votre licence,
Signifier l'exploit de certaine ordonnance... (3)

ORGON.

Quoi? vous êtes ici...?

MONSIEUR LOYAL.

Monsieur, sans passion :
Ce n'est rien seulement qu'une sommation (4),
Un ordre de vider d'ici, vous et les vôtres (5),
Mettre vos meubles hors, et faire place à d'autres,
Sans délai ni remise, ainsi que besoin est....

ORGON.

Moi, sortir de céans?

---

(1) *Huissiers à verge* se disait autrefois des sergents royaux reçus au Châtelet, tribunal de Paris où les affaires civiles et criminelles se jugeaient en première instance. On appelait *huissiers à cheval*, ceux qui avaient coutume d'exploiter à la campagne. (Ac.)

La verge que portaient autrefois les huissiers, était une baguette ordinairement garnie d'ivoire. (LITTRÉ.)

(2) *Licence*, permission (du lat. *licet*, il est permis).

(3) *Exploit*, en termes de pratique, acte que fait un huissier. Étym.: bas-lat. *esplectum, expletum*, accomplissement, exécution, d'où le sens d'*exploit militaire*, et celui d'instrument, d'*exploit judiciaire*. (LITTRÉ.)

Ordonnance, règlement fait par quelqu'un qui a droit et pouvoir de le faire : *suivant l'ordonnance de tel juge*. (Ac.)

(4) *Sommation*, acte de sommer, c'est-à-dire de signifier à quelqu'un dans les formes établies qu'il ait à faire telle ou telle chose, sinon qu'on l'y obligera. (Ac.)

(5) *Vider d'ici*, sortir d'ici. — *Vider les lieux, la province, le royaume*, etc., sortir des lieux... par crainte, par force, ou par autorité de justice. (Ac.)

(6) *Sans délai ni remise, ainsi que besoin est*, et plus loin *comme savez de reste, sans conteste, maitre et seigneur, opposer à justice*, etc., toutes expressions et formules empruntées au style de palais.

MONSIEUR LOYAL.

    Oui, Monsieur, s'il vous plaît.
La maison à présent, comme savez de reste,
Au bon Monsieur Tartuffe appartient sans conteste (1).
De vos biens désormais il est maître et seigneur (2),
En vertu d'un contrat duquel je suis porteur :
Il est en bonne forme, et l'on n'y peut rien dire.

DAMIS.

Certes cette impudence est grande, et je l'admire.

MONSIEUR LOYAL.

Monsieur, je ne dois point avoir affaire à vous;
C'est à Monsieur : il est et raisonnable et doux,
Et d'un homme de bien il sait trop bien l'office,
Pour se vouloir du tout opposer à justice.

ORGON.

Mais...

MONSIEUR LOYAL.

   Oui, Monsieur, je sais que pour un million
Vous ne voudriez pas faire rébellion,
Et que vous souffrirez, en honnête personne,
Que j'exécute ici les ordres qu'on me donne.

DAMIS.

Vous pourriez bien ici sur votre noir jupon (3),
Monsieur l'huissier à verge, attirer le bâton.

MONSIEUR LOYAL.

Faites que votre fils se taise ou se retire,
Monsieur. J'aurais regret d'être obligé d'écrire,
Et de vous voir couché sur mon procès-verbal (4).

DORINE.

Ce Monsieur Loyal porte un air bien déloyal !

(1) *Conteste*, s. f., contestation; il est vieux et ne s'emploie guère que dans cette expression. (Ac.)
(2) *Maître et seigneur*, sorte de pléonasme dont on se sert qqf. dans le langage familier. (LITTRÉ.) V. La Font., *la Belette, le Chat et le petit Lapin*.
(3) *Jupon*, courte jupe que les femmes mettent sous les autres jupes. (Ac.) Au XVIIe siècle, il se disait aussi de la partie de l'habit de l'homme qui descend comme une jupe. (LITTRÉ.) C'était, d'après Furetière (1690), un grand pourpoint à longues basques.
(4) *Procès-verbal*, rapport par écrit que fait un officier public de ce qu'il a vu, ou de ce qui a été dit et fait devant lui. (Ac.)

MONSIEUR LOYAL.

Pour tous les gens de bien j'ai de grandes tendresses,
Et ne me suis voulu, Monsieur, charger de pièces (1)
Que pour vous obliger et vous faire plaisir,
Que pour ôter par là le moyen d'en choisir
Qui, n'ayant pas pour vous le zèle qui me pousse,
Auraient pu procéder d'une façon moins douce.

ORGON.

Et que peut-on de pis que d'ordonner aux gens
De sortir de chez eux ?

MONSIEUR LOYAL.

On vous donne du temps,
Et jusques à demain je ferai surséance (2)
A l'exécution, Monsieur, de l'ordonnance.
Je viendrai seulement passer ici la nuit,
Avec dix de mes gens, sans scandale et sans bruit.
Pour la forme, il faudra, s'il vous plaît, qu'on m'apporte,
Avant que se coucher, les clefs de votre porte (3).
J'aurai soin de ne pas troubler votre repos,
Et de ne rien souffrir qui ne soit à propos.
Mais demain, du matin (4), il vous faut être habile
A vider de céans jusqu'au moindre ustensile :
Mes gens vous aideront, et je les ai pris forts,
Pour vous faire service à tout mettre dehors.
On n'en peut pas user mieux que je fais, je pense ;
Et comme je vous traite avec grande indulgence,
Je vous conjure aussi, Monsieur, d'en user bien,
Et qu'au dû de ma charge on ne me trouble en rien (5).

ORGON.

Du meilleur de mon cœur je donnerais sur l'heure
Les cent plus beaux louis de ce qui me demeure,
Et pouvoir, à plaisir, sur ce mufle assener (6)
Le plus grand coup de poing qui se puisse donner.

(1) *Ne me suis voulu charger*, par attraction, pour *n'ai voulu me charger*
Cette construction était assez fréquente au XVIIe siècle, quand le verbe se
trouvait placé entre un pronom personnel et l'infinitif d'un verbe réfléchi.

(2) *Surséance*, délai, suspension ; de *surseoir*.

(3) Il faut aujourd'hui *avant de*, ou *avant que de*, devant un infinitif.

(4) *Du matin,* de grand matin ; locution tombée.

(5) *Dû*, s. m., ce qui est dû ; il signifie encore (comme ici) devoir, ce à quoi on est obligé. (A,c.)

(6) *Mufle*, extrémité du museau de certains animaux, comme le bœuf ; il

CLÉANTE.

Laissez, ne hâtons rien.

DAMIS.

A cette audace étrange,
J'ai peine à me tenir, et la main me démange.

DORINE.

Avec un si bon dos, ma foi, Monsieur Loyal,
Quelques coups de bâton ne vous siéraient pas mal (1).

MONSIEUR LOYAL.

On pourrait bien punir ces paroles infâmes,
Ma mie, et l'on décrète aussi contre les femmes (2).

CLÉANTE.

Finissons tout cela, Monsieur : c'en est assez ;
Donnez tôt ce papier, de grâce, et nous laissez.

MONSIEUR LOYAL.

Jusqu'au revoir. Le ciel vous tienne tous en joie!

ORGON.

Puisse-t-il te confondre, et celui qui t'envoie!

SCÈNE V

ORGON, CLÉANTE, MARIANE, ELMIRE,
MADAME PERNELLE, DORINE, DAMIS.

ORGON.

Hé bien, vous le voyez, ma mère, si j'ai droit (3),
Et vous pouvez jugez du reste par l'exploit :
Ses trahisons enfin vous sont-elles connues?

MADAME PERNELLE.

Je suis toute ébaubie, et je tombe des nues (4)!

se dit encore, par dérision, du visage d'un homme qu'on veut injurier. (Ac.)
    Assener, porter un coup violent. Étym. : forme ancienne et vulgaire de
assigner. (LITTRÉ.)
    Je donnerais... et pouvoir, pour pouvoir; anacoluthe.
    (1) Molière a retrouvé dans cette scène le vrai ton de la comédie; mais le
spectateur en jouit peu : la situation est trop sombre, et l'odieuse figure du
scélérat est trop présente à tous les esprits.
    (2) *Décréter*, neutralement, lancer un décret contre quelqu'un. (Ac.)
    (3) *Si j'ai droit*, ou raison, de me plaindre.
    (4) *Ébaubie*, surprise, étonnée. Il est familier, et ne s'emploie guère qu'en
plaisantant. (Ac.)

ACTE V, SCÈNE VI

DORINE.

Vous vous plaignez à tort, à tort vous le blâmez (1),
Et ses pieux desseins par là sont confirmés :
Dans l'amour du prochain sa vertu se consomme (2);
Il sait que très souvent les biens corrompent l'homme,
Et par charité pure, il veut vous enlever
Tout ce qui vous peut faire obstacle à vous sauver.

ORGON.

Taisez-vous : c'est le mot qu'il vous faut toujours dire.

CLÉANTE.

Allons voir quel conseil on doit vous faire élire (3).

ELMIRE.

Allez faire éclater l'audace de l'ingrat.
Ce procédé détruit la vertu du contrat (4);
Et sa déloyauté va paraître trop noire,
Pour souffrir qu'il en ait le succès qu'on veut croire.

SCÈNE VI

VALÈRE, ORGON, CLÉANTE, ELMIRE, MARIANE, ETC.

VALÈRE.

Avec regret, Monsieur, je viens vous affliger;
Mais je m'y vois contraint par le pressant danger.
Un ami, qui m'est joint d'une amitié fort tendre,
Et qui sait l'intérêt qu'en vous j'ai lieu de prendre,
A violé pour moi, par un pas délicat,
Le secret que l'on doit aux affaires d'État (5),

---

(1) « L'édition de 1682 indique que ce vers et les sept suivants étaient retranchés par les comédiens. Ils sont de ceux qu'on peut supposer avoir été supprimés par Molière lui-même. La verve railleuse de Dorine, ne donnant pas même en pareil moment, de trêve à son maître, a prêté à la critique. » (Éd. des *Grands Écrivains*.)

(2) *Se consomme*, s'achève, arrive à sa perfection.

(3) *Élire*, choisir; on ne dit plus *élire un conseil* dans le sens de prendre un parti.

(4) Ce dénouement, par nullité de la donation, aurait plu davantage à certains contemporains de Molière. « Que ne dénouait-il sa pièce, disait Guéret (dans *la Promenade de Saint-Cloud*), par quelque nullité de la donation ? Cela aurait été plus naturel ; et du moins les gens de robe l'auraient trouvé bon. » Voir plus haut, p. 378.

(5) Le maréchal de la Feuillade avait cherché à sauver Fouquet par un avis de ce genre ; Louis XIV, instruit du fait, feignit toujours de l'ignorer.

Et me vient d'envoyer un avis dont la suite
Vous réduit au parti d'une soudaine fuite (1).
Le fourbe qui longtemps a pu vous imposer
Depuis une heure au Prince a su vous accuser,
Et remettre en ses mains, dans les traits qu'il vous jette,
D'un criminel d'État l'importante cassette,
Dont, au mépris, dit-il, du devoir d'un sujet,
Vous avez conservé le coupable secret.
J'ignore le détail du crime qu'on vous donne ;
Mais un ordre est donné contre votre personne ;
Et lui-même est chargé (2), pour mieux l'exécuter,
D'accompagner celui qui vous doit arrêter.

CLÉANTE.

Voilà ses droits armés ; et c'est par où le traître
De vos biens qu'il prétend, cherche à se rendre maître (3).

ORGON.

L'homme est, je vous l'avoue, un méchant animal (4).

VALÈRE.

Le moindre amusement peut vous être fatal (5).
J'ai, pour vous emmener, mon carrosse à la porte,
Avec mille louis qu'ici je vous apporte.
Ne perdons point de temps : le trait est foudroyant,
Et ce sont de ces coups que l'on pare en fuyant (6).
A vous mettre en lieu sûr je m'offre pour conduite (7),
Et veux accompagner jusqu'au bout votre fuite.

ORGON.

Las ! que ne dois-je point à vos soins obligeants !
Pour vous en rendre grâce il faut un autre temps ;

---

(1) C'est-à-dire un avis *par suite duquel* vous êtes réduit... L'expression de Molière laisse à désirer pour la justesse et la clarté. Du reste, le style est assez négligé dans ce cinquième acte. On verra tout à l'heure *les traits qu'il vous jette, le crime qu'on vous donne*, et dans le vers suivant *un ordre est donné*, etc.

(2) *Lui-même*, Tartuffe.

(3) *Prétendre*, avec un régime direct, réclamer comme un droit ; *il a prétendu* le remboursement de ses avances. (Ac.)

(4) C'est le propre de la misanthropie d'étendre à tous les hommes les torts et les vices remarqués dans quelques individus.

(5) *Amusement*, retard, comme p. 106, n. 1.

(6) Et ce n'est qu'en fuyant qu'on pare de tels coups. (CORN., *Hor.*, II. VII.)

(7) *Pour conduite*, pour votre conduite, pour vous conduire,

Et je demande au ciel de m'être assez propice
Pour reconnaître un jour ce généreux service.
Adieu : prenez le soin, vous autres...

CLÉANTE.

Allez tôt :
Nous songerons, mon frère, à faire ce qu'il faut.

SCÈNE VII

L'EXEMPT, TARTUFFE, VALÈRE, ORGON, ELMIRE, MARIANE, ETC.

TARTUFFE.

Tout beau, Monsieur, tout beau, ne courez point si vite (1) :
Vous n'irez pas fort loin pour trouver votre gîte,
Et de la part du Prince on vous fait prisonnier.

ORGON.

Traître, tu me gardais ce trait pour le dernier ;
C'est le coup, scélérat, par où tu m'expédies (2),
Et voilà couronner toutes tes perfidies.

TARTUFFE.

Vos injures n'ont rien à me pouvoir aigrir (3),
Et je suis pour le ciel appris à tout souffrir (4).

CLÉANTE.

La modération est grande, je l'avoue.

DAMIS.

Comme du ciel l'infâme impudemment se joue !

TARTUFFE.

Tous vos emportements ne sauraient m'émouvoir,
Et je ne songe à rien qu'à faire mon devoir (5).

(1) *Tout beau*, voir dans Corneille, *Horace*, A. III, sc. VI, p. 211.

(2) *Tu m'expédies*, c'est-à-dire tu me ruines, tu me fais périr. *Expédier* quelqu'un, finir promptement quelque chose de fâcheux pour lui; il signifie particulièrement *faire mourir vite*. (Ac.)

(3) *N'ont rien à pouvoir...*, rien qui puisse...

(4) On disait encore au XVIIe siècle *apprendre quelqu'un*, dans le sens d'*enseigner quelqu'un*.

(5) Ce calme froid et insolent montre un scélérat achevé : l'hypocrite invoque son devoir, quand il le foule impudemment aux pieds.

MARIANE.

Vous avez de ceci grande gloire à prétendre,
Et cet emploi pour vous est fort honnête à prendre.

TARTUFFE.

Un emploi ne saurait être plus glorieux,
Quand il part du pouvoir qui m'envoie en ces lieux.

ORGON.

Mais t'es-tu souvenu que ma main charitable,
Ingrat, t'a retiré d'un état misérable?

TARTUFFE.

Oui, je sais quels secours j'en ai pu recevoir;
Mais l'intérêt du Prince est mon premier devoir :
De ce devoir sacré la juste violence
Étouffe dans mon cœur toute reconnaissance,
Et je sacrifierais à de si puissants nœuds
Ami, femme, parents, et moi-même avec eux.

ELMIRE.

L'imposteur !

DORINE.

Comme il sait, de traîtresse manière,
Se faire un beau manteau de tout ce qu'on révère!

CLÉANTE.

Mais s'il est si parfait que vous le déclarez,
Ce zèle qui vous pousse et dont vous vous parez,
D'où vient que pour paraître il s'avise d'attendre
Qu'à poursuivre sa femme il ait su vous surprendre,
Et que vous ne songez à l'aller dénoncer,
Que lorsque son honneur l'oblige à vous chasser?
Je ne vous parle point, pour devoir en distraire (1),
Du don de tout son bien qu'il venait de vous faire;
Mais le voulant traiter en coupable aujourd'hui,
Pourquoi consentiez-vous à rien prendre de lui (2)?

---

(1) Le sens est obscur. D'après l'Édition des *Grands Écrivains*, ce membre de phrase signifierait : comme ayant dû vous détourner de cette dénonciation.

(2) *A rien prendre*, c.-à-d. à prendre quelque chose, selon le sens primitif de *rien*, du lat. *rem*. (*Gr. fr. hist.*, 365.)

ACTE V, SCÈNE VII

TARTUFFE, *à l'exempt* (1).

Délivrez-moi, Monsieur, de la criaillerie,
Et daignez accomplir votre ordre, je vous prie.

L'EXEMPT.

Oui, c'est trop demeurer sans doute à l'accomplir :
Votre bouche à propos m'invite à le remplir;
Et pour l'exécuter, suivez-moi tout à l'heure
Dans la prison qu'on doit vous donner pour demeure.

TARTUFFE.

Qui? moi, Monsieur (2)?

L'EXEMPT.

Oui, vous.

TARTUFFE.

Pourquoi donc la prison?

L'EXEMPT.

Ce n'est pas vous à qui j'en veux rendre raison.
Remettez-vous, Monsieur, d'une alarme si chaude.
Nous vivons sous un prince ennemi de la fraude (3),
Un prince dont les yeux se font jour dans les cœurs,
Et que ne peut tromper tout l'art des imposteurs (4).
D'un fin discernement sa grande âme pourvue
Sur les choses toujours jette une droite vue;
Chez elle jamais rien ne surprend trop d'accès,
Et sa ferme raison ne tombe en nul excès.
Il donne aux gens de bien une gloire immortelle;
Mais sans aveuglement il fait briller ce zèle,
Et l'amour pour les vrais ne ferme point son cœur (5)
A tout ce que les faux doivent donner d'horreur.
Celui-ci n'était pas pour le pouvoir surprendre,
Et de pièges plus fins on le voit se défendre.
D'abord il a percé, par de vives clartés,
Des replis de son cœur toutes les lâchetés.

(1) Pour le mot *exempt*, voir p. 374.
(2) Ce coup de théâtre forme le dénouement.
(3) Colbert écrivait en 1682 : « Nous vivons sous un Roi dont le principal soin et application tendent à délivrer les faibles de l'oppression des forts. »
(4) Sous la Révolution, l'éloge de Louis XIV était remplacé par des vers de Cailhava, qui substitua aussi pour les représentations la *Loi* au *Roi*. (Voir les *Grands Écrivains*.)
(5) *Pour les vrais*, les gens de bien.

Venant vous accuser, il s'est trahi lui-même,
Et par un juste trait de l'équité suprême (1),
S'est découvert au Prince un fourbe renommé,
Dont sous un autre nom il était informé ;
Et c'est un long détail d'actions toutes noires
Dont on pourrait former des volumes d'histoires.
Ce monarque, en un mot, a vers vous détesté (2)
Sa lâche ingratitude et sa déloyauté ;
A ses autres horreurs il a joint cette suite (3),
Et ne m'a jusqu'ici soumis à sa conduite (4)
Que pour voir l'impudence aller jusques au bout,
Et vous faire par lui faire raison de tout.
Oui, de tous vos papiers, dont il se dit le maître,
Il veut qu'entre vos mains je dépouille le traître.
D'un souverain pouvoir, il brise les liens
Du contrat qui lui fait un don de tous vos biens (5),
Et vous pardonne enfin cette offense secrète
Où vous a d'un ami fait tomber la retraite ;
Et c'est le prix qu'il donne au zèle qu'autrefois
On vous vit témoigner en appuyant ses droits (6),
Pour montrer que son cœur sait, quand moins on y pense,
D'une bonne action verser la récompense,
Que jamais le mérite avec lui ne perd rien,
Et que mieux que du mal il se souvient du bien (7).

(1) De la Providence.

(2) *Vers vous*, envers vous ; voir *le Misanthrope*, p. 102.

(3) *Cette suite*, ce dernier crime commis à la *suite* des autres.

(4) *A sa conduite*, à le conduire ici. — Cette tirade est écrite avec négligence. Quant au but de toutes ces flatteries, il n'est que trop visible, et ne fait pas honneur au poète.

(5) Sans doute par le moyen des magistrats ; tout absolu qu'il était, Louis XIV ne pouvait de sa propre autorité annuler un contrat.

(6) Cette reconnaissance du Roi a été préparée au Ier acte par un mot de Dorine (p. 395, n. 2).

(7) Ce dénouement, par l'intervention directe et inopinée du Roi, a été vivement critiqué dès le temps de Molière. « Peut-être, disait Guéret, serait-ce le seul endroit où la critique aurait le plus de prise. Car je ne vois guère de raisons pour l'excuser, et Molière devait garder son dieu de machine pour une autre fois. Encore s'il avait préparé son dénouement ; mais il n'y a rien qui le dispose ni qui le rende vraisemblable ; car l'affaire n'a pas éclaté ; et néanmoins, sans qu'il paraisse qu'aucune plainte soit venue aux oreilles du Roi, on voit arriver son secours par une grâce prévenante. » (*La Promenade de Saint-Cloud.*)

Une *Lettre satirique sur le Tartuffe* disait que l'auteur
        En tranche le nœud, qu'il n'a su dénouer.

Boileau était du même avis : « M. Despréaux, dit Brossette, m'a parlé de

ACTE V, SCÈNE VII

DORINE.

Que le ciel soit loué !

MADAME PERNELLE.

Maintenant je respire.

ELMIRE.

Favorable succès !

MARIANE.

Qui l'aurait osé dire ?

ORGON, à *Tartuffe*.

Hé bien ! te voilà, traître...

CLÉANTE.

Ah ! mon frère, arrêtez,
Et ne descendez point à des indignités (1) ;
A son mauvais destin laissez un misérable,
Et ne vous joignez point au remords qui l'accable :
Souhaitez bien plutôt que son cœur en ce jour
Au sein de la vertu fasse un heureux retour,
Qu'il corrige sa vie en détestant son vice,
Et puisse du grand Prince adoucir la justice (2),
Tandis qu'à sa bonté vous irez à genoux
Rendre ce que demande un traitement si doux.

ORGON.

Oui, c'est bien dit : allons à ses pieds avec joie
Nous louer des bontés que son cœur nous déploie ;
Puis, acquittés un peu de ce premier devoir,
Aux justes soins d'un autre il nous faudra pourvoir,

---

l'irrégularité des dénouements de la plupart des pièces de Molière. Il m'a dit qu'il aurait été bien facile de mettre un dénouement heureux et naturel dans le *Tartuffe* ; car, au lieu d'aller chercher de loin le secours de la cassette où il y a des papiers contre l'État, sans introduire un exempt, et sans employer l'autorité du Roi, il pouvait, après la découverte de l'imposture de Tartuffe, faire délibérer sur le théâtre, par tous les personnages de la comédie, quelle peine on pourrait faire souffrir à ce coquin... De la manière que la comédie est disposée, elle laisse le spectateur dans le tragique. »

(1) A des actions, à des paroles indignes.

(2) Belles paroles, qui ne détruiront pas l'impression détestable laissée par la pièce.

Et par un doux hymen couronner en Valère
La flamme d'un amant généreux et sincère (1).

QUESTIONS SUR LE V° ACTE.

Quels sont les faits qui remplissent le V° acte ?
Dans quel embarras se trouve Orgon ?
Quels conseils lui donne Cléante ?
Que veut faire Damis ?
Orgon parvient-il à détromper Mme Pernelle ?
Quel ordre M. Loyal vient-il signifier à Orgon ? Quel est son langage ? Quelle réponse lui fait-on ?
Que vient annoncer Valère ?
Quel nouveau danger oblige Orgon à songer à sa fuite ? Qui l'en empêche ?
Jusqu'à quel point Tartuffe pousse-t-il son audace ?
Quel ordre donne-t-il à l'exempt qui l'accompagne ?
Par quel coup de théâtre se dénoue la pièce ?
Que penser de ce dénouement ?
Que devient Tartuffe ?
Sous quelle impression reste le spectateur à la fin de la pièce ?

(1) La pièce finit, comme elle devait, par un mariage, qui peut réjouir Mariane et Valère, mais qui ne peut satisfaire le spectateur. Tartuffe est puni, il le fallait; mais Orgon est-il réconcilié avec les gens de bien ? Mme Pernelle est-elle moins maniaque, Elmire plus grave, Cléante moins philosophe, Dorine moins insolente et moins cynique ? L'hypocrite lui-même éprouve-t-il de vrais remords ? Est-il sur la voie du repentir ? Le public enfin, en sortant du spectacle, emporte-t-il, avec l'horreur de l'hypocrisie, l'estime de la piété, l'amour de la religion, le respect des choses saintes ?

A ces questions, Molière lui-même n'oserait répondre oui; sincère, il répondrait non, et par là-même condamnerait son œuvre.

SUJETS DE COMPOSITIONS LITTÉRAIRES

DONNÉS AU BACCALAURÉAT
SUR LA VIE ET LE THÉATRE DE MOLIÈRE

Questions générales.

1. Lettre sur la mort de Molière. Raconter sa vie ; dire les sources où il a puisé. (Aix.)
2. Boileau écrit à Racine absent de Paris, pour lui annoncer la mort de Molière ; il résume brièvement l'œuvre du grand comique, et déplore cette mort qui, bien que présumée, frappe l'auteur à cinquante et un ans ; il raconte la mort et les funérailles. (Douai, 18 juill. 1883.)
3. Lettre de l'acteur la Grange à la Fontaine pour lui apprendre la mort de Molière. — 1673. (Paris, 15 nov. 1883 ; 12 nov. 1884.)
4. François Loyseau, de l'Oratoire, et curé de Passy, s'adresse à Louis XIV, pour faire rendre à Molière les honneurs de la sépulture que refusait le curé de Saint-Eustache. (Douai, 3 août 1882.)
5. Un académicien fait l'éloge de Molière, et exhorte l'Académie à élever une statue au grand écrivain. (Aix, août 1883.)
6. Expliquez cette opinion de Voltaire : « La bonne comédie fut ignorée jusqu'à Molière. » (Paris, 12 août 1884.)
7. De la vérité du comique dans Molière : empruntez des exemples à la pièce que vous connaissez le mieux. (Montpellier, juill. 1883.)
8. Expliquez par des exemples tirés de Molière ces vers d'Alfred de Musset :

    J'écoutais cependant cette simple harmonie ;
    Et comme le bon sens fait parler le génie ;
    J'admirais quel amour pour l'âpre vérité
    En cet homme si fier dans sa naïveté. (Douai, 23 juill. 1884.)

9. De l'originalité de Molière dans l'imitation. (Paris, 24 juill. 1882.)
10. Pourquoi Molière a-t-il pu être proposé par Boileau à Louis XIV comme le plus grand écrivain du xviie siècle ? (Paris, 11 nov. 1882.)
11. Prouver par des exemples que le langage de Molière ressemble souvent à celui de Corneille. (Aix, juill. 1882.)
12. Molière et la Fontaine. (Bordeaux, 1882.)
13. Molière est-il un moraliste ? Rappelez quelques traits de son théâtre qui peuvent lui mériter ce nom. (Grenoble, juill. 1881.)

14. Les marquis dans le théâtre de Molière. (Douai, 3 déc. 1883.)
15. Expliquez l'épitaphe de Molière par la Fontaine :

    Sous ce tombeau gisent Plaute et Térence;
    Et cependant le seul Molière y gît. (Paris, 22 juill. 1882.)
16. Molière a dit à propos de la Fontaine : « Les beaux esprits ont beau se trémousser, ils n'effaceront pas le bon homme. » — La postérité a confirmé ce jugement. Pourquoi? (Douai, 20 juill. 1885.)

Questions spéciales.

Le Misanthrope.

1. Quelle pièce de Molière préférez-vous, et pourquoi ? (Douai, 28 nov. 1882.)
2. Analyse du *Misanthrope*. (Clermont, août 1881.)
3. Apprécier le *Misanthrope*; dire ce que le mot signifie par son étymologie, et si Alceste est un misanthrope ou non. (Lyon, août 1882.)
4. Esquisser les caractères du *Misanthrope*. (Aix, 1882.)
5. Quel but s'est proposé Molière en traçant le caractère du Misanthrope ? (Caen.)
6. Que penser des personnages d'Alceste et de Philinte, tels que Molière les a conçus dans le *Misanthrope* ? (Clermont, nov. 1881.)
7. Apprécier le caractère de Philinte. (Douai, 9 nov. 1881.)
8. Dépeindre et juger Philinte. (Douai, 12 nov. 1883.)
9. Auriez-vous mieux aimé vivre avec Alceste ou avec Philinte ? (Paris, 7 nov. 1882.)
10. Dans les derniers vers du *Misanthrope*, Alceste annonce l'intention de quitter le monde, et Philinte celle de l'y retenir : faites le discours de Philinte. (Besançon, nov. 1882.)
11. Lettre de Mme de Sévigné à Bussy-Rabutin (juin 1666): elle lui dit son avis sur la pièce qui vient d'être représentée; après Alceste et Philinte, elle insistera sur Célimène, Arsinoé, Eliante...; enfin elle terminera en louant Molière d'avoir su saisir au vif, avec les travers de l'humanité, les vices et les ridicules de son temps. (Douai, 7 nov. 1881.)
12. Lettre de Montausier à Molière, après avoir vu la pièce du *Misanthrope* : il se défend d'être l'original d'une copie si belle, et qu'il loue sans restriction. Réponse de Molière : en remerciant Montausier, mais discrètement, il fait des réserves sur le caractère d'Alceste dont la vertu a quelque chose d'outré, et qui, sans être ridicule, n'est pas un modèle de tout point à imiter. (Douai, 25 juill. 1883. — Bordeaux, juill. 1881 : la réponse seule de Molière.)

13. Conrart écrit à Montausier que Molière ne l'avait pas en vue dans le *Misanthrope*. (Montpellier, 1er août 1881.)
14. Comparaison du *Misanthrope* et du *Tartuffe*. (Douai.)
15. Molière a-t-il ridiculisé la vertu dans Alceste ? (Clermont.)
16. Lettre de la Motte à Fénelon sur ce sujet. (Besançon, juill. 1882.)
17. Dialogue (des morts) entre Molière et J.-J. Rousseau sur cette parole de Rousseau : « Molière a rendu la vertu ridicule. » Cette parole s'applique-t-elle au *Misanthrope* ou à d'autres pièces ? (Dijon, juill. 1883.)
18. Que répondre aux critiques de Rousseau ? (Douai, 6 août 1884.)

L'Avare, les Femmes savantes, le Tartuffe.

1. Vauvenargues avait soumis à Voltaire quelques réflexions sur Molière : Il a pris des sujets trop bas..., la gaieté de l'auteur de l'*Avare* est trop familière... Voltaire réfute les préventions de Vauvenargues (Poitiers, 18 juill. 1882.)
2. Lettre de Mme Necker à Schlegel, détracteur de notre théâtre, et surtout de Molière dont il mettait l'*Avare* bien au-dessous de l'*Aululaire*. Mme Necker, qui a traduit le cours de littérature dramatique de Schlegel, réclame en faveur de Molière et de l'*Avare*. (Poitiers, 22 nov. 1882.)
3. Boileau à Molière, au lendemain des *Femmes savantes*. Il ne peut assez admirer, dit-il, la fécondité de son ami, qui, après quinze ans, reprend ainsi la thèse des *Précieuses ridicules :* il goûte surtout Henriette et Clitandre. (Nancy, juill. 1883.)
4. Lettre de Mme de la Fayette à Molière après la représentation des *Femmes savantes :* elle expliquera que Molière n'attaque que les Précieuses. (Aix.)
5. Apprécier le caractère de Chrysale dans les *Femmes savantes*. (Douai, 30 oct. 1882.)
6. Dans l'Avant-propos des *Précieuses ridicules*, Molière dit : « Si j'avais eu le temps, j'aurais fait une belle et docte préface sur la Tragédie et la Comédie. » Faire cette préface que Molière n'a pu faire. (Poitiers, 19 juill. 1882.)
7. Quels sont, dans les *Femmes savantes*, les personnages qui représentent le bon sens avec ses diverses nuances et tous ses degrés ? (Douai, 23 nov. 1885.)
8. Dialogue (aux enfers) entre Molière et la Bruyère sur Onuphre et Tartuffe.
9. Comparaison du *Misanthrope* et du *Tartuffe*. (Douai.)

LISTE DES MOTS
EXPLIQUÉS DANS LES NOTES

Les chiffres renvoient aux pages.

A, au lieu de *en*, *pour*, 36, 51, 71, 88, 142, 449.
Abord (d'), 269.
Aboucher, 170.
Académie, 312.
Accommodé, 145, 163.
Accorder (s'), 113.
Admirer que, 447.
Affaire, 77, 119, 291.
Ah! 78.
Aiguière, 285.
Aiguillette, 157.
Air, 35, 65, 78, 83, 102.
Alceste, 17.
Amant, 58.
Amarante, 310.
Amusement, 106, 396.
Appas, 262.
Archer, 227.
Arrêter, 88.
Ascendant, 413.
Assaisonner, 143.
Assener, 468.
Assommer, 51.
Assurer (s'), 104.
Astre, 100.
Attache, 412.
Aucun, 113.
Aussi, 284.
Avant que, 47, 271.
Avaricieux, 150.
Avecque, 48, 297.

B. *Bailler*, 282.
Baillive, 420.
Balance, 116.
Ballade, 320.
Balle, 323.
Banqueroute, 356.
Barbouiller, 65.
Barette, 151.
Basque, 73.
Bayer, 394.
Beau (tout), 471.
Benêt, 270.
Biau, 287.
Bigot, 411.
Billevesée, 295.
Blondin, 185.
Bon, 80, 145, 394, 429.

Bons mots, 68.
Bosse, 310.
Bourru, 118, 418.
Bouts rimés, 320.
Braver, 74.
Brillant, s., 87, 392.
Brimborion, 292.
Brisées, 219.
Brocard, 414.

C. *Çà*, 149.
Cabale, 463.
Cabinet, 53.
Cabrer, 165.
Cagot, 389.
Calendes, 350.
Canon, 59.
Cape, 118, 388.
Caquet, 391.
Céans, 176.
Cervelle, 91.
Chacun (un), 393.
Chaise, 65, 353.
Chaleur, 51.
Chanceux, 281.
Change, 450.
Changeant, 172.
Chape, 388.
Charme, 89, 399.
Chausses, 149.
Chère, 192.
Chevet, 192.
Chimère, 280.
Chute, 50.
Claquemurer, 262.
Clarté, 263, 269.
Cohue, 59.
Colifichet, 54.
Collet, 291.
Colorer, 445.
Comme, 33, 107.
Commettre, 218, 274.
Commissaire, 227.
Condamner de, 451.
Conditionnel, 205.
Conforme, 45.
Conséquence, 187.
Considérable, 158.
Constitution, 156.
Contes bleus, 393.

Conteste, 466.
Contrecarrer, 342.
Coquetterie, 25.
Corps défendant, 332.
Coucher (du roi), 65.
Couper, 62.
Courtepointe, 172.
Courtier, 169.
Couvent, 449.
Créance, 120.
Cru, 157.
Cuistre, 323.

D. *Damné*, 69.
Damoiseau, 160.
De, 62.
Débraillé, 185.
Dédale, 463.
Dehors, s., 36.
Denier, 157, 171.
Dépit (en ... que), 196.
Déportements, 83.
Dernier, 67.
Désavouer, 450.
Détourner, 212.
Diable, 50, 107, 108.
Diablesse, 450.
Diantre, 52, 148, 192, 214, 274.
Die, 305.
Dit, 172.
Domestique, 142.
Donner dans, 44, 143, 156.
Dont, 68.
Dor, 73.
Dot, 183.
Double (le), 200.
Dragon, 298.
Dûment, 171.

E. *Échapper*, 333.
Éclairer, 434.
Écot, 449.
Écu, 172.
Élue, 420.
Empêcher, 108, 209.
En, 179.
Encens, 265.
Encolure, 413.
Ennui, 45.
Ensuite, 107.

MOTS EXPLIQUÉS DANS LES NOTES

Entêter, 66.
Entiché, 401.
Épiderme, 325.
Épigramme, 303.
Équipage, 103, 155.
Essuyer, 91.
Étage, 262.
État, 156.
Être pour, 35, 122.
Exempt, s., 374.
Exploit, 465.

F. Face, 83.
Fâcheux, 432.
Façonnier, 401.
Factotum, 193.
Fagotin, 420.
Faire, 63, 65, 89.
Fait, 35, 153.
Fantaisie, 390.
Faquin, 35.
Faribole, 393.
Fat, 35.
Fatras, 271.
Faux-fuyant, 458.
Feindre, 114, 154.
Ferme, adv., 448.
Fesse-mathieu, 169.
Fete, 261.
Fief, 412 ; fieffé, 418.
Fier, 403.
Figuré, 105.
Fille, 261.
Flandrin, 119.
Flipote, 374.
Fluet, 160.
Fluxion, 186.
Forme, 329.
Fortune, 243.
Fourchette, 173.
Fraise, 187.
Franc, 91, 423.
Franc (le), 170.
Fredaine, 191.
Fréquenter, 276.
Fripier, 323.
Fripon, 283.
Futur, 350.

G. Galanterie, 83.
Galimatias, 241.
Garder, 276.
Gauchir, 460.
Gaupe, 394.
Gausser (se), 352.
Gazette, 90.
Gêne, 228.
Gentilhomme, 412.
Gibier, 147.
Gourmer, 289.
Goutte, 65, 107.

Grâces, 319.
Grand'bande, 420.
Gredin, 338.
Grimace, 401.
Grimaud, 322.
Grouiller, 67.
Gué, 53.
Guenille, 291.
Guet-apens, 235.
Gueule, 388.
Gueuser, 318.
Gueux, 390.
Guigner, 226.

H. Halle, 270.
Halte-là, 399.
Hanter, 391.
Hardes, 172.
Haricot, 194.
Harpagon, 129.
Haut-de-chausse, 149.
Heur, 59, 419.
Hier, 82.
Hoc, 352.
Honnête, 52.
Hors, 75.
Huer, 59.
Huissier, 465.

I. Ides, 350.
Impatroniser, 390.
Impertinent, 190.
Imposer, 39.
Imputer, 445.
Intéresser (s'), 96.
Ithos, 319.

J. Jaquette, 73.
Jargon, 286.
Jeu, 183.
Jocrisse, 353.
Jupon, 466.

L. Ladre, 151.
Langage, 56.
Las, 457.
Le, pron., 55, 73.
Lésine, 198.
Leurre, 214.
Lever (du roi), 65.
Libertin, -inage, 401.
Libre à, 100.
Lieux communs, 67.
Ligue, 180.
Livre (la), 157.
Loti, 415.
Lumière, 213.

M. Madame, 203.
Madrigal, 303.
Main, 104, 223.

Mais (pouvoir ..), 87.
Maître, 147.
Maîtresse, 190.
Mal, 48, 170.
Malheur, 34.
Maraud, 283.
Maréchaux, 74.
Marquis, 156.
Matière, 329.
Méchant, 290.
Même, 109.
Ménage, 387.
Mésuser, 446.
Mie, 53, 161, 298, 388.
Mine, 90, 268, 350.
Misanthrope, 23.
Mollet, 172.
Moquer (se), 163, 416.
Morbleu, 47.
Mouchard, 148.
Mouche, 395.
Moucher (se), 419.
Mystère, 457.

N. Nenni, 207.
Ne (omis), 417.
Ne... que, 83.
Nier, 78.
Nippes, 172.
Nourrir, 87.

O. Oi, termin. verb., 46, 53, 78, 121, 141.
Oie, dipht., 34.
Oraison, 290.
Or çà, 216.
Orge, 182.
Or sus, 219.
Oter, 71.
Où, 43, 96, 141, 217.
Oui, 261.

P. Page, 312.
Parbleu, 47.
Parmi, 40.
Participe passé, 119, 184, 425.
Partie, 41, 245.
Passe (en), 77.
Passer (se), 92.
Pathos, 319.
Patibulaire, 174.
Pavillon, 172.
Payer de, 416.
Pédagogue, 353.
Pédant, 258, 338.
Péricliter, 175.
Péronnelle, 347.
Perruque, 59.
Personnage, 143.
Peste, 150.
Pétaud, 387.
Philinte, 17.

Philosophe, adj., 37, 295, 358.
Pied plat, 39, 390.
Pis, 107, 444.
Pistole, 155.
Pitié, 286.
Pitoyable, 266.
Plaiderie, 48.
Plâtrer, 403.
Plein, 39, 113.
Pléonasme, 290.
Point, 172, 312.
Politique, 445.
Porter haut, 120.
Posture, 110.
Pourpoint, 187, 298.
Pouvoir (ne), 163.
Prendre, 71.
Prêt, 184.
Prétendre, 113, 470.
Prétendu, 80.
Prévenir, 144.
Prevôt, 228.
Procureur, 206, 355.
Prôner, 412.
Pronom (place), 79, 145.
Propre, 144, 403.
Pruderie, 26.
Prud'homie, 447.

Q. *Quatrain*, 307.
Qui... que, 409.
Que, 67, 63, 87, 143.
Quelqu'un, 80.
Querelle, 120.
Question, 227.
Qui, 59, 68, 80, 118.

R. *Rabat*, 292.
Rager, 32.

Raison, 78, 95.
Raisonner, 153.
Rapporteur, 356.
Rate, 292.
Récrier (se), 54.
Régal, 35.
Regard, 62.
Relâcher de, 445.
Rengrègement, 219.
Réussir, 423.
Rhingrave, 60.
Ricaner, 394.
Ridicule, 38.
Rien, 48, 89, 113, 417.
Rien que, 37, 218.
Rogaton, 174.
Roman, 273.
Rompre, 453.
Rondeau, 320.
Rouer, 239.
Rouge, 395.
Ruban, 60.
Ruelle, 318.

S. *Scandaliser*, 208, 231.
Second, 61, 336, 413.
Sel attique, 303.
Selon, 406.
Si fait, 286.
Simagrée, 401.
Six-vingts, 181.
Solécisme, 288.
Solliciter, 42.
Sollicitude, 291.
Sommation, 465.
Sonnet, 49, 303.
Sornette, 333.
Sou, 157.
Souffrir, 103.

Soûl, 327.
Souquenille, 190.
Succès, 43, 109, 141.

T. *Tabarin*, 13.
Tâcher à, 41, 81, 143.
Talent, 350.
Tantôt, 188.
Tartuffe, 374.
Tartufflé, 421.
Témoin, 100, 116.
Tercet, 307.
Tiers, 393.
Timbre, 295.
Tirer, 430.
Tourbillon, 314.
Tout, 53, 92, 101.
Trahir, 34.
Train, 191, 214, 292.
Traits, 101, 117.
Trébuchant, 230.
Trou-madame, 173.
Trouver à dire, 118.
Truchement, 272.
Turquerie, 179.
Tutoyer, 66.
Tympaniser, 294.

V. *Vaurien*, 459.
Véritable, 46.
Vers, 102.
Veste, 118.
Viande, 194.
Vider, 436, 465.
Vilain, 151.
Visée, 422.
Visière, 37, 114.
Voir de, 62; ... à, 231.
Vouloir mal, 391.

TABLE

Préface 1
Notice biographique sur Molière. 1
Le génie de Molière. 4
Le théâtre de Molière; moralité. 7
Divers jugements sur Molière. 10

Le Misanthrope 15
L'Avare 127
Les Femmes savantes 249
Le Tartuffe 369

Sujets de compositions littéraires 477
Liste des mots expliqués dans les notes 480

— Lille. Typ. J. Lefort. —

2 Jenner 19

www.ingramcontent.com/pod-product-compliance
Lightning Source LLC
Chambersburg PA
CBHW050603230426
43670CB00009B/1240